CB122108

Crítica da Razão

Título original:
Philosophische Texte. Studienausgabe Vol. 5 – Kritik der Vernunft

© Suhrkamp Verlag Frankfurt am Main 2009

Tradução: Lumir Nahodil

Revisão científica: João Tiago Proença

Capa de FBA

Depósito Legal n.º 470281/20

Biblioteca Nacional de Portugal – Catalogação na Publicação

HABERMAS, Jürgen, 1929-

Crítica da Razão. – (Obras Escolhidas de
Jürgen Habermas; 5)
ISBN 978-972-44-1584-0

CDU 165

Paginação:
MA

Impressão e acabamento:
PENTAEDRO, Lda.
para
EDIÇÕES 70
Junho de 2020

Direitos reservados para Portugal e países africanos de expressão portuguesa
por Edições 70

EDIÇÕES 70, uma chancela de Edições Almedina, S.A.
LEAP CENTER – Espaço Amoreiras
Rua D. João V, n.º 24, 1.03 – 1250-091 Lisboa – Portugal
e-mail: editoras@grupoalmedina.net

Esta obra está protegida pela lei. Não pode ser reproduzida,
no todo ou em parte, qualquer que seja o modo utilizado,
incluindo fotocópia e xerocópia, sem prévia autorização do Editor.
Qualquer transgressão à lei dos Direitos de Autor será passível
de procedimento judicial.

OBRAS ESCOLHIDAS DE JÜRGEN HABERMAS
VOLUME V

Crítica da Razão

70

Índice geral

IV. O desafio da religião

V. Conversações religiosas

Introdução

Nos seus primórdios platónicos, a filosofia era sabedoria e ciência em simultâneo. Com a sua ascensão às ideias, ela dispunha, tal como as outras doutrinas da sabedoria e as religiões, de um caminho próprio para a salvação, que teve posteriormente de abandonar no âmbito da divisão do trabalho com a teologia cristã. Desde o início faltava-lhe um enraizamento na prática ritual das cidades gregas, de modo que a filosofia, contrariamente ao confucionismo e ao budismo, organizou-se unicamente em formas de actividade académica. Isto poderá ter contribuído para o facto de a filosofia ter mantido uma proximidade especial com a ciência. Sob a guarda de um pensamento filosófico – por seu lado conservado pela teologia –, acabaram por se desenvolver as ciências modernas que, desde o século XVII, estilhaçaram a unidade originária entre a filosofia e a ciência.(1) Ainda hoje, o exercício da filosofia é entendido como uma actividade científica; mas a determinação predicativa da cientificidade da argumentação filosófica não tem o sentido de fazer com que a filosofia se dissolva na ciência e passe a representar uma ciência «normal» a par de outras.

Se a normalidade de uma disciplina científica consiste em ter adoptado um método e uma área temática determinada por conceitos fundamentais, a diferença entre a filosofia e a ciência pode ser definida pelo facto de filosofar ser um «pensamento

(1) L. Honnefelder, *Woher kommen wir? Ursprünge der Moderne im Denken des Mittelalters*, Berlim, 2007.

não fixado». Ao distanciar-se uma vez mais de forma reflexiva de todo o conhecimento alcançado *intentione recta*, a filosofia faz, por assim dizer, um uso «sem freio» de um traço fundamental da cognição humana. Isso explica também o perigo específico do pensamento filosófico: a má filosofia denuncia-se num uso desenfreado da reflexão, numa «reflexão vazia». Se não quiser perder-se nas vexações sem fim das regressões infinitas, a filosofia tem de encontrar a sua base de sustentação em questionamentos que lhe advêm da vida, em vez de se perder em problemas gerados internamente na especialidade. A filosofia promete, num sentido muito abstracto, um esclarecimento sobre nós próprios. Em todo o caso, o ponto de referência que subtrai a escolha dos problemas filosóficos à discricionariedade é o «*auto*» de um processo de *auto-compreensão.*

Enquanto as ciências dirigem a sua atenção exclusivamente para uma área temática, a filosofia mantém simultaneamente debaixo de olho o resultado esclarecedor de um processo de aprendizagem correspondente, ou seja, aquilo que resulta «para nós» de um conhecimento adquirido. Move-se numa dimensão em que interagem alterações na compreensão do mundo e de si próprio. Decerto que, devido ao acesso hermenêutico às suas áreas temáticas, as ciências humanas são também referidas a factos constitutivos do mundo da vida a que é inerente esta referência que se centra em «nós». Mas mal assumam tematicamente a função de auto-compreensão, que as interpretações das ciências sociais e humanas também assumem para um público contemporâneo do *ponto de vista da história dos efeitos*, infringem o imperativo da objectividade. Assim, por exemplo, para referir um caso drástico, as ciências históricas não podem ser confundidas com política histórica. Só a filosofia não precisa de se envergonhar da sua função de auto-entendimento. Não assegura a objectividade do seu trabalho científico pelo ofuscamento, mas pela *generalização* da referência reflexiva a um «*nós*» *inclusivo.* O «auto» da auto-compreensão a esclarecer com os meios da filosofia não é uma determinada nação, uma determinada época, uma determinada geração, nem mesmo um indivíduo, a não ser que se trate dessa pessoa como pessoa em geral. Para nós, um assunto adquire importância «filosófica» pelo facto de ser pertinente «para nós, na nossa existência humana enquanto tal». Da mesma forma, o auto-entendimento da Modernidade só mantém alguma importância filosófica se se referir à história na sua totalidade.

Evidentemente, nada estava mais longe da «geração céptica» (Schelsky), que iniciou os seus estudos universitários na Alemanha do pós-guerra, do que a mentalidade arrogante e a atitude básica do humanismo erudito germano-helénico. Após a corrupção moral da universidade alemã, nada nos parecia mais ridículo do que a pretensão da «grande» filosofia de sanar o mundo a partir de um único ponto. Estávamos vacinados contra o tom elevado e o gesto elitista de um acesso privilegiado à verdade. O teor do consagrado também me dissuadiu de me render à aura das «questões últimas»(2). Mas a razão decisiva para a renúncia a pretensões descabidas foi outra: só pela via igualitária da argumentação e do esclarecimento podíamos, ao lidarmos com a arte e a literatura, o direito e a moral, a sociedade e a política, tornar-nos contemporâneos de uma modernidade que, até 1945, se mantivera fechada à minha geração.

O «esclarecimento» cruzava o nosso caminho sobretudo sob a forma da impressionante evolução intelectual de Kant a Marx. No entanto, quando muito estimulados por estudos como o de Löwith, intitulado *Von Hegel zu Nietzsche*, tínhamos de dar o último passo, de Hegel a Marx, por nossa conta. O esclarecimento não é o conhecimento científico enquanto tal, mas a dissolução de uma auto-ilusão, a reboque de um progresso cognitivo. A ciência é o *medium* de um esclarecimento que Herder, Humboldt e Hegel tinham entendido como um processo cultural libertador. A tentativa exaltada de Hegel de recriar a unidade quebrada de filosofia e ciência no espírito absoluto provocou, no entanto, aquela crítica dos jovens hegelianos que representa uma «ruptura no pensamento do século XIX». Desde então, a filosofia tem andado numa busca de traços de razão nas contingências da história. Feuerbach e Marx colocaram a «realidade tornada racional» de Hegel no estatuto de um *potencial* de razão amadurecido ao longo da história, que ainda aguarda a sua realização prática. Deste modo, devolveram a uma história universal, que continuavam a compreender como um processo

---

(2) Peter Dews, que na sua introdução à colectânea por ele organizada, *Habermas: A Critical Reader*, Oxford, 1999, pp. 1-28, se debruçou de um modo competente sobre as minhas reflexões metafilosóficas, fala em «*avoidance of ultimate questions*», p. 20.

formativo, a dimensão do futuro aberto. E associaram ao tópico da «realização da história» uma ideia que em tempos fiz minha: que a filosofia já não podia ser entendida enquanto tal, mas já apenas como *crítica*.(3)

Depois de Hegel, uma teoria da sociedade, que se apresentava com pretensões científicas, herdou da filosofia da história a tarefa de um auto-entendimento do presente informado quanto à evolução histórica. Na sucessão das formações sociais, ela busca potenciais de racionalidade acumulados, mas por enquanto bloqueados. Assim sendo, esta teoria não se distingue de outras ciências sociais apenas pelo quadro categorial mais abrangente (que, até Talcott Parsons, também integra a antropologia cultural, as ciências económicas e políticas), mas pela «intenção prática» de um diagnóstico do presente dotado de conteúdo empírico, mas aberto ao futuro. Sem um critério normativo, porém, que tinha de ser especificado, não se conseguem fazer tais diagnósticos, por sólido que seja o seu conteúdo empírico.

Com o seu conceito da «crítica da ideologia», Marx tinha desenvolvido um tal critério a partir da figura do processo auto-reflexivo de formação. A dissolução reflexiva de ilusões orientadoras da acção devia promover a libertação de coações sociais, de modo a fazer das consequências práticas um acréscimo de autonomia. Os progressos na dimensão da liberdade e da repressão deviam se assacados ao trabalho de toupeira de auto-reflexão, que deixa os seus vestígios em formações da consciência histórica. Ainda em 1971, imaginava a estrutura teórica da concepção da história de Marx como uma dupla «auto-reflexão da história da espécie»: «Com a reflexão do contexto da sua génese e com a antecipação do contexto do seu uso, a teoria compreende-se a si própria como um momento catalisador necessário do contexto vital da sociedade que analisa; mais concretamente, analisa este último como um contexto de coacção integral e sob o ponto de vista da possibilidade da sua superação.»(4) No entanto, no mesmo texto também vêm à baila objecções, devido às quais esta concepção fracassa. A reificação do «auto» da auto-reflexão em «sujeito genérico» induz erroneamente a que se transfira a figura

(3) Cf. J. Habermas, «Literaturbericht zur philosophischen Diskussion um Marx und den Marxismus», *Philosophische Rundschau*, V, fascículo ¾, 1957, pp. 165-235.
(4) J. Habermas, Introdução da reedição de *Theorie und Praxis*, Frankfurt/M., 1971, p. 9.

do processo de formação depreendida de histórias de vida individuais para a História como um todo, de forma que aos mundos da vida partilhados intersubjectivamente se substituem sujeitos em grande formato.(5)

Assim que os meios conceptuais da «acção comunicativa» e do «discurso» se substituam às figuras do pensamento da filosofia da consciência, posso proceder a uma diferenciação no conceito da auto-reflexão negligenciada em *Conhecimento e Interesse*. A explicação habitual no sentido de um conhecimento de sujeitos que falam, julgam e agem com competência, saber esse que começa por apenas estar presente de forma performativa, não pode ser confundida com a crítica consciencializadora de auto-ilusões. Isto recorda à filosofia a sua tarefa originária, que consiste na *reconstrução racional* de saber de execução implícito. E como «este tipo de saber sempre (reivindicou) o estatuto [...] de um saber "puro"»(6), também a filosofia já não pode *resumir-se* à «crítica». Deste modo, a *Teoria da Acção Comunicativa* desenvolve-se, ao longo dos anos 70, a partir de uma compreensão alterada da filosofia. Pois com a reorientação da teoria da sociedade baseada na crítica da dominação proveniente de de uma auto-reflexão emancipatória para as bases próprias da teoria da racionalidade da razão comunicativa, também as reflexões «metafilosóficas» se encaminham noutra direcção.(7) De ora em diante, tais reflexões visam antes de mais uma diferenciação das diversas tarefas e papéis que tinham vindo a coabitar no conceito excessivamente politizado da crítica. Nesse âmbito, o primeiro texto, ainda do ano de 1971, caracteriza o ponto de partida de um desenvolvimento que conduz à apreciação segundo a qual hoje se desenha uma nova constelação na relação entre a filosofia e as ciências, de um lado, e a religião, do outro. A numeração dos comentários que se seguem refere-se à sequência dos textos que constam deste volume.

---

(5) Relativamente a esta autocrítica, cf. igualmente J. Habermas, «Trinta anos depois: observações sobre *Conhecimento e Interesse*», in: St. Müller-Doohm (org.), *Das Interesse der Vernunft*, Frankfurt/M., 2000, pp. 12-22.

(6) Habermas (1971), p. 30.

(7) Não é sem reservas que me sirvo desta expressão tornada corriqueira. A diferença entre níveis da linguagem que a expressão «metafilosófico» sugere não reflecte de forma adequada o carácter auto-referencial da crítica da razão.

(1) a (4) O *primeiro texto* retoma a pergunta «Para que serve ainda a filosofia?» a fim de contrapor à resposta nostálgica de Adorno, que ainda assim pretende manter a fidelidade à metafísica despedida, um balanço sóbrio. No entanto, também este acaba por ter um resultado ambivalente. As escolas filosóficas que ainda existiam naquela altura viviam à sombra do prestígio desses anos 1920 que hoje identificamos como a fase mais produtiva da filosofia alemã desde 1800. O texto trai, por um lado, a satisfação com o facto de a República Federal da Alemanha se ter tornado, na era da coligação social-liberal, pela primeira vez «contemporânea da Europa ocidental»; mas não é menos evidente um lamento pelo desaparecimento dos traços erráticos de um inconformismo que a filosofia alemã também parecia dever à assincronia do desenvolvimento político do país. A fisionomia desta «forma do espírito noutros lugares já decomposta» manifesta-se na sensibilidade para aquilo que, numa modernização que se vai acelerando, também fica pelo caminho em termos de substância humana. Característicos dessa fisionomia são sobretudo a referência crítica à contemporaneidade por parte da filosofia e o objectivo ambicioso de uma «teoria da época presente», tal como o comportamento narcísico dos professores académicos e a consubstanciação idiossincrática do pensamento filosófico no estilo e no *habitus* de personalidades *sui generis*.

Em comparação com esta geração de professores, chamaram-me a atenção nessa altura as tendências de cientificização da filosofia que entretanto – não obstantes os pensadores pós-modernos em França –se impuseram efetivamente: por um lado, a despersonalização e um correspondente esmorecimento da capacidade de constituir escolas das ideias filosóficas; por outro, a reorientação do desenvolvimento das ideias filosóficas, que saiu do discurso dos seminários da doutrina a investigar, para o método de trabalho e o modo de resolução de problemas de uma pesquisa levada a cabo num molde empresarial. Esta integração disciplinadora no sistema científico afecta em primeira linha o papel esotérico da filosofia como uma especialidade entre outras. As reflexões sobre o papel exotérico da filosofia que na altura apresentei revelam um carácter muito datado.

A filosofia devia comportar-se de forma «crítica» para dois lados: tanto para o lado das concepções tecnocráticas de um progresso científico-técnico que devia estar sob a alçada do Estado, como para o das consequências irracionais de uma secularização aparentemente impossível de deter, mas a descarrilar no plano mental. Confrontada com as novas seitas e movimentos religiosos que a contracultura tinha ajudado a pôr em campo, a filosofia secularmente esclarecida devia-se compreender como a verdadeira herdeira do conteúdo utópico da tradição judaico-cristã e mobilizar um individualismo igualitário contra uma temida subversão da consciência moral. A filosofia deve então olhar para os dois lados no seu exercício da crítica da razão. Tem de clarificar a sua relação tanto com a religião como com as ciências e as respectivas aplicações e dar um contributo clarificador para o auto-entendimento da Modernidade. Sobre esta base também pode, no âmbito de uma cultura política liberal, desempenhar um papel público – como uma «guardiã da racionalidade» que se mantém consciente da sua falibilidade.

No decurso dos anos 1970 tinha-se tornado moda compreender a «crítica da razão» já não no sentido duplo de um *genitivus obiectivus* e *subiectivus*, mas como crítica unilateral da aparência *necessariamente* falsa de uma autocompreensão fundamentalista da razão. No *segundo texto* defendo, em contrapartida, a crítica da razão no sentido kantiano do *auto*-esclarecimento sobre o uso correcto da razão, ou seja, limitado pela autocrítica. A crítica do fundamentalismo da razão apenas tem razão na medida em que insiste na posterioridade da reflexão filosófica. No sistema científico, a filosofia não pode desempenhar o papel de uma ciência fundamental; em vez de *indicar* o respectivo *lugar* a outras disciplinas, pode, quando muito, infiltrar-se no curso de ciências que obedecem à sua própria lógica para *manter livre* um *lugar* para estratégias teóricas fortes. Como na altura tinha em mente o dia a dia da investigação num dos institutos Max Planck e acentuava o papel cooperativo da filosofia, reduz-se a pouco neste texto, o *proprium* com que a filosofia pode contribuir para esta divisão do trabalho: o trabalho científico especializado efectuado nas disciplinas nucleares.

No entanto, a filosofia não se encontra apenas em diálogo com as ciências. Precisamente o trabalho de análise conceptual da lógica e da filosofia da linguagem, da epistemologia e da teoria da acção trai a proximidade ao *common sense*, mais precisamente à capacidade quotidiana dos sujeitos que julgam, falam e agem com competência. A filosofia mantém com o pano de fundo intuitivo do mundo da vida performativamente presente uma relação íntima, mas ao mesmo tempo crítica, uma vez que torna explícito o saber de uso que «conhecemos desde sempre» e assim arranca-o ao *modus* de execução do saber quotidiano. ([8]) A relação com o mundo da vida assegura ainda ao pensamento pós-metafísico uma referência ao todo, se bem que já não ao ser hipostasiado no seu todo, ainda assim ao contexto dado pré-teoricamente do todo do nosso meio histórico, social e cultural.

É por esta referência à totalidade que se explica também a circunstância de que a filosofia pode *manter* uma função de auto-entendimento, passando por cima de todas as tendências no sentido da cientificização. Nunca abre inteiramente mão do discurso da Modernidade, mesmo que este em certas alturas se transforme a teoria social.([9]) Neste discurso, tem de respeitar tanto a autonomia das «esferas de valor» (M. Weber) diferenciadas da ciência e técnica, do direito e moral, da arte e crítica de arte no seu sentido próprio como, no seio do sistema científico, o sentido próprio das disciplinas individuais. Mas como *re*constrói estas estruturas pré-existentes, adquire um «multilinguismo» que, na esfera pública, a qualifica para intérprete tanto entre as culturas de peritos como entre estas e o mundo da vida.

Enquanto a filosofia não se atrofiar inteiramente numa especialidade académica, responde – por muito discretamente que seja – à necessidade de orientação das sociedades modernas e preserva deste modo a sua referência à prática. Mas a atribuição dos frágeis papéis de «lugar-tenente» dentro e de um «intérprete» fora do sistema científico deixa em aberto essa questão a que os jovens hegelianos tinham respondido com uma inversão da relação clássica entre *teoria e prática*: será que a filosofia também pode dar um contributo para o auto-entendimento sobre uma prática *transformadora*? Afinal era por essa via que o tema da relação entre teoria e prática adquirira precisamente um sentido de crítica da sociedade. No âmbito de um ordenamento democrático existente, porém, esta questão tem de assumir um teor reformista, uma vez que o Estado de direito democrático é

([8]) J. Habermas, «Edmund Husserl über Lebenswelt, Philosophie und Wissenschaft», in: *idem, Texte und Kontexte*, Frankfurt/M., 1991, pp. 34-48.
([9]) Cf. a Introdução do vol. 1 das *Obras Escolhidas*, pp. 11-27.

de recorte auto-reflexivo e até vincula a autotransformação da sociedade a procedimentos.([10])

O *terceiro texto* reproduz excertos de uma entrevista realizada por Michael Haller depois da grande transformação de 1989/90 sobre temas da actualidade, como a guerra do Golfo e o processo da reunificação alemã. Especialmente em tempos de crise, impõe-se a questão céptica de saber o que uma teoria crítica da sociedade ainda pode realizar em matéria de esclarecimento. Aproveito esta oportunidade para recordar que a «emancipação» já não pode ser um conceito-chave da teoria da sociedade, se a crítica, desprovida de qualquer cobertura no plano da filosofia da história, se puder apoiar unicamente nas determinações formais da razão comunicativa. Teorias da sociedade de uma elevada abstracção podem, quando muito, sensibilizar-nos para tendências antagónicas e elucidar-nos no sentido de entendermos essas ambivalências como apelos a responsabilidades crescentes nas margens de manobra para a acção que se vão encolhendo. Evidentemente, tempos de crise não se limitam a criar perplexidades; apuram igualmente o olhar para o tipo de problemas que têm de ser resolvidos pela via da acção colectiva – e apenas podem ser resolvidos desse modo se os parâmetros convencionados da discussão pública se alterarem, permitindo que novas alternativas políticas entrem no campo de visão.

O *quarto texto* volta, «após o fiasco da falsa tradução da teoria na prática», a debruçar-se sobre este tema, a fim de explicitar o nexo entre a filosofia e a democracia. Ambas nasceram no mesmo contexto histórico e permanecem funcionalmente entrosadas uma com a outra. Por isso não surpreende não encontrarmos hoje filósofos apenas nos papéis específicos de «peritos» ou «conselheiros de vida», como também no papel do intelectual político. Para tal, os filósofos disponibilizar-se-ão tanto mais facilmente se partilharem uma compreensão dinâmica da constituição e compreenderem a constituição democrática como o projecto de tirar proveito de uma forma diferente e, se possível, melhor do conteúdo normativo dos princípios constitucionais sob circunstâncias históricas respectivamente alteradas. Evidentemente, a filosofia é, tal como qualquer outra ciência, um empreendimento

([10]) Relativamente à questão da desobediência civil, cf. J. Habermas, *Die Neue Unübersichtlichkeit*, Frankfurt/M., 1985, pp. 79-117.

falibilista e não outorga aos intelectuais que pretendem tirar partido dos seus conhecimentos filosóficos qualquer legitimação específica que de alguma forma vá além da qualificação de um cidadão do Estado.

(5) a (7) Após a viragem induzida pela teoria da comunicação continuo a tomar como ponto de partida uma leitura inspirada nos jovens hegelianos da história da filosofia mais recente. De acordo com esta leitura, Kant desvalorizou a classe específica de argumentos de que se tinha servido a metafísica; em seguida, Hegel, com a transição do espírito «subjectivo» para o espírito «objectivo», deu um passo em direcção à crítica da filosofia da consciência, na medida em que se apercebeu da importância filosófica do novo interesse pela história, pela cultura e pela sociedade. Após a despedida do idealismo, esta destranscendentalização do espírito tornou possível a busca empiricamente informada pelas encarnações simbólicas de uma razão historicamente situada em formas de vida socioculturais. Um pensamento pós-metafórico esclarecido pelo historicismo e pelo pragmatismo conserva o universalismo da herança kantiana na medida em que defende um conceito de razão fraco e falibilista, mas não derrotista. Mesmo no meio difusor das linguagens e das formas simbólicas, a razão continua a ser igual a si própria. Esta posição necessita de justificação perante a continuação mais ou menos quebrada do pensamento metafísico da unidade do todo não menos do que perante o contextualismo de uma crítica da razão auto-referencialmente radicalizada.

O *quinto texto* clarifica esta frente dupla do pensamento pós-metafísico. Na qualidade de comunicativa, a razão afirma, na pluralidade transitória das suas vozes, uma unidade processual. O tema «unidade e pluralidade», que foi uma preocupação central da filosofia desde os seus primórdios, apresenta-se de modo diferente nos paradigmas ontológico, mentalista e linguístico. O problema de saber como a unidade se mantém na passagem pelas diferenças não pode ser resolvido de um modo convincente nem de forma genética: dizendo que o múltiplo provém do uno; nem de forma funcional: pela síntese de um espírito que instaura a unidade na multiplicidade; nem tão-pouco de forma dialéctica: pela superação de perspectivas opostas. Pode, sim, ser resolvido de forma construtiva: pela capacidade de antecipação das suposições contrafactuais a que se procede em conjunto no diálogo.

Que parceiros num diálogo, por muito estranhos que sejam uns aos outros, podem por princípio aprender uns com os outros no discurso e verificar ao mesmo tempo o que aprenderam ao lidarem com um mundo suposto entre todos como sendo objectivo, é um facto. Este facto da aprendizagem mutuamente entrosada *de uns com os outros* e *com o mundo* não poderia ser explicado, se conceitos como verdade, racionalidade ou justificação não desempenhassem *o mesmo* papel pragmático em qualquer comunidade linguística, nem que seja à luz de interpretações diversas, e não permitissem desse modo uma orientação respectivamente *comum* pelo objectivo do entendimento sobre pretensões de validade que transcendem o contexto.

A obra filosófica da vida de Dieter Henrich, que tem por objectivo uma metafísica após Kant, constitui um desafio para a tese que preconiza a transição para o pensamento pós-metafísico. O *sexto texto* nasceu efectivamente de uma controvérsia com Dieter Henrich([11]); no entanto, merece interesse mais no contexto de uma clarificação geral quanto ao estatuto do pensamento pós-metafísico do que em referência a esta discussão específica e ainda não encerrada.([12]) Nas suas expressões clássicas, a metafísica enquadra-se entre aquelas tradições fortes que interpretam o mundo, ou a história universal, de modo homólogo à estrutura total do mundo da vida centrado à nossa volta. Mas a filosofia moderna, que continua a manter uma relação privilegiada com o mundo da vida, apenas consegue apreender esta totalidade como um pano de fundo dado *pré-teoricamente*. Isto explica a despedida de *imagens do mundo* metafísicas e religiosas que concebem o horizonte do mundo da vida ao mesmo tempo abrangente e a recuar do mundo da vida como uma totalidade *objectiva*. Para mais, os conceitos fundamentais de ordem metafísica e religiosa tiram proveito de uma fusão de pretensões de validade que se dissolveu com a diferenciação hoje já não iludível do saber factual relativamente a intelecções práticas morais e juízos estéticos.

([11]) D. Henrich, «Was ist Metaphysik – was Moderne? Zwölf Thesen gegen Jürgen Habermas», in: *idem*, *Konzepte*, Frankfurt/M., 1987, pp. 11-43.

([12]) Para a continuação da discussão, cf. D. Henrich, *Denken und Selbstsein*, Frankfurt/M., 2007, cap. IV.

Uma metafísica pós-kantiana que parte do auto-relacionamento epistémico na consciência e na autoconsciência pretende evitar a objectivação do todo da natureza e da história e, ainda assim, prolongar a linha idealista do pensamento da unidade do todo. Neste empreendimento depara com dois problemas que se impuseram no decurso do século XIX. Por um lado, a filosofia vê-se obrigada a conciliar Kant com Darwin e Einstein e, em termos gerais, a autocompreensão pessoal com auto-descrições objectivantes nos termos das ciências da natureza. Por outro lado, a ascensão das ciências sociais e humanas e a irrupção da consciência histórica na filosofia abala as bases do paradigma mentalista. A destranscendentalização da consciência desalojou o auto-relacionamento epistémico do seu papel-chave em termos estrategico-teóricos.

O *sétimo texto*, que examina sistematicamente o estatuto do pensamento pós-metafísico, caracteriza esta corrente do pensamento sob os motes da «viragem linguística», da «situação da razão» e da «racionalidade processual». Expressam-se neles os motivos pertinentes para a desvalorização de modelos explicativos de ordem metafísica, mesmo que os contornos evanescentes do pensamento metafísico não façam jus à herança grega, sobretudo aristotélica, que o pensamento pós-metafísico recebeu. Da inversão da relação clássica entre a teoria e a prática decorre, aliás, um «deflacionamento do extra-quotidiano» em que se denuncia uma unilateralidade da tradição filosófica, que tem abundantes consequências: a concentração na função descritiva da linguagem e a redução da razão à faculdade do conhecimento teórico.

Este tipo de «logocentrismo» permanece inofensivo, enquanto «teoria» se escrever com «T» grande e aliciar com a promessa de orientar «na vida» os sujeitos que agem e vivenciam. A metafísica deve a esta função percebida implicitamente uma aura de que o idealismo alemão ainda conseguiu salvar um resquício e trazê-lo até à era do humanismo cultural transmitido pela universidade. A perda desta aura é um sinal tardio de que, a partir do século XVII, a filosofia perde a sua função de imagem do mundo. Dito isto, impõe-se a questão crítico-racional de saber em que ainda pode de todo consistir o ofício desencantado pós-metafisicamente da filosofia.

A este respeito, a tendência para a «caracterização ocidental da linguagem como *logos*» não é de modo algum inequívoca. Uma linha argumentativa que remonta a Hume aponta na direcção de uma aliança exclusiva da filosofia com as ciências respectivamente mais avançadas, e assim, consideradas paradigmáticas. A isto corresponde a redução da razão a um conceito estreito de racionalidade. Mas a mesma tendência também pode expressar-se no aviso contra o irracionalismo emanado por uma forma de tal modo reduzida da razão teórica. Uma linha argumentativa inversa, que remonta a Kant, aspira, por isso, a uma diferenciação entre dimensões diferentes de uma razão desencantada pós-metafisicamente, tornada independente mesmo relativamente à religião. Kant recolheu os *disjecta membra* da razão especulativa superada para voltar a reuni-los no solo da sua crítica da metafísica. Hoje, esta filosofia depara com dois movimentos: por um lado, com um naturalismo cientificista que, pedindo emprestado à biogenética e à neurobiologia, à robótica e à teoria neodarwinista da evolução, moderniza a «imagem científica do mundo» do século XIX e do início do século XX; por outro lado, com a renovação ambígua de uma religião que tanto se descarrega numa violência fundamentalista como também se oferece como fonte de potenciais semânticos não reintegrados. Estas contradições suscitam novamente a questão crítico-racional da autocompreensão do pensamento pós-metafísico.

(8) e (9) A concepção oriunda do cientificismo, segundo a qual em última instância o único que «conta» é um saber fisicalista ou um saber desse tipo, deixa a filosofia em apuros. Mesmo aos filósofos que partilham esta concepção resta, quando muito, a assimilação ao estilo de uma ciência «dura». Mas este mimetismo ainda não torna o trabalho de análise conceptual uma ciência empírica. O *oitavo texto* responde ao desafio do naturalismo, levando a cabo, com uma genealogia do pensamento pós-metafísico.

Se partirmos do princípio de que o trabalho da filosofia hoje consiste essencialmente na explicação de competências gerais, assim como na reflexão sobre o sentido próprio das formas diferenciadas da cultura, antes de nos darmos conta, o mundo da vida torna-se um tema geral que, no contexto da diferenciação interna da especialidade, ainda mantém juntas as divergentes filosofias do hífen. Em termos mais concretos, o saber de execução de sujeitos que ajuízam, falam e agem com competência radica na estrutura *subjacente* de um mundo da vida que pode ser compreendido como o conjunto das condições de possibilitação de uma atitude objectivante relativamente ao mundo e da adopção mútua das perspectivas alheias, para a utilização comunicativa e expositiva de linguagens proposicionalmente diferenciadas, assim como para a acção instrumental e a cooperação social. Por outro lado, esta estrutura geral do mundo da vida encarna na multiplicidade das práticas sociais e formas culturais historicamente pré-existentes da ciência e da técnica, do direito e da moral, da arte e da crítica.

Da perspectiva de um conceito do mundo da vida desenvolvido no âmbito da teoria da comunicação, a tentativa de Husserl de, no regresso ao mundo da vida, pôr a descoberto o «fundamento esquecido do sentido» das ciências oferece-se como ponto de partido para a confrontação com o naturalismo. Mas a pergunta genealógica pela origem deste conceito no tratamento da herança metafísica e religiosa da era axial solapa em simultâneo essa diferenciação transcendental que prenuncia o diagnóstico de Husserl de que o entendimento cientificista das ciências se deve a uma autocompreensão objectivista equivocada. Da perspectiva do percurso «das imagens do mundo para o mundo da vida» não é de todo líquido que o papel epistémico do mundo da vida possa ser compreendido no sentido de uma produção transcendental de áreas temáticas das ciências da natureza. Pois só nesse caso ergueriam uma barreira *intransponível* contra a revisão por parte das ciências da natureza da autocompreensão das pessoas, a operar no quotidiano. Efectivamente, a genealogia do pensamento pós-metafísico evidencia que um mundo da vida *recalcado* para a consciência transcendental e *superado* na esfera do inteligível apenas pode surgir *enquanto tal* pela via de uma destranscendentalização da razão.

A constelação conceptual de mundo da vida, mundo objectivo e mundo do quotidiano serve-me de chave para uma análise em traços largos do desenvolvimento de imagens do mundo. Ela apresenta-se da perspectiva convencional da «imagem científica do mundo» como um desemaranhamento cognitivo progressivo do mundo objectivo, cientificamente apreensível, dos aspectos projectivamente objectivados do respectivo mundo da vida a operar em segundo plano. A filosofia tem uma participação importante neste processo ao elaborar, antes de mais, um conceito ontológico do mundo como o ser que é no seu todo e, desde o século XVII, um conceito epistemológico do mundo como totalidade dos objectos cognoscíveis. Esta tendência para a objectivação que se inicia com as ciências da natureza modernas parece desembocar no facto de um naturalismo agudizado pelo cientificismo ter a última palavra.

Mas esta concepção não se adequa a uma outra tendência, que se inicia com as ciências sociais e humanas, de objectivação de secções do mundo quotidiano constituídas ao nível do mundo da vida. Pois é a partir dessa altura que se polariza a imagem que nos fazemos do mundo objectivo, uma vez que a objectivação dos fenómenos quotidianos aponta *em direcções diversas*. Não devemos ter a ligeireza de confundirmos a «objectivação» com a ajustamento dos acontecimentos intramundanos à dimensão em que se lida com fenómenos manipuláveis e mensuráveis. Enquanto as ciências da natureza se aproximam da ideia de uma avaliação imparcial pela via de uma eliminação das qualidades próprias do mundo da vida inerentes ao mundo quotidiano, as ciências humanas apenas podem tentar atingir o mesmo objectivo pela via da certificação hermenêutica e da reconstrução aprofundadora de experiências e práticas do mundo da vida. Perante esta objectivação bipolar complica-se o projecto de uma naturalização do espírito. Nomeadamente, a constituição intersubjectiva de um espírito estruturado simbolicamente poderia obstruir às ciências cognitivas o *caminho directo* de imputarem vivências subjectivas a operações do cérebro.

Dito isto, já se encontra enunciado o vector de ataque do *nono texto*. Este aproveita o controverso problema da liberdade da vontade como pretexto para pôr em campo contra o cientificismo um naturalismo fraco. Entre um acesso ao mundo dos estados e acontecimentos mensuráveis fisicalisticamente a que se procede da perspectiva do observador e um acesso hermenêutico ligado à perspectiva de um participante a objectos e práticas simbólicos existe um hiato epistémico. O dualismo dos jogos de linguagem correspondentes tem de ser levado a sério, porque uma coisa não pode ser reduzida à outra. As diferenças entre descrições concorrentes de objectos putativamente idênticas não podem ser sanadas com recurso à semântica. Nem as consequências dissonantes de tentativas de redução podem ser atenuadas pelo compatibilismo. O cérebro não pensa.

Por outro lado, temos a necessidade de uma imagem coerente do Universo que inclua o Homem como ser natural. É este o motivo para a busca pela dimensão conceptual de uma história natural em que as condições de partida de processos de aprendizagem socioculturais reconstruídas «de cima para baixo» com os meios da análise conceptual podem ser identificadas com uma constelação de propriedades naturais explicadas «de baixo para cima» com os meios da teoria da evolução. Uma tal «correspondência» teria, por exemplo, de ser estabelecida através da ponte semântica de uma concepção suficientemente abstracta da aprendizagem e do desenvolvimento que instituísse um contínuo conceptual entre as categorias das ciências da natureza e humanas.([13])

(10) a (12) A distanciação do pensamento pós-metafísico relativamente à metafísica processou-se em paralelo com uma emancipação relativamente à protecção que lhe era dada pela teologia. Os discursos então relevantes da teoria do conhecimento e do direito racional cristalizam-se em torno das duas inovações da época: a ciência matematizada da natureza que procede de forma experimental, e o poder burocrático do Estado secular. Destes discursos acaba por resultar a autocompreensão simultaneamente científica e secular do esclarecimento filosófico. A filosofia alia-se às ciências, a que tem de deixar o seu próprio curso; ao mesmo tempo, despede-se, ao distanciar-se criticamente da religião e da metafísica, também do seu próprio passado. No entanto, a pressuposição metódica do *etsi Deus non daretur* ainda não diz nada sobre o tipo e o conteúdo da crítica da religião.

Enquanto os enciclopedistas procuravam explicações para erros e ilusões religiosos, ou seja, uma verdade *sobre* a religião, os filósofos do idealismo alemão dedicaram-se à busca por conteúdos de verdade *nela* (independentemente das formas em que caracterizavam o ideário religioso no seu todo). É certo que Kant e Hegel reivindicaram para a filosofia o direito de separar

---

([13]) Na filosofia da natureza de Schelling, é o conceito idealista do processo de formação que assume este papel, ao passo que Jean Piaget tentou, na sua fase tardia, generalizar a concepção cognitivista da aprendizagem ensaiada no estruturalismo genético de tal forma que também se preste a uma utilização naturalista nas ciências biológicas.

o verdadeiro do falso nos conteúdos da tradição cristã. Para descobrir as diferenças, porém, envolveram-se com as pretensões de verdade concorrentes; tiveram de considerar a religião como uma forma do espírito à semelhança da arte e da literatura. Também eles fizeram da religião em geral um conceito, mas não se interessam pelas funções ou causas das representações religiosas em geral. A filosofia da religião deverá colmatar uma lacuna numa concepção, que de outro modo permanece incompleta, do espírito humano. Com o seu conceito da religião da razão pura, Kant responde a questões que a sua filosofia da moral deixa em aberto. E Hegel, ao compreender a religião como uma forma do espírito absoluto, abre os olhos da filosofia para a proveniência dos seus próprios conteúdos religiosos vertidos em conceitos.

O *décimo texto* parte da observação de que a crítica da razão de Kant não mantém porventura uma distância igual relativamente à religião e à metafísica. Enquanto a dialéctica transcendental se esgota na tarefa de restringir a razão teórica à utilização do entendimento orientada pela experiência e de chamar à ordem a razão especulativa exuberante com os meios da crítica da metafísica, a filosofia da religião não se limita de modo nenhum ao ofício destrutivo da crítica da religião. Procura igualmente cumprir a tarefa de chamar a atenção da razão prática para fontes religiosas de modo a que esta possa aprender alguma coisa sobre a conexão precária entre a medida em que uma pessoa moralmente meritória é digna da felicidade e a esperança *fundamentada* relativamente a uma felicidade que realmente venha a ser-lhe atribuída. A filosofia da religião é capaz de decifrar o conceito do «soberano bem», que tem o seu lugar na filosofia moral, como tradução da representação escatológica transmitida pela Bíblia do «Reino de Deus sobre a Terra»; ao fazê-lo, chama implicitamente a atenção para um défice que não pode ser resolvido no âmbito da própria teoria da moral.

Como seres racionais, mostramos interesse em promover um fim último, embora apenas sejamos capazes de conceber a «concordância da moral e da felicidade» como resultado da intervenção de um poder superior; pois nenhum entendimento humano pode alguma vez prever no seu todo o enredamento cumulativo das consequências secundárias contingentes de acções morais ordenadas individualmente. Ora, Kant era da opinião de que se podia postular um tal poder porque afinal estávamos obrigados a promover o soberano bem (ao passo que ninguém pode ser obrigado moralmente a algo que seja impossível). Na realidade, porém, o problema consiste no facto de Kant elevar uma promoção do soberano bem, que apenas seria possível sob a forma da acção cooperativa, a um dever moral. A exuberância desta intenção extravasa os limites de uma moral racional de recorte individualista e que se dirige à vontade livre de cada pessoa singularmente considerada. Pois todo o indivíduo está numa relação «imediata» com a lei moral. Sem querer, Kant chamou assim a atenção para um défice que pretende compensar na filosofia da religião.

Uma moral que obriga a pessoa singularmente considerada fecha-se à dimensão pública da acção comunitária; por bons motivos, não pode fazer de expectativas que só podem ser cumpridas por via da acção solidária de um colectivo o conteúdo de postulados morais. A filosofia da religião de Kant, por seu lado, versa sobre o contributo colectivo que a igreja e o «povo de Deus» nela institucionalizado *devem* dar para a «instauração de um Reino de Deus na Terra». Em tais trechos, a razão prática parece deparar, na tradição bíblica, com motivos *não reintegrados* que ainda assim lhe merecem interesse.

Enquanto Kant chama a atenção para conteúdos de que a razão secular se pode apropriar nas tradições religiosas, Hegel descobre a rica herança semântica de representações religiosas que a filosofia já verteu em conceitos. Ainda assim, Kant e Hegel estão igualmente convencidos de que as religiões são, no essencial, um fenómeno do passado e de que a tarefa da filosofia consiste unicamente em extrair dessa massa de tradições o núcleo racional. Os clássicos da sociologia partilham o olhar sobre a religião como uma forma *passada* do espírito e desenvolvem uma teoria da secularização social destinada a explicar de forma empírica o desaparecimento da consciência religiosa. O desenvolvimento das sociedades europeias parecia confirmar esta perspectiva. Mas, a partir de uma perspectiva alargada à escala global, levantaram-se dúvidas, entretanto, sobre a solidez da teoria da secularização. A controvérsia das últimas décadas obrigou a enunciados diferenciados e retirou as bases ao prognóstico de que a religião viria a desaparecer na esteira da modernização cultural e social da sociedade.

O *décimo primeiro texto* parte deste debate e dá outra volta à questão da secularização no contexto da necessidade de regulação política de uma sociedade mundial de cariz multicultural em gestação. O discurso intercultural sobre direitos humanos e concepções de justiça que se pôs em marcha não só tem de superar o conflito entre as mundividências religiosas como os antagonismos entre partidos religiosos, por um lado, e secularistas, por outro. Aqui entronca de imediato a questão filosófica de saber como um pensamento pós-metafísico que se compreende a si próprio como guardião de uma razão emancipada da tutela religiosa se relaciona com uma religião que se apresenta sob uma configuração contemporânea. Afinal não são só considerações pragmáticas e razões empíricas que obrigam a ter em conta politicamente a presença continuada de igrejas e comunidades religiosas. Antes, experiências históricas e conhecimentos obtidos reflexivamente apontam no sentido de que a filosofia hoje já não pode tratar as religiões universais vitais no papel de um inspector que verifica o conteúdo de verdade de tradições religiosas. Nem sequer de uma perspectiva ocidentalmente limitada pode a filosofia saber se o processo de aprendizagem, em cujo decurso até ao presente se apropriar discursivamente de conteúdos semânticos provenientes da tradição judaico-cristã, pode ser continuado, ou se porventura ficará por concluir. Uma relação dialógica fértil apenas se pode criar entre uma filosofia agnóstica, mas predisposta para a aprendizagem, e uma religião que, por seu lado, se tornou reflexiva. Enquanto uma das partes insistir na fronteira entre os universos da fé e do saber e a outra renunciar a tentativas de açambarcamento, ambas as partes têm de saber que um diálogo não é um jogo de soma nula e que exclui a instrumentalização do outro. O que um ganha não tem de se perder para o outro.

O *décimo segundo texto* é uma apologia de um tal diálogo. Indica os motivos para uma nova verificação operada com os meios da crítica da razão do posicionamento do pensamento pós-metafísico *entre* a ciência e a religião. Neste contexto, a razão secularista, *exclusivamente* crítica da religião e partidária de uma compreensão da ciência inspirada no cientismo, converte-se num *modus* reflexivo que defende a sua autonomia em ambas as direcções – tanto contra a voragem de uma assimilação à elaboração teórica das ciências da natureza como contra um fundamentalismo religioso. Evidentemente, o pensamento pós-metafísico apenas pode reconhecer figuras contemporâneas do espírito em tais comunidades religiosas que sabem que as suas mensagens têm de se fazer ouvir no seio do invólucro diferenciado da Modernidade, e apenas naquelas teologias que também reconhecem a genealogia do pensamento pós-metafísico como um processo de aprendizagem.

(13) Desta perspectiva, diálogos que tentam transpor a fronteira entre os jogos de linguagem filosóficos e teológicos substituem-se a teorias que pretendem fazer da religião um conceito. A predisposição para a aprendizagem da filosofia relativamente a uma religião contemporânea não pode ser expressa senão por tal prática. Decerto que também a filosofia da religião como a auto-interpretação racional de uma fé praticada com os meios da filosofia é um ofício meritório. Mas o pensamento pós-metafísico, para o qual a experiência religiosa e o *modus* da fé religiosa continuam a ter um núcleo opaco, tem de renunciar à filosofia da religião. Tão-pouco tenta *reduzir* o conteúdo racional de tradições religiosas àquilo de que consegue apropriar-se de acordo com as *respectivas* normas próprias pela tradução no discurso propriamente dito. O último texto pode, no melhor dos casos, documentar uma prática para a qual a controvérsia entre Karl Jaspers e Rudolf Bultmann é exemplar. Com a reprodução unilateral somente das minhas réplicas cometo uma injustiça contra as vozes que necessariamente faltam dos parceiros do diálogo. Esta apenas pode ser reparada por leitores que se deixem estimular para a leitura das publicações originais.([14])

Ao reler o texto de 1988 surpreende-me uma continuidade de ideias que desmentem uma suposta mudança de orientação.([15]) Entre outras coisas, encontro uma remissão para a «resistência específica» em que embatem quaisquer falsas familiaridades da razão secular à religião. A tentativa de ir pedir emprestadas,

([14]) D. S. Browning, F. Schüssler Fiorenza (org.), *Habermas, Modernity, and Public Theology*, Nova Iorque, 1992; assim como R. Langthaler, H. Nagl-Docekal (org.), *Glauben und Wissen. Ein Symposium mit Jürgen Habermas*, Viena, 2007; relativamente a encontros semelhantes que, entretanto, decorreram, cf. igualmente M. Reder, J. Schmidt (org.), *Ein Bewusstsein von dem, was fehlt*, Frankfurt/M., 2008.

([15]) Uma tal mudança de orientação foi-me atribuída pelos meios de comunicação social depois do discurso de aceitação do Prémio da Paz; cf. J. Habermas, *Glauben und Wissen*, Frankfurt/M., 2001.

em nome da putativa autenticidade, conotações promissoras ao vocabulário religioso não é uma questão de estilo literário, mas do amolecimento do pensamento discursivo. Práticas rituais são testemunhas de um estádio incipiente da história do desenvolvimento do espírito humano. Provavelmente, já as explicações míticas que atribuem um sentido aos ritos são tentativas de interpretação *a posteriori* de um potencial de significado simbolizado de forma pré-linguística.([16]) Esta formação da consciência tornou-se inacessível a nós, filhos e filhas da Modernidade. Somente as religiões mantêm uma ligação a esses primórdios arcaicos, mesmo que hoje o sentido do culto de uma comunidade religiosa se pronuncie em doutrinas extremamente diferenciadas em termos conceptuais. A própria religião não pode sobreviver sem o enraizamento numa prática ritual. É esta circunstância que separa a religião – de um modo ainda mais implacável que a autoridade da revelação – de todas as formas seculares do espírito. Isto deveria servir de aviso a qualquer filosofia que se deixe levar pela exaltação a tentar transpor a fronteira metódica entre a fé e o saber.

([16]) R. A. Segal (org.), *The Myth and Ritual Theory*, Oxford, 1998.

1.

Para que serve ainda a filosofia?

Há quase nove anos, Adorno respondeu à pergunta: Para que serve ainda a filosofia? do modo seguinte: «Sob a única forma que a filosofia poderia ser justificada, depois de tudo o que se passou, ela já não deveria considerar-se competente para o absoluto e até haveria de se proibir a reflexão sobre o mesmo para não o trair, e ainda assim não ceder seja o que for do conceito enfático de verdade. Esta contradição é o seu elemento.»([1]) Ora, esta contradição é o elemento de toda a filosofia que se deve levar a sério desde a morte de Hegel. A questão retomada por Adorno não é fruto de um capricho, antes, desde o fim da grande filosofia, tem acompanhado como uma sombra todo o exercício da filosofia. Ainda assim, foi nesta sombra que quatro, cinco gerações de filósofos sobreviveram ao dito em que Marx anunciava a superação da filosofia. Hoje impõe-se a questão de saber se o espírito filosófico mudou de figura por uma segunda vez. Se então aquilo que em retrospectiva foi designado como a «grande» filosofia chegou ao fim, hoje mesmo os grandes filósofos parecem partilhar esse destino. Afinal, ao longo do último século e meio continuara a afirmar-se, mesmo depois da renúncia à pretensão sistemática a uma prossecução da *philosophia perennis*, o tipo de filosofia que se apresenta em professores (e escritores) de grandes repercussões; multiplicam-se agora os indícios de que esse tipo de pensamento consubstanciado em filósofos individuais está a perder força.

O 80.º aniversário de Heidegger já não foi mais que um acontecimento privado; a morte de Jaspers não deixou qualquer rasto;

([1]) Th. W. Adorno, *Eingriffe*, Frankfurt/M., 1963, p. 14.

por Bloch parecem interessar-se, em primeira linha, os teólogos; Adorno deixa atrás de si um terreno caótico; o livro mais recente de Gehlen já quase só tem um valor meramente biográfico – esta é decerto uma perspectiva alemã, provinciana. Mas, se estiver a ver bem, nos países anglo-saxónicos e na Rússia, a filosofia já desde há décadas entrou naquele estádio que o título da revista oficial da especialidade(2) há muito tempo reclama para a disciplina, mesmo na Alemanha, ou seja, precisamente no estádio da investigação que organiza o progresso científico de forma colectiva. Não quero de modo algum lamentar-me sobre este facto, mas esta circunstância justifica, em primeiro lugar, que nos concentremos no exemplo alemão. Aqui, o fenómeno que nos interessa parece ser dotado de contornos bem perceptíveis: a transformação de um espírito que, por assim dizer, até ontem se moveu no *medium* da filosofia antiga. Seja como for, não me debruço sobre esta questão a fim de traçar uma retrospectiva edificante. O objectivo destas reflexões não é o de fazer as exéquias da filosofia, mas sim explorar as tarefas que hoje se apresentam legitimamente ao pensamento filosófico, depois de ter chegado ao seu termo não só a grande tradição, mas, segundo suponho, também o estilo de pensamento filosófico vinculado à erudição individual e à representação pessoal.

1

Pretendo partir de quatro observações que podemos fazer tendo em conta a filosofia alemã do último meio século.

Antes de mais, (a) salta à vista a espantosa continuidade das escolas e dos questionamentos de princípio. Foi logo nos anos 20 que nasceram, no espaço da língua alemã, as orientações teóricas que ainda dominaram a discussão filosófica nos anos 50 e 60. Naquela altura impuseram-se contra a posição imperial do neokantismo, cuja influência ia muito além das fronteiras alemãs, no essencial cinco impulsos filosóficos: com Husserl e Heidegger, uma fenomenologia orientada em parte pela lógica transcendental, em parte de tendência ontológica; com Jaspers, Litt e Spranger, uma filosofia da vida que entronca em Dilthey, de um colorido parcialmente existencialista, parcialmente

(2) *Zeitschrift für philosophische Forschung.*

neo-hegeliano; com Scheler e Plessner (e de certo modo também com Cassirer), a antropologia filosófica; com Lukács, Bloch, Benjamin, Korsch e Horkheimer, uma filosofia social crítica que recorre a Marx e a Hegel; e, finalmente, com Wittgenstein, Carnap e Popper, o positivismo lógico centrado no círculo de Viena. Ora, depois da segunda guerra mundial, ou seja, depois da saída para o exílio e da repressão da melhor parte da filosofia alemã, estas tradições de modo nenhum ficaram extirpadas; antes, as mesmas teorias e escolas regressaram numa constelação ligeiramente alterada, em muitos dos casos protagonizadas pelas mesmas pessoas. A única excepção é constituída pelo neopositivismo, que entretanto se desenvolveu e diferenciou de um modo invulgarmente fértil e, nos países anglo-saxónicos, se tornou a filosofia dominante, cujas repercussões na Alemanha foram produzias a partir do exterior, em cujos seminários filosóficos alcançou uma grande eficácia indirecta: dos bem sucedidos exilados «de Viena», ninguém regressou. No entanto, todas as figuras centrais que, ao longo das últimas duas décadas, dominaram a cena filosófica na Alemanha podem sem grande esforço ser localizadas na teia das tradições dos anos 20: Heidegger e Jaspers, Gehlen, Bloch e Adorno, Wittgenstein e Popper.

A continuidade do desenvolvimento é ainda mais reforçada por um factor adicional (b): pela forma de manifestação do pensamento filosófico que continua a ser pessoal. Não é um acaso o facto de as constelações filosóficas poderem ser caracterizadas, sem dificuldades de monta, por nomes. Até hoje, o pensamento filosófico tem-se movido numa dimensão em que a forma de exposição não permanece exterior ao pensamento filosófico. A efectiva unidade entre a razão teórica e a razão prática, que até à data se tem exprimido neste tipo de pensamento individuado, requer uma comunicação não só no plano dos conteúdos proposicionais, como simultaneamente no plano metacomunicativo das relações interpessoais. Neste aspecto, a filosofia nunca foi ciência; sempre se manteve vinculada à pessoa do professor (e escritor) filosófico. Que na Alemanha o elemento retórico se tenha mantido até à data (aliás, mesmo naqueles que se insurgem contra o facto em nome de uma filosofia cientificista(3))

(3) Cf., a título de exemplo, H. Albert, «Plädoyer für kritischen Rationalismus», in: C. Grossner et al. (org.), Das 198. Jahrzehnt, Hamburgo, 1969, p. 277-305.

é *de per se*, como o demonstra a comparação internacional, uma circunstância destacada. No entanto, também entre nós se delineia uma despersonalização da filosofia. Provavelmente, daqui a poucos anos, aquela atitude que ainda foi corriqueira nas décadas passadas vai-nos parecer antiquada; refiro-me à atitude retórica com que precisamente Heidegger e Jaspers, Gehlen, Bloch e Adorno defenderam, ensaiaram e divulgaram com toda a naturalidade as suas ideias enquanto professores académicos perante os seus alunos, na esfera pública literária, no publicismo político e mesmo nos meios de comunicação de massa. Como o demonstra o exemplo de Jaspers, para tal nem sempre é necessária uma linguagem expressiva ou altamente estilizada, embora a escolha das palavras-chave filosóficas, por muito seco que seja, aliás, o alemão de cátedra, nunca se revista apenas de uma importância terminológica, tendo igualmente uma qualidade expressiva para os fins da comunicação indirecta. Talvez em breve, na esfera pública alargada, uma filosofia que se apresenta em pessoas representativas seja substituída pela «imagem do mundo» científica sintética, delineada em sempre novas versões pelos divulgadores entre os cientistas individuais ou por jornalistas científicos não diletantes.

Relativamente ao desenvolvimento filosófico na Alemanha é, além disso, digna de reparo (c) a fixação no fenómeno epocal do fascismo. A violência deste processo objectivo polarizou todos os campos. Também os filósofos dos anos 20 e do início dos anos 30 são necessariamente englobados na perspectiva da pré-história intelectual do fascismo; não podem reclamar a indiferença perante o que se seguiu. Depois de 1945, a inocência de uma autocompreensão neutralista teve de qualquer forma os dias contados. A história de vida política separa exilados (e regressados) como Bloch, Horkheimer, Adorno dos emigrantes «interiores» (de variadas gradações) como Jaspers e Litt dos precursores intelectuais ou socorristas temporários do regime como Heidegger, Freyer e Gehlen. No entanto, esta hipoteca biográfica não poderia ter mantido o seu ónus ao longo de duas décadas, se não tivesse existido o problema da autoria intelectual indirecta de crimes políticos e, em termos gerais, das consequências práticas secundárias do exercício da filosofia e esse problema, ainda assim, não tivesse ficado por resolver enquanto questão sistemática. Apesar do debate iniciado por Jaspers, e cujo rasto não tardou a perder-se, sobre a culpa e a responsabilidade colectiva, nenhum dos intervenientes investigou, nem mesmo num exemplo neutro como Rousseau ou Nietzsche, a causalidade intelectual entre o teor de uma doutrina filosófica e as suas funções legitimadoras para a acção de outros que invocam tal doutrina. Por um lado, não podem ser imputadas ao professor filosófico consequências não intencionais, tal como também não o podem ser a qualquer outro autor, como se costuma dizer: subjectivamente; ainda assim, e por outro lado, o contexto objectivo ao nível da história da recepção não permanece exterior a uma obra filosófica, tal como não sucede com qualquer outra obra. Tudo isto ainda pode ser abarcado de um modo minimamente satisfatório com recurso à distinção de Hegel entre moral e eticidade, ou à categoria de Marx da falsa consciência. Mas o que se passará se a consciência biográfica do autor e a consciência historiográfica das gerações seguintes não estiverem convenientemente separadas pelo tempo e pelo papel social; e se a doutrina e a experiência das consequências políticas não intencionais coincidirem na auto-reflexão da mesmíssima pessoa e tiverem, por seu lado, de ser assimiladas tendo em vista uma prática futura? Como são possíveis um pensamento radical e uma doutrina fértil em consequências políticas, mas de tal forma, que o filósofo nem exagere a noção da sua responsabilidade num exercício de moralismo (ficando paralisado pelo terror de indefinições antecipadas), nem se entregue a uma irresponsabilidade objectiva (procedendo de forma leviana, quer no sentido do activismo, quer no de uma retirada para a abstinência da prática)? Somente uma resposta satisfatória a esta pergunta abriria a perspectiva de se identificarem os erros que o pensamento filosófico comete no plano precário da história da receção e de controlar o risco de erro através da aprendizagem. Até à data, a perda de identidade parece ser a sanção já pela confissão dos erros – em todo o caso é essa explicação que sugere o comportamento peculiarmente resistente de todos aqueles que deram o seu apoio a uma coisa que não quiseram.

Finalmente (d), o exercício da filosofia na Alemanha é caracterizado por uma referência crítica à contemporaneidade que contrasta de uma forma singular com o seu academismo. Pois as escolas que se sentem em dívida com a tradição escolástica e que, quer dando seguimento à ontologia (como a neo-escolástica ou

Nicolai Hartmann), quer na sequência da filosofia da reflexão (como os prolongamentos do neokantismo) ou com base numa codificação da filosofia analítica mais recente, pretendem praticar algo como uma filosofia «pura», não originaram, a despeito de investigações úteis, interpretações de renome e espíritos verdadeiramente produtivos na mesma medida em que o fizeram as correntes filosóficas que não cultivam uma timidez ao toque tão sublime. As escolas mais produtivas romperam com a pretensão de autonomia da filosofia da origem que insiste numa fundamentação última. A antropologia filosófica e, num contexto de filosofia da história, a filosofia social crítica tentam integrar em si os conteúdos materiais das ciências humanas. A fenomenologia hermenêutica e o existencialismo extravasam o quadro de uma filosofia teórica auto-suficiente mesmo naqueles casos em que entroncam explicitamente em questões da tradição (como por exemplo a questão do ser do ente). Até a teoria da ciência e a crítica da linguagem do neopositivismo expressaram, antes de mais, e ao arrepio da sua autocompreensão cientificista, um interesse prático no iluminismo e numa conduta de vida racional. Por isso não existia nenhuma posição filosófica digna de registo a que não estivesse ao mesmo tempo associada, pelo menos implicitamente, uma teoria normativa da época contemporânea, se assim lhe quisermos chamar. Contrariamente ao ensino academicamente domesticado da filosofia noutras partes do mundo, as doutrinas dominantes na Alemanha do pós-guerra, continham (frequentemente a expensas da pureza analítica) um potencial explosivo de crítica da contemporaneidade, o qual ia do institucionalismo autoritário, passando pela crítica da cultura estilizada nos moldes da história do Ser e do pessimismo cultural de esquerda, até à crítica da sociedade de tendência utópico-radical.

Esta crítica do presente contrasta de uma forma peculiar com as tendências objectivas de desenvolvimento da época: nenhuma das filosofias referidas se comporta, nas suas intenções mais profundas, de um modo conformista relativamente à ordem social e política existente. Isto aplica-se tanto aos impulsos irracionalistas de Heidegger e de Gehlen como à crítica dialéctica de um Bloch ou de um Adorno. Mas não é só ao escapismo retrógrado rumo à imediatez do Ser ou às grandes instituições, não é só ao transcender voltado para a frente e ao pensamento de intenção emancipatória que falta a serenidade de uma filosofia que ou se instalou, carregada de autoconfiança, no *juste milieu* que se sabe em sintonia com o progresso da época ou que regrediu complacentemente à investigação em regime de divisão do trabalho – também ao pensamento liberalista faltam, no nosso país, semelhantes identificações. Isto ressalta tanto do jacobinismo subterrâneo de um Jaspers, bem como da rigidez abstractamente iluminista antes dos influenciados por Popper (como Topitsch e Albert).

Esta quarta observação (d) remete, tal como a anterior (c), para o contexto especificamente alemão, em que, ao longo do último meio século, se logrou conservar uma peculiar figura do espírito que noutros lados já se esboroara. Esta singular amálgama de capacidade de intelecção e autismo, empolgamento e sensibilidade, enquadra-se no contexto de um desenvolvimento caracterizado pelo retardamento e pela assincronia. Três teorias da assincronia, mutuamente compatíveis, interpretam esses mesmos fenómenos classificados como «tipicamente alemães»: a teoria do desenvolvimento capitalista retardado([4]), a teoria da nação atrasada([5]) e a teoria da modernidade diferida([6]). Neste quadro, inserem-se as hipóteses específicas sobre a proveniência social e o estatuto político da burguesia culta alemã, com especial relevo para a intelectualidade arrolada na função pública.([7]) Para todas estas teorias, os fenómenos-essenciais são: a derrota dos camponeses, o estabelecimento de um protestantismo organizado em igrejas estaduais dependentes da autoridade soberana, a fragmentação territorial do império e o advento atrasado da unidade do Estado-Nação, a vagarosa imposição do novo modo de produção, a implantação retardada, mas em seguida explosiva do capitalismo, o compromisso de classes entre uma burguesia politicamente dependente e uma nobreza cujos alicerces sociais e posições de poder burocrático e militar permanecem incólumes durante muito tempo, a função

([4]) G. Lukács, «Über einige Eigentümlichkeiten der geschichtlichen Entwicklung Deutschlands», in: *idem*, *Die Zerstörung der Vernunft*, Berlim, 1955, pp. 31-74.

([5]) H. Plessner, *Die verspätete Nation*, Estugarda, 1959, cf. J. Habermas, *Philosophisch-politische Profile*, Frankfurt/M., 1981, p. 127.

([6]) R. Dahrendorf, *Gesellschaft und Demokratie in Deutschland*, Munique, 1965, cf. Habermas (1981), p. 453.

([7]) F. K. Ringer, *The Decline of the German Mandarins*, Cambridge (Mass.), 1969, cf. Habermas (1981), pp. 458 ss.

redentora do sucedâneo religioso representado pela cultura humanista, uma interioridade radicalizada, mas apolítica, a vinculação burocrática do espírito, o aristocratismo intelectual e a ideologia de Estado, estruturas autoritariamente consolidadas das famílias nucleares burguesas, uma urbanização inibida, etc., etc. Esta lista de tópicos superficialmente caracterizadores poderia ser prolongada até à exaustão. Ela define um complexo de desenvolvimentos históricos que, em comparação com os processos de modernização em Inglaterra e em França, se apresentam como deslocamentos tectónicos. Se estiverem correctas as teorias de assincronia, às quais os desenvolvimentos paralelos dos vizinhos servem de modelo normal, podemos constatar uma ambivalência que Adorno resumiu da forma seguinte: «Se, de facto, ao longo de longos períodos dos primórdios da história burguesa, as teias da rede civilizatória – do aburguesamento – não estiveram tão densamente tecidas na Alemanha, manteve-se ainda assim um manancial de forças naturais desenquadradas. Este produziu tanto o intrépido radicalismo do espírito como a permanente possibilidade da recaída. Daí que, por pouco que Hitler possa ser atribuído como destino ao carácter nacional alemão, ainda assim não foi propriamente um acaso que tivesse vingado na Alemanha. Desde já, sem o rigor alemão, que provém do *pathos* do absoluto e sem o qual o melhor não existiria, Hitler não poderia ter medrado. Nos países ocidentais, onde as regras do jogo da sociedade estão mais profundamente interiorizadas pela massa, teria sido derrotado pelo riso.» ([8])

A mesma ambivalência expressa-se no espírito filosófico. A sua posição oblíqua relativamente a um processo de socialização que decorre, ele próprio, de forma divergente do curso normal do desenvolvimento capitalista, da formação dos Estados-Nação, da modernização, torna esse espírito sensível às duas coisas: às perdas de substância humana que o avanço violento da racionalização exige a uma sociedade que ainda assim teima em persistir em antagonismos naturais e espontâneos, mas, e lá está, também à necessidade de forçar esse progresso num país retardatário para refrear a barbárie dos âmbitos arcaicos da vida que emerge por maioria de razão perante o pano de fundo de uma

---

([8]) Th. W. Adorno, «Auf die Frage: Was ist deutsch?», in: *idem*, Stichworte, Frankfurt/M.,1969, p. 106.

possível racionalização. Cumpre levar a cabo em simultâneo o subtil equilíbrio destes conhecimentos, e isso significa: a compreensão da dialéctica do Iluminismo, é mais difícil precisamente onde a filosofia não é capaz de se avaliar a si mesma, assim como o seu posicionamento relativamente ao processo real. Pois à filosofia, que presume assenhorear-se pura e simplesmente do seu conhecimento de um *primum* e adopta uma atitude demiúrgica, tem de escapar a dialéctica da sua intelecção. Em nome de uma primordialidade ou profundidade ou distância ou força apenas evocada, opõe-se então ao acréscimo de racionalidade; ou ela sacrifica o entendimento em nome de uma razão exaltada, às visões utópicas – sendo também isto um resquício de um encantamento místico. «A santa seriedade», conclui assim Adorno a reflexão mencionada, «pode converter-se nessa seriedade mais própria dos animais que, tomada pela *hubris*, se arvora literalmente em algo de absoluto e se enfurece contra tudo que não acata a sua pretensão.»(9) Esta fúria do pensamento filosofante foi, na Alemanha, vezes de mais o preço a pagar por um conhecimento que aqui, precisamente a partir desse posicionamento oblíquo, certamente era mais fácil de ganhar do que no *common sense* triunfante: a saber, que o absolutismo do entendimento converte, por seu lado, o método em loucura furiosa.

Se realmente existisse uma relação entre as características observadas da filosofia alemã e essas características do desenvolvimento sócio-económico e político que as teorias da assincronia pretendem explicar, a presunção de que o fim desse tipo de pensamento está próximo ganharia a força de um prognóstico. Acontece que entretanto, ironicamente, preparada por profundas transformações da estrutura social ocorridas sob o regime nazi, a República Federal da Alemanha compensou ao longo do período de reconstrução as assincronias do seu desenvolvimento: em condições de um capitalismo regulado administrativamente, esta parte da Alemanha tornou-se, pela primeira vez em séculos, contemporânea da Europa ocidental. Há ainda um temor mágico de pronunciar as palavras: vivemos hoje num dos seis ou sete Estados mais liberais e num dos seis ou sete sistemas sociais com os menores conflitos internos (por muito grandes que estes sejam). O que em tempos foram conflitos

(9) *Ibidem.*

especificamente alemães, quando muito comparáveis com os de Itália, desapareceu quase por completo, não obstante a nova divisão da nação. Essas tensões conflituosas que outrora foram intelectualmente produtivas, ou seja, que foram convertidas em afecções de sentidos sensíveis, em estímulos e provocações intelectuais, deslocam-se, no âmbito de uma suiçização da Europa que não deixa de ser confortável, para a América, ou ao menos é o que parece – em todo o caso, nos EUA fala-se de uma europeização, ou mesmo de uma germanização cultural.(10) Nesse país cresce, entre outras coisas, um curioso interesse por questionamentos e tradições em que podemos reconhecer correntes filosóficas dos anos 20.

Se este prognóstico estiver correcto, e uma urdidura de observações tão frouxa de pensamentos certamente não pode reivindicar mais que uma certa plausibilidade, a questão: Para que serve ainda a filosofia? coloca-se de novo e com uma urgência ainda maior. No caso de os problemas do contexto genético (e de conservação) de uma tradição especificamente alemã do pensamento estarem neutralizados, um interesse meramente crítico poderia dar-se por satisfeito com a perspectiva de que o exercício da filosofia vai tornar-se, no nosso país, simultaneamente menos interessante e menos perigoso. Mas para lá do bom sentimento causado pela libertação de idiossincrasias nacionais, ainda continua por satisfazer o interesse mais inquietante pela pergunta: se, após o colapso da filosofia sistemática, e agora também após o recuo dos próprios filósofos para um segundo plano, a filosofia ainda é de todo *possível*, e se o for: para que fim o exercício da filosofia é *necessário*? Por que não haveria a filosofia, tal como a arte e a religião, de ser levada pelo processo histórico-mundial de uma racionalização, descrita do ponto de vista histórico por Weber e compreendida na sua dialéctica por Horkheimer e Adorno? Por que não há de a própria filosofia de se desvanecer no calvário de um espírito que já não se pode afirmar e saber espírito absoluto? Para que serve ainda a filosofia – hoje e amanhã?

(10) Por exemplo C. E. Schorske, «Weimar and the Intellectuals», *The New York Review of Books*, 7 a 21 de Maio, 1970.

2

Para ao menos obtermos uma resposta tentativa, deveríamos certificar-nos das alterações estruturais que se iniciaram no pensamento filosófico com a ruptura com a tradição assinalada pela morte de Hegel e investigada por Löwith (*Von Hegel zu Nietzsche*) e Marcuse (*Reason and Revolution*). Para esse fim gostaria de fazer e explicitar quatro afirmações muito simplistas sobre a filosofia, mais concretamente sobre as intenções básicas que prosseguiu desde os seus primórdios até Hegel. Evidentemente, estas afirmações apoiam-se na consolidada interpretação de que a filosofia grega fez valer pela primeira vez, frente à forma mítica da interpretação do mundo, «a pretensão do *logos*», por pouco que se saiba o que isso possa significar. A filosofia é, tal como o mito, um sistema interpretativo que abrange tanto a natureza como o mundo dos humanos: compreende o cosmos, aquilo que existe, como um todo. Neste aspecto, a filosofia pode substituir o mito. No entanto, não se limita a contar ingenuamente histórias, mas pergunta metodicamente por razões. Embora a filosofia nunca tivesse perdido completamente os traços de imagens sociomórficas do mundo (Topitsch), da sua pretensão teórica decorre necessariamente uma despersonalização da interpretação do mundo. A classificação plausível de fenómenos necessitados de explicação em contextos de interacção entre quase-pessoas que agem e falam, e que estão dotadas de forças superiores já não satisfaz a pretensão explicativa da filosofia. Assim sendo, a filosofia também tem de abrir mão da ligação da narrativa mítica à acção ritual. É um facto que uma certa prática cultual ainda sobrevive em formas altamente sublimadas até no funcionamento universitário dos seminários; mas já não pode ser admitida no plano temático. Por isso, a filosofia não pode substituir o mito no que toca às suas funções estabilizadoras para a prática da vida. Antes, a sua própria relação com a prática deve ser assegurada de forma mediata, pelo exercício de uma forma de vida teórica.

Partindo destas observações globais, gostaria de defender as seguintes afirmações:

(a) Até Hegel, a unidade de filosofia e ciência não foi por princípio posta em causa. Com o dealbar do pensamento filosófico, foi formado pela primeira vez o conceito de saber teórico, para cuja validade podem ser aduzidas razões; a filosofia e a ciência estavam inquestionavelmente unidas. A incipiente especialização de domínios individuais do saber realizou-se até ao final da Idade Média sob a forma de uma diferenciação interna; na medida em que, como a matemática e a física, eram capazes de afirmar uma pretensão teórica, as disciplinas continuavam a fazer parte da filosofia. Na medida em que as ciências se limitavam a seguir uma pretensão descritiva, tal como a historiografia ou a geografia, eram relegadas à antecâmara de uma empiria destituída de teoria, mas definiam-se precisamente por esta relação negativa com a filosofia como a ciência verdadeira. Esta situação apenas se altera com o surgimento das modernas ciências da natureza, que ainda começaram por se poderem compreender como *philosophia naturalis*. Mas mesmo perante elas, a filosofia não se retirou, por exemplo, para competências científicas formais ou para áreas complementares como a ética, a estética e a psicologia; inicialmente, ainda afirmou a pretensão de fundamentação última de todo o saber teórico, que é o princípio e o fim da metafísica: até ao século XIX, a filosofia manteve-se a ciência fundamental.

(b) Até Hegel, a unidade entre a doutrina filosófica e a tradição no sentido de uma tradição legitimadora do poder não foi posta em causa enquanto princípio. A filosofia é uma forma do espírito que apenas surge em condições de alta cultura, ou seja, em sistemas sociais dotados de um poder de dominação centralizado no Estado; aqui, a necessidade de legitimação do sistema político está coberta, em termos gerais, por imagens do mundo provenientes da mitologia ou de religiões evoluídas. Embora a pretensão de verdade da filosofia entre em competição com a pretensão de validade dessas tradições, e embora determinadas filosofias sempre de novo tivessem entrado em contradição, mesmo publicamente, com algumas pretensões da tradição, a crítica filosófica nunca saiu completamente do contexto tradicional. Pois, enquanto a filosofia afirma compreender como um todo, ela permite a dedução de premissas de base sócio-cósmicas que podem assumir funções legitimadoras da dominação. Na sociedade burguesa, o direito natural racional do século XVII disputou o estatuto às justificações cristãs da dominação política.

(c) Até Hegel, a filosofia e a religião pretenderam sempre cumprir funções diversas. Desde a Antiguidade tardia, o pensamento filosófico vê-se obrigado a definir a sua relação com a verdade da salvação da religião de redenção judaico-cristã. As soluções teóricas variam de uma crítica dos princípios da tradição bíblica, passando por declarações de indiferença e de incompatibilidade, até às grandes tentativas no sentido de identificar o conhecimento filosófico com a revelação, ou a revelação com o conhecimento filosófico. Mas em caso nenhum, apesar de Boetius, uma filosofia que levasse a sério a sua pretensão quis substituir-se à certeza da salvação da fé religiosa. Nunca fez uma promessa de redenção, prometeu esperança ou concedeu consolação. Decerto que Montaigne, com a afirmação de que estudar filosofia significa aprender a morrer, não fez mais que retomar um tópico antigo; mas a preparação estóica para a própria morte é precisamente expressão da ausência de consolação inerente ao pensamento filosófico.

(d) A filosofia era o assunto de um escol culto, nunca chegou às massas. As formas de organização da doutrina filosófica e a composição social dos seus destinatários alteraram-se ao longo da história da filosofia, mas em termos fácticos, bem como de acordo com a sua autocompreensão, a filosofia esteve desde o início reservada àqueles que dispunham de ócio, isto é, que estavam liberos do trabalho produtivo. O preconceito de alguma aristocracia intelectual de que a populaça seria naturalmente incapaz de conhecimento filosófico acompanhou a filosofia até Hegel. É verdade que, no século XVIII, tal preconceito foi temporariamente quebrado pelos representantes da filosofia iluminista. No entanto, naquela altura, faltava a base para o seu programa dada a ausência de um sistema educativo universal.

Se estas observações gerais estiverem correctas, o que se alterou desde a morte do último filósofo sistemático de craveira indiscutível, que alterações estruturais justificam a tese do fim da «grande» filosofia? Vou tentar responder a esta questão tecendo comentários às quatro afirmações referidas.

ad (a) A unidade da filosofia com a ciência tornou-se entretanto problemática. A filosofia teve de abrir mão da sua pretensão de ser a ciência fundamental em favor da física, assim que se viu constrangida a desenvolver e fundamentar uma cosmologia apenas em função de resultados da investigação das ciências naturais, já não o podendo fazer por força de uma competência própria. A filosofia da natureza de Hegel permaneceu a última. Na modernidade, a filosofia tinha, de qualquer forma, reagido ao nascimento da ciência moderna de tal forma, que revestiu a sua pretensão de fundamentação última da forma da teoria do conhecimento. Mas, depois de Hegel, uma filosofia da origem deixou de ser defensável mesmo nessa posição de recuo. Com o positivismo, a teoria do conhecimento resigna-se a converter-se numa teoria da ciência, ou seja, na reconstrução *a posteriori* do método científico.

ad (b) Também a unidade da filosofia com a tradição tornou-se entretanto problemática. Depois da autonomização da física frente à filosofia da natureza e depois do colapso da metafísica, a filosofia teórica dissolveu-se na teoria da ciência ou tornou-se ela própria uma ciência formal. Deste modo, a filosofia prática perdeu o seu vínculo com a teórica. Com os jovens hegelianos, com os motivos sistemáticos que em seguida foram desenvolvidos no marxismo, no existencialismo e no historicismo, a filosofia prática autonomizou-se. Desde então falta-lhe a fundamentação ontológica que tinha sido reivindicada desde Platão para a política e para a ética; além disso, deixou cair a enérgica pretensão teórica com que a filosofia da história tinha tornado a esfera dos assuntos humanos (em vez da natureza) a sua área temática por excelência (Vico). Deste modo, a filosofia perdeu a possibilidade de apoiar imagens do mundo sócio-cósmicas; só então pôde converter-se em crítica radical. A filosofia prática autonomizada foi arrastada para a formação das frentes da guerra civil europeia. Desde então pode existir algo como uma filosofia revolucionária (assim como uma filosofia reaccionária).

ad (c) Entretanto, a relação complexa e variável entre o pensamento filosófico e a religião também se alterou. Neste contexto têm de ser tidos em conta dois factores. Por um lado, uma filosofia que, com a sua pretensão de fundamentação última, renunciou à ideia do uno ou do absoluto, tinha também de criticar a ideia do Deus único desenvolvida pelas religiões evoluídas de uma forma mais radical do que até então o fizera a metafísica, que se encontrara na posição mais auspiciosa de ou substituir a forma concorrente de interpretação do mundo, ou então a traduzir para os seus conceitos (para a integrar em si). O pensamento pós-metafísico não põe em causa nenhumas afirmações teológicas determinadas, antes afirma a sua falta de sentido. Quer comprovar que no sistema de conceitos fundamentais em que a tradição judaico-cristã foi dogmatizada (e, desse modo, racionalizada), afirmações que façam sentido em termos teológicos nem sequer podem ser formuladas. Esta crítica já não se relaciona com o seu objecto de uma forma imanente; vai às raízes da religião e abre o caminho a uma dissolução histórico-crítica dos próprios conteúdos dogmáticos (iniciado no século XIX). Por outro lado, a filosofia prática autonomizada assumiu a herança da religião redentora, onde a metafísica nunca fora capaz de reivindicar funções de substituição ou de concorrência. O nexo ambivalente entre a tradição da teologia histórica agostiniana e joaquimita com a filosofia da história burguesa, que nasceu no século XVIII preparara a penetração de pretensões de salvação na filosofia. Mas foi só depois de a base tanto cosmológica como filosófico-transcendental para uma unidade da filosofia prática com a teórica se ter quebrado e de à fundamentação última se ter substituído a auto-reflexão circunscrita à esfera da história do género que a filosofia acolheu em si, com uma significativa viragem para o âmbito utópico e político, um interesse até então interpretado como religioso pela libertação e reconciliação.

ad (d) Na filosofia, a contradição entre a pretensão racional à validade universal do conhecimento e a restrição culturalmente elitista a poucos do acesso ao exercício da filosofia esteve programada desde o início. Desde Platão, esta contradição encontrou frequentemente expressão numa filosofia política que exige poder para aqueles que dispõem de uma capacidade de conhecimento privilegiado para, em simultâneo, prover a dominação estabelecida de uma justificação filosófica; e o conhecimento filosófico, de uma universalidade dogmática. O motivo de uma formação de elites intelectualmente fundamentada permanece activa até aos nossos dias, como demonstraram investigações conduzidas com estudantes([11]), nas imagens da sociedade trocadas pela educação humanista. Evidentemente, este diagnóstico é, em si mesmo, o indicador de uma evolução que se iniciou com a ampliação do sistema de ensino superior operada no século XIX, e de forma prototípica na Alemanha. Através da formação de professores de liceu nas faculdades filosóficas das novas universidades, regidas pela reforma de Humboldt, a filosofia, estabelecida como especialidade e como ideologia de fundo das ciências humanas em gestação, ganhou uma ampla divulgação naquelas partes do público burguês que se correspondiam a si próprias como a burguesia culta. Sem uma revisão da autocompreensão como elite culta iniciou-se, no próprio momento em que a filosofia desistiu da sua pretensão sistemática, uma difusão institucionalmente assegurada da filosofia escolar. Com uma tal base, tornou-se um fermento da formação das ideologias burguesas. A filosofia alcançou uma eficácia completamente diferente através de Marx, no seio do movimento operário. Neste pareciam, por fim, desmoronar-se as barreiras elitistas, pelas quais a filosofia se tinha colocado em contradição consigo própria. Também deverá ter sido isso o que Marx teve em mente ao afirmar que a filosofia teria de ser superada, se houvesse de ser realizada.

Depois de Hegel, o pensamento filosófico transitou para um outro *medium*. Uma filosofia que assimila na sua consciência essas quatro alterações estruturais mencionadas já não pode compreender-se *como* filosofia, compreende-se como crítica. Crítica relativamente à filosofia da origem, renuncia a uma fundamentação última e a uma interpretação afirmativa do ser no seu todo. Crítica relativamente à definição tradicional da relação entre a teoria e a prática, compreende-se como o elemento reflexivo da actividade social. Crítica relativamente à pretensão de totalidade, tanto do conhecimento metafísico como da interpretação religiosa do mundo, constitui, com a sua crítica radical da religião, a base para assimilar dos conteúdos utópicos, incluindo os da tradição religiosa, e o interesse pela emancipação, que constitui o seu fio condutor em termos cognitivos. Crítica, por fim, relativamente à autocompreensão elitista da tradição filosófica, insiste no esclarecimento universal – nele se

(11) J. Habermas, L. v. Friedeburg, Chr. Oehler, F. Weltz, *Student und Politik*, Neuwied, 1961.

incluindo a si própria. Foi este auto-esclarecimento que Adorno e Horkheimer entenderam por «dialéctica do esclarecimento»; o seu ponto culminante é a «dialéctica negativa» de Adorno. Neste ponto põe-se, no entanto, a questão de saber se a filosofia, na sua caminhada rumo à crítica e à auto-crítica, não se espoliou dos seus conteúdos e, contrariamente à autocompreensão de uma teoria crítica da sociedade([12]), acaba por representar o exercício vazio da auto-reflexão sobre objectos da sua própria tradição, sem ela própria ser senhora de um pensamento sistemático.([13]) Se assim fosse, para que serviria ainda a filosofia?

3

Nas últimas décadas, a filosofia ganhou uma influência politicamente duradoura sobre a consciência pública, embora os próprios filósofos, na sua actuação e no seu pensamento, tivessem estado mais vinculados aos conteúdos tradicionais e à atitude do que à pretensão sistemática da grande filosofia. No estádio da crítica, o pensamento filosófico, independentemente de estar ou não consciente de si próprio como crítica, viveu de uma forma parasitária da sua herança. Em simultâneo, porém, também abriu ao movimento do pensamento filosófico uma nova dimensão: a saber, a de uma crítica material da ciência.

O modo como a filosofia determinou a sua relação para com a ciência moderna foi decisivo para o desenvolvimento da própria filosofia moderna. Desde o século XVII, os impulsos formadores e demolidores de sistemas partiram, em termos gerais, de questões epistemológicas. Mas depois da filosofia da origem se ter também desmoronado na sua forma epistemológica, a teoria da ciência tomou o lugar, desde meados do século XIX, da epistemologia. Por teoria da ciência entendo uma metodologia exercida de acordo com a autocompreensão cientificista das ciências. Neste âmbito, designo por cientismo a fé da ciência em si própria, a saber, a convicção de que já não nos é lícito concebermos a ciência como *uma* forma de de conhecimento possível,

([12]) A. Wellmer, *Kritische Gesellschaftstheorie und Positivismus*, Frankfurt/M., 1969.
([13]) B. Willms, «Theorie, Kritik, Dialektik», in: *Über Th.W. Adorno*, Frankfurt/M., 1968, pp. 44 ss.; R. Bubner, «Was ist Kritische Theorie?», in: *Hermeneutik und Ideologiekritik*, Frankfurt/M., 1971.

mas que temos de identificar a aquisição do conhecimento com a ciência.(14) É de cariz cientificista a tentativa de fundamentar o monopólio de conhecimento das ciências e de estabelecer a norma da autocompreensão metateórica das próprias ciências nesse sentido; no plano de uma argumentação subtil, esta experiência é hoje em dia prosseguida por aquelas escolas, no seio da filosofia analítica, que continuam a fazer suas as intenções fundamentais do círculo de Viena. Ora, ainda há poucas décadas, o cientismo passava por um assunto académico interno. Esta situação alterou-se desde que aos cientistas que produzem um saber tecnicamente utilizável acresceram funções sociais de relevo. Nos sistemas industrialmente avançados, o crescimento económico e a dinâmica do desenvolvimento da sociedade no seu todo tornou-se em grande medida dependente do progresso científico e técnico. Na mesma medida em que «a ciência» se torna a força produtiva mais importante e em que os subsistemas de investigação e de ensino talvez assumam mesmo o primado funcional na regulação da evolução social (Luhmann), os conceitos orientadores da acção do saber teórico, do método científico e do progresso científico; os contextos de aplicação técnica e os do esclarecimento prático e, em termos gerais, a transposição de informações científicas para a prática de vida; a interpretação da relação entre a experiência, a teoria e o discurso de formação da vontade adquirem, de forma mediata, uma importância política. São, portanto, profícuas em consequências políticas tanto a interpretação cientificista da ciência como a sua crítica.

Esta crítica obedece a dois pontos de vista. Por um lado, o cientismo não se adequa à prática de investigação própria das ciências históricas e sociais. Enquanto, para a área temática dos sistemas de acção comunicativa, ainda não estiver desenvolvido um sistema fértil em termos teóricos e capaz de ser operacionalizado de conceitos fundamentais que seja comparável com os conceitos fundamentais estabelecidos para a área temática dos corpos em movimento e dos acontecimentos observados, uma teoria pseudo-normativa da ciência, que não admite nem a título de possibilidade uma constituição diferencial de áreas temáticas nem sequer no plano analítico, tem de exercer uma influência retardadora – em todo o caso sobre o desenvolvimento das

(14) Cf. J. Habermas, *Erkenntnis und Interesse*, Frankfurt/M., 1968.

ciências sociais que não produzem um saber tecnicamente utilizável, mas apenas saber orientado para a acção. É precisamente esta a categoria de saber que seria funcionalmente necessária para uma regulação praticamente racional da força produtiva que é a ciência, incluindo as suas consequências e consequências secundárias no plano social.

Por outro lado, o cientismo reforça um conceito geral de ciência que justifica mecanismos de regulação tecnocráticos e exclui processos racionais para a clarificação de questões práticas. Mas se questões práticas já não forem consideradas passíveis de verdade e se a decisão de questões passíveis de verdade apenas puder conduzir a informações que sejam tecnicamente aproveitáveis, isto é, úteis para a orientação de uma acção caracterizada pela racionalidade orientada para fins (o que corresponde às premissas de base do cientismo), nesse caso a relação hoje tornada relevante entre o progresso técnico-científico e a prática social ou é um assunto de análise empírica e de controlo técnico, ou então se encontra subtraída em geral a uma racionalização – e tudo fica entregue a uma decisão arbitrária ou a uma auto-regulação natural e espontânea. Deste modo, precisamente o complexo de questões central para o desenvolvimento do conjunto da sociedade seria arrancado do âmbito dos problemas que são acessíveis a uma clarificação discursiva e a uma formação racional da vontade. Nesse caso, seria inevitável a divisão do trabalho entre a planificação tecnocrática das burocracias de Estado e das grandes organizações, por um lado, e as sínteses culturais mais ou menos autodidactas de cientistas ou publicistas científicos individuais, por outro lado (que estão incumbidos de salvaguardarem a capacidade legitimadora de um conceito cientificista de ciência).

Se, pelo contrário, a intenção não fosse excluir à partida a planificação democrática como mecanismo de regulação para sistemas sociais evoluídos, uma crítica que tivesse feita sua a herança da filosofia teria de assumir três tarefas proeminentes (a par de outras). Teria de criticar a autocompreensão objectivista das ciências e um conceito cientificista da ciência e do progresso científico; em especial, teria de tratar questões fundamentais de uma metodologia das ciências sociais de tal forma que a elaboração de conceitos fundamentais para sistemas de acção comunicativa não fosse obstruída, mas fomentada; por último, teria de clarificar a dimensão em que a lógica da investigação e do desenvolvimento técnico dá a conhecer a sua ligação com a lógica de comunicações formadoras da vontade. Assim sendo, uma semelhante crítica teria de se certificar dos conteúdos que tem de receber das ciências dotadas de conteúdo empírico e das tradições dotadas de conteúdo utópico sob uma base particular; de acordo com os conceitos tradicionais, seria teoria das ciências e filosofia prática ao mesmo tempo.

E, de facto, desenham-se actualmente três abordagens filosóficas caracterizadas por esta associação: o racionalismo crítico de Popper, que nasceu de uma autocrítica das limitações tanto empiristas como decorrentes do construtivismo linguístico do positivismo lógico; em seguida, a filosofia metódica de P. Lorenzen e da escola de Erlangen, que, dando seguimento a motivos de H. Dingler, põe a descoberto o fundamento prático-normativo das ciências e de uma formação racional da vontade; e, por último, dando seguimento a Horkheimer, Marcuse e Adorno, a chamada teoria crítica, que prossegue o programa de uma teoria do conhecimento como teoria da sociedade. Caso exista alguma filosofia a que já não se ponha a questão: Para que serve ainda a filosofia? Teria de ser hoje, de acordo com as nossas reflexões, uma filosofia não cientificista da ciência. Esta encontraria, no sistema universitário em rápida expansão, ao comunicar com as próprias ciências e os próprios cientistas, uma base de eficácia mais alargada do que qualquer filosofia alguma vez teve. Já não necessitaria da forma de organização da doutrina, forma essa que surge em filosofias individuais. A uma tal filosofia caber-lhe-ia até, pelo facto de combater a dupla irracionalidade de uma autocompreensão das ciências reduzida pelo positivismo e de uma administração tecnocraticamente dissociada de uma formação da vontade publicamente discursiva, uma tarefa fértil em consequências políticas. No entanto, é precisamente por causa disso que a força imanente de uma discussão filosófica especializada não é suficiente para determinar se os primeiros passos hoje detectáveis de uma teoria das ciências com intenções práticas se desenvolverão rumo a uma eficácia prática. Uma filosofia que se considerasse idealisticamente capaz de exercer *ela própria* esse poder ter-se-ia esquecido do programa com que a filosofia, ao entrar no estádio da crítica, se tem desgastado desde há quase um século e meio.

Evidentemente, o pensamento filosófico não se vê apenas confrontado com os fortalecimentos de uma consciência tecnocrática, mas, em simultâneo, com o desmoronamento da consciência religiosa. Só hoje se torna evidente que a interpretação filosófica do mundo limitada pelo elitismo cultural dependia, a bem dizer, da coexistência com uma religião de amplo impacto. Mesmo depois de ter retomado em si os impulsos utópicos da tradição judaico-cristã, a filosofia tem sido incapaz de atenuar (ou talvez resolver?) a ausência de sentido fáctica da contingência da morte, do sofrimento individual, da perda da felicidade privada, em termos gerais, a negatividade de riscos existenciais inerentes à história de uma vida, oferecendo consolação e esperança como o conseguira a expectativa da salvação religiosa. Nas sociedades industrialmente desenvolvidas assistimos hoje pela primeira vez à perda da esperança de salvação e expectativa de misericórdia apoiada, se já não pela igreja, ainda assim ainda por tradições de fé interiorizadas, como um fenómeno *geral*; é pela primeira vez a massa da população que se encontra abalada nos estratos fundamentais da salvaguarda da identidade e, em situações-limite, não é capaz de sair de uma consciência quotidiana completamente secularizada e recorrer a certezas institucionalizadas, ou então profundamente internalizadas. Alguns indicadores apontam no sentido de que, como reacção à perda maciça de uma certeza religiosa da salvação, vem aí um novo helenismo, ou seja, uma regressão para aquém do grau alcançado nas grandes religiões monoteístas da identidade formada na comunicação com o Deus único. Vão-se formando muitas religiões sucedâneas pequenas e subculturais em grupos marginais ou seitas extraordinariamente diferenciadas em termos regionais, de conteúdo e sociais. Vão da meditação transcendental, passando por novos rituais comunitários, programas de formação semi-científicos, pelos objectivos pragmáticos frequentemente apenas aparentemente pragmáticos de organizações de auto-ajuda colectiva até à ideologia radical de pequenos grupos activistas que procuram a transformação político-teológica, anarquista ou político-sexual do mundo. Talvez todas estas subculturas tenham por base uma estrutura motivacional semelhante. Na perspectiva da tradição teológica, as novas interpretações do mundo e da existência apresentam-se como um novo paganismo, que se expressa num pluralismo de adorações de ídolos e mitologias locais. Tais comparações voltadas para o passado são perigosas. Falham a peculiar ambivalência que espreita, de um modo geral, nos «novos» potenciais de conflito: estou a falar da ambivalência da privação de motivação e do protesto, a ambivalência de uma desdiferenciação e inovação regressivas, que provavelmente poderiam ser comprovadas tanto no plano das estruturas de personalidade, bem como no plano das estruturas de grupo que agregam potenciais francamente complementares.

Perante estes fenómenos discrepantes da decomposição de identidades do Eu e de grupo formadas nas culturas evoluídas, um pensamento filosófico dotado de amplo impacto e em comunicação com as ciências pode apenas mobilizar a frágil unidade da razão, a saber, a unidade da identidade e do não idêntico que toma forma no discurso racional.

2.

A filosofia como lugar-tenente e intérprete(*)

Os mestres pensadores ganharam má fama. A Hegel, esta afirmação se aplica desde há muito. Popper desmascarou-o nos anos 40 como inimigo da sociedade aberta. O mesmo se aplica, a cada passo, a Marx. A última vez foi nos anos 70, tendo sido renegado pelos Novos Filósofos como falso profeta. Hoje, até Kant conhece o mesmo destino. Se estiver a ver bem, é a primeira vez que é tratado como um mestre pensador, isto é, como o mago de um falso paradigma, de cuja coacção temos de nos libertar. No seu caso, talvez seja maior o número daqueles para quem Kant permaneceu Kant. Um olhar por cima do muro, porém, elucida-nos sobre o facto de que a reputação de Kant está a esbater-se – e a passar, mais uma vez, para Nietzsche.

Kant introduziu, de facto, na filosofia um novo modo de fundamentação. Kant considerou a progressão do conhecimento alcançado na física sua contemporânea como um facto significativo, que, na sua opinião, devia interessar aos filósofos, não como algo que ocorre no mundo, mas como confirmação das possibilidades humanas de conhecimento. A física de Newton não necessita, em primeira linha, de uma explicação empírica, mas de uma explicação no sentido de uma resposta transcendental à pergunta: como é possível o conhecimento da experiência em geral? Por *transcendental*, Kant designa uma investigação que tem por alvo as condições *a priori* da possibilidade de experiência. Neste âmbito interessa-lhe fazer a prova de que as condições de

(*) Conferência por ocasião de um congresso organizado pela Organização Hegeliana Internacional para a comparação entre modos de fundamentação transcendentais e dialécticos, Estugarda, Junho de 1981.

uma experiência possível são idênticas às condições de possibilidade dos objectos da experiência. A primeira tarefa consiste, portanto, em proceder à análise dos conceitos que desde sempre utilizamos de forma intuitiva de objectos em geral. Este tipo de explicação tem o carácter de uma reconstrução não empírica dessas realizações prévias de um sujeito cognoscente para que não existe alternativa; nenhuma experiência deve poder ser pensada como possível sob *outros* pressupostos. À fundamentação transcendental não subjaz, por conseguinte, a ideia de uma dedução de princípios; antes, a ideia de que podemos certificar-nos da não substituibilidade de determinadas operações que desde sempre são executadas intuitivamente de acordo com regras.

Ora, Kant ganhou a sua má fama de mestre pensador porque, com recurso a fundamentações transcendentais, criou uma nova disciplina, a teoria do conhecimento. Acontece que, ao fazê-lo, definiu a tarefa, ou melhor, a profissão da filosofia de um modo novo, a saber, de um modo exigente. São sobretudo dois os aspectos sob os quais essa vocação do filósofo se tornou duvidosa para nós.

Em termos imediatos, a dúvida prende-se com o fundamentalismo da teoria do conhecimento. Se a filosofia se considera capaz de um conhecimento *antes* do conhecimento, estabelece entre si e as ciências um domínio próprio, graças ao qual exerce funções de dominação. Ao reivindicar a intenção de clarificar de uma vez por todas os fundamentos das ciências e os limites do que é passível de experiência, a filosofia indica às ciências o respectivo lugar. Parece que ela não está à altura deste papel de arrumador.

Mas isso não é tudo. A filosofia transcendental não se esgota na teoria do conhecimento. A crítica da razão pura assume, com a análise dos fundamentos do conhecimento, também a tarefa de uma crítica do abuso da nossa faculdade de conhecimento, talhada à medida dos fenómenos. Kant coloca no lugar do conceito de razão substancial da tradição metafísica o conceito de uma razão que se cindiu nos elementos que a compõem, cuja unidade já só tem um carácter formal. Kant separa as faculdades da razão prática e da faculdade do juízo do conhecimento teórico e coloca cada uma delas sobre fundamentos próprios. Deste modo atribui à filosofia o papel de um juiz supremo até relativamente à cultura como um todo. Uma vez que a filosofia, como Max Weber dirá posteriormente, delimita entre si as esferas de valor culturais da ciência e da técnica, do direito e da moral, da arte e da crítica da arte, unicamente de acordo com características formais e, ao mesmo tempo, as legitima dentro das suas respectivas fronteiras, arvora-se em instância judicial suprema, não só relativamente às ciências, mas relativamente à cultura no seu todo.(1)

Existe, portanto, um nexo entre a teoria do conhecimento *fundamentalista*, que brinda a filosofia com o papel de um *arrumador* para as ciências, e um sistema *ahistórico* de conceitos aplicado à força à cultura como um todo, ao qual a filosofia deve o papel não menos duvidoso de um *juiz* que delibera sobre os territórios soberanos da ciência, da moral e da arte. Sem a certificação, operada pela filosofia transcendental, dos fundamentos do conhecimento, também ficaria no ar a ideia de que «o filósofo poderia dirimir *questiones iuris* relativamente às pretensões da cultura restante [...]. Se abrirmos mão da ideia de que o filósofo pode discernir algo sobre a cognição que ninguém outro possa discernir com igual facilidade, isso significa que já não partimos do princípio de que a sua voz pode reivindicar que seja auscultada por todos os outros participantes do diálogo como a primeira e a última a ouvir. Significaria igualmente já não acreditarmos que exista algo como um 'método filosófico' que permita aos filósofos profissionais por inerência das suas funções terem opiniões interessantes, a título de exemplo, sobre a respeitabilidade da psicanálise, a legitimidade de leis duvidosas, a resolução de conflitos morais, o 'bem fundado' dos contributos de escolas historiográficas ou de críticas literárias e coisas do género.»(2)

Na sua impressionante «crítica da filosofia», Rorty expõe argumentos meta-filosóficos que nos fazem duvidar se a filosofia pode realmente desempenhar os papéis do arrumador e do juiz que lhe foram atribuídos pelo mestre pensador Kant. Não me

(1) «A crítica [...] que deriva todas as decisões das regras fundamentais da sua própria aplicação, cujo prestígio ninguém pode pôr em causa, traz-nos a calma de um regime legal, em que não devemos dirimir os nossos diferendos por outro meio que não seja um processo.» (I. Kant, Kritik der reinen Vernunft, in: *Werkausgabe*, org. por Wilhelm Weischedel, Frankfurt/M., 1968 ss., vol. IV, pp. 639 s. [B779])

(2) R. Rorty, Der Spiegel der Natur, Frankfurt/M., 1981, pp. 424 s. – Edição original: Philosophy and the Mirror of Nature. Princeton 1979; trad. port.: *A Filosofia e o Espelho da Natureza*, Lisboa, Dom Quixote, 1988.

convence tanto a consequência que Rorty daí retira: a afirmação de que a filosofia, ao renunciar a esses dois papéis, também teria de se livrar da função de um «guardião da racionalidade». Se bem entendo Rorty, a filosofia deve pagar a sua nova modéstia com a pretensão de racionalidade, com que, no entanto, o próprio pensamento filosófico veio ao mundo. Com o esmorecimento da filosofia também deve definhar a convicção de que a força transcendente que associamos à ideia do verdadeiro ou do incondicionado constitui uma condição necessária para formas humanas de convivência.

No conceito de Kant de uma razão formal e diferenciada em si está ínsita uma teoria da Modernidade. Esta é caracterizada pela renúncia à racionalidade substancial das interpretações religiosas e metafísicas tradicionais do mundo, por um lado, e, por outro, pela confiança numa racionalidade processual, onde as nossas opiniões justificadas, quer na área conhecimento objectivante, do conhecimento prático moral ou da apreciação estética, vão buscar a sua pretensão de validade. Agora pergunto-me: será que este conceito da modernidade, ou um semelhante, deve depender realmente das exigências de fundamentação fundamentalistas da teoria do conhecimento?

No que se segue, vou simplesmente contar uma história em que a crítica da filosofia de Rorty encontra o seu lugar. Não é certamente por esta via que se pode dirimir esta controvérsia, mas talvez se possam aclarar alguns dos seus pressupostos. Começo pela crítica que Hegel fez do fundamentalismo kantiano; esta coloca no lugar do modo de fundamentação transcendental um outro: o dialéctico (1). Depois reconstituirei a crítica destes dois modos de fundamentação; começarei, nomeadamente, pela autocrítica, que segue uma linha kantiana e outra hegeliana (2); em seguida, a crítica mais radical, que se dirige em simultâneo contra Kant *e* Hegel, tal como ela foi formulada pelo pragmatismo e pela filosofia hermenêutica (3). A esta situação, alguns filósofos, e não são os menos importantes, reagem liquidando a pretensão da razão até aí mantida pela filosofia (4). Por último, gostaria de, pelo contrário, defender a tese de que a filosofia, mesmo retirando-se dos papéis problemáticos do arrumador e do juiz, pode salvaguardar a sua pretensão de racionalidade nas funções mais modestas de um lugar-tenente e de um intérprete – e que deveria fazê-lo (5).

(1) O modo dialéctico de fundamentação deve-se confronto de Hegel com o modo transcendental. Para as observações que se seguem deverá ser suficiente recordarmos que Hegel começa por concordar com a censura de que Kant apenas teria encontrado os conceitos puros do entendimento na tabela das formas do juízo, «retomando historicamente» sem os fundamentar. Fica a dever a prova de que as condições *a priori* de possibilidade da experiência são «necessárias». O Hegel da «Fenomenologia» quer suprir esta falha através de uma consideração genética. Ele descobre na reflexão transcendental, que em tempos se apresentara a Kant como uma viragem coperniciana única, o mecanismo de uma inversão da consciência que está repetidamente a funcionar na história da génese do espírito. No sujeito que se torna consciente de si próprio e ao qual se vai quebrando, neste processo, uma forma de consciência após a outra, realiza-se a experiência de que aquilo que começa por se lhe defrontar como um ser-em-si, apenas pode tornar-se conteúdo naquelas formas que o próprio sujeito transmitiu anteriormente ao objecto. A experiência do filósofo transcendental repete-se de uma forma natural e espontânea na transformação em tornar-se-isso [*Für-Es-Werben*] do em-si. Hegel designa por dialéctica a reconstrução do tratamento dado a esta experiência repetida de que resultam estruturas cada vez mais complexas – e, no final, não só *a* forma da consciência, que Kant tinha investigado, mas o saber autonomizado, precisamente o saber absoluto, que permite ao fenomenólogo Hegel assistir à génese das estruturas de consciência pré-existentes com que Kant se deparara.

No entanto, Hegel expõe-se a uma objecção semelhante àquela que tinha levantado contra Kant. A reconstrução da sequência de figuras da consciência, afinal, ainda não é uma prova da necessidade imanente com que uma coisa resulta pretensamente da outra. Hegel tem de concretizar esse desiderato por outros meios, mais precisamente sob a forma de uma lógica; deste modo, porém, instaura a um absolutismo que vai ainda mais além do que as exigências de Kant à filosofia. O Hegel da «Lógica» coloca a filosofia perante a tarefa de verter enciclopedicamente em conceitos os conteúdos disseminados pelas ciências. Ao mesmo tempo, Hegel torna a teoria da Modernidade, que apenas se encontrava esboçada no conceito kantiano de razão, explícita e desenvolve-a numa crítica das cisões de uma modernidade que se esboroa no seu próprio seio. Isto, por seu lado, confere à filosofia, perante o todo da cultura, um papel de importância actual e histórico-mundial. Assim, Hegel, e ainda mais os seus alunos, convocam sobre si essa suspeita a partir da qual se formou antes de mais a imagem de mestre pensador.([3])

Mas a crítica metafilosófica dos mestres pensadores, quer se dirija contra o absolutismo de Hegel ou contra o fundamentalismo de Kant, é um produto tardio. Segue nas pegadas de uma autocrítica que os sucessores de Kant e de Hegel exerceram desde há muito tempo. Gostaria de recordar com brevidade duas linhas de autocrítica, uma vez que ambas se complementam de um modo que se me afigura produtivo.

(2) A linha da crítica do transcendentalismo de Kant pode ser caracterizada, em traços muito largos, pela posição analítica de Strawson, pela posição construtivista de Lorenzen e pela posição criticista de Popper. A *recepção analítica* da abordagem de Kant liberta-se da pretensão de fundamentação última. Renuncia desde o início ao objectivo que Kant esperava alcançar com a dedução dos conceitos puros do entendimento da unidade da autoconsciência e limita-se a apreender os conceitos e as regras que devem estar na base de qualquer experiência que possa ser representada em enunciados elementares. A análise dirige-se a condições conceptuais gerais e imprescindíveis de uma experiência possível. Sem ambicionar uma prova da validade objectiva destes conceitos fundamentais e pressuposições, este tipo de análise retém, ainda assim, uma pretensão universalista. Para que esta possa ser revalidada, a estratégia transcendental de fundamentação é funcionalmente reconvertida no sentido de um procedimento de verificação. Relativamente ao sistema conceptual reconstruído em termos hipotéticos, que afinal deve encontrar-se na base da experiência, não deve existir nenhuma alternativa compreensível se ele for válido. Nesse caso, porém,

([3]) Rorty parafraseia com aplauso uma sentença de Eduard Zeller: «O hegelianismo apresentava a filosofia como uma disciplina que de algum modo completava outras disciplinas, ao mesmo tempo que as engolia, em vez de as *fundamentar*. Para além disso, tornou a filosofia em algo de popular, importante, interessante, para poder ser verdadeiramente profissional; exigia dos professores de filosofia que incarnassem o espírito do mundo, não simplesmente o mero trabalho na sua especialidade.» (Rorty [1981], p. 153)

tem de poder ser demonstrado, de cada vez que se apresentar uma proposta alternativa, que esta reivindica desde sempre partes da hipótese por ela contestada. Um tal procedimento argumentativo visa fazer a prova da irrefutabilidade dos conceitos e pressupostos caracterizados como fundamentais. Nesta versão, o filósofo transcendental modesto assume, ao mesmo tempo, o papel de um céptico que tenta produzir contra-exemplos falsificadores da posição contrária([4]); comporta-se, por outras palavras, como um cientista que testa hipóteses.

A *posição construtivista* tenta compensar o défice de fundamentação, que agora se criou, visto da perspectiva da filosofia transcendental, de outro modo. Ela admite à partida o carácter convencional da organização da nossa experiência em conceitos fundamentais, mas aproveita os meios de uma crítica linguística para proceder a uma crítica do conhecimento.([5]) Assim, são consideradas fundamentadas as convenções que são produzidas de modo transparente; deste modo, os fundamentos do conhecimento são mais postos do que descobertos.

A *posição criticista* parece romper definitivamente com o transcendentalismo. Considera que a única saída do trilema de Münchhausen entre o círculo, a regressão infinita e o recurso a certezas últimas([6]) é a renúncia cabal a uma fundamentação. A ideia da fundamentação é substituída pela ideia da verificação crítica. Ora, acontece que também a crítica, elevada a um equivalente da fundamentação, é um procedimento de que não nos podemos servir sem pressuposições. Por isso, com o debate sobre as regras irrefutáveis da crítica, uma versão fraca do *modus* kantiano da fundamentação regressa ao pátio interior do criticismo.([7])

Na linha do hegelianismo, os surtos de autocrítica decorrem, de certo modo, em paralelo. Para nossa compreensão,

---

([4]) G. Schönrich, *Kategorien und transzendentale Argumentation*, Frankfurt/M.1981, cap. IV, pp. 182 ss.; A. Bittner, artigo «Transzendental», in: *Handbuch philosophischer Grundbegriffe*, ed. por H. Krings, H. M. Baumgartner, C. Wild, vol. 5, Munique, 1974, pp. 1524 ss.

([5]) C. F. Gethmann, R. Hegselmann, «Das Problem der Begründung zwischen Dezisionismus und Fundamentalismus», *Zeitschrift für allgemeine Wissenschaftstheorie*, VIII, 1977, pp. 342 ss.

([6]) H. Albert, *Traktat über kritische Vernunft*, Tübingen, 1975.

([7]) H. Lenk, «Philosophische Logikbegründung und rationaler Kritizismus», *Zeitschrift für philosophische Forschung*, 24, 1970, pp. 183 ss.

poderíamos caracterizar estas posições com maior nitidez com base na crítica materialista do conhecimento do jovem Lukács, que subtrai da natureza a pretensão de fundamentação da dialéctica e a delimita ao mundo criado pelo Homem; ou também com base no practicismo de um Karl Korsch ou Hans Freyer, que põem de pernas para o ar a relação clássica entre teoria e prática e ligam a reconstrução do desenvolvimento social à perspectiva interessada da produção de um estado futuro da sociedade; e, por último, com base no negativismo de Adorno que já só vê num contexto abrangente da lógica do desenvolvimento, a confirmação de que o feitiço de uma razão instrumental desdobrada em totalidade social já não pode ser desfeito.

Não vou debruçar-me aqui sobre estas posições. Mas o que é interessante é que as *duas* linhas da crítica correm paralelas em longos trechos do percurso. Ora, quer a autocrítica se inicie pela dúvida sobre a dedução transcendental de Kant ou pela dúvida sobre a transição hegeliana para o saber absoluto, dirige-se nos dois casos contra a pretensão de que pode ser comprovado como *necessário* o provimento categorial ou o padrão evolutivo da formação do espírito humano. Em seguida, o construtivismo, por um lado, e o practicismo, por outro, efectuam a mesma viragem da reconstrução racional para uma prática produtora que deve então possibilitar a compreensão teórica desta prática. Por último, o criticismo e o negativismo tocam-se na medida em que rejeitam os meios transcendentais e dialécticos do conhecimento, sendo paradoxal o facto de ao mesmo tempo se servirem deles. Também podemos entender estas duas tentativas radicais de uma negação no sentido de dizer que os dois modos de fundamentação não podem simplesmente ser abolidos sem que se incorra em contradições internas.

Esta comparação entre as tentativas a decorrer em paralelo de delimitar as pretensões de fundamentação de cariz transcendental e dialéctico de um modo autocrítico leva à seguinte pergunta: se as reduções de ambos os programas de fundamentação apenas se somam, reforçando as reservas do cepticismo quanto à fundamentação, ou se não é precisamente a redução de objectivos probatórios de ambos os lados que constitui uma condição para que as estratégias de fundamentação reduzidas possam complementar-se mutuamente, em vez de se oporem umas às outras, como era o caso até à data. Neste sentido, o estruturalismo genético de Jean Piaget parece-me oferecer um modelo instrutivo, também para filósofos e que queiram continuar a sê-los. Piaget compreende a «abstracção reflexiva» como o mecanismo de aprendizagem que pode explicar, relativamente à ontogénese, a transição de um grau de conhecimento para o próximo, sendo que o desenvolvimento cognitivo caminha rumo a uma compreensão descentrada do mundo. A abstracção reflexiva assemelha-se à reflexão transcendental no facto de começar por trazer à consciência os elementos *formais* ocultos no conteúdo cognitivo como os esquemas de acção do sujeito cognoscente, os diferencia e os reconstrói no grau de reflexão superior que se segue. Em simultâneo, este mecanismo de aprendizagem tem uma função semelhante à força daquela negação, em Hegel, que supera dialecticamente as formas da consciência, mal estas entrem em contradição consigo mesmas.([8])

(3) Ora, as seis posições que referi relativamente aos sucessores de Kant e Hegel atêm-se a uma pretensão de racionalidade, por muito cautelosas que sejam quanto à sua extensão – é isso que diferencia Popper e Lakatos de Feyerabend; Horkheimer e Adorno de Foucault. Elas ainda *dizem* algo sobre as condições da inevitabilidade de uma pretensão transcendente, que remete para além de *todas* as limitações locais e temporais, à validade daquelas opiniões que consideramos justificadas. É esta pretensão de racionalidade que agora é posta em causa pela crítica dos mestres pensadores. Pois esta é, em boa verdade, uma apologia da despedida da filosofia. A fim de tornar compreensível esta viragem radical, tenho de me referir a uma outra crítica, que se vira de um só fôlego contra Kant *e* Hegel.

A *filosofia pragmática* e a *filosofia hermenêutica* vão realmente mais fundo com as suas dúvidas relativamente às pretensões de fundamentação e de autofundamentação do pensamento filosófico do que esses críticos entre os sucessores de Kant e Hegel. Mais concretamente, abandonam o horizonte em que se move a filosofia da consciência com o seu modelo cognitivo que se orienta pela percepção e a representação de objectos. Ao sujeito solitário, que se dirige a objectos e que, na reflexão, se

---

([8]) T. Kesselring, *Entwicklung und Widerspruch. Ein Vergleich zwischen Piagets genetischer Erkenntnistheorie und Hegels Dialektik*, Frankfurt/M., 1981.

torna objecto para si próprio, substitui-se não apenas a ideia de um conhecimento mediado pela linguagem e referido à acção, mas o nexo da prática e da comunicação quotidianas em que as realizações cognitivas, intersubjectivas e simultaneamente cooperativas, se encontram inseridas. Quer esse nexo seja tematizado como forma de vida ou como mundo da vida, como prática ou como interacção mediada pela linguagem, como jogo de linguagem ou como diálogo, como pano de fundo cultural, tradição ou história dos efeitos, o que é decisivo é que todos estes conceitos de senso comum obtenham agora um estatuto que até à data estivera reservado aos conceitos epistemológicos fundamentais, sem, no entanto, deverem funcionar do mesmo modo como estes. As dimensões da acção e da fala não devem ser simplesmente antepostas à cognição. A prática dirigida a um objectivo e a comunicação linguística assumem, antes, um papel *diferente* em termos de estratégia conceptual do que aquele que coubera à auto-reflexão na filosofia da consciência. Já só têm funções de fundamentação na medida em que, com a sua ajuda, a necessidade do conhecimento de fundamentos é recusada como injustificada.

Ch. S. Peirce duvida da possibilidade de uma dúvida radical com a mesma intenção que Dilthey duvida da possibilidade de uma compreensão neutra. Os problemas impõem-se sempre apenas em determinadas situações; vêm ao nosso encontro como algo em certa medida subjectivo porque não podemos dispor a nosso bel-prazer da totalidade dos nossos contextos vitais práticos. Em Dilthey é semelhante. Não entendemos uma expressão simbólica sem a pré-compreensão intuitiva do seu contexto, porque não conseguimos converter o saber de fundo da nossa cultura, o qual está presente de modo tácito, assim sem mais nem menos em saber explícito. Qualquer solução de um problema e qualquer interpretação depende de uma rede difusa de pressupostos; e, devido ao seu carácter simultaneamente holístico e particularista, esta rede não pode ser recolhida por uma análise que vise o universal. É esta a linha argumentativa em que também o mito do dado, ou seja, as diferenciações entre a sensibilidade e o entendimento, a intuição e o conceito, a forma e o conteúdo, se tornam da mesma forma objecto da crítica como as diferenciações entre juízos analíticos e sintéticos, entre *a priori* e *a posteriori*. Esta liquefacção dos dualismos kantianos ainda recorda a metacrítica de Hegel; no entanto, o contextualismo e o historicismo que a ela se encontram associados também cortam o caminho de regresso a Hegel.

O ganho acarretado pelas intelecções pragmáticas e hermenêuticas é evidente. A orientação por realizações da consciência é abandonada em benefício de uma orientação por objectivações da acção e da fala. A fixação na função cognitiva da consciência e na função descritiva da linguagem, na metafórica visual do «espelho da natureza», é abandonada em benefício de um conceito de opiniões justificadas que, com Wittgenstein e Austin, abrange todo o leque das forças ilocutórias, ou seja, tudo o que pode ser dito – e não apenas os conteúdos do discurso que constata factos. «Dizer como estão as coisas» torna-se assim um caso específico de «dizer algo»([9]).

Mas serão estas intelecções apenas compatíveis com uma interpretação do pragmatismo e da filosofia hermenêutica que sugere a renúncia à pretensão de racionalidade do pensamento filosófico e, com ela, a despedida da própria filosofia – ou será que essas intelecções caracterizam um novo paradigma que, embora se substitua ao jogo de linguagem mentalista da filosofia da consciência, não suspende os modos de fundamentação adquiridos e atenuados numa atitude autocrítica da filosofia da consciência? Na falta de argumentos decisivos e, sobretudo, simples, não posso dar uma resposta directa a esta pergunta; vou esquivar-me mais uma vez para a exposição narrativa.

(4) Marx quis *superar* a filosofia para a realizar – estava tão convencido do conteúdo de verdade da filosofia de Hegel que ressentia as discrepâncias tangíveis, negadas por Hegel, entre conceito e realidade como insuportáveis. Hoje associa-se à atitude da despedida da filosofia algo completamente diferente. A despedida da filosofia processa-se actualmente sob três formas mais ou menos conspícuas. Para simplificar, vou designá-las como a forma terapêutica, a forma heróica e a forma salvífica da despedida.

Wittgenstein habituou-nos ao conceito de uma filosofia dirigida contra si própria num intuito *terapêutico*. A própria filosofia

---

([9]) Rorty (1981), p. 402. No original diz: «*saying something [...] is not always saying how things are*» (*Philosophy and the Mirror of Nature*, Princeton, 1979, p. 371).

é a doença que em tempos devia curar. Os filósofos baralharam os jogos de linguagem que funcionam no dia-a-dia. Deste modo, uma filosofia empenhada em fazer-se desaparecer a si própria acaba por deixar tudo como está; pois vai buscar os critérios da crítica às formas de vida auto-suficientes, convencionadas na prática, nas quais se encontra. Se vier a haver um sucessor da filosofia despedida, a investigação de campo da antropologia cultural é o candidato mais auspicioso: a história da filosofia apresentar-se-á um dia como os afazeres bizarros dos chamados filósofos – uma tribo estranha e felizmente extinta. (Talvez um dia R. Rorty seja celebrado como o Tucídides de uma tal tradição investigativa, que somente se pôde iniciar depois da terapia de Wittgenstein ter começado a surtir efeito.)

Em comparação com a despedida quietista dos filósofos de tendência terapêutica, a demolição da história da filosofia e da história intelectual que foi levada a cabo por Georges Bataille ou Heidegger apresenta-se antes de mais como *heróica*. Também nesta perspectiva, os hábitos de pensamento e de vida erróneos concentram-se nas formas proeminentes da reflexão filosófica; mas as errâncias da metafísica e do pensamento que dispõe, que hoje têm de ser desconstruídas, não se esgotam em honestos erros categoriais, em perturbações da prática quotidiana, possuem um carácter epocal. Esta despedida dramática da filosofia não promete simplesmente uma cura, mas mantém algo do *pathos* de Hölderlin quanto a uma salvação no maior dos perigos. Não se pretende ficar *aquém* do modo de pensar filosófico desvalorizado, pretende-se que ceda o lugar a um *outro* meio que possibilite a retirada não discursiva para o âmbito imemoriável da soberania ou do ser.

É na sua forma *salvífica* que a despedida da filosofia se realiza da forma mais imperceptível; não são poucas as realizações interpretativas importantes de um neo-aristotelismo de tendência hermenêutica que disso podem servir de exemplo. No entanto, esses exemplos não são de forma alguma inequívocos, visto que aqui a intenção declarada visa a salvação de antigas verdades. Antes de mais, a filosofia é despedida como quem não quer a coisa, mais concretamente, em nome da sua conservação, o que significa: que é desonerada de pretensões sistemáticas. As doutrinas dos clássicos não são trazidas para o presente como contributo para um debate sobre os diversos assuntos, nem como um património cultural tratado histórico-filologicamente. Uma apropriação assimiladora trata, antes, textos que outrora deviam apresentar conhecimentos como fontes de iluminação e inspiração.

Na medida em que se desenrola nestas formas, a filosofia contemporânea satisfaz uma exigência que tinha resultado da crítica do mestre pensador Kant, com especial relevo para o fundamentalismo da sua teoria do conhecimento: relativamente às ciências, certamente já não reivindica o papel tornado dúbio de um arrumador. As correntes pós-estruturalistas, tardo-pragmáticas e neo-historistas tendem para uma concepção estreita e objectivista da ciência. Em contraposição a um conhecimento que está vinculado aos ideais de objectividade da ciência, gostariam sobretudo de ganhar espaço para a esfera de um pensamento iluminador ou inspirador, em todo o caso não objectivante, que se liberta da orientação por pretensões de validade universais e criticáveis, que já não visa a formação de consensos no sentido de resultados não controversos e que se evade do universo das concepções fundamentadas sem querer prescindir da autoridade de intelecções de ordem superior. A posição que a filosofia despedida ocupa relativamente às ciências coincide com a divisão existencialista do trabalho como foi propalado por autores que vão de Jaspers e Sartre até Kolakowski: à esfera da ciência contrapõem-se a fé filosófica, a vida, a liberdade existencial, o mito, a cultura, etc. Todas estas oposições têm a mesma estrutura, mesmo que aquilo que Max Weber designou como a importância cultural da ciência seja avaliado de um modo ora mais negativo, ora mais positivo. Os filósofos do continente tendem consabidamente para a dramatização dos perigos do objectivismo, ao passo que o mundo anglo-saxónico mantém uma relação relaxada com a razão instrumental.

Richard Rorty introduz uma variante interessante contrapondo ao discurso normal o discurso não normal. As ciências estabelecidas alcançam a normalidade nas fases de progressos teóricos reconhecidos; nessas alturas conhecem-se os processos pelos quais podem resolver-se problemas e dirimir-se questões controversas. Rorty designa tais discursos por comensuráveis – podemos confiar em critérios que asseguram consensos. Discursos permanecem incomensuráveis ou não normais enquanto as orientações de base forem controversas.

Ora, se estes diálogos incomensuráveis já não forem conduzidos com o objectivo da transição para a normalidade mas, desviando-se do objectivo da concórdia universal, se contentarem com a esperança de uma «interessante e fértil falta de concórdia» – ou seja, logo que os discursos não normais *se bastarem a si próprios*, eles podem alcançar as qualidades que Rorty caracteriza com o termo «*edifying*». Nestes diálogos formadores desemboca também a filosofia, depois de ter renunciado à sua intenção de resolver problemas. Na versão de Rorty, ela reúne então em simultâneo todas as virtudes que se adquiriu através de uma despedida terapeuticamente desonerada, heroicamente superadora e hermeneuticamente inspiradora da filosofia: a força imperceptivelmente subversiva do ócio associa-se então a uma imaginação elitista e linguisticamente criativa e à sabedoria da tradição. O desejo de instrução é, no entanto, satisfeito às expensas da verdade: «Filósofos instrutivos não serão capazes de levar a filosofia a um fim, mas podem impedir que ela comece a deambular pelas veredas seguras de uma ciência.»([10]) Esta distribuição de papéis pode certamente contar com *simpatia* na mesma medida em que libertar a filosofia das exigências da função de um juiz supremo no que toca à ciência e à cultura. Ainda assim, não me parece *convincente*, uma vez que também uma filosofia elucidada sobre as suas fronteiras de forma pragmatista e hermenêutica não poderá de todo participar em diálogos instrutores *além* das ciências sem logo voltar a ser sugada para o redemoinho da argumentação, isto é, do discurso fundamentador.

O facto de uma divisão existencialista ou, digamos, exclusiva do trabalho entre a filosofia e a ciência não poder funcionar ressalta precisamente da sua versão compatível com a teoria do discurso que Rorty preconiza. Se a validade de concepções, em última instância, não puder ser aferida por nada que não seja um acordo alcançado de forma argumentativa, *tudo* aquilo sobre cuja validade podemos de alguma forma conflituar fica assente em alicerces instáveis. Mas saber se, sob os pés dos participantes de uma argumentação, o solo do acordo racionalmente motivado vai tremer um pouco menos num conflito de opiniões no âmbito da física do que aquando de um conflito de opiniões respeitante

([10]) Rorty (1981), p. 418.

à moral e à estética, é, como o demonstra a teoria pós-empirista da ciência, uma questão de grau, e isto a um ponto que a normalização de discursos não se oferece como critério com acuidade de diferenciação suficiente para distinguir entre a ciência e o diálogo instrutivo filosófico.

(5) Para aqueles que defendem a divisão exclusiva do trabalho, foram sempre inconvenientes aquelas tradições investigativas que com especial clareza, incarnam o elemento filosófico *no seio* das ciências. Já por isso, o marxismo e a psicanálise têm de ser pseudo-ciências que são culpadas de produzir um amálgama híbrido entre discursos normais e não normais, uma vez que não se submetem à divisão de trabalho postulada – quanto a isso Rorty e Jaspers estão de acordo. No entanto, segundo o meu conhecimento das ciências sociais e da psicologia, as duas abordagens nada têm de atípicos; caracterizando bastante bem o tipo de teoria com que novas tradições investigativas são respectivamente fundamentadas.

O que se aplica a Freud, aplica-se nestas disciplinas a todos os teóricos inovadores, como por exemplo a Durkheim, a G. H. Mead, a Max Weber, a Piaget e a Chomsky. Todos eles introduziram, se é que a palavra tem algum sentido, um pensamento genuinamente filosófico numa situação investigativa específica como se de uma carga explosiva se tratasse. A função formadora de sintomas do recalcamento, a função instituidora de solidariedade do sagrado, a função formadora de identidade da adopção do papel alheio, a modernização como racionalização social, o descentramento como consequência da abstracção reflexiva de acções, a aquisição da linguagem como actividade formadora de hipóteses – cada um destes tópicos representa uma ideia a elaborar pela filosofia e, ao mesmo tempo, um questionamento passível de um tratamento empírico, mas que não deixa de ser universalista. Daí também se explica por que precisamente estas abordagens teóricas provocam periodicamente contra-ataques empiristas. Trata-se aqui de ciclos da história da ciência que de modo nenhum parecem indicar que estas disciplinas caminham rumo a um ponto de convergência científico unitário; indicam antes uma filosofização das ciências humanas do que a marcha vitoriosa de abordagens objectivistas como a neurofisiologia, esse estranho filho predilecto dos filósofos analíticos.

Evidentemente podemos fazer, no melhor dos casos, conjecturas sugestivas sobre a matéria. Mas, se esta perspectiva não for enganadora, não será completamente disparatado perguntarmos se a filosofia não poderia trocar o papel insustentável do arrumador pelo de um lugar-tenente relativamente a algumas ciências – um lugar-tenente de teorias empíricas com fortes pretensões universalistas para que as cabeças produtivas nas disciplinas individuais andaram repetidamente a ganhar balanço. Isto aplica-se sobretudo às ciências que procedem de modo reconstrutivo, que entroncam no saber pré-teórico de sujeitos que ajuízam, agem e falam com competência, e também em sistemas tradicionais de saber cultural, a fim de clarificar os fundamentos presumidamente universais da racionalidade da experiência e do juízo, da acção e da comunicação linguística. Os modos de fundamentação transcendentais e dialécticos, uma vez atenuados bem podem dar uma ajuda nesta matéria; afinal só têm capacidade para suportarem hipóteses reconstrutivas que se prestam a um tratamento posterior em contextos empíricos. Observo exemplos para uma tal inclusão da filosofia na cooperação científica em todas aquelas situações em que filósofos contribuem para uma teoria da racionalidade sem formularem pretensões fundamentalistas ou mesmo amplexivamente absolutistas. Trabalham, antes, na consciência falibilista de que aquilo de que a filosofia outrora se sentira capaz sozinha agora já apenas pode ser esperado da feliz coerência de diversos fragmentos teóricos.

Da perspectiva dos meus próprios interesses investigativos, vejo desenhar-se tais cooperações entre a teoria da ciência e a história da ciência, entre a teoria dos actos de fala e diversas abordagens da pragmática linguística empírica, entre a teoria das argumentações informais e diversas abordagens da investigação das argumentações naturais, entre éticas cognitivistas e uma psicologia do desenvolvimento da consciência moral, entre teorias filosóficas da acção e a investigação da ontogenése de competências para a acção.

Se for verdade que a filosofia entra numa tal divisão não exclusiva do trabalho com as ciências humanas, parece, contudo, que tanto mais põe em jogo a sua identidade. R. Spaemann não deixa de ter alguma razão ao insistir em «que qualquer filosofia tem uma pretensão de totalidade prática e teórica. Não tê-la significa não fazer filosofia.»([11]) Decerto que uma filosofia que, mesmo que seja em regime de divisão do trabalho, se esforce pela clarificação dos fundamentos racionais do conhecimento, da acção e da fala mantém sempre uma referência temática ao todo. Mas o que é feito da teoria da Modernidade, desse acesso ao todo da cultura de que Kant e Hegel se tinham assegurado com o seu conceito de razão quer fundamentador, quer absolutizador? Afinal, até à *Krisis der Europäischen Wissenschaften* [Crise das ciências europeias] de Husserl, a filosofia deduzira da sua judicatura suprema também funções orientadoras. Se agora se demitir do papel de um juiz, tanto no que diz respeito à cultura como relativamente à ciência, não estará afinal a renunciar à referência à totalidade, na qual teria de poder apoiar-se enquanto «guardiã da racionalidade»?

Acontece que o que se passa com o todo da cultura é semelhante ao que se passa com as ciências: a cultura não necessita nem de fundamentação, nem de classificação. Foi dela, nomeadamente na modernidade desde o século XVIII, que brotaram aquelas estruturas de racionalidade que Max Weber encontra e descreve, com Emil Lask, como esferas de valor culturais.

Com a ciência moderna, o direito positivo e as éticas profanas orientadas por princípios, com uma arte que se tornou autónoma e a crítica de arte institucionalizada, cristalizaram-se três momentos da razão vieram ao de cima mesmo sem a intervenção da filosofia. Mesmo sem as instruções da crítica da razão, os filhos e as filhas da Modernidade aprendem como destrinçar ou aperfeiçoar a tradição cultural sob cada um destes aspectos da racionalidade em questões de verdade, em questões de justiça ou de gosto. Isto depreende-se de interessantes processos de eliminação. As ciências vão-se desfazendo dos elementos provenientes de imagens do mundo e renunciarem a uma interpretação da natureza e da história como um todo. As éticas cognitivistas excluem os problemas vida da boa e concentram-se nos aspectos rigorosamente deónticos e generalizáveis, de forma que do bom apenas resta o justo. E uma arte autonomizada esforça-se por uma consubstanciação cada vez mais pura da experiência estética fundamental que a subjectividade desconcentrada, abandonando

---

([11]) R. Spaemann, «Der Streit der Philosophen», in: H. Lübbe (org.), *Wozu Philosophie?*, Berlim, 1978, p. 96.

as estruturas de espaço e de tempo do dia-a-dia, faz consigo própria – a subjectividade liberta-se aqui das convenções da percepção quotidiana e da actividade orientada para fins, dos imperativos do trabalho e da utilidade.

Estas grandiosas unilateralizações que constituem a assinatura da modernidade não necessitam de fundamentação nem de justificação; mas geram problemas de mediação. Como pode a razão subdividida nos seus elementos manter a sua unidade nas áreas culturais, e como podem as culturas de peritos, que se retiraram para formas esotéricas aprimoradas, guardar uma conexão com a prática comunicativa quotidiana? Um pensamento filosófico que ainda não virou costas ao tema da racionalidade, que ainda não se demitiu de uma análise das condições do incondicionado, vê-se confrontado com esta dupla necessidade de mediação.

Problemas de mediação colocam-se, antes de mais, dentro das esferas da ciência, da moral e da arte. Aqui surgem contra-movimentos. Assim, as abordagens investigativas não-objectivistas no seio das ciências humanas fazem valer, sem porem em perigo o primado das questões de verdade, também pontos de vista da crítica moral e estética. Assim, o debate sobre a ética da responsabilidade e da convicção e a maior consideração de motivos utilitaristas no seio de éticas universalistas trazem à colação pontos de vista do cálculo das consequências e da interpretação das necessidades que se inserem no âmbito de validade do cognitivo e do expressivo. A arte pós-vanguardista, por fim, é caracterizada pela estranha sincronicidade de correntes realistas e politicamente empenhadas com as autênticas continuações da modernidade clássica, que tinha posto a descoberto o sentido específico do estético; com uma arte realista e empenhada, porém, ao nível da riqueza de formas que a vanguarda libertou voltam a ganhar relevo elementos do cognitivo e do prático-moral. Parece como se em tais contra-movimentos os elementos da razão radicalmente diferenciados quisessem remeter para uma unidade que, no entanto, apenas pode ser recuperada aquém das culturas de peritos, ou seja, no quotidiano, e não além, nos fundamentos e precipícios da filosofia da razão clássica.

Na prática comunicativa do quotidiano, interpretações cognitivas, expectativas morais, expressões e apreciações, ainda assim, têm de se interpenetrar. Os processos de entendimento mútuo do mundo da vida necessitam, por isso, de uma tradição cultural *da maior amplitude*; e não só das benesses da ciência e da técnica. Deste modo, a filosofia poderia actualizar a sua referência à totalidade num papel de intérprete voltado para o mundo da vida. No mínimo poderia ajudar a voltar a pôr em movimento a interacção suspensa do cognitivo-instrumental com o prático moral e o estético-expressivo, como se fosse um móbile que tenha ficado desesperadamente enganchado.([12]) Pode-se, pelo menos, designar o problema com que se defrontará uma filosofia, se ela renunciar ao papel do juiz inspirador da cultura em benefício do de um intérprete mediador. Como podem as esferas encapsuladas como culturas de peritos ser abertas à ciência, à moral e à arte, sem que saísse ferida a racionalidade dotada de sentido específico destas, e assim associadas às tradições empobrecidas do mundo da vida de tal forma que os elementos subdivididos da razão voltem a conjugar-se num novo equilíbrio na prática comunicativa quotidiana?

Neste ponto, a crítica dos mestres pensadores poderia pôr em campo, por uma última vez, a sua desconfiança e perguntar o que dá aos filósofos o direito de não só reservar o lugar em alguns locais no interior do sistema científico para estratégias teóricas exigentes, mas agora, ainda por cima, oferecer os seus serviços de tradução ao exterior para uma mediação entre o mundo do quotidiano e uma modernidade cultural que se retirou para as suas áreas autónomas. Penso que são precisamente a filosofia pragmática e a hermenêutica que respondem a esta questão, na medida em que atribuem autoridade epistémica àqueles que cooperam e falam uns com os outros. Esta prática comunicativa quotidiana possibilita um entendimento mútuo orientado por pretensões de validade – e é esta a única alternativa a uma influência mais ou menos violenta de parte a parte. Mas como as pretensões de validade que, no diálogo, associamos às nossas convicções, apontam para lá do respectivo contexto, como remetem para lá de horizontes espacial e temporalmente limitados, qualquer entendimento mútuo alcançado ou reproduzido pela via comunicativa tem de se apoiar num potencial de

([12]) J. Habermas, «Die Moderne – ein unvollendetes Projekt», in: *idem, Kleine Politische Schriften I-IV*, Frankfurt/M., 1981, pp. 444 ss.

motivos atacáveis, mas que, lá está, não deixam de ser motivos. Os motivos são feitos de uma matéria especial; obrigam-nos a tomar uma posição com um sim ou um não. Deste modo, nas condições da acção orientada para o entendimento encontra-se incorporado um elemento de incondicionalidade. E é esse o momento que distingue a validade que reivindicamos para as nossas concepções da mera validade social de uma prática convencionada pelo hábito.([13]) O que consideramos justificado é, da perspectiva da primeira pessoa, uma questão da passibilidade de fundamentação, e não uma função de hábitos de vida. Por isso existe um interesse filosófico em «ver nas nossas práticas de justificação social mais do que simplesmente tais práticas»([14]). É também este mesmo interesse que está por detrás da obstinação com que a filosofia se agarra ao papel de um guardião da racionalidade – papel esse que, de acordo com a minha experiência, traz cada vez mais dissabores e certamente já não é um privilégio para coisíssima nenhuma.

([13]) Cf. J. Habermas, Theorie des kommunikativen Handelns, vol. I, Frankfurt/ /M., 1981, pp. 168 ss.

([14]) Rorty (1981), p. 422.

3.

O que podem as teorias realizar – e o que não

Uma entrevista

Habermas, o pensamento interessado na teoria da sociedade pretende inserir as experiências actuais por si referidas num contexto mais largo. Pergunta pelas condições e pela validade dessas experiências e, num âmbito mais vasto, pela história do desenvolvimento da nossa sociedade.

Será que o cansaço com as teorias, de entoação resignada, que não deixo de observar em muitas pessoas, com especial relevo para as pessoas sensíveis, está ligado a uma perda de historicidade? E, se assim for: será que semelhante resistência tem por base o medo do futuro?

E, se me permite que vá ainda mais longe: será que um certo cansaço com as teorias se prende com o facto de as pessoas tentarem iludir um terror pânico que se deve ao facto de a sociedade industrial estar muito bem encaminhada para, ao arrepio de um melhor conhecimento teórico, aniquilar as bases naturais da existência humana?

Isto é uma catadupa de perguntas de uma só vez. Vamos ao primeiro tópico, o «cansaço com as teorias» dos jovens. Não sei em que apoia este diagnóstico. Há décadas que os meus livros se vendem tanto bem como mal. Os meus alunos dão-me gozo; são interessados, medianamente cultivados e têm gosto nos debates. Decerto que, em comparação com a sociologia, a filosofia é hoje objecto de maiores expectativas. As pessoas jovens esperam, hoje, um pouco mais da filosofia e, evidentemente, ficam desiludidas com o facto de, ao tirarem o curso, não aprenderem a resolver os seus próprios problemas de vida – em Frankfurt, em todo o caso, ninguém afirma estar em condições de lhes dizer isso. A filosofia, tal como a sociologia, é apenas uma ciência e segue a dinâmica dos seus próprios problemas, em todo o caso é o que pensamos. Para ganharmos alguma coisa com o trabalho teórico, temos de começar a exercê-lo por si mesmo, o que acarreta frustrações salutares. Perguntar por interesses cognitivos antes de nos debruçarmos sobre o assunto em si sempre me pareceu um disparate, não obstantes as lendas em contrário. Isso não significa, pois, que não devermos perguntar pelas raízes de uma teoria na vida. Por exemplo, para sabermos se o vaivém das modas nas ciências sociais e humanas não têm também algo que ver com experiências pré-teóricas e contextos da história contemporânea. Talvez as abordagens estruturalistas ou da teoria dos sistemas, que expulsam os sujeitos e a sua subjectividade dos seus conceitos fundamentais, pareçam plausíveis aos membros angustiados da sociedade do risco, desde logo porque a complexidade social os ultrapassa antes de tanta ciência e lhes surge como uma segunda natureza. Repara que dei uma certa volta à sua pergunta. Não é o abandono das teorias em termos gerais, mas o *appeal* que em certas alturas traz uma determinada recepção a certas teorias tem que ver com determinações epocais – como, por exemplo, a chamada teoria do caos com esse «terror pânico» de que fala.

Aliás, é bom que não se espere das teorias nem mais nem outra coisa do que conseguem fazer – e isso é, de facto, bastante pouco.

A sua teoria da sociedade não deixa de ser exigente. Reflecte as relações dominantes à luz de uma formação social ideal em que as pessoas agem como sujeitos dotados de capacidade de acção e querem realizar em conjunto algo de racional. Este ponto de referência dá-lhes a possibilidade de perscrutarem criticamente as relações já existentes – relações essas em que o senhor como teórico também se encontra inserido. Lembro-me da comparação que em tempos fez com o psicanalista que, ao estar ligado ao seu paciente no diálogo terapêutico, se orienta pelo ideal de uma relação comunicativa bem-sucedida.

Em *Conhecimento e Interesse* comparei a psicanálise com a teoria da sociedade. Ao fazê-lo, porém, tinha em mente a estrutura metódica e os conceitos fundamentais. Em caso algum devemos conceber os destinatários ou até a própria sociedade como um sujeito em ponto grande, ao qual o teórico quer abrir os olhos; num processo de esclarecimento existem apenas intervenientes. Em todo o caso, insurgi-me a seu tempo com muita rapidez contra este tipo de mal-entendidos, que talvez não tenha evitado com a diligência suficiente (por exemplo, numa introdução à reedição de *Theorie und Praxis* [Teoria e Prática], em 1971). Foi há muito tempo.

Agora, no que diz respeito à «sociedade ideal», a cuja luz critico presuntivamente a situação existente – também aqui as coisas se passam de um modo um pouco diferente. Contrariamente a certos colegas americanos famosos – como Rawls ou Nozick – nunca tive a ambição de delinear uma teoria política normativa. Embora também isso tenha um bom sentido, não construo as normas fundamentais de uma «sociedade bem ordenada» no estirador. Antes tenho em mente uma reconstrução das relações factuais, no entanto, sob a premissa de que os indivíduos socializados, na prática comunicativa do dia-a-dia, não podem deixar de fazer *também* um uso da sua linguagem coloquial orientado para o entendimento. Ao fazerem-no têm então de partir de determinadas suposições pragmáticas em que se afirma algo como uma razão comunicativa. Não custa nada a perceber: de cada vez que queremos dizer aquilo que dizemos, reivindicamos para aquilo que dizemos que é verdadeiro ou correcto ou sincero; deste modo, um elemento de idealidade irrompe no nosso quotidiano. Pois tais pretensões de validade fazem-se revalidar apenas com argumentos; em simultâneo sabemos que argumentos, que hoje nos parecem plausíveis, amanhã, à luz de novas experiências e informações, podem revelar-se errados.

A prática quotidiana orientada para o entendimento está entretecida com idealizações inevitáveis. Estas fazem simplesmente parte do *medium* da linguagem coloquial, através do qual se processa a reprodução da nossa vida. É um facto que nós como indivíduos podemos decidir em qualquer altura manipular outrem ou agir de um modo abertamente estratégico. Mas nem todos podem realmente comportar-se assim em qualquer altura. De outro modo, por exemplo, a categoria da mentira perderia o seu sentido; em última instância, a gramática da nossa linguagem teria de se desmoronar. Algo como a apropriação da tradição ou a socialização tornar-se-ia impossível. Teríamos, então, de ter conceitos da vida social ou do mundo social diferentes daqueles com que operámos até agora, quando participarmos em uma tal vida, quando depararmos connosco num mundo semelhante. Com isto apenas quero dizer: se me refiro a idealizações, não se trata de ideais que o teórico solitário ergue *perante* a realidade, tal como ela é; refiro-me apenas aos conteúdos normativos *encontrados* nas nossas práticas, sem os quais não conseguimos passar, uma vez que a linguagem, juntamente com as idealizações que exige aos locutores, é constitutiva para formas de vida socioculturais.

Nas suas obras escritas, designou o modelo determinante que a sociedade industrial seguiu ao longo dos dois últimos séculos por «emancipação». Cada vez mais, as pessoas querem poder decidir sobre o seu bem de uma forma autodeterminada, ou seja, independente de interesses alheios. Este processo de emancipação, se bem o entendo, remonta ao facto de as pessoas quererem entender-se, ou seja, refrear o seu egoísmo e fazer com que o melhor argumento se imponha. Será mais que um belo pensamento?

Quando a Rias pediu, em 1967, a Adorno que falasse sobre o tema «ideais estéticos contemporâneos», ele respondeu que o próprio termo do ideal, que se tinha tornado popular, era o problema. Os «ideais» sugerem ainda o tipo de orientações substanciais e universalmente vinculativas que perdemos na Modernidade. Foram substituídos por algo de formal, pela racionalidade processual dos modos de proceder, que já apenas nos dizem como temos de fazer algo se quisermos alcançar um bom resultado.

Conceitos como «esclarecimento» e «emancipação» referem-se – desde o final do século XVIII, quando Kant falou da «saída do homem da sua menoridade de que ele próprio é culpado» – a processos em que experimentamos na nossa própria pele como nos transformamos se aprendermos a comportarmo-nos racionalmente sob pontos de vista formais. O esclarecimento é um reflexo da experiência de si no decurso de processos de aprendizagem. A emancipação significa algo como uma libertação de constrangimentos, pelos quais, uma vez que não resultam de uma causalidade natural ou do da limitação do nosso próprio entendimento, por assim dizer, arcamos com a responsabilidade, embora, em termos ilusórios, estejamos «entregues à mercê» de tais constrangimentos. A emancipação é um tipo muito especial da experiência de si, uma vez que nela, os processos de auto-entendimento se entrosam com um ganho de autonomia. Nela ligam intelecções «éticas» e «morais». Se, no caso das questões «éticas», quisermos ganhar clareza sobre quem somos e quem queremos ser; e se, no caso das questões «morais», quisermos saber o que é igualmente bom para todos; neste caso, no processo da consciencialização emancipatória, as intelecções morais ligam-se a uma nova autocompreensão ética. Sabemos quem somos porque aprendemos a ver-nos diferentemente em simultâneo na nossa relação com outros. Regenerações destas remontam frequentemente até à adolescência. Afinal esta é uma fase da vida em que é comum darmos, deste modo, um tratamento produtivo a crises dolorosas. A expressão «emancipação» tem, portanto, a sua sede no âmbito da forma como sujeitos lidam consigo próprios, refere-se a transformações descontínuas no auto-relacionamento prático das pessoas.

Mas se quisermos retransferir esta expressão para o âmbito social, do qual ela provém originariamente – como termo jurídico, «emancipação» designava a libertação de escravos ou a passagem de crianças à idade adulta – guardemo-nos de aplicar a relações sociais conceitos provenientes da filosofia do sujeito, que não se adequam àquelas. Nem colectivos sociais, nem sociedades no seu todo devem ser concebidos como sujeitos em ponto grande. Por isso sou, hoje em dia, bastante cauteloso com a utilização do termo «emancipação» para além do âmbito das experiências biográficas. Em vez dela, conceitos como «entendimento mútuo» e «acção comunicativa» passaram a ser o cerne das minhas reflexões. Estes têm um sentido trivial; a saber, referem-se àquilo que acontece continuamente na prática quotidiana – sem a aura poética ou falsamente romantizante da experiência *extraordinária*. Nada disto tem, para já, que ver com a moral. Isto sem falar em que a acção moral não pode ser explicada a partir da oposição entre egoísmo e altruísmo, como o senhor diz: pois frequentemente aquilo a que nos sentimos obrigados coincide de uma forma perfeitamente legítima com os nossos próprios interesses – mesmo os de curto prazo.

Mas, ainda assim, farejo na sua Teoria da acção comunicativa *um idealismo envergonhado que faz vista grossa às forças dominantes na prática política, por exemplo intenções estratégicas. Assim, a incorporação da RDA na RFA, prosseguida a mata-cavalos, da qual já falámos anteriormente, é um exemplo por excelência da força manipuladora mesmo da política democraticamente legitimada. Poderíamos, exagerando um pouco, escrever uma história do século* XX *de leitura plausível sobre o fracasso contínuo do argumento racional.*

Em primeiro lugar, temos de poder explicar porque consideramos a revolução na RDA – e em toda a Europa de Leste – um processo digno de ser saudado. Quase que ainda o poderíamos descrever com o conceito kantiano da emancipação. Em todo o caso, aqui, as instituições de uma democracia nos moldes do Estado de direito impuseram-se contra as repressões de um sinistro Estado securitário. Com esta nova constituição política, fez-se valer princípios de direito e de justiça que podem ser fundamentados de forma racional. E, não há volta a dar, isto significa: num discurso prático, tais princípios poderiam contar com o assentimento bem reflectido de todos os afectados.

No que toca ao decurso fáctico do processo de unificação, temos de constatar sobriamente que decorreu *grosso modo* de acordo com as normas do nosso ordenamento político. Um tal ordenamento, plasmado nos moldes do direito, serve efectivamente para abrir margens de manobra legítimas para a acção estratégica. A política da chancelaria, sobre a qual nos confrontamos politicamente, foi evidentemente legal, estava dentro da margem de manobra constitucionalmente concedida ao governo. Quando a política partidária se tornou demasiado preponderante e quase todos os partidos já apenas tratavam o direito eleitoral como massa de manobra para especulações próprias, o tribunal constitucional federal pôs termos a essas práticas. É este o lado constitucionalmente legítimo do processo. Os tratados firmados entre os dois Estados foram aprovados pelos parlamentos, se bem que apenas enquanto pacote. Realizaram-se eleições democráticas, etc. Decerto que lamentei, sob pontos de vista político e constitucionais, o défice normativo. Mas esta crítica também não caiu do céu aos trambolhões. Apela, antes, a princípios que não ando simplesmente a inventar, que de facto só alcançaram reconhecimento social num processo de séculos, feito de lutas e experiências colectivas, e acabaram por também serem incorporados na nossa cultura política. Aqui até podemos falar de uma história da emancipação política.

Que processos e tendências tem em mente ao querer demonstrar a existência desse processo emancipatório também no nosso tempo?

Penso na medida de liberdade individual, de segurança social e de participação nas decisões políticas que, nas regiões mais mimadas do nosso planeta Terra, granjearam à vida de cada indivíduo um valor mais elevado, uma maior consideração. Antes da Revolução Francesa, antes do movimento operário europeu, antes da expansão da escolaridade formal, antes do movimento feminista, antes da domesticação das relações de violência no seio das famílias, das prisões, dos hospitais, etc., a vida de uma mulher ou de um homem valia individualmente menos – não da nossa, claro está, mas da perspectiva dos contemporâneos. Este é certamente apenas um dos lados da moeda. Horkheimer e Adorno falam de uma «dialéctica do esclarecimento». Esta não deixa de lançar alguma luz sobre o reverso sombrio do espelho do Iluminismo. No entanto, a própria crítica e autocrítica ainda se alimentam da luz do Iluminismo – não possuímos outros critérios a não ser os seus próprios. Conceitos morais fundamentais como a autonomia e a dignidade humana, a solidariedade e a igualdade, também se devem poder transformar em processos de auto-aplicação, isto é, na aplicação crítica à sua própria utilização, se quiserem *continuar a ser* convincentes. A emancipação – se dermos a esta palavra uma leitura que não se preste a mal-entendidos – torna as pessoas mais independentes, mas não automaticamente mais felizes.

Evidentemente, não temos escolha entre uma conduta de vida mais ou menos consciente, uma vez que possibilidades de escolha apenas surgem com o acto da consciencialização. Já os critérios da felicidade, destinados a avaliar clinicamente uma vida mais ou menos não alienada e não falhada, são um assunto bastante precário. Quem ainda se atrever de todo a operar com *estes* critérios, e não será o caso da teoria da sociedade, provavelmente não chegará à conclusão de que as formas de vida modernas são porventura melhores neste sentido clínico do que outras. Ao conceito de modernidade já não se liga nenhuma promessa de felicidade. Apesar de toda a conversa sobre uma pós-modernidade não se vislumbra, porém, uma alternativa racional a estas formas de vida. O que nos resta, senão ao menos procurar *no interior* dessas formas de vida formas práticas de as melhorarmos?

Diante do referido contexto das experiências históricas mais recentes, é plausível compreender o parlamentarismo desenvolvido pela sociedade burguesa como uma institucionalização do discurso que serve o fim da auto-regulação da sociedade. Será que a sociedade organizada democraticamente – no sentido da sua teoria da acção comunicativa – dispõe de uma margem nitidamente superior de racionalidade do que a sociedade organizada de um modo feudal, totalitário ou de outro modo qualquer?

Dispõe de um grau superior de racionalidade no sentido dos níveis em que podemos aprender. Mas apenas aprendemos na dimensão cognitiva – pense no desenvolvimento das forças produtivas – ou na dimensão prático-moral, sendo que podemos pensar, neste âmbito, nas concepções de moral e do direito fundamentadas de um modo pós-metafísico. Em simultâneo, até podemos ter perdido sensibilidades noutras dimensões [...]

[...] *Ora, acontece que a história da génese do parlamentarismo, assim como a sua análise funcional, demonstra que este instrumento não serve para regular o discurso, mas para equilibrar interesses. O palco político em Bona ou em Washington cumpre (quando muito) as regras da resolução de conflitos e da busca de compromissos; são bastante raras as vezes em que se procura o melhor argumento.*

A formação de compromissos determina, nos sistemas do nosso tipo, boa parte dos processos políticos de decisão – quem haveria de o negar? Mas somente quando estes compromissos são alcançados de acordo com as regras de uma compensação equitativa dos interesses é que, eles são também racionais no sentido de uma racionalidade processual prático-moral. Pois saber se as regras são equitativas, se determinadas negociações estão institucionalizadas correctamente, tendo em conta as correlações de poder e de interesses dadas, tudo isso são questões que, uma vez mais, apenas poderiam ser decididas num discurso sobre questões de justiça. No entanto, não pretendo com esta ressalva apagar a importante diferença entre discursos, nos quais, de acordo com a ideia, o que importa é a força do melhor argumento, e compromissos, com os quais as partes podem concordar por motivos respectivamente *diferentes*. Quer a formação da vontade política se processe em comunicações públicas informais, quer se encontre institucionalizada em organismos decisores, em nenhum dos casos ela se *esgota* na agregação e concertação de interesses parciais concorrentes. Os compromissos constituem apenas uma parte deste processo.

Hoje, já as informações, os prognósticos, as propostas programáticas e, de um modo geral, todas as reflexões empíricas e pragmáticas que constituem a base da eleição de políticos, são objecto de acesas controvérsias. Pois tais interpretações não primam, por seu lado, de forma alguma pela neutralidade axiológica. Mas o que haveria de abalar as interpretações de estados de coisas, na sua maioria preparadas por peritos senão uma crítica que opere com motivos melhores? Além disso, existem sobejos problemas políticos de grande envergadura que realmente afectam questões de justiça. Na maior parte dos casos, são discutidos sob a forma de explicitações jurídicas, mas muitas vezes também o são directamente como aquilo que são: questões prático-morais. No tratado de unificação, uma grande quantidade de matérias deste tipo teve de ser regulada; uma vez que também estavam em causa questões complicadas de justiça distributiva – por exemplo o princípio controverso: «devolução antes da indemnização» –foi de facto sentido como problemático que os senhores com as suas pastinhas tivessem combinado *tudo isso* só entre eles. Outros temas afectam, por seu lado, questões de autocompreensão ético-política, questões da forma de vida que consideramos desejável ou pelo menos tolerável. Muitos temas ecológicos inserem-se nesta categoria. Conflitos de minorias, questões do direito de asilo, o apoio às novas tecnologias, etc., obrigam-nos a aclarar decisões valorativas gravosas, por exemplo sobre como nos compreendemos enquanto cidadãos da República Federal da Alemanha, em que tipo de sociedade queremos viver.

Se analisarmos os tipos destas questões pragmáticas, morais e éticas diversas e reflectirmos sobre quais seriam as formas de comunicação que promoveriam, respectivamente, uma formação racional da opinião e da vontade, vemos que as considerações políticas não constituem um todo monolítico, que não evoluem *apenas* nos moldes da formação de compromissos, tornando antes necessária uma rede de múltiplas formas de argumentações e negociações. Não foi por acaso que as reflexões da teoria do discurso avançaram mais nos discursos jurídicos; no entanto, podem ser transferidas para os processos políticos de decisão. Como no caso da institucionalização jurídica de processos judiciais, encontramos também aqui, nas regulações e práticas estabelecidas da formação da opinião e da vontade, dos regimentos parlamentares até à parte organizativa da lei fundamental, um elemento de «razão existente». É nisso que se pode, então, entroncar de forma crítica. A abordagem da teoria do discurso permite, precisamente, que a crítica entronque na autocompreensão das culturas políticas convencionadas pelo hábito, das instituições existentes e dos sistemas jurídicos em vigor, com o objectivo de esgotar o seu potencial de autotransformação intrínseco.

O senhor designa o discurso racional das pessoas, que tem por alvo o acordo, por «acção comunicativa». Na sua teoria, essa acção é considerada uma forma fundamental do comportamento social, pois, se bem o entendo, já se encontra sempre co-dado um interesse no entendimento: as pessoas falam umas com as outras porque se querem realmente entender. Na sua concepção, os seres humanos agem per se *como sujeitos racionais, a saber, capazes de consenso e predispostas para o mesmo. Na realidade, porém, só excepcionalmente é que se manifestam como racionais; regra geral, o seu discurso apresenta uma garrida palete de diversos motivos e intenções que têm muito que ver com desejos de dominação e submissão – ou, pensando em termos políticos: com a conquista do poder para impor objectivos particulares. Será despropositada a ideia de que, na sociedade emancipada de acordo com a sua concepção, os sujeitos já não se comportam entre si como seres humanos, mas sim como máquinas de pensar racionalizadas até ao tutano?*

Antes de mais, não digo que as pessoas querem agir de uma forma comunicativa, mas que *têm de* o fazer. Quando os pais educam os seus filhos, quando as gerações vivas se apropriam do saber transmitido pelas gerações anteriores, quando os indivíduos e os grupos querem cooperar uns com os outros, ou seja, dar-se uns com os outros sem um dispendioso exercício da violência, têm de agir de um modo comunicativo. Há funções elementares da sociedade que só podem ser desempenhadas através da acção comunicativa. Aos nossos mundos da vida intersubjectivamente partilhados, que se sobrepõem uns aos outros, é inerente um alargado consenso de fundo, sem o qual a prática quotidiana nem sequer poderia funcionar. O estado de natureza de Hobbes, em que cada sujeito burguês isolado está alienado do outro e cada qual é o lobo do outro (embora os verdadeiros lobos vivam sempre em matilhas) – é *essa*, em boa verdade, a construção *artificial*.

Para mais, não podemos equiparar a acção comunicativa à argumentação. A acção comunicativa realiza-se normalmente numa linguagem comum e num mundo aberto e pré-interpretado pela linguagem, em formas de vida culturais partilhadas, contextos normativos, tradições, rotinas e por aí fora, resumidamente, em mundos da vida porosos entre si, que se interpenetram e se entrelaçam. Uma tal acção comunicativa não é sinónima de argumentação. Argumentações são formas de comunicação pouco prováveis, a saber, dependentes de muitos pressupostos, ilhas no mar da prática. Só por isso, isso das «máquinas de pensar integralmente racionalizadas» falha o alvo. É, sem dúvida, uma das conquistas evolutivas assaz tardias que as argumentações de um determinado tipo, por exemplo argumentações jurídicas ou científicas ou considerações de crítica de arte, sejam *institucionalizadas*, isto é, possam ser esperadas socialmente de determinadas pessoas em determinadas alturas e em determinados lugares.

Aliás, a maior realização domesticadora do direito moderno consiste precisamente no facto de estabelecer consensualmente, a saber, com o presumível consentimento de todos os cidadãos do Estado, esferas de acção estratégica (por exemplo, destinados à aquisição de propriedade privada ou de poder político). Isto não se aplica menos à organização das relações de mercado, regidas pelo direito privado, do que à regulação da competição entre os partidos políticos ou da utilização do poder político, a cargo do direito público. A longo prazo, as normas jurídicas apenas podem ser vinculativas, se os processos a que devem a sua existência forem reconhecidos como legítimos. Neste momento de reconhecimento faz-se valer uma acção comunicativa que, por assim dizer, se manifesta enquanto tal no extremo oposto do sistema jurídico, do lado da formação democrática da vontade e da legislação política. Enquanto aos sujeitos do direito privado é lícito prosseguirem os respectivos interesses próprios, pretende-se que os cidadãos do Estado se orientem pelo bem comum, cheguem a acordo sobre os seus interesses comuns. As suas dúvidas resultam do facto de o senhor entender a ideia fundamental da teoria da acção comunicativa de um modo um pouco excessivamente concretista.

A «sociedade emancipada» é, de facto, um ideal que sugere mal-entendidos. Prefiro falar da ideia da intersubjectividade incólume. Esta ideia pode ser extraída da análise das condições necessárias do entendimento em geral – designa algo como a prefiguração de relações simétricas caracterizadas por um reconhecimento recíproco e livre entre sujeitos que agem de um modo comunicativo. No entanto, esta ideia não deve ser *descrita* como a totalidade de uma forma de vida reconciliada e ser projectada para o futuro como utopia. Não contém mais nem menos que a caracterização formal de condições necessárias de formas não antecipáveis de uma vida não falhada. Também o socialismo não deveria ter sido compreendido como a totalidade concreta de uma determinada forma futura de vida – e provavelmente foi esse o maior erro político desta tradição. Afirmei-o repetidamente: o «socialismo» apenas serve como suma das condições necessárias de formas de vida emancipadas, sobre as quais os *próprios* intervenientes teriam de chegar a acordo.

Gostaria de insistir na pergunta de saber se uma teoria que, no sentido mais alargado, visa a emancipação e dispõe de uma pretensão de validade tão abrangente como é a sua, ainda se adequa aos urgentes problemas de sobrevivência da sociedade industrial: como pode uma teoria que argumenta a um tal nível de abstracção responder de um modo suficientemente concreto aos perigos designados pelo chavão da «sociedade do risco»?

Não exageremos. Afinal, todas as suas perguntas visam o conteúdo de diagnóstico epocal dos meus trabalhos teóricos. Isso cria a impressão de que eles oferecem uma teoria monolítica, destinada a resolver todos os problemas da vida. Sabe bem que ando muito longe *disso*. Não correspondo de todo à imagem tradicional do «filósofo» que explica o mundo a partir de um ponto. Nós os dois conversámos até ao presente sobre questões políticas – e um pouco sobre aquilo que entendo por «razão comunicativa». O meu trabalho quotidiano é diferente – no seu âmbito trata-se de problemas individuais, já «analisados» que têm o seu lugar em contextos muito diversos. Procuro problemas individuais no seu respectivo lugar, isto é, nos discursos científicos com que deparo. Depois dou um contributo sobre um ou outro tema, digamos relativamente à teoria dos actos de fala ou à teoria da moral, à filosofia do direito, ao debate sociológico sobre a racionalização social, à discussão filosófica sobre o conceito de modernidade, ao pensamento pós-metafísico, etc.

Não enfio tudo à força no mesmo quadro teórico, não assimilo tudo aos mesmos conceitos fundamentais de uma grande teoria holística. Evidentemente, dou os meus contributos da minha perspectiva, mas sobre questões filosóficas tem de se falar filosoficamente, sobre questões sociológicas, sociologicamente, sobre questões políticas, politicamente. Temos de saber em que discurso nos movemos respectivamente, em que grau de generalidade, com que instrumentos estamos a lidar neste preciso momento. O que tudo isto tem de filosófico é apenas a tentativa de não perder o nexo quando se passa de um discurso para o outro, de não deixar congelar as categorias, de manter líquidas as linguagens teóricas, de saber qual é o lugar de conceitos como, por exemplo, «*autopoiesis*», ou «auto-consciência», ou «racionalidade» – e, sobretudo, qual não é.

Nem nos devemos deixar seduzir por entrevistadores inteligentes a ter uma opinião sobre tudo: a investigação dos riscos é coisa em que não participei. Que o conceito do risco tenha, hoje, adquirido uma certa actualidade em diversas áreas de investigação tem, à primeira vista, a ver com uma mudança de temas na esfera pública política – todos falam dos perigos da ecologia, da técnologia nuclear, genética, etc. Por outro lado, trata-se de uma reacção a alterações que se verificaram objectivamente. As crescentes interdependências entre os acontecimentos que sucedem no mundo e os horizontes de expectativa simultaneamente alargados suscitam experiências de decepção e contingência correspondentes, deslocam as perspectivas temporais, alteram estruturas da consciência do tempo enquanto tal, etc.

Será que a filosofia da consciência tradicional não tem a vida muito mais facilitada, visto poder apelar à consciência das pessoas, por exemplo com o postulado da ética da responsabilidade?

A filosofia da consciência, que, de Descartes a Husserl, passando por Kant, partiu da questão fundamental da teoria do conhecimento, cujo início foi a subjectividade, ou seja, a relação do sujeito representativo com as suas próprias representações dos objectos, constitui uma tradição fértil a que todos ainda nos referimos. Pois quem poderia passar sem o seu Kant? Ora, os grandes críticos da filosofia da consciência, Heidegger de um lado, Wittgenstein do outro, deram início a uma viragem linguístico-pragmática, que hoje se dobra de certo modo sobre si própria e, sob a forma de concepções contextualistas, desemboca num segundo historicismo. A filosofia da linguagem, em termos gerais, já não parte de um sujeito constitutivo do mundo – ou de um sistema que retrata internamente o seu meio circundante. Por isso, tem de permitir que lhe perguntem se, com o seu novo paradigma do entendimento entre sujeitos socializados comunicativamente, que desde sempre se encontram em mundos da vida que a linguagem abriu e partilhados intersubjectivamente, voltou de todo a alcançar o velho nível do problema. Como se pode falar do tema da autoconsciência – ou da auto-referência de sistemas recursivamente fechados em si – nos conceitos fundamentais da teoria da intersubjectividade? É esse o debate tão apaixonante a que o senhor alude.

No entanto, não o conjugaria directamente com os problemas da ética da responsabilidade. O senhor Haller interessa-se sobretudo pela questão de como teorias que se enredam a tal ponto nos seus próprios problemas e, no âmbito da divisão social do trabalho, se retiraram até tão longe para o interior do sistema científico – como tais empreendimentos autistas ainda podem estabelecer uma relação com a prática e desenvolver uma força orientadora da acção. Afinal colegas como Luhmann são da opinião de que as sociedades modernas se decompuseram totalmente nos seus diversos subsistemas que já apenas constituem meios circundantes uns para os outros, já não dispõem de numa linguagem comum e apenas se observam uns aos outros sem conseguirem comunicar uns com os outros. Nesse caso, a sua questão teria perdido o seu objecto; ora, não creio que assim seja. O cepticismo da teoria dos sistemas ignora a eminente capacidade de realização da linguagem coloquial que circula por toda a sociedade e que – tal como sucede unicamente com o outro monopólio antropológico, que é a mão humana – se encontra à altura de tarefas de especial complexidade precisamente por ter permanecido não especializada, não se tendo unilateralizado, degenerando em códigos específicos. Por outro lado, também não podemos pura e simplesmente saltar por cima das mediações entre a teoria e a prática, que se vão tornando cada vez mais complexas, com recurso a apelos éticos.

Hoje, todas as teorias da sociedade são altamente abstractos. Quando muito, podem sensibilizar-nos para a ambivalência dos desenvolvimentos; podem contribuir para que aprendamos a compreender as ambivalências com que deparamos como outros tantos apelos a responsabilidades crescentes em margens de manobra para a acção que estão a retrair-se. As teorias da sociedade podem abrir-nos os olhos relativamente aos dilemas a que não podemos escapar e a que, ainda assim, temos de dar resposta.

Já falámos das consequências políticas de *um* tal dilema. O socialismo burocrático surgiu, no seu tempo, como resposta dialéctica a cegueiras estruturais do sistema económico capitalista. Marx pensara que qualquer civilização que se sujeite como um todo aos imperativos da auto-valorização do capital trazia em si o germe da sua destruição, uma vez que desse modo se torna cega a todas as relevâncias que não possam ser expressas em preços. Esta tese também não se torna falsa pelo facto de Marx, por seu lado, ter sido cego ao potencial de autotransformação, e em especial àquelas forças de uma compensação democrática que estavam inerentes às instituições do Estado de direito. Hoje estamos perante o – previsível – monte de cacos de uma experiência que percorreu uma vereda cruel, ladeada pela barbárie estalinista. Mas o vencedor não fica simplesmente justificado, embora entretanto tenha alterado consideravelmente a sua situação de partida devido a processos de aprendizagem decorrentes do Estado Social. Perante os problemas do século XXI, a velha dúvida que em tempos desencadeou essas reacções erradas regressa sob uma nova forma – precisamente a dúvida se é lícito que uma civilização *como um todo* se deixe sugar para o torvelinho das forças motrizes de um único dos seus subsistemas, mesmo que este se tivesse tornado o pioneiro da evolução – para o redemoinho de um sistema económico recursivamente fechado, cuja auto-estabilização depende de ele receber e tratar todas as informações relevantes unicamente na linguagem da rentabilidade da economia empresarial. Ainda assim, as vítimas evidentes da alternativa monstruosamente malograda – e é por isso que estou a falar em dilema – induzem-nos a abafar esta dúvida que deveria *continuar a ser* um aguilhão produtivo.

Numa sociedade rodeada de cenários – ou quimeras – de decadência, muitas pessoas tendem a elevar a utilidade prática de uma teoria a critério único – evitando a pergunta pela relação entre a teoria da sociedade e a prática da vida. Neste contexto, tenho em mente uma frase de Adorno. «Creio que, em termos filosóficos, não deixamos de poder criticar o conceito de razão absoluta», escreveu ele no seu ensaio «Erziehung zur Mündigkeit» [Educação para a emancipação], «mas por isso não será lícito negarmos que de outro modo que pelo pensamento, mais concretamente, por um pensamento inamovível e insistente, algo como a determinação daquilo que é correcto fazer e, em termos gerais, uma prática correcta, não é possível.» Será esta – para formularmos a nossa última pergunta – uma frase que também poderia resumir o seu pensamento e a sua obra?

Um pensamento insistente certamente não é suficiente, mas sem ele ainda muito menos é possível. As ideias filosóficas – e por elas não designo apenas as de filósofos profissionais, mas igualmente as dos cientistas produtivos – não se fundem inteiramente com o funcionamento anónimo da investigação. Também no final do século XX, as ideias filosóficas apresentam-se de uma forma distanciada, esotericamente transformada. Mas por muito grande que seja a sua distância do tangível, ainda assim elas comunicam com experiências da história contemporânea de um modo mais íntimo do que o trabalho de investigação que progride de uma forma mais contínua. As ideias filosóficas são expressão de uma sensibilidade para os fenómenos ainda não analisados. Na meditabunda teoria dos sistemas de Luhmann, por exemplo, reflecte-se também a experiência perfeitamente ingénua, pré-científica de um surto de complexidade, com o qual a história mundial deu um solavanco em direcção a uma sociedade mundial, criando interdependências inteiramente novas, lá está, redes que ultrapassam os sujeitos, as suas intervenções e intenções e tornam obsoletas as concepções da auto-organização e regulação da sociedade até à data existentes. Na subtil ideia da diferença, de Derrida, que, não por acaso, suscita o eco mais forte nos EUA, expressa-se um outro aspecto da mesma experiência – o inaudito desentrosamento de culturas, formas de vida, estilos e interpretações do mundo que hoje já não se limitam a encontrarem-se umas com as outras, mas que se abrem umas às outras, se interpenetram no *medium* de interpretações mútuas, se misturam, se ligam de formas híbridas e criativas, produzindo um pluralismo avassalador, uma multiplicidade opaca, na medida em que é descentrada, e até um caos de sons e textos encadeados, mas contingentes e difíceis de decifrar. A micro-análise do poder, de Foucault, pelo contrário, chama a nossa atenção para uma dialéctica pouco visível entre as tendências igualitárias da época e essas novas servidões que se fixam nos poros de comunicações libertadas e, ao mesmo tempo, sistematicamente distorcidas. Não foi em vão que Foucault ficou, como ainda chegou a dizer-mo, fascinado com o encontro tardio com a dialéctica do esclarecimento. Por seu lado, o pensamento estético de Adorno, que gravita agitado em torno das constelações do não idêntico, diz-nos algo diferente. A este pensamento está indelevelmente inscrita a experiência do emigrante que só por acaso se viu a escapar aos campos de extermínio. Eu, tal como os outros, sou uma geração mais novo que ele. Quando me alcançou o choque *dessas* imagens e notícias, tinha 16 anos. Sabia que, apesar de tudo, continuaríamos a viver e teríamos de continuar a trabalhar no medo de regressões. Desde essa altura ando a esgravatar, ora aqui, ora ali, em busca de vestígios de uma razão que reúne sem apagar distâncias, que liga sem equiparar o que é diferente, que entre estranhos torna reconhecível o comum, mas deixa a outrem a sua alteridade.

A sua citação, caro Haller, demonstra que com esta intenção também me posso associar a Adorno. O não idêntico quase que ficaria definido pela vulnerabilidade da sua integridade, se fosse possível defini-lo. É um pseudónimo desse conceito enfático do individual que até ao presente apenas chegou até nós na linguagem religiosa. Mas Adorno sabia que «nenhum conteúdo teológico continuará a existir sem se transfigurar; todos eles terão de se submeter à prova de imigrar para o secular, para o profano».

4.

Uma vez mais: acerca da relação entre teoria e prática

As dúvidas relativamente ao sentido e à justificação da existência da filosofia fazem parte da própria filosofia; constituem o *medium* de um pensamento não fixado, não canalizado. A questão de saber se a filosofia se pode tornar prática é tão antiga como a própria filosofia. Que papel pode ela desempenhar no contexto da esfera pública e da política, da educação e da cultura? Para estas interrogações, a tradição clássica dispõe de duas respostas – que hoje já não são inteiramente convincentes – que vou em primeiro lugar recordar (1). Em seguida, nas condições do pensamento pós-metafísico, o jus-racionalismo e a filosofia da história conduziram a uma concepção diferente da relação entre a teoria e a prática (2). A desilusão com as expectativas políticas que haviam sido associadas a esta terceira resposta provocou reacções contraditórias: por um lado, um interesse renovado por uma compreensão moldada de acordo com o modelo da religião daquilo que a filosofia pode conseguir; por outro lado, a auto-relativização de uma filosofia desencantada na estrutura de sociedades complexas, caracterizada pela divisão do trabalho (3). Esta autocompreensão mais modesta está estreitamente associada à especificação dos papéis que a filosofia pode assumir no âmbito de uma cultura cientificizada, na sociedade funcionalmente diferenciada e relativamente à pessoa individual submetida a uma pressão para a sua individualização (4). Acabarei por ilustrar o papel mais influentes dos intelectuais que cabe ao esclarecimento filosófico na esfera pública cultural e política das sociedades modernas com recurso ao exemplo do conflito contemporâneo sobre a interpretação dos direitos humanos (5).

(1) A resposta platónica à pergunta pela eficácia prática da filosofia reza assim: nada é mais prático que a própria teoria. Para Platão, a absorção contemplativa na observação do cosmos não tinha, ao fim e ao cabo, um significado científico, mas sim um significado religioso. A teoria promete um processo de educação que é, ao mesmo tempo, um caminho para o conhecimento e para a salvação. Desencadeia uma catarse que conduz a uma transformação da alma, a uma conversão do espírito salvítico. Acontece que, na sua ascensão rumo às ideias, a alma se depura de interesses e paixões baixas; ao subir em direcção à apreensão noética das ideias, ela liberta-se da matéria e liberta-se da prisão do corpo. Na tradição tanto aristotélica como estóica, a forma de vida teórica tem igualmente primazia sobre a *vita activa*.

Por isso, na Antiguidade helenística, o sábio que dedica a sua vida à contemplação é venerado como um modelo. Mas, contrariamente à figura do pregador itinerante, do eremita e do monge, o sábio representa um caminho para a salvação que é exclusivo, ou seja, que pode ser percorrido apenas por uns poucos eruditos. Já devido a esse recorte elitista, a filosofia não pode acompanhar a passada das religiões escatológicas em termos de eficácia junto das massas. Desde a Antiguidade tardia, a filosofia grega embrenha-se em estreita simbiose no cristianismo eclesiástico, torna-se o órgão científico da teologia e perde o seu significado redentor independente. Livros com o título *De consolatione philosophiae* tornam-se mais raros, enquanto a religião retira à filosofia as funções da consolação, bem como da educação moral. A Igreja ajuda a lidar com as necessidades da vida, com a pobreza, a doença e a morte, e dá instruções religiosas para uma vida devota. Entretanto a filosofia retira-se, enquanto o lugar-tenente da razão mundana, cada vez mais para as suas funções cognitivas e entende, à boa maneira aristotélica, a teoria como o caminho do conhecimento, e não da salvação.

Já em Aristóteles, a questão da eficácia prática da filosofia conduzira a uma resposta *diferente*: a teoria só adquire importância prática sob a forma da filosofia prática. Esta parte da filosofia, desacoplada da teoria em sentido estrito, especializou-se em questões da conduta de vida sensata. Renuncia a três pretensões clássicas. A promessa religiosa de salvação é substituída pela instrução profana para a vida boa. No entanto, esta orientação da vida tem de abdicar da certeza do saber teórico. Finalmente, o conhecimento ético também perde a força motivadora de um processo formativo; tem já de pressupor nos seus destinatários uma formação bem-sucedida do carácter.

Nas condições modernas de um pensamento pós-metafísico, a ética filosófica renuncia igualmente aos seus conteúdos substanciais. O que acontece é que, perante um pluralismo mundividencial tornado legítimo, já não é capaz de pôr em destaque determinados modelos da vida bem-sucedida e de recomendar a sua imitação. Se, em sociedades liberais, cada qual tem o direito de desenvolver e de prosseguir a sua própria concepção de uma vida boa ou não falhada, a ética tem de se circunscrever a aspectos formais. Enquanto filosofia da existência, limita-se a explicar as condições e as modalidades de uma conduta de vida consciente ou autêntica; enquanto hermenêutica, investiga um auto-entendimento que passa pela apropriação de tradições; e, enquanto teoria do discurso, persegue os processos argumentativos que são necessários para se ganhar clareza sobre a sua própria identidade. Desde Kant e Kierkegaard, as éticas modernas já não põem em destaque modelos publicamente reconhecidos de uma vida exemplar, antes dirigindo ao indivíduo privado o conselho de, com o objectivo de uma conduta de vida autêntica, se dedicar a uma determinada forma de reflexão.

(2) De uma forma diferente da observada na tradição aristotélica da ética passam-se as coisas com as formas genuinamente modernas da filosofia prática, com o jus-racionalismo e com uma teoria deontológica da moral ao estilo de Kant. Estas substituem a pergunta existencial pelo que, vistas as coisas em termos globais, é bom para mim pela pergunta de político-moral pelas regras de uma convivência justa que seja igualmente boa para todos. São consideradas justas aquelas normas que são do igual interesse de cada qual, e, por isso, podem contar com a aprovação geral dos sujeitos racionais.

Pelo caminho, o conceito da razão objectiva, consubstanciada na natureza ou na história mundial, converteu-se numa faculdade subjectiva de actores. Os actores, por inerência iguais, vão regular a sua convivência de forma autónoma. Kant e Rousseau compreendem a autonomia como a capacidade de vincular a própria vontade a leis que podem ser adoptadas por todos devido à intelecção daquilo que é igualmente bom para cada um. Com este universalismo igualitário, a filosofia cria, «unicamente a partir da razão» ideias de um elevado potencial explosivo. Como já Hegel afirmara, a Revolução Francesa «partiu da filosofia». Com o jus-racionalismo teria assinalado a inaudita pretensão «de que o Homem se ergue sobre a cabeça, isto é, sobre a ideia, e constrói a realidade de acordo com a mesma»([1]). O nexo interno entre o direito natural e a revolução([2]) permite uma terceira resposta à nossa pergunta de partida: a sociedade justa que a filosofia antecipa em pensamento é realizada pela via política de uma prática «revolucionária». Mas, entretanto, esta relação entre a teoria e a prática também se tornou problemática.

Antes de mais, o pensamento da filosofia da história, que tomou forma no século XVIII, teve de sair em ajuda ao normativismo do jus-racionalismo. A função crítica das ideias fundamentadas na razão relativas à comunidade política justa ou a uma sociedade correctamente organizada certamente não deve ser subestimada. À luz desta ideia, poderia denunciar-se a injustiça existente, poderiam exigir-se politicamente condições mais justas. Mas a teoria normativa, que fundamenta aquilo que deve ser, não dizia nada sobre o modo pelo qual o que deve ser pode ser alcançado na prática. Hegel falava, escarninho, da «impotência do dever». O passo óbvio seguidamente era procurar-se na história, ou seja, naquela esfera que, devido a uma consciência histórica alterada, de qualquer forma tinha alcançado uma nova importância, por tendências que, de um modo natural e espontâneo, viessem ao encontro das ideias normativas. Kant pegou neste tema da realização da razão na história e acabou por levar Hegel a traduzir as actividades de uma razão que, em Kant, ainda opera além da história, para os conceitos processuais de uma génese da razão que *perpassa* a natureza e a história.

Com a sua filosofia dialéctica da história, Hegel colmata a lacuna entre a norma racional e a realidade irracional que, em Kant, ficara a cargo dos indivíduos meramente encorajados por reflexões da filosofia da história. Do fatalismo de uma tal história previamente fixada no que respeita à sua lógica, porém, os jovens hegelianos voltarão a evadir-se para abrir espaço para

---

([1]) G. W. F. Hegel, Werke, org. por Eva Moldenhauer e Karl Markus Michel, Frankfurt/M.1986 ss., vol. 12, p. 529.

([2]) J. Habermas, *Theorie und Praxis*, Frankfurt/M., 1971, capítulos 2, 3 e 4.

uma prática que possa ser arrancada aos próprios indivíduos que agem historicamente. Simultaneamente fascinados e repelidos pelo sistema filosófico do seu professor, Feuerbach e Marx criticam a forma idealista da filosofia, mas querem conservar o seu conteúdo racional. Uma vez que, em sua opinião, Hegel se limitou a transfigurar, no *medium* do pensamento filosófico reconciliador, a realidade social que continua a existir irreconciliada; ora, o «partido acção» quer *superar* a filosofia para a *realizar*. Deste modo, inverte-se a relação clássica entre a teoria e a prática. A teoria aparece agora sob uma dupla forma, como falsa consciência e como crítica. Mas em ambos os casos encontra-se inserida na prática de um contexto social de vida e torna-se dependente dela. Enquanto crítica, porém, vê através dessa dependência de um contexto a que a teoria que se julgava independente havia ficado apegada sem disso estar consciente. A teoria tornada crítica, que reconhece as suas raízes sociais, torna-se reflexiva de dois modos: no espelho do contexto histórico da sua própria génese, descobre simultaneamente o destinatário que há-de ser incentivado pelas suas intelecções críticas a uma prática libertadora.(3)

É deste modo que Marx traduz a teoria de Hegel para uma crítica económica destinada a desencadear uma revolução prática dos fundamentos da sociedade. Marx entende esta prática como superação e realização da filosofia, em simultâneo. Não foi necessário esperar pelo fracasso monstruoso da devastadora experiência da Rússia soviética para se ver desmentida esta ideia exaltado. Este tipo de tradução na prática da filosofia já foi criticado no seio da tradição do próprio marxismo ocidental. Relativamente a isso, assinalado três tópicos:

Em primeiro lugar, a crítica dirige-se contra as premissas de fundo da filosofia da história. A filosofia da história não tinha, de modo algum, rompido com o pensamento da totalidade, próprio da metafísica, tendo-se limitado a transferir as figuras do pensamento teleológico da natureza para a totalidade da história mundial. No entanto, a consciência falibilista das ciências tomou entretanto conta da filosofia e depurou o seu pensamento histórico de restos metafísicos. Nos destinos anónimos e nas transformações estruturais da história já não se manifestam

(3) Cf. A introdução de Habermas (1971), pp. 9-47.

nenhumas intenções ocultas. Neste contexto, a crítica dirige-se, em segundo lugar, contra a projecção de actores, em escala superior à natural, sobre o ecrã da história mundial. Conceitos ordenadores como «classe social», «cultura», «povo» ou «espírito do povo» sugerem algo como sujeitos em grande formato. Mas as intenções dos sujeitos individuais reúnem-se, no melhor dos casos, em processos *intersubjectivos* de formação da opinião e da vontade para intervenções conscientes nos desenvolvimentos críticos da sociedade. Finalmente, o projecto da revolução social trai uma premissa que guia a desconfiança da crítica sobre as presunções da própria racionalidade que critica. Torna-se consciente de que o interesse pela dominação de uma história indisponivelmente contingente da sociedade se substituiu ao compreensível impulso de libertação das compulsões para a repetição de uma história de sofrimento recalcado. Esta concepção salta por cima da constituição finita do espírito humano e menospreza a constituição pluralista de uma prática que se sustenta no «sim» e «não» de sujeitos que agem comunicativamente. Confunde a *prática* intersubjectivamente convencionada de indivíduos socializados com as intervenções *técnicas* de um sujeito colectivamente auto-afirmativo.

(3) Também Adorno descobriu no ímpeto pós-hegeliano para a tradução da teoria na prática o núcleo totalitário de uma razão que já só é instrumental. Será então que a nossa pergunta de como a filosofia pode em geral tornar-se prática está mal colocada? Considero esta consequência precipitada. Perante uma filosofia que *já só* é ciência e se fecha à necessidade de orientação pública temos a irritante sensação de que aqui falta um momento essencial. É difícil de descartar a impressão de que a filosofia reduzida a uma especialidade académica já não é filosofia nenhuma. Não é tanto a ausência de um pensamento totalizador, de uma especulação sobre o ser no seu todo, que sentimos como uma falta. Na modernidade, uma doação de sentido metafísico a conseguir com base na razão parece irrecuperavelmente perdida, tanto mais tendo em conta as catástrofes do nosso século. O que falta às formas mirradas da filosofia, dissolvidas numa mera especialidade académica, é outra coisa – é a perspectiva da qual os seus enunciados começam a adquirir força de orientação na vida.

Depois do fiasco de uma falsa tradução da teoria na prática, o velho contraste, realçado por Kant, entre a filosofia académica e a sabedoria do mundo aparece hoje sob uma outra forma. Da ascética disciplina especializada distinguem-se as orientações exotéricas do pensamento, que têm a vantagem de não responderem unicamente a problemas definidos por elas próprias, decorrentes do próprio debate científico; elas também se abalançam àqueles problemas com que depara a filosofia, vindos da vida pessoal ou social. Tais abordagens reagem à necessidade de uma modernidade sem modelo de desenvolver pelos seus próprios meios uma autocompreensão normativa. Participam do discurso filosófico da modernidade tanto os seus defensores como os críticos pós-modernos – Hans Blumenberg e Karl-Otto Apel tanto como Michel Foucault, Jacques Derrida ou Richard Rorty. Não posso entrar aqui no teor do conteúdo desta controvérsia sobre quem leva a cabo a autocrítica da razão da forma acertada. Mas, tendo em conta aquilo que a filosofia hoje ainda pode considerar-se capaz de conseguir, parece-me interessante a tensão que se criou nesta controvérsia entre uma autocompreensão escatológica e uma autocompreensão pragmática da filosofia.

Na sequência de Nietzsche, Heidegger compreende a história das culturas e sociedades ocidentais como uma história do platonismo e do cristianismo helenizado. Desconstrói a história da metafísica com o objectivo de superar a autocompreensão humanista da modernidade; a serenidade deve substituir-se a uma subjectividade que se apodera de si mesma. Ao mesmo tempo, atribui a este empreendimento crítico da metafísica um significado que alude ao sentido originalmente religioso da contemplação. No entanto, a «recordação» filosófica do ser deve servir menos para a salvação do que para a «ultrapassagem» de uma desgraça epocal. O Heidegger tardio faz sua a pose de um pensador eleito, que dispõe de um acesso privilegiado ao acontecimento da verdade. A um pensamento de tons místicos imputa a força mágica e impulsionadora de acelerar a salvação do Ocidente que há de vir. Em todo o caso, Heidegger considera o «pensador» capaz de exercer um efeito inteligível sobre o destino de uma Modernidade abandonada por Deus. A filosofia dialéctica quisera assegurar a sua ligação à história mundial através da prática revolucionária. Heidegger reserva à filosofia uma referência semelhantemente fatal pela revalorização pseudo--religiosa da força de pensamento da própria filosofia.

Nesta leitura apocalíptica, a filosofia continua a levar o destino do mundo aos ombros, e isto precisamente por verter a Modernidade nos conceitos que lhe são adequados. Nisto prolonga-se um traço da tradição platónica que é incompatível com a viragem moderna rumo a um universalismo igualitário. A filosofia, que quer manter um pé dentro do mundo científico organizado e não pode subtrair-se à consciência falibilista das ciências, tem de abandonar a atitude detentora das chaves e deve ocupar-se de um modo menos dramático da orientação do mundo da vida. Deste lado, a filosofia adquire uma autocompreensão mais modesta e mais realista pelo facto de se *inserir* de um modo auto-referente nas ordens diferenciadas do mundo moderno. Em vez de se posicionar como um poder pretensioso *frente* ao mundo moderno no seu todo, uma filosofia tornada pragmática tenta localizar-se dentro desse mundo, simultaneamente por ela interpretado, de tal forma que seja capaz de adoptar diversos papéis funcionalmente diferenciados e prestar contributos específicos.

(4) Os papéis exotéricos da filosofia cujos traços fundamentais gostaria de delinear no que se segue, resultam de uma determinada compreensão, fundamentada noutro lugar, das sociedades modernas.([4]) De acordo com essa compreensão, o *mundo da vida* constitui o horizonte para uma prática de entendimento mútuo em que sujeitos que agem comunicativamente se esforçam por resolver em conjunto os seus problemas quotidianos. Os mundos da vida modernos encontram-se diferenciados nos âmbitos da cultura, da sociedade e da pessoa. A *cultura* subdivide-se de acordo com os aspectos de validade das questões de verdade, de justiça e de gosto nas esferas da ciência e técnica, do direito e da moral, da arte e da crítica de arte. Das instituições de base da *sociedade* (como a família, a igreja e o ordenamento jurídico) formaram-se sistemas funcionais que (tal como a economia e a administração pública modernas) desenvolvem uma certa vida própria através de meios de comunicação próprios (dinheiro e poder administrativo). As *estruturas de personalidade,*

([4]) J. Habermas, *Theorie der kommunikativen Handelns,* Frankfurt/M., 1981.

por fim, resultam de processos de socialização, que provêem as novas gerações com a capacidade de uma orientação independente num mundo tão complexo.

A cultura, a sociedade e a pessoa, assim como as esferas privada e pública do mundo da vida, oferecem-se como grandezas de referência para as funções que a filosofia pode desempenhar nas sociedades contemporâneas. Evidentemente, existe uma tensão entre as atribuições de papéis efectuadas do exterior pelas ciências sociais e as percepções das perspectivas filosóficas internas de quem desempenha esses mesmos papéis. A relação com a totalidade, que está inscrita ao pensamento filosófico, mesmo que apenas se trate da totalidade de um contexto difuso, que constitui o mundo da vida, resiste a qualquer tipo de especificação funcional. A filosofia não se pode dissolver inteiramente em nenhum dos papéis que desempenha; apenas pode cumprir um determinado papel transcendendo-o ao mesmo tempo. Uma filosofia que correspondesse totalmente à imagem de recorte preciso de um funcionamento em regime de divisão do trabalho estaria privada do seu melhor património genético, nomeadamente, o anarquista: o de ser um pensamento não fixado.

A diferenciação da ciência relativamente ao direito, à moral e à arte alterou o lugar da filosofia no conjunto da cultura. Até ao período final da Idade Média, a especialização do saber realizara-se dentro do quadro da filosofia enquanto ciência fundamental. Mesmo frente à física metodicamente moderna, ainda afirma a competência para a fundamentação de todo o saber. Mas, depois de Hegel, também a teoria do conhecimento, vocacionada para as fundamentações últimas, resigna-se ao papel de uma teoria da ciência *a posteriori*, e a filosofia já só é capaz de *reagir* ao desenvolvimento dotado de sentido próprio das ciências tornadas autónomas. Ainda assim, mantém o seu lugar institucional na universidade, ou seja, entre as ciências, e não é por hábito, mas por razões sistemáticas. Desde os dias de Platão, a filosofia tem-se exercitado em processos anamnéticos de análise conceptual. Assim, ainda hoje se esforça, com os meios de uma reconstrução do saber de uso pré-teórico, pela clarificação das bases racionais do conhecimento, da linguagem e da acção. Neste âmbito, aventura-se, sem uma pretensão fundamentalista e dotada de uma consciência falibilista, na cooperação com outras ciências. Amiúde, não passa do lugar-tenente de teorias empíricas com fortes interrogações universalistas.([5]) Tal como dantes, a filosofia, como também as ciências, se orienta por questões de verdade. Mas, contrariamente àquelas, consegue uma ligação *interna* com o direito, a moral e a arte; examina questões normativas e avaliativas da própria perspectiva destas. Ao debruçar-se sobre a lógica de questões de justiça e de gosto, sobre o sentido próprio de sentimentos morais e experiências estéticas, preserva para si própria a capacidade única de passar de um discurso para outro e de traduzir uma linguagem específica para outra.

Deparamos aqui com o traço característico de um multilinguismo que torna a filosofia capaz de manter uma unidade nos momentos da razão que se diferenciaram sem nivelar as diferenças de validade. A filosofia não pode porventura preservar esta unidade formal de uma razão pluralizada graças a um conceito substancialmente preenchido do ser no seu todo ou do bem comum, mas graças à sua capacidade hermenêutica de transpor fronteiras linguísticas e discursivas, mantendo-se ao mesmo tempo sensível a contextos de fundo holísticos.([6]) Por outro lado, a filosofia nunca sai beneficiada se se demitir da cooperação com as ciências e se entrincheirar numa esfera além das ciências, quer esteja em causa uma fé filosófica, «a vida», a liberdade existencial, o mito ou o «ser» que se faz acontecer. Sem o contacto científico e sem o trabalho sobre problemas gerados no interior das especialidades, a filosofia perde os conhecimentos próprios de que necessita para poder cumprir os seus papéis exotéricos.

Permita-me, antes que me debruce sobre o papel interessante do intelectual público, que discuta (a) o papel do perito científico e (b) o papel de um mediador de sentido terapêutico. O saber filosófico não tem um acesso exclusivo a nenhum destes papéis, claro está; em todas estas situações, entra em competição com tipos de saber de outra proveniência.

(a) Os sistemas funcionais da sociedade dependem de um saber especializado que recebem, entre outros, de peritos. Com a ajuda do seu saber profissional, os peritos devem dar resposta

([5]) J. Habermas, «Die Philosophie als Platzhalter und Interpret», neste volume, p. 53-72.

([6]) J. Habermas, «Edmund Husserl über Lebenswelt, Philosophie und Wissenschaft», in: *idem, Texte und Kontexte,* Frankfurt/M.1991, pp. 34-48.

a questões que lhes são apresentadas da perspectiva dos utilizadores. A tais perguntas «técnicas» adequa-se, em primeira linha, o saber referido à aplicação das ciências naturais e sociais pertinentes. Neste contexto, o saber filosófico intervém tão raramente como, em termos gerais, o saber histórico-hermenêutico das ciências humanas. Em todo o caso, filósofos são escutados relativamente a questões-limite, sobre questões metódicas e críticas da ciência, mas, sobretudo, sobre questões normativas da ecologia ou da tecnologia genética, em termos gerais sobre questões que se prendem com os riscos e problemas derivados da utilização de novas tecnologias. Em casos raros também estão em causa questões de auto-entendimento político-ético, por exemplo, as que ocorrem aquando da análise parlamentar do carácter politicamente criminoso de um regime deposto. Se pensarmos no exemplo das comissões de ética, que já existem um pouco por todo o lado, que se debruçam sobre difíceis problemas decisórios em áreas-limite da medicina, é, no entanto, difícil evitarmos determinadas situações desconcertantes. É bem visível que entre o modo de pensar isento de constrangimentos e os constrangimentos decorrentes da institucionalização de um tal papel de perito existem dissonâncias cognitivas. O filósofo só não se renegará no papel do perito se, em compensação da instrumentalização do seu saber, mantiver viva a consciência dos limites de qualquer conhecimento pericial.

(b) No entanto, a filosofia parece estar bem equipada para as necessidades da procura de sentido privada de pessoas individuais – e cada vez mais isoladas. Mas nem esta expectativa pode cumprir sem reserva. No âmbito de um pluralismo mundividencial legítimo, os filósofos, destituídos de um respaldo metafísico universalmente reconhecido, já não podem tomar uma posição favorável ou contrária à substância de projectos de vida individuais. Nas condições de um pensamento pós-metafísico, não lhes é lícito satisfazerem os filhos e as filhas da modernidade, carentes de orientação, com um sucedâneo mundividencial de certezas de fé religiosas ou determinações cosmológicas do local de implantação perdidas. Têm de deixar por conta dos teólogos a tarefa de proporcionarem algum consolo em situações-limite existenciais. A filosofia não pode apoiar-se nem num saber teológico de salvação, nem num saber clínico especializado, e, por isso, não pode prestar «aconselhamento existencial», como o podem fazer a religião ou a filosofia. Enquanto ética, pode *orientar* em questões de identidade – quem somos e quem gostaríamos de ser – rumo a um auto-entendimento racional. Mas o papel «terapêutico» da ética filosófica esgota-se, hoje, no encorajamento para uma conduta de vida *consciente*. Um «aconselhamento» filosófico que entrega a reflexão sobre o sentido da vida pessoal aos próprios interessados comporta-se de uma forma ascética relativamente à «mediação do sentido».

(5) No papel de intelectuais que participam em processos públicos de auto-entendimento de sociedades modernas, os filósofos têm oportunidades de intervenção mais extensivas, circunscritas com mais precisão e historicamente mais bem comprovadas do que nos papéis de peritos e mediadores de sentido. Sobrepõem-se aqui muitas esferas públicas espacialmente diferenciadas e objectivamente especificadas que, a nível nacional, convergem numa esfera pública cultural e política, mediada pelos meios de comunicação de massas. As esferas públicas nacionais são, ao mesmo tempo, atravessadas e complementadas por fluxos comunicativos mundiais. Este espaço público constitui a caixa de ressonância de problemas extensivos à totalidade da sociedade que já não podem ser percebidos da perspectiva dos sistemas funcionais auto-referencialmente fechados. A rede difusa de uma esfera pública ancorada na sociedade civil é, portanto, o lugar onde as sociedades de elevada complexidade ainda podem desenvolver uma consciência de si próprias e tratar os problemas que as obrigam a intervir politicamente sobre si próprias. Certamente que são muitos os actores a providenciarem temas e contributos. A nós interessa-nos um grupo de actores que se caracterizam pelo facto de *não serem delegados*, mas aproveitarem *por sua própria iniciativa* as suas competências específicas para expressarem as suas opiniões fundamentadas sobre *temas gerais*. Estes intelectuais podem, quando muito, apoiar-se sobre uma autoridade que adquirem pelo facto de realizarem em maior ou menor grau a pretensão ambiciosa de terem em conta todos os pontos de vista pertinentes de forma *imparcial* e todos os interesses *em igual medida*.

Os filósofos estão mais bem preparados para algumas questões do que outros intelectuais, sejam eles escritores, profissionais ou cientistas. Em primeiro lugar, a filosofia pode contribuir com algo de específico para a autocompreensão, no plano do diagnóstico epocal, das sociedades modernas. Pois, desde finais do século XVIII, o discurso da Modernidade é conduzido sobretudo sob a forma filosófica de uma autocrítica da razão. A filosofia pode, em segundo lugar, tornar férteis a sua referência à totalidade e o seu multilinguismo para determinadas interpretações. Visto que mantém uma relação não menos íntima com as ciências que com o *common sense* e entende as linguagens específicas das culturas de peritos tão bem como a linguagem coloquial enraizada na prática, a filosofia pode criticar, por exemplo, a colonialização de um mundo da vida que é subvertido pela intervenção da ciência e técnica, do mercado e do capital, do direito e da burocracia. Em terceiro lugar, a filosofia possui por inerência uma competência para questões fundamentais da convivência normativa, e especialmente da convivência política justa. A filosofia e a democracia não se devem apenas, em termos históricos, ao mesmo contexto genético, também em termos estruturais dependem uma da outra. O efeito público do pensamento filosófico necessita, numa medida especial, da protecção institucional da liberdade do pensamento e de comunicação, ao passo que, inversamente, um discurso democrático, sempre periclitante, também depende da vigilância e da intervenção deste guardião público da racionalidade.

Na história europeia moderna, a filosofia política desenvolveu, de Rousseau, passando por Hegel e Marx, até John Stuart Mill e Dewey, um efeito público considerável. Um exemplo da actualidade para a necessidade política de clarificação filosófica é a controvérsia sobre a interpretação dos direitos humanos.

Afinal, hoje em dia, a comunidade dos povos, que se vai entrosando cada vez mais, já não se vê apenas obrigada a adoptar regulações respeitantes ao tráfego internacional; além disso, desenha-se a necessidade de transformar o direito internacional num direito cosmopolita, em que as pessoas também possam confiar nas relações intra-estatais, e que, em caso de necessidade, possam invocar mesmo perante os seus próprios governos. Para tal se oferecem os direitos humanos, codificados em diversas declarações. Perante o pano de fundo de uma política de direitos humanos das Nações Unidas que, desde 1989, se tornou mais activa, e sob a impressão de iniciativas globais de organizações não governamentais, a disputa em torno da interpretação correcta dos direitos humanos recrudesceu. É um facto que, desde o desmoronamento da União Soviética, as diferenças de concepção entre os sistemas sociais perderam importância. Em vez delas, porém, eclodiram conflitos interculturais, com especial relevo para os que opõem um Ocidente secularizado a correntes fundamentalistas do islão, por um lado, e um Ocidente individualista, a tradições asiáticas, por outro.(7)

Também sobre esta discussão não me posso aqui debruçar em maior pormenor.(8) Mas o exemplo mostra como a filosofia poderia tornar-se eficaz em termos políticos imediatos. Permitam-me que, para finalizar, refira três aspectos essenciais, sob os quais considero uma clarificação filosófica tanto desejável como possível:

- Antes de mais, proporia que se reflectisse sobre a situação hermenêutica de partida de um discurso de direitos humanos entre participantes de origens culturais diversas. Deste modo, ficaríamos atentos a conteúdos normativos contidos nas pressuposições tácitas de *qualquer* discurso que vise o entendimento. Independentemente do pano de fundo cultural, todos os intervenientes sabem intuitivamente bastante bem que um consenso baseado na persuasão não é possível, se não existirem relações simétricas entre os participantes da comunicação – relações de reconhecimento mútuo, de adopção recíproca da perspectiva alheia, da prontidão mutuamente suposta para considerar igualmente as tradições próprias com os olhos de um estranho, de *aprendizagem* mútua, etc.
- Seguidamente, consideraria útil uma reflexão sobre o conceito dos direitos subjectivos utilizado na concepção dos direitos humanos. Por esta via, o conflito entre os individualistas e os colectivistas poderia trazer à luz um duplo mal-entendido. A bem dizer, o individualismo possessivo de proveniência ocidental descura o facto de os direitos subjectivos apenas poderem *deduzidos* de normas

(7) Vgl. J. Habermas, «Vom Kampf der Glaubensmächte», in: *idem*, *Vom sinnlichen Eindruck zum symbolischen Ausdruck*, Frankfurt/M., 1997, pp. 41-58.
(8) J. Habermas, «Sobre a legitimação pelos direitos humanos», in *Obras Escolhidas*, vol. 4, pp. 261-273.

reconhecidas *previamente, mais concretamente no plano intersubjectivo,* de uma comunidade jurídica. Decerto que os direitos subjectivos fazem parte das dotações das pessoas jurídicas individuais; mas o estatuto de pessoas jurídicas como titulares de direitos subjectivos apenas se pode constituir no contexto de uma comunidade baseada no reconhecimento mútuo. No entanto, com a tese errónea de um indivíduo existente antes de toda a socialização, dotado de direitos inatos, também cai por terra a antítese, segundo a qual as pretensões da comunidade jurídica merecem ter prioridade sobre pretensões jurídicas individuais. A alternativa entre as duas estratégias teóricas perde a sua razão de ser, se incluirmos a *unidade* dos processos de individuação e de socialização nos conceitos fundamentais de uma abordagem intersubjectivista: em termos gerais, as pessoas apenas são individuadas por via da socialização.

– Seria, por último, importante uma clarificação dos diversos papéis gramaticais de proposições de dever-se e enunciados valorativos, de expressões normativas e avaliativas. Pois considerações deontológicas sobre direitos e deveres não devem ser assimiladas a considerações axiológicas sobre preferências valorativas. Um acordo entre partes que formaram as suas identidades em formas de vida e tradições diversas é sempre difícil quando estão em jogo orientações de vida existencialmente incompatíveis, independentemente de saber se esse acordo deve ser alcançado no plano internacional, entre culturas diferentes, ou, no seio do mesmo Estado, entre diversas formas de vida e colectivos subculturais. Tanto mais ajuda a intelecção de que um acordo sobre normas vinculativas (de direitos e deveres mútuos) não depende da apreciação recíproca de realizações e estilos de vida culturais, mas apenas da suposição de que qualquer pessoa tem o mesmo valor *como* pessoa.

5.

A unidade da razão na pluralidade das suas vozes

«Unidade e multiplicidade» designa o tema, sob cujo signo a metafísica se encontra desde os primórdios. A metafísica quer reconduzir tudo ao uno; desde Platão que se apresenta, em todas as suas consubstanciações relevantes, como doutrina da unidade do todo; a teoria visa o Uno enquanto origem e fundamento do Todo. Este Uno chamava-se, antes de Plotino, ideia do Bem ou Primeiro Motor e, depois dele, *summum ens* (ente supremo), Incondicionado ou o Espírito Absoluto. Ao longo da última década, o tema voltou a ganhar actualidade. Uns deploram a perda do pensamento metafísico da unidade e esforçam-se ou por uma reabilitação das figuras do pensamento pré-kantianas ou por um regresso à metafísica pós-kantiana.(1) Outros, pelo contrário, tornam a herança metafísica, contida no pensamento da unidade tal como ele foi desenvolvido na Filosofia do sujeito e da história, responsável pelas crises do presente e invocam a pluralidade das histórias e do mundo da vida contra a singularidade da história universal, a alteridade dos jogos de linguagem e dos discursos contra a identidade da linguagem e do diálogo, os contextos polifacetados contra os significados inequivocamente fixados. No entanto, este protesto contra a unidade em nome de uma pluralidade avassaladora exterioriza-se em duas correntes contrárias. No contextualismo radical de um Lyotard ou de um Rorty, também se perpetua a velha intenção crítica da metafísica

---

(1) R. Spaemann: *Natur,* in *Philosophische Essays,* Estugarda 1983, pp. 19 e segs.; *idem,* Das Natürliche und das Vernünftige, Munique, 1987; D. Henrich: *Fluchtlinien.* Frankfurt, 1982; *idem: Dunkelheit und Vergewisserung. In* D. Henrich (org.): *All-Einheit. Wege eines Gedankens in Ost und West,* Estugarda, 1985, pp. 33 e segs.

de salvar os momentos do não idêntico e do não integrado, do desviante e do heterógeno, do contraditório e do conflituoso, do efémero e do acidental que foram sacrificados pelo idealismo.([2]) A apologia do contingente e o adeus aos princípios, pelo contrário, perdem *noutros* contextos os seus traços subversivos; ali, já apenas têm o sentido funcional de proteger os poderes da tradição, tornados incapazes de aceder à verdade, contra as pretensões impertinentemente críticas, a fim de proteger culturalmente os flancos de uma modernização da sociedade hoje à deriva.([3])

Assim sendo, a disputa diferenciada em torno da unidade e da multiplicidade não pode, de modo algum, ser reduzida a um simples pró e contra. O quadro ainda se complica mais devido a afinidades electivas latentes. O protesto, que hoje se levanta, em nome da pluralidade oprimida contra o uno avassalador permite-se, face a um pensamento unitário que se apresenta sob a forma de uma metafísica renovada, no mínimo uma atitude de reserva benevolente. Com efeito, o próprio contextualismo radical vive de uma metafísica negativa que gravita incansavelmente em torno precisamente do mesmo que o idealismo metafísico desde sempre visara sob o nome de Incondicionado, sem jamais o atingir. No entanto, mesmo o contextualismo menos radical é capaz, sob o ponto de vista funcional de uma compensação de encargos com a modernização social, de se satisfazer com uma metafísica em cujas pretensões de verdade ele próprio já não acredita. As partes favoráveis e contrárias ao pensamento metafísico da unidade só constituem uma constelação clara juntamente com uma terceira parte, na qual elas encontram um inimigo comum; estou a referir-me ao humanismo daqueles que, prolongando a tradição kantiana, tentam através da Filosofia da linguagem salvaguardar um conceito céptico e pós-metafísico de razão, mas não derrotista.([4]) Na perspectiva do pensamento metafísico da unidade, o conceito processual da razão comunicativa é demasiado débil, porque relega tudo que se prenda com conteúdos para o plano do contingente, admitindo mesmo a ideia de uma génese contingente da razão. Ao invés

([2]) J. F. Lyotard: *Der Widerstreit*, Munique, 1987; no geral, J.-Culler: *Deconstruction*, Londres, 1983.

([3]) O. Marquard: *Abschied vom Prinzipiellen*, Estugarda, 1981.

([4]) H. Putnam: *Vernunft, Wahrheit und Geschichte*, Frankfurt, 1982; traduzido para português em 1992: *Razão, Verdade e História*, (Lisboa: D. Quixote, 1992).

disso, é forte de mais do ponto de vista contextual porque, no *medium* do entendimento linguístico, os limites de mundos supostamente incomensuráveis ainda se revelam permeáveis. A prerrogativa metafísica da unidade sobre a multiplicidade e o primado contextualista da multiplicidade sobre a unidade são cúmplices secretos. As minhas reflexões acabam por resumir-se na tese de que a unidade da razão só se mantém perceptível na pluralidade das suas vozes – como a possibilidade de princípio de uma transição invariavelmente ocasional, mas compreensível de uma linguagem para outra. Esta possibilidade de entendimento, apenas assegurada de forma processual e realizada de um modo transitório, constitui o pano de fundo da pluralidade actual dos que se encontram – mesmo sem se compreenderem.

Quero começar (I) por recordar o significado ambíguo de um pensamento metafísico da unidade, uma vez que contínua preso ao pensamento mítico das origens, mesmo quando procura emancipar-se dele. Ao fazê-lo, afloro três temas que levaram ao rubro a crítica da metafísica no âmbito da própria metafísica: a relação entre a identidade e a diferença, o problema do inefavelmente individual, assim como o mal-estar perante o pensamento afirmativo, com realce para a definição meramente privativa da matéria e do mal. A seguir (II) pretendo reconstituir, com base em Kant, a passagem de uma unidade da razão, originária da ordem objectiva do mundo, à razão enquanto faculdade subjectiva de síntese idealizante; assim, no entanto, o velho problema do idealismo, de como o *mundus intelligibilis* e o *mundus sensibilis* devem ser mediados, retorna sob uma forma nova. Hegel, Marx e Kierkegaard tentam recorrer, cada um à sua maneira, ao *medium* da história a fim de conceberem de uma forma processual a unidade de um mundo tornado histórico, seja ela a do mundo no seu todo, a do mundo humano ou a da história da vida individual. A isso respondem (III) o positivismo e o historicismo com uma nova viragem, desta feita epistemológica, que, como hoje sabemos, foi precursora de várias correntes do contextualismo. As objecções a esta posição, por seu lado, chamam a atenção para a impossibilidade de ultrapassar uma estrutura simétrica de perspectivas, que se encontra incorporada em qualquer situação de diálogo, tornando possível a intersubjectividade do entendimento linguístico. Assim mantém-se (IV) no *medium* da linguagem uma débil e transitória unidade da razão que não se rende ao fascínio idealista do triunfo de uma universalidade sobre o particular e o singular. O tema unidade e multiplicidade coloca-se, de formas respectivamente diversas, nos paradigmas ontológico, mentalista e linguístico.

I

Nas *Enéadas,* de Plotino, a «unidade e a multiplicidade» é o tema central. Nesta obra resume-se o movimento de pensamento de um idealismo filosófico que se iniciou com Parménides e que conduziu para além dos limites cognitivos da visão do mundo mítico. O *to hen panta*(*) não significa que tudo se resume a um, mas que o múltiplo pode ser reconduzido ao uno e, assim, pode ser concebido no seu todo, enquanto totalidade. Com esta poderosa abstracção, o espírito humano ganha um ponto de referência extramundano – uma perspectiva que se distancia e a partir da qual o movimentado entrosamento, bem como o confronto dos acontecimentos e fenómenos concretos se compõem num todo estável que se eleva acima dos próprios acontecimentos variáveis. Ora, este olhar distanciador pode diferenciar entre os entes em geral, e as entidades particulares, entre o mundo e o que nele acontece. Esta distinção, por seu lado, permite um nível de explicação que se distingue do que é próprio das narrativas míticas. O mundo no singular remete para *uma* origem, origem essa que já não pode ser da mesma índole que as potências originárias do mito que se apresentam no plural e que competem umas com as outras. Estas permaneciam entrosadas com a cadeia das gerações e tinham um início *no* tempo; o uno, porém, constitui, na sua qualidade de começo isento de pressupostos, algo de primeiro, de que procede o tempo e tudo que é temporal.

Na medida em que qualquer fenómeno necessitado de explicação tem, em última instância, de ser relacionado com o todo e o uno surge, ao mesmo tempo, uma necessidade de fazer desaparecer as ambiguidades: tudo o que se encontra no interior do mundo tem de ser tornado inequívoco como um ente idêntico consigo próprio, isto é, tem de ser compreendido como um objecto particular. E a explicação dos fenómenos objectivados

(*) Literalmente «o um tudo». *(N. do T.)*

não pode ser procurada ao nível dos próprios fenómenos mas, antes, em algo que constitui o fundamento dos fenómenos – nas essências, ideias, formas ou substâncias que, tal como o uno e o todo, são elas próprias de natureza conceptual ou, pelo menos, se encontram tal como o arquétipo, a meio caminho entre os conceitos e as imagens. Por isso, o uno é tido como o primeiro, não só no sentido de primeiro começo ou da origem, mas como primeiro fundamento, imagem arquétipo ou conceito do conceito. A explicação com base em princípios, que compreende o particular como parte integrante do universal, deduzindo-o de um último princípio, este *modus* explicativo dedutivo, que imita o modelo da matemática, rompe com o concretismo de uma visão do mundo em que o particular se enreda com o particular de uma forma não mediada, reflectindo-se um no outro e constituindo uma trama bidimensional de oposições e similitudes. Com Nietzsche, poder-se-ia dizer que o mito conhece apenas a superfície, apenas a aparência, desconhecendo qualquer essência. Contrariamente a isto, a metafísica procura a profundidade.

Também as religiões do mundo, sobretudo as monoteístas e o budismo, alcançam um nível conceptual comparável. No entanto, os grandes fundadores das religiões e os profetas guiam-se por interrogações *éticas* ao interpretarem o mundo no seu todo sob pontos de vista soteriológicos ou cosmológicos, ao passo que os filósofos gregos operam a ruptura com a imediatez da trama narrativa dos fenómenos concretos a nível *teórico*. Aqui, a passagem do mito ao *logos* pode ser aproveitada não apenas no seu potencial sócio-cognitivo. Contudo, também o acto de contemplação conserva um sentido religioso e ético. Em torno da atitude teórica de quem aprofunda a contemplação do cosmos cristaliza-se uma forma de vida; e a este *bios theoretikos* encontram-se associadas expectativas semelhantes às que caracterizam os caminhos privilegiados para a salvação do monge itinerante, do eremita ou do frade. Segundo Plotino, a alma constitui-se no *medium* do pensamento num si-mesmo que toma consciência de si mesmo, na intuição rememorante e reflexiva do uno. A *henosis*, a união intuitiva do filósofo com o uno, preparada pelo pensamento discursivo, constitui uma autotranscendência *extática* e uma auto-certificação reflexiva ao mesmo tempo. A percepção do uno no múltiplo – processo de negação da matéria e de diferenciação –, a concentração no próprio uno e a identificação com a fonte da luz ilimitada, o intemporal círculo dos círculos, não apagam o si-mesmo, elevando antes o nível de autoconsciência. A Filosofia visa a vida consciente como seu *telos*. Na presentificação contemplativa da identidade do mundo, constitui-se a identidade do Eu. Assim sendo, o pensamento da Filosofia das origens acabou sempre por evidenciar um forte sentido emancipatório.

A metafísica faz parte do processo da história universal que Max Weber descreveu, sob o ponto de vista próprio da Sociologia da religião, como a racionalização das visões do mundo e Jaspers como o ímpeto cognitivo do tempo axial.([5]) Trata-se, não obstante, de uma «racionalização» num sentido que não é unívoco. De Freud até Horkheimer e Adorno, a dialéctica inerente ao Iluminismo, desenvolvida sob o signo da Filosofia das origens, foi reconstituída.([6]) O encanto dos poderes míticos e a magia dos demónios, que deviam ser rompidos pela abstracção do ser universal, eterno e necessário, também se perpetuam no triunfo idealista do uno sobre o múltiplo. O medo dos perigos incontroláveis que se desvendavam em mitos e práticas mágicas instala-se, ao invés, nos conceitos controladores da própria metafísica. A negação que opõe o uno ao múltiplo, da mesma forma que Parménides opôs o ser ao não-ente, também constitui uma negação no sentido de uma rejeição de profundos medos da morte e da decadência, do isolamento e da separação, da oposição e da contradição, da surpresa e da inovação.([7]) A rejeição revela-se igualmente na desvalorização idealista do múltiplo remetido a um conjunto de aparências puras. Somente como meros *reflexos* das ideias, os fenómenos flutuantes perdem o seu carácter equívoco, transformando-se em componentes distintos de uma ordem harmónica.

A desconfiança materialista de que o poder das origens míticas, das quais ninguém se afasta impunemente, apenas se perpetua de um modo mais sublime e impiedoso no idealismo, encontra alimento na própria história do pensamento metafísico. Os problemas centrais com que a metafísica se debate parecem resultar do facto de a multiplicidade, cerceada nos seus direitos, se revoltar contra uma unidade forçada e, nessa mesma medida,

---

([5]) Cf. os ensaios reunidos de Max Weber sobre a Sociologia da Religião, assim como K. Jaspers: *Die großen Philosophen*, vol. 1, Munique, 1959.

([6]) M. Horkheimer, T. W. Adorno: *Dialektik der Aufklärung*, Amsterdão, 1947.

([7]) Klaus Heinrich: *Dahlemer Vorlesungen*, vol. 1, Frankfurt, 1981.

ilusória. Sob pelo menos três aspectos volta sempre a colocar-se a mesma questão: como é que o uno e o múltiplo, o infinito e o finito, se relacionam entre si.

Em primeiro lugar, como pode o uno ser tudo sem pôr em perigo a sua unidade, se o todo se encontra, afinal, composto por muitos elementos diversos? A questão de como pode ser pensada a identidade da identidade e a diferença, consubstanciada no tratado sobre a diferença de Hegel, resulta do problema da *methexis* da doutrina platónica das Ideias. Plotino atribuíra a este problema contornos firmes, recorrendo a uma formulação paradoxal: «O uno é tudo e ainda nem sequer é um (elemento de tudo).»([8]) O uno é tudo na medida em que é inerente a cada ente individual como a sua origem; mas, ao mesmo tempo, o uno também não é nada de tudo isso, na medida em que apenas pode conservar a sua unidade distinguindo-se da alteridade de cada ente singular. Por isso, o uno encontra-se, para ser tudo, em tudo e, ao mesmo tempo, a fim de permanecer uno, acima de tudo – precedendo e sendo subjacente a tudo o que se encontra no interior do mundo.

A metafísica enreda-se em tais formulações paradoxais porque ela, pensando ontologicamente, tenta em vão subsumir o próprio uno sob categorias objectivantes, o uno que, enquanto origem, fundamento e totalidade de todo o ente, tão-só constitui a perspectiva a partir da qual o múltiplo pode ser objectivado na diversidade do ente. É por esta razão que Heidegger insiste ainda na diferença ontológica entre o ser e o ente, diferença que impede que um seja assimilado ao outro.

Plotino desloca este paradoxo do próprio uno para o *nous:* apenas na capacidade humana de aquisição de conhecimento se abre o abismo entre a compreensão discursiva do múltiplo e a fusão intuitiva com o uno, em cuja direcção aquela se limita a confluir. Contudo, este conceito negativamente ontológico do uno como o efusivo que se nega a qualquer discurso justificador abre o caminho para uma crítica auto-referente da razão que ainda mantém o pensamento de Nietzsche, Heidegger e Derrida na proximidade da metafísica. Sempre que o uno é pensado como negatividade absoluta, como subtracção e ausência, como resistência contra qualquer discurso proposicional,

([8]) W. Beierwaltes: *Denken des Einen*, Frankfurt, 1985, pp. 35 e segs.

o fundamento da racionalidade revela-se como um abismo do irracional.

Em segundo lugar, coloca-se a questão de saber se o idealismo, que faz tudo remontar ao uno, desvalorizando o ente intramundano, resumindo-o a fenómenos ou reflexos, pode dar conta da integridade do singular, da sua individualidade e da sua unicidade, excluindo toda a confusão. A metafísica dispõe dos conceitos do género e da diferença específica para decompor o universal no particular. Segundo o modelo genealógico, a árvore genealógica das Ideias ou dos conceitos genéricos ramifica-se em cada nível de generalidade para formar diferenças específicas, a partir das quais cada espécie pode constituir um *genus proximum* para ulteriores determinações. O particular é apenas particular em relação a algo de universal. Para a individuação do particular em singular, estão à disposição os *media* não conceptuais do espaço, do tempo e da matéria e, igualmente, as características acidentais, pelas quais o singular se distingue daquilo que lhe pertence graças à sua pertença a géneros e com base nas suas diferenças específicas. Assim, o individual permanece unicamente palpável na casca acidental que cobre o núcleo do ente genérica e especificamente determinado como algo exterior e contingente. As figuras metafísicas do pensamento falham diante do individual. Este facto motiva, finalmente, João Duns Escoto a prolongar o essencial até ao singular. Ele forja o termo paradoxal da *haecceitas*, que imprime a chancela de essencial à individuação, mas que, ao mesmo tempo, permanece mergulhado numa universalidade indiferente, ela mesmo essencial, face ao que é verdadeiramente individual.

O idealismo tinha-se iludido, desde o início, com a suposição de que as ideias já continham em si, de forma inconfessada, o elemento puramente material e acidental das coisas singulares, das quais elas não são senão abstracções.(9) O nominalismo revelou esta contradição e reconduziu as substâncias ou *formae rerum* a meros nomes, a *signa rerum* que, por assim dizer, são atribuídos aos objectos pelos sujeitos cognoscentes. Quando a moderna Filosofia da consciência, ainda mais radical, reduz as coisas singulares, des-substancializadas, ao material sensível, a partir do qual os próprios sujeitos formam os seus objectos, agudiza-se o

(9) K.-H. Haag: *Der Fortschritt in der Philosophie*, Frankfurt, 1983, p. 33.

problema da inefabilidade de uma esfera individual que se subtrai à sua subsunção conceptual. A constelação por esclarecer do universal, do particular e do singular põe em curso a crítica do pensamento do entendimento; após Hegel, esta transforma-se numa crítica do pensamento identificador e objectivador, para terminar na tentativa de Adorno de salvaguardar o momento do não idêntico das investidas da razão instrumental.([10])

Do movimento intelectual da própria metafísica também parte o terceiro tema de crítica da metafísica, nomeadamente a suspeita de que todas as contradições se concentram no venerável conceito de matéria; este constitui, por assim dizer, o resíduo do pensamento afirmativo. Será que a matéria – à qual o que existe no mundo deve a sua finitude, a sua concretude no espaço e no tempo, o seu cariz resistente – só pode ser definida de forma negativa, como o não-ente? Não terá de se pensar aquilo em que as ideias se consubstanciam, e devido ao qual elas empalidecem a ponto de se resumirem a meros fenómenos, como um princípio *oposto* ao inteligível – não só como uma privação, como resíduo subsistente após a subtracção de todo o ser determinado e de todo o bem, mas como uma força activa de negação capaz de produzir em primeiro lugar o mundo da aparência e do mal? Esta questão repetiu-se de uma forma insistente sob o aspecto genético. Se partirmos da primazia do uno, anterior e subjacente a tudo – por que existe então, de uma forma geral, o ente e não o nada? A questão da teodiceia constitui apenas uma variante moral e prática: se partirmos da primazia do bem, de onde tudo deriva, como vem o mal ao mundo? Em 1804, e depois em 1809, (no seu tratado sobre a liberdade humana) Schelling esforça-se ainda por responder a estas questões. Ele contesta a tradição platónica, segundo a qual o material ou o mal são representados como um simples *resto*, versão enfraquecida e diminuída do inteligível e do Bem, e não como o princípio da negação e de egoidade, da oclusão, do esforço activo pelo regresso ao abismo. Na sua notável polémica contra a tendência para as atitudes afirmativas, contra a idolatria e a harmonização do desregramento, do negativo e recalcitrante, também se faz sentir o impulso para resistir ao perigo da transfiguração idealista – impulso este que que não tardará a pôr em movimento a crítica ideológica que se

([10]) T. W. Adorno: *Negative Dialektik*, Frankfurt, 1968.

estende até ao materialismo pessimista do jovem Horkheimer e optimista de Bloch.([11])

II

As reflexões de Schelling obedecem às premissas de uma Filosofia da consciência que já não pensa a unidade do múltiplo como um todo objectivo com precedência sobre o espírito humano, mas como o resultado de uma síntese levada a cabo pelo próprio espírito. Para além disso, o «Sistema do idealismo transcendental», de Schelling (1800), contém já o esboço de uma primeira construção da história universal. Ambas as coisas, a razão como fonte de ideias *constitutivas do mundo* e a história enquanto *medium,* através do qual o espírito leva a cabo a sua síntese, revolucionam os conceitos fundamentais da metafísica e provocam no seu séquito problemas que, nos jovens hegelianos, põem em movimento um pensamento pós-metafísico.

Como é sabido, Kant associa ao conceito de conhecimento as operações sintéticas da imaginação produtiva e do entendimento, pelas quais a multiplicidade das sensações e das representações é organizada na unidade das experiências e dos juízos. A apreensão na intuição, a reprodução na imaginação e a recognição no conceito são actividades espontâneas que percorrem o múltiplo, absorvem os seus elementos e os reúnem numa unidade. Kant explica a operação da *produção* da unidade numa variedade anteriormente desordenada no exemplo de simples figuras geométricas e séries de números. No seu decurso, o sujeito autónomo procede segundo regras pressupostas; pois, a representação da unidade não pode resultar do próprio acto de síntese. E estas operações sintéticas do entendimento são, por seu lado, unificadas pela síntese de ordem superior que é a apercepção pura. Sob este ângulo Kant interpreta o «Eu penso» formal que deve poder acompanhar todas as minhas representações, caso se queira salvaguardar, na diversidade das representações, a unidade egológica de uma autoconsciência sempre idêntica. Para que o sujeito não se afunde, esquecido de si próprio, na

([11]) H. Brunkhorst: *Dialektischer Materialismus des Glücks,* in *Zeitschrift für philosophische Forschung,* 39, 1985, p. 353; M. Korthals: *Die kritische gesellschaftstheorie des frühen Horkheimer,* in *Zeitschrift für Soziologie,* 14, 1985, pp. 315 e segs.

torrente das suas vivências, ele deve ser capaz de se garantir como sujeito idêntico a si mesmo. Unicamente esta identidade estabelecida na autoconsciência aperceptiva, que não é dada de forma empírica, mas é pressuposta de forma transcendental, permite a auto-imputação de todas as minhas representações; a variedade das minhas representações só pela unidade transcendental da apercepção ganha a coerência contínua que caracteriza as representações próprias, que justamente me *pertencem* a mim enquanto sujeito cognoscente.

Chega-se, assim, ao ponto que leva a *Crítica da Razão Pura* a encontrar-se, da maneira que lhe é própria, com a figura do pensamento metafísico da unidade do todo. A unidade transcendental do sujeito cognoscente que se relaciona consigo mesmo requer, do lado do cognoscível, um conceito simétrico de tudo em face do qual o sujeito se encontra, um conceito transcendental do mundo como súmula de todos os fenómenos. Kant designa este conceito do mundo como uma Ideia cosmológica, ou seja, um conceito de razão em que tomamos por objecto a totalidade das condições existentes no mundo. É assim que entra em jogo um outro género de síntese. As ideias cosmológicas produzem a «unidade sintética incondicionada de todas as condições em geral»; ao visarem o todo da experiência possível e o incondicionado, elas obedecem a princípios de integridade e perfeição que transcendem toda e qualquer experiência. Este *superavit* idealizante distingue a síntese da razão *constituinte do mundo* das operações sintéticas do entendimento que nos permitem adquirir o conhecimento de algo existente *no mundo*. Uma vez que as Ideias são conceitos que projectam um mundo, também não lhes pode corresponder nada que de alguma forma se assemelhe aos objectos intramundanos da experiência. Perante o mundo dos fenómenos, elas podem unicamente desempenhar o papel de princípios que regulam o uso do entendimento e o obrigam à meta do conhecimento sistemático, ou seja, à formação de uma teoria o mais homogénea e completa possível. Elas têm um valor heurístico para o progresso do conhecimento.

Ao fazer depender o ente em geral das operações sintéticas do sujeito, Kant relega o cosmos para o nível dos objectos das ciências naturais nomológicas. O mundo dos fenómenos não é mais um «todo concatenado por fins». Assim, o conceito transcendental de mundo, tal como o metafísico, também já não pode satisfazer a necessidade de constituir, pelo acto de fazer remontar tudo ao uno, um contexto convenientemente dotado de sentido que acolha as contingências, tire a acuidade ao negativo e abrande o medo da morte e da solidão e do pura e simplesmente novo. Em jeito de compensação, Kant oferece então outro mundo, o mundo inteligível. Embora este se encontre vedado ao conhecimento teórico, o seu núcleo racional, o mundo moral, é todavia autenticado pelo facto do dever. Contrariamente à ideia cosmológica, a ideia da liberdade pode apoiar-se na lei moral, não apenas regulando, mas determinando o agir moral: «nela, a razão pura encontra a causalidade necessária para efectivamente produzir aquilo que o seu conceito contém.» (*Crítica da Razão Pura,* B, 385). Regulador é apenas o conceito associado de um «mundo de seres racionais» em que cada um actua como se fosse, pelas suas máximas, um membro legislador no reino universal dos fins. Também a razão prática projecta, portanto, tal como a teórica, uma unidade sintética incondicionada de todas as condições em geral – mas desta vez visa o todo de uma comunidade «ética e civil» que seria a consequência da associação sistemática de todos os homens por leis objectivas comuns. Mais uma vez, está em jogo a síntese da razão, constituinte do mundo, mas o *excedente* idealizante desta não tem, desta feita, um sentido meramente heurístico de guia de conhecimento, mas, sim, um sentido moral e prático, *obrigatório.*

Com o desdobramento de um conceito de mundo tomado no sentido transcendental, Kant resolve dois dos três problemas citados, com os quais a metafísica se debatera em vão. A questão de como deveria ser pensada a identidade do uno e do múltiplo só constituía um problema sem solução possível no quadro dos constrangimentos conceptuais estratégicos do pensamento ontologicamente objectivante que *mistura* o mundo com o que se encontra no interior do mesmo. No entanto, a ilusão transcendental, segundo a qual aos conceitos do uno e do todo correspondem objectos, desaparece mal os conceitos de mundo sejam desmascarados como Ideias da razão, isto é, como resultado de uma síntese idealizante. Também o problema da matéria encontra a sua solução, visto que as operações sintéticas são atribuídas a um sujeito finito que tem de se fazer *dotar* do seu material, tanto na aquisição do conhecimento como no agir. De facto a questão de partida metafísica, de como se relacionam mutuamente o uno e o múltiplo, o infinito e o finito, retorna sob uma forma transcendentalmente transfigurada: a justaposição não clarificada do mundo inteligível e do mundo sensível transforma o velho problema em muitas questões novas – a questão da relação entre razão prática e razão pura, entre causalidade da liberdade e causalidade da natureza, entre moralidade e legalidade, etc. O problema do dualismo dos mundos também não é superado por Kant introduzir um terceiro género de Ideias da razão e submeter o estudo da natureza e da história a critérios teleológicos – é que estas ideias, sem a firme base do conhecimento pelo entendimento, nem sequer têm um sentido heurístico, constituindo antes o *focus imaginarius* dessa espécie de contemplação, *como se* a natureza e a história pudessem constituir um reino de fins.

Sem solução permanece, de qualquer modo, o problema tradicional da inefabilidade do individual.([12]) A actividade do entendimento característica das ciências naturais subsume o particular sob leis gerais sem ter de se preocupar com as questões do individual. Para o Eu enquanto pessoa individual não resta espaço entre o Eu como universal e o Eu como particular, ou seja, entre o Eu transcendental, enquanto um face a tudo, e o Eu empírico, enquanto um entre muitos. Na medida em que o conhecimento de mim próprio é transcendental, ele depara com a identidade nua do eu como condição formal da coerência das minhas representações; na medida em que o mesmo opera de forma empírica, a minha natureza interior apresenta-se-me tão estranha quanto a exterior.

Enquanto a teoria filosófica, como forma de vida, tinha um significado para a salvação individual da alma, o sujeito que se entregava à teoria não precisava de assegurar-se *no interior* da própria teoria da sua existência inconfundível – podia dar-se por satisfeito com a promessa de salvação que comportava a participação na vida teórica. Entretanto a literatura confessional secularizada, da qual Rousseau é o grande exemplo, veio recordar que os conceitos fundamentais da psicologia racional, apesar da geminação da metafísica com a teologia, sempre tinham esbarrado com a experiência fundamental da tradição judaico-cristã, a saber a experiência do olhar individuador desse

---

([12]) Cf. no presente volume, p. 199 e segs.

Deus transcendente, simultaneamente julgador e misericordioso, perante o qual cada indivíduo, só e sem possibilidade de se fazer representar, tem de prestar contas da sua vida na totalidade. Esta força individuadora da consciência do pecado, que a Filosofia não conseguiu integrar em termos conceptuais, procura para si, desde o século XVIII, uma outra expressão, literária por sinal, na revelação autobiográfica da história de vida enquanto documento publicado de uma existência pela qual a respectiva pessoa tem de responder individualmente. O tema da individualidade inefável ganha, para mais, uma nova actualidade com a irrupção do pensamento histórico.

O Romantismo e as ciências humanas, nascidas do seu espírito, dotam o conceito transcendental do mundo nas dimensões temporal, social e espacial de novas unidades: trata-se *da* história, *da* cultura, *da* linguagem. Estes novos singulares trazem à pluralidade das histórias, das culturas e das linguagens, que até ali era aceite como natural, uma unidade sintética que, como Herder, Humboldt e Schleiermacher não tardam a supor, se deve a uma produtividade espiritual subjacente. Todavia, *esta* síntese tem de ser pensada segundo *outro* modelo que não o da construção de uma linha recta ou de uma série de números, visto que nas esferas exploradas pelas ciências do espírito o particular já não se pode subsumir sob o universal, negligenciando-se o individual. São, no sentido enfático, indivíduos que se encontram enredados nas suas histórias, nas suas formas de vida, nos seus diálogos e que, por seu lado, comunicam aos contextos, partilhados a nível intersubjectivo, mas concretos, algo da sua individualidade. Enquanto tipo individual, a particularidade de uma história, cultura ou linguagem determinada situa-se entre o universal e o singular. Era em torno de conceitos tacteantes deste estilo que nessa altura se movimentava a Escola histórica.([13])

Foi a esta situação da argumentação, alterada tanto pela metafísica de Kant como pela consciência histórica pós-kantiana, que Hegel reagiu. A ambivalência, que em Kant era apenas esboçada, evidencia-se abertamente na Filosofia de Hegel: ao retomar e desenvolver radicalmente os temas da autocrítica saídos do movimento do pensamento metafísico, Hegel renova pela

---

([13]) E. Rothacker: *Die dogmatische Denkform in den Geisteswissenschaften und das Problem des Historismus, Abhandl. der Akademie der Akademie der Wiss. u. d. Literatur,* Mainz, 1954, n.º 6.

última vez o pensamento metafísico da unidade. Ao derrubar o idealismo platónico, Hegel acrescenta à cadeia da tradição que, atravessando Plotino e S. Agostinho, S. Tomás de Aquino, Nicolau de Cusa e Pico de la Mirandola, se estende até Espinoza e Leibniz, o último elo imponente – mas fá-lo apenas a custo de uma singular actualização do conceito da unidade do todo. Hegel compreende a sua Filosofia da reconciliação como resposta à necessidade da História contemporânea de superar as cisões da Modernidade, a partir do próprio espírito desta última. Deste modo, o mesmo idealismo que negara ao meramente histórico enquanto não-ente todo o interesse filosófico submete-se às condições históricas do novo tempo. Isto explica porque Hegel pensa *primeiramente* o uno como sujeito absoluto e, portanto, associa as figuras do pensamento metafísico a esse conceito da subjectividade espontânea, do qual a Modernidade deriva a sua consciência da liberdade e, de uma forma geral, o seu conteúdo normativo próprio da autoconsciência, da autodeterminação e da auto-realização; explica igualmente por que, *em segundo lugar*, recorre à história como o *medium* da mediação do uno e do múltiplo, do infinito e do finito.([14])

Estas duas opções de estratégia conceptual obrigam-no a rever uma premissa que se mantivera em vigor na metafísica, desde Plotino até ao Schelling da Filosofia da identidade. O uno pensado no quadro da Filosofia das origens, enquanto fundamento de tudo, não pudera ser reabsorvido pela totalidade do ente; o absoluto, mesmo enquanto uno, também ficara assente antes e acima do todo. A esta relação entre o uno e o múltiplo, entre o infinito e o finito, correspondia a posição subordinada de um espírito humano reflectido em si próprio e já dividido consigo mesmo. De uma forma significativa o *nous* constituía em Plotino a primeira hipóstase: no espírito discursivo, o uno já saíra de si mesmo. No seu lugar, Hegel estabelece agora a reflexão, a auto-relação de um espírito que se esforça por ascender da sua substância à autoconsciência e que comporta em si tanto a unidade como a diferença do finito e do infinito. Contrariamente a Schelling, o sujeito absoluto não é suposto *preceder* o processo do mundo, devendo antes consistir na relação recíproca entre o

([14]) J. Habermas: *Der philosophische Diskurs der Moderne* [*O Discurso Filosófico da Modernidade*], Frankfurt, 1985.

finito e o infinito, na actividade devoradora da própria reflexão. O absoluto constitui o processo mediador da auto-relação que se produz livre de condicionamentos. O uno e o todo já não se opõem como termos de uma relação, mas a própria relação, posta em movimento pela história, cria a unidade dos termos que a compõem.

Com esta inovação Hegel encontra os dois problemas que Kant deixara por conta dos seus sucessores. No momento em que a história acede à dignidade metafísica e a automediação do espírito absoluto, por assim dizer, assume uma forma histórica, produz-se a continuidade quebrada de um único processo de formação que anula o dualismo entre o mundo sensível e o mundo moral, entre o uso constitutivo e o uso regulador das Ideias da razão, entre a forma e o conteúdo. E as sínteses cristalizadas em figuras do espírito, para as quais nada se torna material a não ser as próprias figuras do espírito precedentes, conferem ao particular a forma lapidar de um universal concreto; este é suposto fazer justiça ao individual compreendido precisamente do mesmo modo como a história o promete, enquanto *medium* do processo de formação. A dialéctica negativa de Adorno só pode reivindicar o não idêntico contra Hegel, porque o mesmo já fazia parte do programa de Hegel.

No nosso contexto, porém, interessa-me unicamente a tese de que o Espírito tem o seu lugar no interior da História. Até essa altura, o pensamento metafísico obedecia a uma orientação cosmológica; o ente no seu conjunto era idêntico à natureza. Agora trata-se de lhe integrar a esfera da História; mais ainda, o trabalho sintético do Espírito deve realizar-se através do *medium* da História e assimilar-se à forma de desenvolvimento da mesma. Com a História, no entanto, irrompem, na estrutura que se fecha em círculo sobre si própria da razão criadora da unidade, contingências e incertezas que, no final, não podem ser amparadas nem mesmo pelo pensamento da reconciliação tornado flexível pela dialéctica. Com a consciência histórica Hegel fez entrar em jogo uma instância cuja força subversiva faz estremecer a sua própria construção. Uma história que acolhe no seu seio o processo de formação da natureza e do Espírito, e que tem de obedecer às formas lógicas da auto-explicação desse mesmo espírito, sublima-se ao ponto de se tornar o contrário da História. Para o resumir de uma forma simples que já agitara os contemporâneos: uma história com o passado determinado, o futuro previamente decidido e o presente condenado, já não é *História*.

III

Marx e Kierkegaard retiram daí consequências teóricas. Com o primado da prática e da existência, a perspectiva do participante, do «para nós» e do «para mim», assume a dianteira, mesmo a nível teórico. Assim, a consciência histórica reconhece o seu provincianismo face ao futuro. A síntese do processo histórico universal ou pessoal, quer ela seja levada a cabo através de um trabalho social e de uma prática revolucionária ou através de uma consciência cristã do pecado e de uma auto-escolha radical, segue mais o modelo de Kant do que o de Hegel. No entanto, os estádios percorridos pelas formações sociais ou pela própria existência ainda continuam a obedecer a uma teleologia, mesmo que esta ainda esteja por concretizar a nível prático ou existencial. A teoria social de Marx e a obra literária dialéctico-existencial de Kierkegaard ainda comportam uma réstia de fundamentalismo. Imprevisíveis, as contingências do outro e do novo, com as quais desde essa época a História intervém cada vez mais visivelmente nas estruturas da razão unificadora, desmentem todas as sínteses apressadas e todas as construções limitativas. Ao século XIX tardio, esta experiência sugeriu a renúncia cientificista à metafísica e a retirada para o seio da teoria da ciência.

Kant tinha já, perante a Física de Newton, excluído a natureza fenomenal, ou seja, em primeira linha a natureza objectivada pela ciência, dos contextos interpretativos metafísicos; ele tinha reconduzido a unidade do cosmos à meta heurística de uma formação teórica unitária. Por que não haveria, agora, a História de ser aliviada de um modo semelhante das hipotecas do pensamento unitário da Filosofia da História, caracterizada por uma metafísica substituta e deixada a cargo das ciências do espírito entretanto estabelecidas? A apropriação hermenêutica e a rememoração narrativa do que é transmitido já nem sequer parecem obedecer (ao contrário do saber nomológico) ao imperativo heurístico de uma descrição unitária da realidade. Em todo o caso, o historicismo declarou o saber contextual do intérprete e do narrador o domínio de uma pluralidade que se subtrairia à pretensão de objectividade e unidade do conhecimento. Sobretudo na Alemanha, nascem concepções dualistas da ciência que não só extraem a unidade da razão do cosmos, como igualmente da subjectividade, e assim a reconduzem a um ideal metodológico que apenas é suposto aplicar-se às ciências naturais; ao passo que nas ciências do espírito, em conformidade com a respectiva autocompreensão histórica, uma multiplicidade liberta de toda a síntese abre caminho ao relativismo. Nesta situação, triunfam as histórias sobre a Filosofia da História, as culturas e formas de vida sobre a cultura enquanto tal e a história das línguas nacionais sobre a gramática racional da linguagem em geral. A interpretação e a narrativa substituem-se à argumentação, o sentido equívoco emancipa-se da simples validade, o significado local, da pretensão de verdade universal.

Os filósofos raramente se resignaram a semelhantes dicotomias; qualquer dualismo os incita a procurar explicações. A teoria da compensação de Joachim Ritter constitui uma tentativa semelhante para resolver a cisão historicista do mundo científico.([15]) Ele começa por relacionar as ciências da natureza e as ciências humanas que se encontram comprometidas, respectivamente, com a unidade e a universalidade ou com a multiplicidade e a individualidade, com as esferas da vida civil ou pessoal para, em seguida, estabelecer entre elas através destes contextos de utilização uma relação de complementaridade. As ciências da natureza desenvolvem as forças produtivas da sociedade industrial que se encontra num processo de modernização, as ciências do espírito preservam os poderes tradicionais de um mundo da vida ameaçado na sua substância histórica. O mundo das coisas e o mundo da tradição constituem um todo dinâmico racional apenas enquanto as ciências do espírito, especializadas na presentificação narrativa, conseguirem compensar essas perdas a nível do mundo da vida que uma objectivação e modernização das condições de vida induzida pelas ciências da natureza inevitavelmente acarreta.

([15]) J. Ritter: *Die Aufgabe der Geisteswissenschaften in der modernen Gesellschaft,* in *Idem, Subjektivität,* Frankfurt, 1974, pp. 105 e segs.; cf. a este propósito a minha crítica em: J. Habermas, *Zur Logik der Sozialwissenschaften,* 1967, Frankfurt, 1981, pp. 109 e segs.

Refiro-me a esta conhecida tese porque ela serve hoje para limitar as ciências do espírito ao trabalho narrativo e para as libertar, em nome de uma «cultura da polissemia», de pretensões cognitivas no sentido da elaboração teórica e até, mesmo, do consenso alcançado de forma argumentativa. Desta versão moderada do contextualismo faz parte a tese ulterior, segundo a qual o mundo da vida só permanece a salvo da desintegração e da guerra civil, do «homicídio hermenêutico», na medida em que se renuncia a impor-lhe a exigência da razão, no sentido de uma orientação pelo consenso justificado.([16]) O texto do mundo da vida só deve consistir em contextos. Note-se que me abstraiu aqui do facto, já sublinhado em tempos por Schelsky([17]), de que no modelo da ciência subjacente a esta posição as ciências sociais explicativas têm tão pouco cabimento como a linguística e outras ciências do espírito reconstrutivas. No nosso contexto, o que é mais importante é que a própria teoria da compensação opera com um conceito de razão que não legitima. Tacitamente ela apoia-se numa Antropologia que teria de explicar porque é que o homem necessita de um equilíbrio entre a modernização e historicização; ora, tal Antropologia teria de ser capaz de indicar *por que* se produz, de todo, um défice de encantamento substituto, de refamiliarização e de mediação de sentido em geral, *quando* esse défice se avoluma numa «perda humanamente insuportável» e *como* ele pode ser compensado pela produção de narrativas assumidas pelas ciências do espírito.([18]) Tal Antropologia não existe; e, se sabemos como é difícil, de um modo geral, obter enunciados universais sobre *o* Homem, quase somos tentados a tomar em consideração uma teoria que se encontra disponível, ao menos, sob a forma de um esboço e que pretende explicar, justamente a partir das estruturas do agir orientado para o entendimento, por que e quando mundos da vida correm o perigo de serem deformados pelas investidas de imperativos sistémicos.

O elogio do múltiplo, da diferença e do outro talvez possa hoje contar com uma grande aceitação; mas um estado de

([16]) O. Marquard, *Über die Unvermeidlichkeit der Geisteswissenschaften, in idem, Apologie des Zufälligen,* pp. 98 e segs.; *idem, Verspätete Moralistik,* in *Frankfurter Allgemeine Zeitung,* 1987.

([17]) H. Schelsky: *Einsamkeit und Freiheit,* Hamburgo, 1963, pp. 222 e segs.

([18]) O. Marquard: *Lob des Polytheismus,* in *idem, Abschied vom Prinzipiellen,* Estugarda, 1981.

espírito ainda não substitui os argumentos.([19]) Foi, contudo, com argumentos que a teoria pós-empirista da ciência realmente chegou a alterar a nossa concepção das ciências.([20]) No seguimento de Kuhn, Feyerabend, Elkana e outros, é subtraído à razão unificadora o seu último domínio, a saber, o da Física. Richard Rorty só precisou de retirar daí conclusões([21]) para desconstruir a concepção de «espelho da natureza», desenvolvida pela Filosofia do sujeito, e aliviar tanto as ciências naturais como a Epistemologia da exigência de uma elaboração teórica unitária e da «descoberta de um sistema conceptual científico intemporal e neutro»([22]). Consequentemente, mesmo a mais débil das ideias de razão de Kant acaba por ser retirada de circulação. Sem o estímulo de um projecto idealizante do mundo e de uma pretensão de verdade transcendente, a ciência objectivadora afunda-se, tal como a prática quotidiana, nos seus contextos contingentes. Tanto no laboratório como na vida reina a *mesma* cultura da polissemia, uma vez que todos os padrões de

([19]) A teoria da compensação não se torna mais plausível nem mesmo quando nos é revelado o seu sentido político. O «Elogio do politeísmo» de Marquard (pp. 91 e segs.) baseia-se na seguinte narrativa: existem mitos profícuos, os que costumamos designar como tal e que sempre figuram no plural. Nefasta é a monomitia, visto reclamar exclusividade – e neste ponto devem ser incluídas, em primeiro lugar, as doutrinas da unidade do todo monoteístas e próprias das Filosofias da origem. Estas, por falta de não-identidade comprovada, produzem entre os seus adeptos uma identidade do Eu que não é livre. Após o desmoronamento deste pensamento religioso e metafísico da unidade cria-se uma vaga que, ao longo do século XVIII, é preenchida pelo mais nocivo de todos os monomitos, ou seja, o do progresso. O mito único e absoluto é a Filosofia da história que agudiza o poder exercido do uno sobre o múltiplo até ao terror aberto. Contra isso, a única ajuda consiste num retorno *desencantado* do politeísmo sob a forma das ciências humanas não mais enfeitiçadas pelo universalismo da razão. Causa-me admiração o peso explicativo com que esta história é sobrecarregada. Por que haveria o pensamento histórico-filosófico, que sempre esgrimiu argumentos, de ser ultrapassado por uma anti-filosofia da história apresentada sob forma narrativa, ou seja, livre de argumentos? Eu também não saberia referir quem, hoje, pensa nos moldes da Filosofia da história, se tal significa definir «a História como a longa marcha em direcção ao universal e como a dissolução do indivíduo na espécie» [História -Universal e História Multiversal, in *Apologia do Acidental* (1986), p. 70]. A única coisa clara nisso tudo é o sentido político: a continuação de uma tradição muito germânica que consiste na venerável luta contra as ideias da Revolução Francesa.

([20]) R. J. Bernstein: *Beyond Objectivism and Relativism,* Philadelphia, 1983.

([21]) R. Rorty: *Consequences of Pragmatism,* Minnea-polis, 1982.

([22]) R. Rorty: *Philosophy and the mirror of nature,* Princeton University Press, 1979, p. 380.

racionalidade, todas as práticas de justificação, não pretendem ser mais que convenções facticamente implementadas – «como práticas que apenas e simplesmente são como são»([23]).

Chegado ao limiar do presente, quero suspender a minha retrospectiva sobre a história das ideias. De qualquer modo, a impressão de que se trata de uma história das ideias só pode estabelecer-se visto que perante um público especializado não me foi necessário alongar-me em explicações circunstanciadas dos argumentos contidos nas ideias. Face ao contextualismo radical, porém, tenho de me tornar explícito. Antes disso, permito-me ainda uma observação relativamente à mudança de paradigma da Filosofia da consciência para a Filosofia da linguagem.

Esta viragem linguística tem, como é óbvio, razões várias. Evocarei uma, nomeadamente a convicção de que a linguagem constitui o *medium* para as consubstanciações histórico-culturais do espírito humano e de que uma análise metodologicamente fiável da actividade do espírito tem de partir, não imediatamente dos fenómenos da consciência, mas das expressões linguísticas do mesmo. Ora, não é por acaso que esta área do espírito objectivo se evidenciou sob dois aspectos: por um lado, sob o aspecto da linguagem, da cultura e da História em termos gerais, por outro, sob o aspecto das várias línguas, culturas e histórias nacionais. O velho tema da unidade e da multiplicidade põe-se novamente com a questão de saber como estes dois aspectos podem ser relacionados um com o outro. O conceito de uma razão continuaria sem oposição, se a Filosofia e a ciência pudessem recorrer, através da riqueza das manifestações das línguas naturais, à gramática lógica de uma única linguagem que reflectisse o mundo ou, pelo menos, pudessem caminhar para esse ideal esperançadas. Contrariamente a isto, a razão teria de se desdobrar de forma caleidoscópica na multiplicidade de consubstanciações incomensuráveis, se também as actividades reflexivas do espírito permanecessem presas nos limites gramaticais de um mundo, mais concretamente, do seu mundo particular linguisticamente constituído. À questão de como é possível o conhecimento objectivo responderam, pois, uns num sentido objectivista, outros num sentido relativista.

([23]) *Ibidem*, p. 422.

Os primeiros contam com uma realidade independente, em direcção à qual as nossas interpretações acabam por convergir no sentido de uma teoria da verdade-correspondência. Eles deixam intacta a Ideia da razão segundo a qual ao mundo objectivo teria, a longo prazo, de corresponder exactamente uma teoria verdadeira e completa. Os relativistas, pelo contrário, defendem uma teoria da verdade fundada sobre a socialização e são da opinião que qualquer descrição se limita a reflectir uma construção particular da realidade gramaticalmente inerente à respectiva imagem do mundo linguístico. Não existem padrões de racionalidade que apontem para além dos compromissos locais de cada cultura particular. Ambas as posições se vêem confrontadas com dificuldades inultrapassáveis. Os objectivistas enfrentam o problema de que, a fim de defenderem a sua tese, teriam de assumir uma posição entre a linguagem e a realidade; no entanto, mesmo em prol de um semelhante contexto zero, não podem senão argumentar exclusivamente no contexto da língua que empregam. Por outro lado, a tese relativista, que concede a qualquer visão do mundo constituída de forma linguística uma legitimidade perspectivista, não pode ser defendida sem uma autocontradição performativa. Quem, portanto, torna absoluto um dos dois aspectos do *medium* linguístico da razão esbarra com aporias. Tanto Hilary Putnam como Richard Rorty procuram encontrar uma saída desta situação. É a essa discussão que venho juntar-me.([24])

Rorty defende um contextualismo que não se conforma com a consequência relativista da equiparação de medidas e perspectivas incomensuráveis; caso contrário, teríamos de ser capazes de indicar por que motivo a própria tese perspectivista haveria de ter uma validade que ultrapassasse a perspectiva das nossas tradições ocidentais. Rorty apercebe-se de que o contextualismo tem de ser formulado *de modo prudente* para poder ser radical. É necessário que o contextualista tenha o cuidado de não traduzir o que lhe é lícito afirmar – enquanto participante de uma determinada comunidade linguística historicamente situada e de uma correspondente forma de vida cultural – para o enunciado

([24]) R. Rorty: *Solidarity or objectivity?*, in J. Raj-chman, C. West (orgs.): *Post--Analytical Philosophy*, Nova Iorque 1985, pp. 4 e segs.; H. Putnam: *Why Reasons Can't be Naturalized, Synthese* 52 (1982), pp. 1 e segs. (também *in* K. Baynes, J. Bohman, Th. A. McCarthy, *After Philosophy – End or Transformation?*, Boston, 1986).

de uma terceira pessoa, emitido a partir de uma posição de observador. O contextualista radical limita-se a afirmar que não faz sentido manter a distinção, que remonta a Platão, entre saber e opinião. Como «verdadeira», ele designa aquela concepção que consideramos justificada segundo os nossos próprios parâmetros; e estes padrões de racionalidade pura e simplesmente não se distinguem de outros parâmetros convencionados na nossa cultura. As práticas de justificação estão, como todos os outros comportamentos sociais, dependentes da nossa língua, das nossas tradições, da nossa forma de vida. «Verdade» não significa a correspondência entre enunciados e algum X, anterior a toda a interpretação; a «verdade» não passa de uma expressão comendatória com que propomos aos nossos parceiros linguísticos a aceitação das concepções que consideramos justificadas. Rorty imputa a objectividade do conhecimento ao cariz intersubjectivo de um acordo ao qual subjaz, à boa maneira wittgensteiniana, o acordo na nossa linguagem, na nossa forma de vida facticamente partilhada. Ele substitui a busca da objectividade por uma busca de solidariedade no interior da comunidade linguística a que casualmente se pertence. O contextualista prudente não estenderá o seu mundo da vida para o domínio do abstracto; não lhe é lícito sonhar – como Peirce e Mead, com uma *ultimate community* – com uma comunidade ideal dos comunicadores em geral, liberta do seu provincianismo (Apel). Ele tem de evitar rigorosamente qualquer idealização e, no melhor dos casos, deve igualmente prescindir do conceito da racionalidade; pois, «racionalidade» é um conceito-limite com um teor normativo que transcende as fronteiras de qualquer comunidade local em direcção a uma comunidade universal.([25])

Uma tal idealização, que compreende a verdade como a aceitabilidade fundada em determinadas condições qualificadas de um modo exigente, constituiria uma perspectiva que, por seu lado, aponta para além das práticas justificativas usuais entre nós, distanciando-nos das mesmas. Ora isso, na opinião de Rorty, não é possível sem uma recaída no objectivismo. O contextualista não pode deixar-se atrair para fora da sua perspectiva de participante – nem que para isso tenha de pagar o preço do etnocentrismo

---

([25]) R. Rorty: *Pragmatism, Davidson, and Truth,* in E. Le Pore (org.): *Truth and Interpretation,* Oxford, 1986, pp. 333 e segs.

declarado. Admite que temos de privilegiar o horizonte de interpretação da nossa própria comunidade linguística, mesmo que para tal não possa existir uma justificação que não seja circular. Este ponto de vista etnocêntrico significa apenas que temos de examinar todas as concepções alheias à luz dos nossos próprios padrões.([26]) Contrariamente a isto, Hilary Putnam demonstra agora que um conceito idealizante da verdade ou da validade em geral não somente é necessário, mas até possível sem paralogismos objectivistas.

Putnam fundamenta a incontornabilidade de uma conceptualização idealizante com o seguinte argumento: se a distinção entre uma concepção tida como verdadeira *hic et nunc* e uma concepção verdadeira, ou seja, aceitável em condições idealizadas, se desmoronar, não podemos explicar por que podemos aprender de forma reflexiva, isto é, por que também podemos *melhorar* os nossos próprios padrões de racionalidade. Mal o racionalmente válido coincide com o socialmente válido, encerra-se a única dimensão em que é possível a autodistanciação e a autocrítica e, portanto, uma transgressão e reforma das nossas práticas justificativas convencionais. A isto, Rorty responderia que evidentemente a qualquer altura alguém poderia aparecer com novas evidências, ideias melhoradas, um vocabulário completamente diferente; mas nós, tendo isso em conta, não devemos considerar como «verdadeiras» num sentido objectivista as nossas concepções apenas justificadas num âmbito local. Esta alternativa invocada por Rorty, no entanto, não se põe para Putnam. Rorty dissera uma vez que para ele a busca da objectividade não traduz o desejo de escapar aos limites da própria comunidade linguística, mas simplesmente o desejo de chegar ao máximo de acordo intersubjectivo, ou seja, o desejo de ampliar, tanto quanto possível, o referente do «para nós»([27]). Reformulando a objecção de Putnam, agora eu pergunto: será que podemos, de uma forma geral, explicar a possibilidade de crítica e de autocrítica com recurso a práticas justificativas estabelecidas se não levarmos a sério, *enquanto ideia,* esta ideia da ampliação do nosso horizonte de interpretação e não a referirmos à intersubjectividade de um

([26]) Rorty (1986), pp. 12 e seg.

([27]) *Ibidem,* p. 8.

acordo que compreenda também em si a diferença entre o que é válido «para nós» e «para eles»?

Putnam e Thomas A. McCarthy – no seu brilhante estudo sobre a controvérsia do relativismo([28]) – insistem com toda a razão em que, nos casos exemplares da compreensão intercultural ou histórica, onde não só se confrontam concepções rivais como igualmente padrões de racionalidade divergentes, existe entre «nós» e «eles» uma relação *simétrica.* O etnocentrismo do contextualista prudente, admitido por Rorty, uma vez que descreve o processo de compreensão como uma integração assimiladora do alheio no nosso horizonte de interpretação (ampliado), falha a simetria das pretensões e das perspectivas de *todos* os participantes de um diálogo. Numa situação de profunda dissensão, não só «eles» têm de se esforçar por compreender as coisas da «nossa» perspectiva, como «nós» temos de tentar, da mesma maneira perceber as coisas a partir da perspectiva «deles». Eles nem sequer têm seriamente a hipótese de aprender connosco, se nós não tivermos a hipótese de aprender com eles, e é só com as interrupções do «seu» processo de aprendizagem que nos apercebemos das limitações do «nosso» saber. A fusão dos horizontes de interpretação que, segundo Gadamer, é a meta de qualquer processo de entendimento, não significa uma assimilação a «nós», mas sempre uma convergência regulada pela aprendizagem entre as «nossas» perspectivas *e* as «deles» – independentemente de «eles» ou «nós» ou ambas as partes termos de reformar mais ou menos as práticas de justificação apenas usuais. Com efeito, a própria aprendizagem não pertence nem a nós, nem a eles – ambas as partes se encontram envolvidas da mesma forma. Mesmo no processo de entendimento mais difícil, todas as partes se apoiam no ponto de referência comum, se bem que projectado a partir do respectivo contexto individual, de um possível consenso. Conceitos como verdade, racionalidade ou justificação, embora sejam interpretados de formas diversas e aplicados segundo critérios distintos, desempenham o *mesmo* papel gramatical em *qualquer* comunidade linguística.

([28]) Thomas A. McCarthy: *Contra Relativism: A Thought Experiment,* 1986, MS. 0.

Certamente algumas culturas exercitaram-se mais do que outras na capacidade de se distanciarem de si próprias.([29]) Mas todas as línguas oferecem a possibilidade de se distinguir entre o que é verdadeiro e o que consideramos verdadeiro. Na pragmática de qualquer uso da linguagem encontra-se incorporada a *suposição* de um mundo objectivo comum. E os papéis dialógicos de qualquer conversação obrigam a uma simetria das perspectivas dos participantes. Eles inauguram também a possibilidade da adopção de perspectivas entre o *ego* e o *alter*, assim como a permutabilidade de perspectivas entre participantes e observadores. Estes pressupostos pragmáticos gerais do agir comunicativo não sugerem, de modo algum, o paralogismo objectivista segundo o qual podemos assumir o ponto de vista extramundano de um sujeito situado além mundo e servir-nos de uma linguagem ideal, isenta de qualquer contexto e que figure no singular, a fim de emitirmos enunciados infalíveis e exaustivos, ou seja, definitivos que fariam parar a história factual – não sendo nem possível nem necessário qualquer comentário. Não é esta a alternativa ao contextualismo prudente, confessamente etnocêntrico. Da possibilidade de entendimento linguístico podemos depreender o conceito de uma razão situada que levanta a sua voz através de pretensões de validade, ao mesmo tempo, dependentes do contexto e transcendentes: «Esta razão comunicativa é "imanente", ou seja, não pode ser encontrada no exterior de jogos de linguagem concretos e instituições concretas, sendo simultaneamente transcendente – uma ideia reguladora em função da qual nos orientamos quando criticamos as nossas actividades e instituições.»([30]) Para o dizer pelas minhas próprias palavras: a validade pretendida para proposições e normas transcende espaços e tempos, mas esta pretensão é levantada sempre aqui e agora, em determinados contextos, sendo aceite ou recusada com o que acarreta de consequências práticas.([31])

([29]) M. Hollis, St. Lukes (orgs.): *Rationality and Relativism*, Cambridge (Mass.), 1982.

([30]) Putnam, in Baynes, Bohman, McCarthy, 1986, p. 228.

([31]) Habermas, 1985, p. 375.

IV

A viragem linguística, embora tenha transformado a razão e o pensamento da unidade, mesmo assim não os afastou do debate filosófico – tal como demonstra o desfecho da controvérsia sobre as duas variantes do contextualismo. De qualquer modo, este tornou-se um fenómeno do espírito contemporâneo. O pensamento transcendental visava um inventário fixo de formas, para o qual não existem alternativas visíveis. Hoje, pelo contrário, tudo entra no redemoinho da experiência da contingência: tudo poderia ser diferente – as categorias do entendimento, os princípios da socialização e da moral, a estrutura da subjectividade, os próprios fundamentos da racionalidade. Para tal existem boas razões. A razão comunicativa estabelece também quase tudo como contingente, mesmo as condições da génese do seu próprio *medium* linguístico. Mas, para tudo que reivindica a sua validade *no interior* de formas de vida estruturadas pela linguagem, as estruturas de um possível entendimento linguístico constituem algo que não pode ser contornado.

Não obstante, o estado de espírito pós-moderno repercute-se até nos romances policiais e nos textos de badana. A editora elogia o novo livro de Enzensberger dizendo que ele alista o irregular contra o projecto de homogeneização, as franjas contra o centro do poder, a vida da diferença contra a unidade – é assim que o jargão de Derrida imigra para a estética da mercadoria. E o conhecido autor de romances policiais deixa o fio condutor da sua fábula desfiar-se na confusão de contrastes variados até ao ponto em que a diferença específica entre o autor do crime e a vítima se torna irreconhecível na teia das muitas pequenas diferenças – e a polícia, após uma troca de impressões compreensiva com o assassino finalmente capturado, mas que afinal é simpático, renuncia a apresentar queixa e a entregá-lo à justiça.([32]) A abominação do uno e o elogio da diferença e do outro obscurecem a conexão dialéctica entre os dois termos. Pois, a unidade transitória que se produz na intersubjectividade porosa e entrecortada de um consenso mediado de forma linguística, não só concede como incentiva e acelera a multiplicação das formas de vida e a individualização dos estilos de vida. Quanto mais

---

([32]) Jan van de Wetering: *Rattenfang*, Hamburgo, 1986.

discursos há, mais contradição e diferença existe. Quanto mais abstracto é o acordo, tanto mais variadas são as dissensões com que podemos viver *de uma forma não violenta*. Mesmo assim, na consciência pública associa-se à ideia da unidade a consequência de uma integração forçada do múltiplo. O universalismo moral continua a passar por inimigo do individualismo, e não por aquilo que o possibilita. A atribuição de significados idênticos continua a ser considerada uma violação da polissemia metafórica, e não como a sua condição prévia. A unidade da razão passa sempre por repressão, e não pela fonte da pluralidade das suas vozes. As falsas sugestões de um pensamento da unidade, instituído há cento e cinquenta anos, ainda hoje desempenham um papel de relevo – como se nós, à semelhança da primeira geração dos discípulos de Hegel, ainda hoje tivéssemos de nos defender da superioridade avassaladora dos grandes mestres metafísicos.

As razões para tal parecem residir, mais do que na própria Filosofia, na sociedade. Esta tornou-se de facto tão complexa que é difícil vê-la como o todo dinâmico de um complexo estrutural. A sociedade funcionalmente diferenciada encontra-se descentralizada; o Estado já não constitui a cúpula política em que possam convergir as funções da sociedade no seu todo; *tudo* parece estar convertido em periferia. Na realidade, a economia e a administração pública cresceram para além do horizonte do mundo da vida. Estes subsistemas regulados por *media* sistémicos consolidaram-se numa segunda natureza; enquanto rede de comunicação objectivada subtraem-se ao saber intuitivo dos membros, relegados para os meios circundantes do sistema. Assim, só se afigura consequente abandonarmos uma sociedade, que não se pode abarcar narrativamente, aos cuidados das ciências que objectivam a natureza – desta feita, porém, com a consequência de que a nossa autocompreensão é afectada por isso de forma imediata. E, na mesma medida em que as descrições objectivantes da sociedade imigram para o mundo da vida, nós, como sujeitos do agir comunicativo, tornamo-nos estranhos a nós próprios. Só esta auto-objectivação leva a que a percepção da crescente complexidade social se transmute na experiência de se encontrar à mercê de contingências, para cuja superação se perdeu o referente – o sujeito da sociedade no seu todo ou a consciência em geral há muito que fugiu das nossas mãos, membros assustados, que somos, da sociedade de risco.

Este efeito de desencorajamento, que se exprime no tratamento radicalmente contextualista de experiências de contingência paralisantes, perde, contudo, o seu cariz inevitável se for possível defender-se e tornar sociologicamente frutífero um conceito de razão que tenha em devida conta o fenómeno do mundo da vida e que permita reformular em termos de teoria da intersubjectividade o conceito de «consciência da sociedade no seu todo»; com efeito, este conceito forjado pela Filosofia de sujeito fracassa ao tentar esclarecer as sociedades modernas. Mesmo uma sociedade descentralizada não precisa de dispensar o ponto de referência da unidade projectada de uma vontade comum constituída no plano intersubjectivo. Não tenho aqui oportunidade de prosseguir mais este pensamento; no entanto, ele assinala o significado prático que de facto assiste às metamorfoses do pensamento metafísico da unidade e à controvérsia em torno do contextualismo. Referi-me a essa controvérsia na intenção de tornar plausível um conceito débil, mas não derrotista, da razão consubstanciada na linguagem. Termino com algumas breves teses (1) relativas à caracterização da nova situação da argumentação e (2) relacionadas com a questão do que ainda resta do conteúdo normativo da metafísica «no momento da sua queda» (Adorno).

(1) O conceito de uma razão identificada nas pressuposições do agir orientado para o entendimento liberta-nos do dilema de termos de escolher entre Kant e Hegel. A razão comunicativa não é incorpórea como a espontaneidade de uma subjectividade constituinte do mundo, mas é ela própria isenta de mundo; não submete a História, reivindicada pela automediação absoluta de um espírito historicizado, a uma teleologia que se feche de forma circular. O desnível transcendental entre o mundo inteligível e o mundo fenoménico já não tem de ser superado com os meios da Filosofia da natureza e da história; antes se ameniza, transformando-se numa tensão imigrada para o próprio mundo da vida dos que agem comunicativamente, tensão essa entre, por um lado, a incondicionalidade das pretensões de validade dissipadoras de contextos e transcendentes e, por outro, a facticidade das tomadas de posição do estilo sim/não, dependentes de contextos e relevantes para acções, que engendram factos sociais localizados. Os mundos inconciliáveis de Kant, o mundo

objectivo do fenómeno e o mundo moral do agir regulamentado por normas, perdem a sua dignidade transcendental; juntamente com o mundo interior do sujeito empírico, eles regressam na prática comunicativa quotidiana sob a forma de pressuposições comuns mais ou menos triviais que tornam possível o uso cognitivo, regulativo ou expressivo da linguagem «e, assim, a referência a algo no mundo».

Para além disso, os sujeitos que agem de forma comunicativa encontram-se aliviados do trabalho da síntese constituinte do mundo. Eles encontram-se inseridos no contexto de um mundo da vida que tanto possibilita as suas acções comunicativas como se conserva, por seu lado, através do *medium* destes processos socializadores de entendimento. Estas certezas de fundo, pressupostas no agir comunicativo, constituem uma totalidade subjacente, implícita e pré-reflexiva que se desfaz no momento da sua tematização – permanecendo apenas totalidade no *modus* do saber de fundo difuso e pressuposto. As visões do mundo míticas, religiosas e justamente também as metafísicas ficaram a dever-se à projecção objectivadora sobre o plano do saber explícito da unidade do mundo da vida, até aí reservada ao saber intuitivo. Com as pretensões de validade criticáveis e com a capacidade de se orientar por pretensões de validade, um conteúdo ao mesmo tempo facticamente eficaz e idealizado perpassa pela prática do dia-a-dia. Aqui as ideias da univocidade, da verdade, da justiça, da veracidade e da capacidade de responder pelas suas acções não passaram sem deixar rasto. Mas elas mantêm uma força constituinte de um mundo, quando muito, no sentido de ideias racionais heurísticas; elas conferem unidade e nexo às interpretações de situações que resultam da negociação entre os participantes. Tal apenas adquire uma aparência transcendental se a totalidade do pano de fundo do mundo da vida, pressuposta na prática do dia-a-dia, for hipostasiada na ideia especulativa do uno e do todo ou na ideia transcendental da espontaneidade do espírito que engendra tudo a partir de si mesmo.

A figura de pensamento dos pressupostos pragmáticos, mas inevitavelmente idealizantes, de um agir orientado para o entendimento tem de ser diferenciada consoante o peso que se lhe atribui. Os que agem de uma forma comunicativa não pressupõem o mundo da vida, sobre o qual se fundam, do mesmo modo que pressupõem a base da validade do seu discurso.

Por outro lado, a compreensão de um conteúdo proposicional enunciado de forma temática pressupõe a compreensão do acto ilocutório correspondente, cujo significado «acompanha» a execução do acto de fala de um modo não temático. Acontece que a tradição filosófica, conforme o demonstrado, sempre teve para o individual apenas conceitos privativos ou fórmulas de aproximação circular e negativa, uma vez que privilegiou o ente, o conhecimento e a proposição afirmativa, ou seja, o conteúdo proposicional e o *equiparou* ao compreensível. Sob a premissa de que compreendemos unicamente conteúdos de enunciados, a essência individual – a própria expressão é paradoxal – escapa inevitavelmente às determinações infinitamente numerosas (erroneamente objectivantes). Desde Kierkegaard, estamos em condições de saber que a individualidade pode unicamente ser depreendida dos rastos de uma vida autêntica, por assim dizer, constrangida de forma existencial a constituir uma unidade. O significado da individualidade ressalta da perspectiva como que autobiográfica da primeira pessoa – só eu mesmo é que posso erguer de forma performativa a pretensão de ser reconhecido na minha singularidade enquanto indivíduo. Se libertarmos esta ideia da cápsula de uma interioridade absoluta e a transplantarmos, com Humboldt e George Herbert Mead, para o *medium* de uma linguagem que entrecruza os processos da socialização e de individuação, encontramos a chave para a solução deste último e mais difícil dos problemas deixados para trás pela crítica da metafísica.([33]) Com a atitude performativa que temos de assumir quando queremos pôr-nos de acordo sobre algo, qualquer locutor tem a possibilidade (que certamente não foi desde sempre utilizada de uma forma articulada) de empregar o «Eu» do acto ilocutório de modo a que lhe seja associada a pretensão compreensível de este eu ser reconhecido como pessoa individual que assume de um modo inalienável a história da própria vida. Ao mesmo tempo, o *alter* e o *ego,* ao entenderem-se sobre os parâmetros gerais de um conteúdo proposicional, sabem que pertencem ao contexto *particular* do seu mundo da vida.

(2) O conceito de razão comunicativa é acompanhado pela sombra de uma auréola transcendental. Uma vez que os

---

([33]) Cf., no presente volume, pp. 224 e segs.

pressupostos idealizantes do agir comunicativo não devem ser hipostasiados no ideal de um estado futuro de acordo definitivo, o conceito tem de ser formulado de um modo suficientemente céptico.([34]) Uma teoria que nos fizesse parecer alcançável um ideal de razão ficaria aquém do nível argumentativo alcançado por Kant; também ela denunciaria a herança materialista da crítica da metafísica. O momento de incondicionalidade guardado no âmago dos conceitos discursivos e falíveis de verdade e de moralidade não é um absoluto, constituindo quando muito um absoluto reduzido à fluidez do processo crítico. Só com esta réstia de metafísica conseguimos opor-nos à transfiguração do mundo por verdades metafísicas – um último vestígio de um *«Nihil contra Deum nisi Deus ipse»*.([35]) A razão comunicativa é certamente uma casca de noz periclitante – mas ela não se afunda no mar das contingências, mesmo que o tremor em alto mar seja o único *modus* em que ela «domina» contingências.

Este fundamento não tem estabilidade suficiente nem sequer para uma metafísica negativa. Esta oferece sempre ainda um equivalente à perspectiva extramundana do olho divino, uma perspectiva radicalmente diferente da dos pontos de vista dos participantes e observadores situados no interior do mundo. A metafísica negativa utiliza essa perspectiva marginal, a partir da qual o louco, o existencialmente isolado, o esteticamente enlevado se distanciam extaticamente do mundo, a saber, do mundo da vida no seu todo. Para a mensagem daquilo que entrevêem, os que estão à margem, já não possuem linguagem ou, em todo o caso, um discurso justificativo. O seu emudecimento apenas encontra palavras na vã negação de tudo aquilo que a metafísica em tempos afirmara com o conceito do todo uno. Perante isto, a razão comunicativa não pode subtrair-se à negação determinada da linguagem – sendo esta discursiva como é; por isso, ela tem de prescindir dos enunciados paradoxais da metafísica negativa: que o todo é o não-verdadeiro, que tudo é contingente, que simplesmente não há consolação possível. A razão comunicativa não se encena numa teoria tornada estética como o negativo incolor de religiões provedoras de consolação. Nem ela anuncia a desolação de um mundo abandonado por Deus, nem ela se

([34]) A. Wellmer: *Zur Dialektik von Moderne und Postmoderne. Vernunftkritik nach Adorno*, Frankfurt, 1985.

([35]) «Nada (serve) contra Deus senão o próprio Deus.» *(N. do T.)*

arroga a faculdade de trazer qualquer consolação. Ela renuncia até à exclusividade. Enquanto não encontrar no *medium* do discurso argumentativo palavras melhores para o que a religião sabe dizer, até com esta ela coexistirá de um modo abstinente, sem a apoiar ou a debelar.

Querer e poder menos do que a metafísica negativa se aventura também significa um acréscimo. Partindo da análise das condições necessárias do entendimento em geral é possível desenvolver, pelo menos, a ideia de uma intersubjectividade intacta que possibilitaria tanto o entendimento livre de constrangimentos entre os indivíduos no seu relacionamento recíproco bem como a identidade de um indivíduo que comunique de um modo livre de constrangimentos consigo próprio. A intersubjectividade intacta é a manifestação das condições simétricas de um livre reconhecimento recíproco. No entanto, esta ideia não deve ser idealizada como a totalidade de uma forma de vida reconciliada e atirada para o futuro enquanto utopia; ela contém nada mais, mas também nada menos do que a caracterização formal de condições necessárias para formas não antecipáveis de uma vida não fracassada. Semelhantes formas de vida, aquém das doutrinas proféticas, nem existem enquanto promessa, nem sequer de *forma abstracta*. A seu propósito sabemos apenas que, se elas pudessem ser realizadas de todo, elas teriam de ser produzidas pela nossa própria cooperação, não propriamente livre de conflitos, mas solidária. «Produzir» não significa, contudo, fabricar no sentido da realização de fins intencionais; significa, antes, uma emergência, não susceptível de ser objecto de uma intenção, do esforço cooperativo falível e sempre de novo periclitante por amenizar, abolir ou impedir os sofrimentos de criaturas vulneráveis. Este modo de produzir ou de realização sobrecarrega-nos com a responsabilidade sem nos tornar independentes de «ventos favoráveis». A isto se associa o sentido moderno de um humanismo que há muito encontrou a sua expressão nas ideias da vida autoconsciente, da auto-realização autêntica e da autonomia – de um humanismo que não teima na sua auto-afirmação. Este projecto encontra-se situado historicamente, tal como a razão comunicativa que o inspira. Não foi gerado, antes se foi constituindo – e pode ser prosseguido ou desencorajadamente abandonado. E, sobretudo, o projecto não é um património exclusivo da Filosofia. Esta, em cooperação com as ciências reconstrutivas, pode iluminar as situações com que nos deparamos; ela pode contribuir para que aprendamos a compreender as ambivalências que vêm ao nosso encontro, como outros tanto apelos para responsabilidades crescentes em espaços de acção cada vez mais reduzidos.

6.

A metafísica após Kant

Dieter Henrich teve a generosidade de aproveitar uma recensão da minha autoria(1) como pretexto para um debate metacrítico, a fim de trazer à tona intenções essenciais do seu filosofar. Essas doze teses em torno da questão: «O que é a metafísica, e a Modernidade?»(2) contêm o poderoso esboço de uma contraproposta a que não posso responder aqui de igual modo. As minhas considerações têm antes o carácter de busca de um consenso prévio sobre o nosso mister comum e os estímulos do filosofar. Uma publicação de homenagem não serve unicamente para a contenda argumentativa levada ao pormenor, oferece também a oportunidade de nos inteirarmos dos motivos do pensamento de um colega proeminente e, além disso, de aprender a compreender melhor os seus próprios motivos – no espelho de um imponente percurso do pensamento, observado com respeito e admiração numa proximidade amistosa.

Dieter Henrich tornou-se, desde há alguns anos a esta parte e de um modo mais pronunciado que outrora, advogado de uma metafísica que pudesse resistir aos critérios de Kant. Esta deverá, com uma teoria da autoconsciência, partir de Kant e Fichte para absorver em si o som triplamente reconciliador da Fenomenologia de Hegel, dos hinos de Hölderlin e das sinfonias de Beethoven. Henrich pretende realçar o empreendimento de uma metafísica pós-kantiana perante a Filosofia de fundo

(1) J. Habermas: *Rückkehr zur Metaphysik – Eine Tendenz in der deutschen Philosophie?, in* Merkur, n.os 439-440, Outubro, 1985, pp. 898 e segs.
(2) D. Henrich: *Was ist Metaphysik? – was Moderne? Thesen gegen Jürgen Habermas, in* D. Henrich: *Konzepte,* Frankfurt, 1987, pp. 11-43.

naturalista, própria do pensamento anglo-saxónio contemporâneo, e fazer sobressair até o seu antagonismo relativamente ao materialismo analítico. Esta alternativa prenuncia o caminho; ela exige que se tome como ponto de partida a auto-relação – e a autocompreensão – do sujeito cognoscente e agente. Em vez de se compreender a partir do mundo dos objectos e dos acontecimentos contingentes, o sujeito deve regressar à sua subjectividade constitutiva do mundo, enquanto horizonte paradigmático da auto-interpretação.

É, portanto, assim que a metafísica, a recusa do naturalismo e o regresso ao seio da subjectividade constituem palavras-chave para um filosofar que nunca fez segredo do seu «desejo premente»: «Que o si-mesmo, preocupado com a sua consistência e com vista a critérios próprios de correcção, encontre, por fim, um fundamento interior da sua própria possibilidade que não se lhe afigure igualmente estranho e indiferente como os aspectos da natureza, contra a qual tem de voltar a energia da sua auto-afirmação»([3]). Esta formulação deixa ainda em aberto a que condições teria de obedecer «um fundamento interior da sua própria possibilidade». Será que Henrich estabelece estas condições de um modo tão restritivo que, por fim, só um espírito oposto à matéria – ou que perpasse a natureza a partir do respectivo interior – em todo o caso, unicamente um espírito pensado a partir da tradição platónica, permanece como candidato possível? Seja como for, Henrich não considera a postura moderna da consciência determinada pelas contingências da autoconservação nua e crua, mas por modos de conservação de uma vida *consciente*, familiar consigo própria de um modo originário. Ora, se e na medida em que esta vida consciente só pode obter esclarecimento acerca de si própria através dos meios metafísicos, a Metafísica conserva um nexo interno com a Modernidade. É este nexo que Henrich tem em mente nas suas «teses».

O facto de reclamar este nexo distingue liminarmente o empreendimento de Henrich daquele retorno à Metafísica que se distancia de uma Modernidade que, aparentemente, já *só* produz desgraças; distinguindo-se também de uma «superação da metafísica» alimentada por motivos similares. É com justeza que

([3]) Dieter Henrich: *Die Grundstruktur der modernen Philosophie.* Com um epílogo: *Über Selbstbewußtsein und Selbsterhal-tung, in:* H. Ebeling (org.): *Subjektivität und Selbsterhaltung*, Frankfurt, 1976, p. 114.

Henrich se defende de possíveis confusões. A este respeito sinto uma afinidade no que concerne às convicções fundamentais. Aqui trata-se de alternativas de pensamento de grande alcance, inclusive no plano político. Sob os títulos da «autoconsciência», da «autodeterminação» e da «auto-realização» desenvolveu-se um conteúdo normativo da Modernidade que não deve ser identificado com a subjectividade cega da autoconservação ou do domínio sobre si mesmo.

Quem trata ambas as situações como idênticas, sob prefixos orientados para trás ou para diante, ou quer ver-se livre do conteúdo normativo da Modernidade no seu conjunto, ou tenciona reduzi-lo ao património cognitivo e instrumental de determinadas ideologias burguesas (por muito que estas necessitem de ser revistas e alteradas). Depois de Hegel, os filósofos não deveriam insurgir-se contra impertinências, mesmo que fossem avaliados pelas implicações políticas dos seus pensamentos. Henrich não faz parte da grande aliança contra aquilo que outrora, em tempos melhores, se ousava designar como «as ideias de 1789». Nesta aliança enquadraram-se lado a lado espíritos tão diferentes como Leo Strauss, Martin Heidegger e Arnold Gehlen. Mesmo um percurso aparentemente tão paradoxal como o que conduz de Carl Schmitt a Leo Strauss, que se tornou possível na minha geração, adquire a sua lógica a partir da equiparação da razão moderna com a razão instrumental. Henrich opõe-se a isto com argumentos convincentes; acontece, porém, que também ele teria algumas reservas relativamente ao meu olhar atento às implicações políticas do pensamento filosófico aparentemente puro. Tendo em conta todos os sinais de afinidade emanados por Henrich, deve, portanto, esclarecer-se o próprio projecto. Sistematizarei as minhas questões segundo as três palavras-chave: metafísica, antinaturalismo e teoria da subjectividade.

I

Tornou-se prática corrente a transposição do conceito de paradigma, originário da História da Ciência, para o domínio da História da Filosofia e o estabelecimento de uma divisão em épocas, com base nos termos «ser», «consciência» e «linguagem».

De acordo com Schnädelbach e Tugendhat([4]), podem assim distinguir-se modos de pensar ontológicos, próprios da filosofia da reflexão e linguísticos. Apesar de todas as divergências entre Platão e Aristóteles, todo o pensamento metafísico parte, no séquito de Parménides, da questão do ser do ente e, desse ponto de vista, é ontológico. O verdadeiro conhecimento move-se em direcção ao universal, imutável e necessário, no sentido mais restrito da palavra. Independentemente de ele ser encarado segundo o exemplo da Matemática como intuição e anamnese ou, segundo o exemplo da Lógica, como reflexão e discurso – são as próprias estruturas do ente que se reflectem na busca do conhecimento. Como é sabido, resultam do cepticismo inerente a esta primazia do ser sobre o pensamento, e do peso próprio da reflexão sobre questões que se prendem com o método, motivos importantes que pesaram na passagem do pensamento ontológico para o mentalismo. A auto-relação do sujeito cognoscente franqueia o acesso a uma esfera interior de representações, singularmente certa, que nos pertence inteiramente, e que precede o mundo dos objectos representados. A metafísica tinha-se apresentado como a ciência de tudo que é universal, imutável e necessário; ora o único equivalente que ainda consegue arranjar consiste numa teoria da consciência que fixa as condições subjectivas necessárias à objectividade dos juízos sintéticos *a priori* de carácter universal.

Se estabelecermos esse tipo de terminologia, sob as condições modernas da Filosofia da reflexão não pode existir um pensamento metafísico no sentido rigoroso do termo, mas, quando muito, a abordagem das interrogações metafísicas reformuladas com os meios da Filosofia da consciência. Assim também se pode explicar a relação ambivalente de Kant com a metafísica e a alteração de significado a que este termo é sujeito na crítica da razão de Kant. Por outro lado, pode-se insistir, tal como Henrich, em manter a expressão «metafísica» para todo o tipo de abordagem de questões metafísicas que visem a totalidade do Mundo e do Homem. Também esta posição tem alguns argumentos a seu favor. Com efeito, as concepções de Leibniz, Espinosa ou Schelling, e mesmo a doutrina dos dois reinos de

([4]) E. Tugendhat, U. Wolf, *Logisch-semantische Propädeutik*. Estugarda 1983, pp. 7 e segs. [*Propedêutica Lógica-Semântica* (Petropolis: Vozes, 1997)].

Kant, prolongam a tradição dos grandes esboços sistemáticos que têm o seu início em Platão e Aristóteles. Para Heidegger, até Nietzsche ainda passa por pensador metafísico, visto ser moderno e fiel ao princípio da subjectividade. Esta disputa terminológica nada adianta em termos objectivos. O que está realmente em questão?

Não são controversas as *tarefas reconstrutivas* da Filosofia – aquilo que Henrich designa como «o esclarecimento das realizações mais elementares da inteligência». Isto não implica apenas os modelos de uma metafísica da natureza (conhecimento determinante do objecto) e de uma metafísica dos costumes e, de um modo geral, da arquitectónica da razão de Kant, com a separação das faculdades do conhecimento objectivante, da intelecção moral e do juízo estético. *Todas* as competências genéricas de sujeitos capazes de falar e agir são acessíveis a uma reconstrução racional e são-no, nomeadamente, com recurso a esse saber prático de que nos valemos de forma intuitiva na produção de realizações já experimentadas. Sob este aspecto, o trabalho filosófico encontra-se em continuidade com o trabalho científico. Para além das questões direccionadas para o universal, aqui a Filosofia em nada se adianta à ciência, e muito menos pela infalibilidade de um acesso privilegiado à verdade. Embora a formação espontânea da série de algarismos não possa ser *«contestada»* facilmente, «qualquer teoria da série natural de algarismos é, de facto, falível» (Henrich, 2.ª tese). O que é verdade para os fundamentos da álgebra, muito mais se aplica aos da ética.

Se não atentarmos nos pormenores, o papel teórico da Filosofia não suscita, por conseguinte, motivos para profundas divergências. O que está em causa é, antes, o papel da Filosofia que visa a totalidade da prática da vida, ou seja, o seu papel esclarecedor no sentido restrito.(5) Noutro contexto, distingui o seu papel de «intérprete» do papel de «guardiã do lugar»(6). Trata-se aqui dessas questões «irrecusáveis» canonizadas por Kant que, de certo modo, nascem de forma espontânea e é suposto conduzirem a respostas orientadoras. A Filosofia deve possibilitar

(5) H. Schnädelbach: *Philosophie*, in E. Martens, H. Schnädelbach (orgs.): -*Grundkurs Philosophie*, Hamburgo 1985, pp. 46-76.

(6) J. Habermas: *Die Philosophie als Platzhalter und Interpret*, in J. Habermas: *Moralbewußtsein und kommunikatives Handeln*, Frankfurt, 1983, pp. 9 e segs.

uma vida «consciente», clarificada por uma autocompreensão reflexiva, uma vida «dominada» no sentido não disciplinar. E, neste aspecto, continua a colocar-se ao pensamento filosófico a tarefa de se apropriar das respostas da tradição, nomeadamente no que diz respeito ao saber soteriológico das religiões e ao saber referente ao mundo das cosmologias desenvolvido nas altas culturas, e de o fazer no cone de luz tornado mais estreito e mais focado daquilo que ainda pode fazer, com boas razões, sentido para as filhas e os filhos da Modernidade. Por detrás da disputa verbal sobre se, após Kant, a «metafísica» ainda é possível, oculta-se objectivamente uma disputa em torno da permanência e do volume dessas velhas verdades que são passíveis de uma apropriação crítica, mas, igualmente, sobre o modo da transformação semântica, a que as verdades antigas têm de ser sujeitas, no caso de uma apropriação crítica.

Se quisermos parafrasear este leque de problemas com a ajuda de uma designação de origem, recomenda-se, para bem da clareza, que falemos de questões metafísicas *e* religiosas. Por isso, não creio que nós, enquanto europeus, possamos realmente compreender conceitos como moralidade e eticidade, pessoa e indivíduo, liberdade e emancipação – que nos são talvez mais caros do que o tesouro conceptual do pensamento platónico da ordem que gira em torno de uma intuição catártica das ideias – sem nos apropriarmos da substância do pensamento soteriológico de proveniência judaico-cristã. Outros encontram, a partir de outras tradições, o caminho para a pletora do pleno significado de semelhantes conceitos estruturadores da nossa autocompreensão. Mas, sem uma mediação socializadora e sem uma transformação filosófica de *alguma* das grandes religiões do mundo, um dia este potencial semântico poderia tornar-se inacessível; cada geração tem de ganhar de novo o acesso a este último, se quiser evitar que se desmorone o que ainda resta do auto-entendimento partilhado de forma intersubjectiva que nos permite um modo humano de lidarmos uns com os outros. Cada um tem de poder reconhecer-se em tudo o que tiver rosto humano. Manter acordado e clarificar este sentido de humanidade – e não de forma imediata mas, sim, através de esforços teóricos morosos e sinuosos – é certamente também uma tarefa de que o filósofo não deve sentir-se inteiramente dispensado, mesmo correndo o perigo de ter de se fazer agraciar com o papel duvidoso de um «mediador de sentido».

Mas, afinal, assim são designados, no nosso país, não tanto os que continuam firmes defensores da metafísica, mas aqueles que, com o jovem Horkheimer, insistem na crítica da metafísica, uma vez que são da opinião que os conceitos gerais do idealismo encobrem com excesso de complacência e subtileza o sofrimento concreto ocasionado por circunstâncias de vida humilhantes.

Também o cepticismo tem os seus fundamentos.(7) Uma vez que a crítica das ideologias e a crítica da razão sempre voltam a descobrir novas formações da velha aliança entre a metafísica e o obscurantismo, a investida de Horkheimer era perfeitamente plausível. Para não permitir a profanação das motivações que haviam inspirado os grandes pensamentos filosóficos, ele quis traduzi-los em conceitos fundamentais de uma teoria social elaborada de forma interdisciplinar. No entanto, a Filosofia da História marxista, em cujo âmbito ele pretendeu operar esta transformação, não resistiu às críticas. Mas tal não invalida os motivos para um cepticismo materialista que se opõe ao abuso ideológico de ideias exaltadas; nem invalida a intuição correcta de que a Filosofia perdeu, face às ciências com que tem de cooperar, a sua autonomia. *A* ciência – ou ainda *a* ciência modelar, seja ela a Física ou a Neurofisiologia, que seria determinante para as outras ciências empíricas – é uma ficção muito em voga entre filósofos, mas não passa disso mesmo. Dentro de um espectro altamente diferenciado e extraordinariamente amplo, existem, entre a Filosofia e as diversas ciências particulares, graus de parentesco muito variados: algumas são mais ou menos dependentes de pensamentos filosóficos, estando outras mais ou menos abertas a semelhantes elementos propulsores especulativos. Mesmo ao desempenhar aquele papel em que a Filosofia se afasta do sistema científico para, em resposta a essa questão *irrecusável*, esclarecer no seu conjunto um mundo da vida que, no meio de certezas, não deixa de ser opaco, ela já não encena as suas peças exclusivamente com os seus próprios meios.

---

(7) H. Brunkhorst: *Dialektischer Positivismus des Glücks*, in *Zeitschrift für philosophische Forschung*, 39, 1985, pp. 353 e segs.

Deixemos de parte o conceito de mundo da vida, o qual já analisei em diversos lugares.([8]) Para os meus desígnios, é suficiente que histórias de vida individuais e modos de vida partilhados de forma intersubjectiva se encaixem uns nos outros nas estruturas do mundo da vida, participando na sua totalização. Os horizontes da história da nossa vida e das formas de vida em que já nos encontramos respectivamente inseridos constituem um todo poroso constituído por familiaridades presentes a um nível pré-reflexivo e que escapam a abordagens reflexivas. Sendo evidente e necessitando simultaneamente de confirmação, este todo do mundo da vida é próximo e longínquo ao mesmo tempo, acabando por ser, também ele, algo de estranho que emana questões persistentes como, por exemplo, esta: «O que é o Homem?» É a esta fonte natural da problematização do pano de fundo mais familiar do mundo no seu todo que as questões filosóficas fundamentais devem a sua relação com o todo, o seu carácter integrador e concludente. Como Kant demonstra, elas podem apenas ser delimitadas por um pensamento que siga caminhos auto-referentes e, por isso, antinómicos.([9])

As possibilidades de dar resposta a semelhantes questões também são influenciadas por alterações que se processam no próprio mundo da vida. Até ao limiar da Modernidade, os sistemas interpretativos, nos quais se reuniam respectivamente as realizações de autocompreensão de uma cultura, mantiveram uma estrutura homóloga à estrutura integral dos horizontes do mundo da vida. A unidade inevitavelmente pressuposta de um mundo da vida constituído de forma concêntrica em torno de «mim» e de «nós», aqui e agora, reflectia-se na unidade totalizadora das narrativas míticas, doutrinas religiosas e explicações metafísicas. As formas explicativas, que tinham permitido ainda às teorias uma réstia da pujança unificadora dos mitos cosmogónicos, viram-se sujeitas, na Modernidade, a uma forte desvalorização: a síndrome da validade, de que dependiam os conceitos fundamentais da religião e da metafísica, dissolveu-se

---

([8]) J. Habermas: *Theorie des kommunikativen Handelns,* Frankfurt, 1981; vol. 2, pp. 182-239; J. Habermas: *Der philosophische Diskurs der Moderne,* Frankfurt, 1985, pp. 376 e segs. [trad. port., *O Discurso Filosófico da Modernidade,* trad. Ana Maria Bernardo, rev. científica de António Marques, (Lisboa: Dom Quixote, 1990)].

([9]) A Kulenkampff: *Antinomie und Dialektik.* Estugarda 1970.

com a formação de culturas de peritos no que diz respeito à Ciência, à Moral e ao Direito por um lado, e com a autonomização da Arte, por outro. As três «críticas» de Kant constituem já uma reacção à autonomização de complexos de racionalidade distintos. As formas de argumentação especializadas no conhecimento objectivante, na intelecção prático-moral, e em juízos estéticos começaram a dissociar-se no século XVIII, no âmbito de instituições que, sem oposição, lograram chamar a si o poder para definirem os respectivos critérios de validade. Hoje em dia, a Filosofia só conseguiria estabelecer critérios de validade próprios e divergentes – em nome da genealogia, da memória, do esclarecimento da existência, da fé filosófica, da desconstrução etc. – ao preço de uma *regressão* do nível de diferenciação e fundamentação previamente alcançado, isto é, ao preço de prescindir da sua credibilidade. O que lhe resta e o que ela consegue é uma mediação interpretante entre o saber especializado e a praxis quotidiana carente de orientação. O que lhe resta e o que está ao seu alcance é um impulso iluminador dos processos de autocompreensão relativos à totalidade de um mundo da vida que, ao mesmo tempo, tem de ser defendido contra uma alienação excessiva pelas ingerências objectivantes, moralizantes e esteticizantes das culturas dos peritos.

Os critérios de validade, segundo os quais poderia processar-se, hoje em dia, a iluminação do senso comum pela Filosofia, já não se encontram à disposição da própria Filosofia. Ela tem de operar sob condições de racionalidade que ela mesma não escolheu. Por conseguinte, mesmo no papel de intérprete, não pode reclamar nenhum acesso privilegiado a intuições essenciais face à Ciência, à Moral ou à Arte e só dispõe de um saber falível. Ela tem de renunciar, além disso, às formas tradicionais de uma doutrina de intervenção activa sobre o processo de socialização, permanecendo teórica. Finalmente, ela deixou igualmente de poder estabelecer uma hierarquia do mais ou menos valioso entre as totalidades das diversas formas de vida que ora se lhe apresentam no plural; ela limita-se a apreender as estruturas gerais de mundos da vida em geral. Estes são três aspectos em que, após Kant, não pode existir uma metafísica, no sentido de conjunto de pensamentos «concludentes» e «integradores»([10]).

([10]) Cf., D. Henrich: *Fluchtlinien*. Frankfurt, 1982, pp. 99 e segs.

II

Tal como já só acontece no materialismo dialéctico, encontramos em Henrich a convicção de que o pensamento filosófico é determinado, em última instância, por um dualismo que desemboca em dois tipos de teorias «últimas»: teorias gerais do espírito ou da matéria. Esta cisão entre abordagens idealistas e materialistas também presidiria ao pensamento moderno. Ora, afinal, não se pode negar que o velho jogo em torno da primazia da *res cogitans* ou da *res extensa* faz mover muitos espíritos na discussão variadíssima em torno da mente e do corpo, *body and mind* – com especial relevo para a área anglo-saxónia, onde os pressupostos de uma ontologia cartesiana continuam plenamente em vigor, apesar de um pragmatismo que tem as suas origens em Hegel.([11]) Sob estas premissas, um sujeito cognoscente ou agente defronta o mundo enquanto súmula de todos os objectos ou factos, ao passo que, ao mesmo tempo, tem de se compreender a si mesmo como um objecto entre outros (ou como complexo de factos entre outros) no seio do mundo. Se esta dupla situação do sujeito como «um face a tudo e um entre muitos» é interpretada de forma empirista, descrevendo-a, de Hume até Quine, sob o ponto de vista de uma teoria da representação, ou da análise linguística, ou se, como em Henrich, partindo da Filosofia transcendental, ela for concebida como relação fundamental da subjectividade – os constrangimentos conceptuais que decorrem de uma tal orientação ontológica permanecem os mesmos. Para a construção da teoria é a posição do sujeito, interior ao mundo ou transcendente ao mundo, que se torna primordial. Ou o sujeito tenta compreender-se num espírito naturalista a partir do que discerne como processos inerentes ao mundo; ou ele subtrai-se a esta auto-objectivação à partida, realçando de forma idealista a condição, apreendida na reflexão, de estar dentro e fora do mundo ao mesmo tempo, como um fenómeno fundamental da vida consciente. Em todo o caso, os antagonistas encontram-se reunidos em torno do mesmo tema. É a significância deste que Henrich reivindica. Pois, juntamente com as premissas de uma semelhante ontologia, evidentemente também teria de perder-se a alternativa que Henrich entende ser a de entre o naturalismo e a metafísica.

([11]) P. Bieri (org.): *Analytische Philosophie des Geistes,* Meisenheim, 1981.

Henrich é de opinião que aqueles que iludem o jogo de linguagem cartesiano, da oposição exclusiva entre o espírito e o corpo [Körper], se subtraem à pressão do problema do naturalismo. Não consigo subscrever tal raciocínio na sua totalidade. Em primeiro lugar, teríamos de examinar se os que viram costas ao jogo da linguagem cartesiano não têm boas razões para elevarem a honras filosóficas categorias «terceiras», tais como a «linguagem», a «acção» ou o «corpo [Leib]». Estas tentativas de pensar a consciência transcendental como «incorporada» na linguagem, na acção ou no corpo, e de «situar» a razão na sociedade e na História, têm a seu favor um potencial argumentativo que não deixa de ser considerável. Partindo de Humboldt, os argumentos foram desenvolvidos em várias frentes: através de Frege até Wittgenstein; através de Dilthey até Gadamer; de Peirce, passando por Mead até Gehlen e, finalmente, de Feuerbach passando por Plessner até Merleau-Ponty. Estas tentativas não têm de esbarrar necessariamente no impasse de uma antropologia fenomenológica; podem igualmente conduzir a uma revisão de preconceitos ontológicos arreigados, como seja a superação, por parte da pragmática linguística, da camisa de forças logocêntrica de uma tradição fixada, em termos ontológicos, na questão do ser do ente, em termos epistemológicos, nas condições do conhecimento objectivante e, em termos semânticos, no valor de verdade das proposições assertórias. Pela via da pragmática linguística podem alcançar-se concepções mais complexas do mundo, retirando de circulação aquelas premissas sob as quais a problemática tradicional do corpo e do espírito se supõe exclusiva.([12])

Em segundo lugar, haveria que ter em mente que, mesmo nesse caso, a pressão do problema do naturalismo não desaparece completamente. Apenas se apresenta sob outras formas nas teorias que, embora *partam* de questões transcendentais, não perseveram em separar o inteligível do fenomenal para todo o sempre. Estas teorias têm de encontrar uma resposta à questão de como Kant pode ser conciliado com Darwin. Desde Marx, parece-me claro que o conteúdo normativo da Modernidade pode ser integrado e preservado também e, nomeadamente, sob premissas materialistas. A «natureza em si» não coincide com a

([12]) J. Habermas (1981): vol. 1, pp. 115-151.

natureza objectivada. Marx procura conceber a génese das formas de vida sócio-culturais do *homo sapiens* no quadro de uma história natural, concepção que incluiria, por assim dizer, para além da *natura naturata* objectivada no seu sentido físico, uma parte da *natura naturans.* Tal naturalismo não tem necessariamente de ser acompanhado por uma autodescrição objectivista da cultura, da sociedade e do indivíduo. Como sujeitos capazes de falar e agir temos, antes de toda a ciência, um acesso *interno* ao mundo da vida simbolicamente estruturado, aos produtos e às competências de indivíduos socializados. Nunca compreendi porque, na ciência, haveríamos de nos limitar ao acesso *externo* à natureza, porque deveríamos separar-nos do nosso saber pré-teórico e adulterar artificialmente o mundo da vida – mesmo que fôssemos capazes de tanto. A psicologia dos ratos, afinal, é capaz de estar bem para os ratos. No entanto, o naturalismo no seu todo não obriga de modo algum à autodescrição, distanciada de forma naturalista, de um sujeito que teima em querer reconhecer-se no seu mundo sob as condições gramaticais de linguagens que versam objectos e acontecimentos – ou de linguagens teóricas equivalentes.

Também o behaviourismo linguístico me parece enquadrar-se neste rol de modos redutores de formulação de teorias. Esta teoria da linguagem sem dúvida imponente, desenvolvida de Morris até Quine, não deve o seu naturalismo ao processo de análise linguística, mas, sim, aos pressupostos de uma ontologia empirista. Que a passagem da Filosofia da consciência para a análise linguística não *impõe* esse caminho, não só no-lo demonstram os primeiros passos para uma Filosofia da linguagem em Humboldt e a semiótica de Peirce mas, de igual modo, as críticas ao psicologismo implícitas na viragem causada pela análise linguística na semântica (em Frege) e na teoria da ciência dos primórdios do empirismo lógico. É um facto que o materialismo analítico nunca me impressionou de sobremaneira – justamente por constituir uma posição metafísica, quero dizer, uma posição que se queda pelo geral quando seria necessário *executar* com meios científicos um programa constituído em abstracto. Tais tentativas abstractas, que visem estabelecer de um só golpe, uma autocompreensão objectivista do Homem, vivem da convicção de fundo cientificista de que as ciências naturais (com a Física moderna no seu centro) constituem o modelo acabado e a autoridade derradeira de qualquer saber que ainda seja aceitável; contudo, o que os preocupa não é a redução dos factos conhecidos das ciências sociais e humanas e da História, executada com os meios da Física, da Bioquímica, da Neurofisiologia ou mesmo da Sociobiologia mas, unicamente, a possibilidade teórica de, com base numa inversão da atitude natural perante o mundo, distanciar e explicar de uma forma objectivadora *tudo* que seja sabido de um modo intuitivo, o contexto do mundo da vida no seu *todo*, da perspectiva do observador das ciências naturais.

Não sinto que a pressão do problema do naturalismo tenha a sua origem em jogos de ideias naturalistas, mas num lugar perfeitamente diferente: nomeadamente ali, onde as estratégias explicativas naturalistas se encontram estabelecidas *no interior* das ciências sociais com notórias perspectivas de êxito. Ao dizer isto, não tenho tanto em mente uma teoria da aprendizagem desesperadamente subcomplexa; nem sequer a teoria do jogo, que se encontra em franca expansão, mas que também encontrará os seus limites, uma vez que não se pode reduzir tudo ao agir estratégico; antes penso numa teoria sistémica da sociedade que se destaca por uma abordagem que, ao mesmo tempo, é mais sensível e mais *abrangente*. Esta teoria parte do fenómeno de base da auto-afirmação de sistemas auto-referentes em meios ambientes hipercomplexos e distancia o mundo da vida a partir de uma perspectiva metabiológica – que supera qualquer ontologia.

III

Luhmann, com alguns empréstimos de Maturana e outros, estendeu e flexibilizou os conceitos fundamentais da sua teoria sistémica ao ponto de conseguirem sustentar um paradigma *filosófico* concorrencial. A ideia de um processo mundial que se desenrola através das diferenças que opõem o meio ambiente e os respectivos sistemas anula as habituais premissas ontológicas de um mundo do ente racionalmente ordenado, de um mundo de objectos representáveis que se reporta a sujeitos de conhecimento ou de um mundo de estados de coisas existentes e passíveis de uma representação linguística. A herança da Filosofia do sujeito pode facilmente ser incorporada em e reabsorvida por uma teoria dos sistemas que, sendo auto-referentes, se produzem a si próprios.([13]) Por isso, este naturalismo, que opera a nível filosófico, mas que se encontra em execução, dificilmente deverá ainda encontrar uma posição contrária paradigmática que pugne por uma autodescrição não-objectivista do homem-no-seu-mundo, numa teoria da vida consciente. A vida consciente do sujeito na sua situação dupla já se assemelha em demasia, ou assim temo, à auto-afirmação do sistema que preserva os seus próprios limites na sua dupla referência a si próprio e ao mundo que o rodeia.

A razão pela qual creio que um paradigma linguístico, aproveitado com recurso a teorias da comunicação, poderia desenvolver uma maior capacidade de resistência contra este tipo de naturalismo não está aqui em causa. No entanto, as reticências de Henrich levam-me a precisar, pelo menos sob um ponto de vista, o que distingue o paradigma da consciência do paradigma do entendimento.

Desde há cerca de cem anos convergiu uma variedade de argumentos que recomendou a passagem da lógica clássica para a lógica moderna das proposições, a passagem da interpretação do conhecimento como teoria do objecto para a sua interpretação como teoria do estado de coisas, a passagem da explicação intencionalista das operações de compreensão e comunicação para a sua explicação com os meios da teoria linguística; em termos gerais, a passagem da análise introspectiva dos dados da consciência para a análise reconstrutiva de factos gramaticais publicamente acessíveis. Neste aspecto, existe uma assimetria entre, por um lado, a capacidade explicativa da Filosofia da consciência que parte da auto-relação de um sujeito que representa e manuseia objectos e, por outro, a capacidade de resolução de problemas de uma teoria da linguagem que se desenvolve a partir das condições de compreensão de expressões gramaticais. Com Henrich, partilho sem dúvida a opinião de que o fenómeno da autoconsciência não pode ser explicado de um modo satisfatório pela via de uma análise semântica da utilização de expressões linguísticas *isoladas* (por exemplo do pronome pessoal da primeira pessoa do singular). Mas, inversamente, Henrich abandona também a premissa segundo a qual a forma de expressões lógicas e gramaticais poderia ser explicada através da teoria da consciência. Em vez disso, favorece a tese de

([13]) Cf. o meu aparte sobre Lehmann *in* J. Habermas (1985): pp. 426-446.

que a auto-relação e a capacidade linguística são co-originárias. Afinal até é intuitivamente plausível que «o funcionamento da comunicação linguística comporte, como um dos seus pressupostos constituintes, uma auto-relação dos locutores que lhe é tão originária como a forma da proposição dotada de sujeito e predicado» (Henrich, 10.ª tese). Com isto parece ser sugerido algo como uma equivalência entre os dois paradigmas que se condensam em torno da auto-relação do sujeito locutor e em torno da forma da expressão linguística. No entanto, semelhante compromisso teria de se quebrar mal se quisesse proceder à sua prova. Por exemplo, temos de nos decidir, na construção da teoria da linguagem, se atribuímos a prioridade à intenção incorpórea, como elemento volátil da consciência ou ao significado consubstanciado no *medium* dos signos linguísticos. Chegaremos a soluções opostas conforme considerarmos o significado partilhado de forma intersubjectiva no seio de uma comunidade linguística como sendo o conceito fundamental, ou deduzirmos o entendimento intersubjectivo de uma expressão de significado idêntico das intenções de vários locutores espelhadas umas nas outras em uma iteração infinita.

Tanto mais vantajosa é uma terceira solução. A auto-relação e a forma da proposição podem ser tidas em conta a um nível equiparado numa teoria da linguagem, logo que esta deixe de se orientar, de forma semântica, pela compreensão das proposições para começar a reger-se de um modo pragmático pelas formas de expressão, através das quais os locutores se entendem sobre um dado assunto. Para se entenderem sobre algo, os interlocutores não só têm de compreender o significado das proposições utilizadas como têm de ser capazes de se comportarem uns em relação aos outros assumindo simultaneamente o papel de locutores e de ouvintes – num círculo de membros não participantes da sua (ou de uma qualquer) comunidade linguística. As relações interpessoais recíprocas, determinadas pelos papéis de locutor, tornam possível um auto-relacionamento que não pressupõe, de modo algum, a reflexão solitária do sujeito cognoscente ou agente sobre si mesmo enquanto consciência previamente existente. Antes, pelo contrário, a relação consigo próprio nasce de um contexto *interactivo*.[14]

---

[14] J. Habermas (2010): vol. 2; pp. 99 e segs.

Com efeito, um locutor só se pode dirigir, numa atitude performativa, a um ouvinte sob a condição de aprender – perante o pano de fundo de outras pessoas potencialmente presentes – a ver-se e a compreender-se da perspectiva do seu interlocutor, tal como o visado, por seu lado, adopta a perspectiva do locutor. Esta auto-relação *resultante* da adopção mútua de perspectivas que faz parte do agir comunicativo pode ser analisada e, consoante o modo de comunicação, até diferenciada com recurso ao sistema dos três pronomes pessoais interligados por relações de transformação.

Ao mesmo tempo, desaparece essa dificuldade com que a versão da subjectividade e da auto-relação, própria da Filosofia da reflexão, teve de se debater desde o início. O sujeito que se relaciona consigo *de modo cognoscente* encontra o si-mesmo, que encara como objecto, já como algo de derivado e não como o ele-mesmo portador da originalidade do autor da auto-relação espontânea. Kierkegaard recebeu este problema de Fichte, que o herdara do último Schelling, e fez dele o ponto de partida de uma reflexão que precipita aquele que reflecte sobre si mesmo de um modo existencial para a «doença que leva à morte». Recordemos os três passos com que se inicia a alínea A deste texto. Primeiro: o si-mesmo é apenas acessível na consciência de si próprio. Ora, como esta auto-relação não pode ser contornada na reflexão, o si-mesmo da subjectividade não é mais que a relação que se relaciona consigo própria. Segundo: uma semelhante relação que se relaciona consigo própria enquanto o si-mesmo, no sentido que acabamos de referir, tem ou de se ter posto a si própria, ou de ter sido posta por algo de outro. Kierkegaard considera a primeira alternativa (a da doutrina da ciência de Fichte) impraticável e, por isso, volta-se para a segunda sem mais delongas. O si-mesmo do homem existente é uma relação deduzida e, portanto, derivada, é uma relação que, referindo-se a si mesma, se refere a outro. Este «outro», pré-existente ao si-mesmo da autoconsciência é, para Kierkegaard, o Deus redentor cristão, ao passo que para Henrich é a realidade anónima, familiar a um nível pré-reflexivo, de uma vida consciente que se encontra aberta a interpretações tanto budistas como platónicas.([15])

([15]) D. Henrich: *Dunkelheit und Vergewisserung*, in D. Hen-rich (org.): *All-Einheit. Wege eines Gedankens in Ost und West*, Estugarda 1985; pp. 33 e segs.

Ambas as interpretações remetem para uma dimensão religiosa e, com isso, para uma linguagem que talvez seja a da metafísica antiga, mas que, ainda assim, transcende a posição ocupada pela consciência moderna.

Não sinto o mínimo impulso para atrapalhar Henrich nestes pensamentos de tão vasto alcance. Henrich fala em «desencorajamento». Também a força retórica do discurso religioso mantém o seu direito, enquanto não tivermos encontrado uma linguagem mais convincente para as experiências e inovações que nele se encontram conservadas. Mesmo assim, ser-nos-á lícito constatar que o problema de partida de Fichte([16]) fica sem efeito devido a uma mudança de paradigma. É que o auto da auto-relação estabelecida de forma performativa, através da adopção pelo locutor do ponto de vista do ouvinte em relação a ele([17]), não é introduzido, tal como acontece na relação de reflexão, como *objecto* do conhecimento mas, sim, como um sujeito que se vai formando na participação em interacções linguísticas e que se manifesta na capacidade de fala e de acção. As auto-relações postas pela estrutura da intersubjectividade linguística e entrosadas através das relações recíprocas entre *ego, alter* e *neuter* não têm forçosamente de ser precedidas por qualquer subjectividade pré-linguística, uma vez que tudo o que merece a designação «subjectividade», nem que seja a mais primordial sensação de familiaridade consigo próprio, se deve à coacção implacavelmente individuadora do *medium* linguístico dos processos formativos – os quais não param de se desenrolar enquanto exista qualquer agir comunicativo a assinalar. Segundo Mead, não é possível qualquer individuação sem socialização, nem qualquer socialização sem individuação.([18]) É, de resto, por isso que uma teoria da sociedade que alcance esta intelecção pelos meios da pragmática linguística tem também de romper com o que se convencionou designar por «rousseauismo».

([16]) D. Henrich: *Fichtes ursprüngliche Einsicht,* Frankfurt, 1967.

([17]) Isto de modo algum exclui, para a ontogénese primordial, as raízes pré-linguísticas do desenvolvimento cognitivo: já com a consciência regular primitiva tem de formar-se uma relação rudimentar consigo próprio. Contudo, tais enunciados ontogenéticos não constituem juízos prévios quanto à descrição de capacidades metacognitivas no grau de desenvolvimento da língua materna dominada, em que as realizações da inteligência já se encontram organizadas de forma linguística.

([18]) Cf., neste volume, p. 195 e segs.

7.

Temas do pensamento pós-metafísico

A situação do filosofar actual tornou-se intransparente. Não me refiro à disputa entre as escolas filosóficas; este desde sempre foi o *medium* que fez com que o acto de filosofar progredisse. Refiro-me, sim, à disputa em torno de uma premissa que, após Hegel, todas as partes tomaram como ponto de partida. O que, hoje, se tornou pouco transparente é a posição em relação à metafísica.

Durante muito tempo a atitude do *positivismo* e dos seus sucessores foi inequívoca a este respeito; este tinha desmascarado a falta de sentido das questões metafísicas – as quais, sem objecto, podiam ser postas de lado como irrelevantes. Neste furor antimetafísico revelava-se, porém, a intenção cientificista pouco esclarecida de elevar ao absoluto o próprio pensamento das ciências empíricas. Os esforços de Nietzsche em prol da superação da metafísica foram, desde o início, ambivalentes. A destruição da História da metafísica por parte de Heidegger(1) e a crítica ideológica de Adorno, dirigida às formas encapotadas da moderna filosofia das origens(2), tiveram como alvo uma *metafísica negativa* que consiste na delimitação daquilo que a própria metafísica desde sempre tivera em mente e desde sempre falhara. Ora, hoje eleva-se das cinzas deste negativismo a fagulha de uma *renovação da metafísica* – seja ela a metafísica que se mantém após Kant ou uma que se apressa a retroceder a uma situação anterior à dialéctica transcendental de Kant.(3)

(1) M. Heidegger: Nietzsche, vols. 1 e 2, Pfullingen, 1961.

(2) T. W. Adorno: *Zur Metakritik der Erkenntnistheorie,* Estugarda, 1956.

(3) D. Henrich: *Fluchtlinien.* Frankfurt, 1982; R. Spaemann: *Philo-sophische Essays,* Estugarda, 1983.

Estes movimentos de pensamento, que podem ser levados mais a sério, oscilam no meio de um círculo surreal de *imagens do mundo fechadas* que uma especulação, no mau sentido do termo, compôs a partir de fragmentos de teorias científicas. A *new age* satisfaz de uma forma irónica a necessidade do uno e do todo que se perdeu com a autoridade invocada em abstracto de um sistema científico cada vez menos transparente. No entanto, no mar de uma compreensão do mundo descentralizada, as imagens do mundo fechadas só podem crescer em ilhas subculturais isoladas.

Apesar desta «Nova Opacidade», suponho que o nosso ponto de partida não se distingue de forma essencial do vivido pela primeira geração dos discípulos de Hegel. Nessa altura, a actividade filosófica mudou de natureza e, desde então, não encontramos uma alternativa para o pensamento pós-metafísico.([4]) Gostaria, assim, de começar por recordar alguns aspectos do pensamento metafísico para, em seguida, discorrer sobre quatro temas de inquietação com que este se viu confrontado – temas que tornaram problemática a metafísica como forma de pensamento e acabaram por desvalorizá-la. Negligenciando a linha aristotélica, e talvez simplificando de um modo um pouco abusivo, designo como «metafísico» o pensamento de um idealismo filosófico que remonta a Platão e que se estende através de Plotino e do neoplatonismo, de Agostinho e Tomás de Aquino, Nicolau de Cusa e Pico de Mirandola, Descartes, Espinosa e Leibniz até Kant, Schelling, Fichte e Hegel. O materialismo da Antiguidade e o cepticismo, o nominalismo tardo-medieval e o empirismo moderno são, todos eles, movimentos antimetafísicos que, no entanto, se mantêm confinados ao horizonte das possibilidades de pensamento aberto pela metafísica. Posso resumir a variedade das abordagens metafísicas sob um único título porque, à distância que me compete manter, interessam-me apenas os três aspectos que se seguem. Debruçar-me-ei sobre o tema da unidade da Filosofia das origens, sobre a equiparação do ser e do pensar e sobre a significância soteriológica própria de uma orientação teórica da vida, numa palavra: sobre o pensamento da identidade, a doutrina das Ideias e um conceito forte de

([4]) Justifico esta premissa *in* J. Habermas: *Der philosophische Diskurs der -Moderne*, Frankfurt, 1985.

teoria. Não obstante, estes três momentos passam, na transição para o subjectivismo dos tempos modernos, por uma singular inflexão.

I. Aspectos do pensamento metafísico

Pensamento da identidade. A Filosofia da Antiguidade herdou do mito o olhar sobre o todo; ela distingue-se deste sobretudo pelo nível conceptual, com base no qual relaciona tudo com o uno. As origens já não são representadas com plasticidade narrativa como cena primordial e começo da cadeia das gerações, como as primeiras *no mundo;* estes começos são, ao invés, retirados do contexto das dimensões do espaço e do tempo e transformados na abstracção de algo primeiro que, enquanto infinito, se opõe ao mundo das coisas finitas ou constitui o seu fundamento. Quer seja concebido como um Deus criador transcendente em relação ao mundo, como o fundamento essencial da natureza ou, finalmente, e de um modo mais abstracto, como o ser – em todos estes casos cria-se uma perspectiva, a partir da qual as coisas e acontecimentos do interior do mundo podem ser colocados à distância na sua variedade, tornados inequívocos sob a forma de entidades particulares e, ao mesmo tempo, compreendidos como partes de um todo. No mito, a unidade do mundo constituía-se *por outros meios*: como contacto contínuo do particular com o particular, como correspondência do semelhante com o dissemelhante, como jogos de luz e reflexo, como encadeamento, sobreposição e entrosamento concreto. O pensamento unitário do idealismo rompe com o concretismo de uma tal visão do mundo. O uno e o múltiplo, concebidos de forma abstracta como a relação entre a identidade e a diferença, são a relação fundamental que é entendida pelo pensamento metafísico, ao mesmo tempo, como lógica e ontológica: o uno é ambos – premissa e fundamento essencial, princípio e origem. Daí se deriva o múltiplo – no sentido da fundamentação e da génese; e, graças a esta origem, o múltiplo reproduz-se sob a forma de uma diversidade ordenada.([5])

([5]) W. Baierwaltes: *Denken des Einen*, Frankfurt, 1985.

Idealismo. O uno e o todo resultam de um heróico esforço do pensamento, o conceito do ser nasce com a transição da forma gramatical e do nível conceptual, próprios da narrativa, para o nível da explicação dedutiva, segundo o exemplo da geometria. Por isso, desde Parménides é estabelecida uma relação *interna* entre o pensamento abstracto e o seu produto, o ser. Platão retira daí a consequência de que a ordem criadora da unidade, subjacente como essência à diversidade dos fenómenos, é ela própria de cariz conceptual. Os géneros e as espécies segundo os quais ordenamos os fenómenos reproduzem, por seu lado, a ordem natural das coisas. A ideia platónica não é, no entanto, nem conceito puro nem imagem pura, sendo antes o típico, aquilo que dá a forma, colocado em destaque de entre a variedade intuível. As ideias em que a matéria foi enformada acarretam consigo a promessa da unidade do todo, visto apontarem para o vértice da pirâmide conceptual, remetendo para o mesmo interiormente: para a ideia do Bem que em si abarca todas as outras. Da natureza conceptual do ideal, o ser extrai também os outros atributos: o universal, o necessário e o intemporal.

A história da metafísica deve a sua dinâmica interior tanto à tensão, intrínseca à doutrina das Ideias, entre duas formas de conhecimento, a discursiva, apoiada na realidade empírica, e a anamnética que privilegiava a intuição intelectual, como à oposição paradoxal entre ideia e aparência, forma e matéria. O idealismo tinha-se enganado, desde os seus primórdios, pensado que as ideias ou *formae rerum* continham em si desde sempre aquilo que, enquanto matéria e não-ente, pretendiam ter excluído, limitando-se a duplicá-lo – precisamente o conteúdo material dessas coisas singulares empíricas, das quais as ideias, afinal, ainda tinham de ser depreendidas num esforço de abstracção comparativa.([6])

([6]) T. W. Adorno: *Zur Metakritik der Erkenntnistheorie,* Estugarda, 1956, p. 29: «A Filosofia das origens que, devido à sua própria consequência, à fuga ao condicionado, se volta para o sujeito, a identidade pura, teme em simultâneo perder-se no que tem de condicionado, o meramente subjectivo e que, enquanto momento isolado, jamais chega a atingir a identidade pura, -mantendo a sua mácula com a mesma facilidade como o seu interlocutor; a grande Filosofia nunca conseguiu escapar a esta antinomia.» Quanto ao significado do não idêntico na história da metafísica, cf. igualmente K. H. Haag: *Der Fortschritt in der Philosophie,* Frankfurt, 1983.

Prima philosophia como Filosofia da consciência. O nominalismo e o empirismo têm o mérito de ter posto a nu esta contradição da abordagem metafísica e de terem retirado desse facto consequências radicais. O pensamento nominalista reduz a força das *formae rerum* aos *signa rerum* que apenas são atribuídos às coisas pelo sujeito cognoscente – os nomes que vamos atribuindo às coisas. Hume acaba por dissolver também as coisas singulares, desprovidas de substância deixadas pelo nominalismo nessas impressões sensoriais a partir das quais o sujeito sensível constrói a sua representação dos objectos. Em contrapartida, a Filosofia idealista renovou ambas as coisas, o pensamento da identidade e a doutrina das Ideias, colocando-as sobre o novo fundamento da subjectividade, tornado acessível pela mudança de paradigma da ontologia para o mentalismo. A autoconsciência, a relação consigo próprio do sujeito cognoscente, fornece desde Descartes a chave para a esfera íntima e absolutamente certa das representações que temos dos objectos. Assim, o pensamento metafísico pode, no Idealismo Alemão, assumir a forma de teorias da subjectividade. A autoconsciência ou é colocada numa posição fundamental enquanto fonte espontânea de realizações transcendentais ou, enquanto espírito, é, ela própria, elevada ao absoluto. As entidades ideais transformam-se nas determinações categoriais de uma razão produtora, de tal modo que agora, numa singular inflexão reflexiva, tudo é relacionado com o uno da subjectividade criadora. Ora, quer a razão seja concebida de uma forma *fundamentalista,* como uma subjectividade que possibilita o mundo no seu todo, ou quer ela seja entendida de um modo *dialéctico,* como um espírito que se processa e se corrobora através da natureza e da História – em ambas as variantes confirma-se a razão como uma reflexão, ao mesmo tempo, totalizante e auto-referente.

Esta reflexão é herdeira da metafísica, na medida em que assegura a primazia da identidade sobre a diferença e a da ideia sobre a matéria. A própria lógica de Hegel, que pretende mediar simetricamente o uno e o múltiplo, o infinito e o finito, o universal e o temporal, o necessário e o contingente, não consegue evitar a supremacia idealista do uno, do universal e do necessário, visto que, no próprio conceito da mediação, as operações ao mesmo tempo totalizantes e auto-referentes ganham a preponderância.(7)

(7) Cf. D. Henrich: *Hegel im Kontext,* Frankfurt, 1971, pp. 35 e segs.

O conceito forte de teoria. Qualquer uma das grandes religiões do mundo coloca em realce um caminho privilegiado e especialmente exigente para se atingir a salvação individual – por exemplo, o caminho da salvação do monge itinerante budista ou do eremita cristão. A Filosofia recomenda como caminho da salvação a vida dedicada à contemplação – o *bios theoretikos.* Este encontra-se no topo das formas de vida da Antiguidade, acima da *vita activa* do homem de Estado, do pedagogo ou do médico. A própria teoria é afectada por esta sua integração numa forma de vida exemplar. Ela abre a poucos um acesso privilegiado à verdade, ao passo que para muitos o caminho do conhecimento teórico se mantém fechado. A teoria exige a ruptura com a atitude natural perante o mundo e promete o contacto com o extraquotidiano. A evocação contemplativa das proporções de trajectórias de corpos celestes, de ciclos cósmicos em geral, mantém algo das origens sacras da teoria – chamava-se «*theoros*» ao representante que as cidades gregas enviavam para os festivais públicos.([8])

Na época moderna, o conceito de teoria perde esta ligação aos acontecimentos sacros, tal como o seu carácter elitista de origem, que se atenua num privilégio social. O que se mantém é a interpretação idealista da distanciação do contexto das experiências e dos interesses quotidianos. Na tradição universitária alemã até Husserl, a atitude metodológica que pretende proteger o cientista dos preconceitos locais é interpretada e super valorizada no sentido de uma primazia intrínseca da teoria sobre a prática. No menosprezo pelo materialismo e pelo pragmatismo sobrevive algo da concepção absolutista de uma teoria que não só se eleva acima da realidade empírica e das ciências particulares como é «pura» no sentido da eliminação catártica de todos os vestígios do contexto terreno da sua formulação. Assim se fecha o círculo de um pensamento da identidade que se engloba a si próprio na totalidade que abrange e que, por esta razão, pretende preencher o requisito de encontrar a fundamentação de todas as premissas no seu próprio interior. A independência da orientação teórica da vida sublima-se, na moderna filosofia da consciência, numa teoria que, em absoluto, se fundamenta a si própria.([9])

([8]) B. Snell: *Die Entdeckung des Geistes,* Hamburgo 1955, pp. 401 e segs. [Traduzido para português: *A Descoberta do Espírito* (Lisboa: Ed. 70, 1992)].

([9]) Relativamente à ideia de Fichte da fundamentação última, cf. Hösle: -*Hegels System,* vol. 1, Hamburgo, 1987, pp. 22 e segs.

*

* *

Caracterizei o pensamento metafísico, que se manteve em vigor até Hegel, pela transformação, no sentido da Filosofia da consciência, do pensamento da identidade, da doutrina das Ideias e do conceito forte de teoria. Ora, foram os desenvolvimentos históricos, que chegam à metafísica a partir do exterior e que, em última análise, são condicionados pela sociedade, que tornaram problemática esta forma de pensamento:

- O pensamento totalizante, orientado para o uno e o todo, é posto em causa pelo novo tipo de *racionalidade processual* que se vai impondo, a partir do século XVII, com o método experimental das ciências naturais e, a partir do século XVIII, com o formalismo, tanto na teoria moral e jurídica, como igualmente nas instituições do Estado constitucional. A Filosofia da natureza e o direito natural vêem-se confrontados com um novo tipo de exigências de fundamentação. Estas abalam o *privilégio que, até aí, tinha sido atribuído ao conhecimento filosófico.*
- No século XIX constituem-se as ciências histórico-hermenêuticas que reflectem as novas experiências temporais e de contingência numa sociedade economicista moderna que, a cada passo, se vai tornando mais complexa. Através da irrupção da consciência histórica, as *dimensões de finitude* tornam-se mais convincentes por oposição a uma razão idealisticamente enaltecida e não situada. Assim, põe-se em marcha uma *destranscendentalização* dos conceitos fundamentais tradicionais.
- Ao longo do século XIX divulga-se a crítica da *reificação e da funcionalização de formas de vida e de relacionamento* e da autocompreensão objectivista da ciência e da técnica. Estes temas incentivam igualmente a crítica dos fundamentos de uma Filosofia que impõe a todas as coisas o modelo das relações entre sujeito e objecto. É neste contexto que se insere a *mudança de paradigma da Filosofia da consciência para a Filosofia da linguagem.*
- Finalmente, também a *primazia clássica da teoria sobre a prática* não consegue resistir por mais tempo às interdependências

que se perfilam com uma nitidez cada vez maior. A integração de realizações teóricas nos seus contextos práticos de formação e aplicação desperta a consciência para a relevância dos contextos quotidianos do agir e da comunicação. Estes adquirem honras filosóficas, por exemplo, como o conceito do *pano de fundo do mundo da vida.*

No que se segue, gostaria de me debruçar sobre os aspectos que puseram em causa o pensamento metafísico e, ao fazê-lo, demonstrar que a passagem para o pensamento pós-metafísico nos colocou perante novos problemas. Tenciono esboçar caso a caso, do ponto de vista de uma teoria do agir comunicativo, como se pode reagir a esta problemática surgida *após* a metafísica.

II. Racionalidade processual

A Filosofia mantém-se fiel às suas origens metafísicas enquanto puder partir do princípio de que a razão cognoscente se reencontra no mundo estruturado de um modo racional ou, de que ela própria, confere à natureza e à História uma estrutura racional – seja sob a forma de uma fundamentação transcendental ou pela via da penetração dialéctica do mundo. Uma totalidade racional em si mesma, seja a do mundo ou a da subjectividade que concebe o mundo, assegura aos seus vários membros ou momentos a participação na razão. A racionalidade é pensada como sendo material, como uma racionalidade que organiza os conteúdos do mundo e que destes pode ser depreendida. A razão é uma razão tanto do todo como das suas partes.

Contrariamente a isto, as modernas ciências experimentais e uma moral tornada autónoma já só acreditam na racionalidade do seu próprio processo *e procedimento* – nomeadamente no método do conhecimento científico ou no ponto de vista abstracto, a partir do qual é possível chegar-se a intelecções morais. A racionalidade reduz-se a uma racionalidade formal, na medida em que a racionalidade dos conteúdos se ressume à validade dos resultados. Esta depende da racionalidade dos procedimentos com que se tentam solucionar problemas – problemas esses que são empíricos e teóricos na comunidade dos investigadores e no funcionamento diário das ciências organizadas, sendo de ordem moral e prática no seio de uma comunidade de cidadãos de um Estado democrático e no sistema jurídico. O que é tido por racional já não é a ordem das coisas – encontrada no próprio mundo, projectada pelo sujeito ou nascida do processo de formação do espírito – mas, sim, a solução de um problema que conseguimos encontrar, graças à forma adequada como lidamos com a realidade. A racionalidade processual já não pode garantir uma unidade *pré-existente* na diversidade dos fenómenos.

Com a antecipação da totalidade do ente, também se perde a perspectiva a partir da qual a metafísica distinguiu a essência do fenómeno. As estruturas subjacentes a que os fenómenos são cientificamente imputados apenas correspondem ao alcance das teorias explicativas; mas estas estruturas já não fazem parte do contexto que remete para uma totalidade. Já não lançam qualquer luz sobre a posição do indivíduo no cosmos, sobre o seu lugar na arquitectónica da razão ou no sistema. O conhecimento da natureza e o direito natural perdem o contacto com o essencial da mesma forma. Com a separação metodológica em ciências naturais e ciências humanas vai-se constituindo, em contrapartida, uma diferença de perspectivas entre o *exterior* e o *interior* que substitui a diferença entre a *essência* e o *fenómeno.*

As ciências empíricas nomológicas apenas consideram uma abordagem objectivante da natureza, baseada na observação, capaz de produzir resultados, ao passo que as ciências hermenêuticas só encontram acesso ao mundo histórico-cultural através da atitude performativa de um sujeito que intervém na comunicação. A este tratamento privilegiado da perspectiva do observador nas ciências naturais, da perspectiva do participante nas ciências humanas corresponde um desdobramento dos seus objectos. Enquanto a natureza resiste a uma abordagem compreensivo-reconstitutiva a partir do seu interior, cedendo apenas ao saber nomológico, baseado na observação e contra-intuitivo, o conjunto das realizações sociais e culturais abre-se, por assim dizer, do seu interior a um processo interpretativo que entronca no saber intuitivo dos participantes. O conhecimento acerca da essência, que visa explicitar os contextos de sentido, esbarra com uma natureza objectivada; e o respectivo sucedâneo hermenêutico apenas se oferece naquela esfera do não-ente em que, afinal, segundo a concepção metafísica, as essências ideais nem deveriam poder subsistir.

Finalmente, o saber metodicamente produzido das ciências modernas também perde a sua estranha autarcia. O pensamento ao mesmo tempo totalizante e operante de um modo auto-referente, ao procurar compreender o todo da natureza e da História, devia comprovar-se e fundamentar-se a si próprio como conhecimento filosófico – quer assim acontecesse através de argumentos de fundamentação última ou pela auto-explicação em espiral do conceito abrangente. Em compensação, as premissas das quais partem as teorias científicas são consideradas hipóteses, tendo de ser justificadas com base nas consequências – seja pela confirmação empírica ou pela coerência com outros enunciados já aceites. O falibilismo das teorias científicas é incompatível com o tipo de saber a que a *Prima Philosophia* se abalançava. Qualquer sistema de enunciados compreensivo, fechado e definitivo teria de ser formulado numa linguagem que não suscitasse qualquer comentário e que já não admitisse qualquer interpretação distanciada, melhoramento ou inovação; teria de suster a sua própria história operante. Este carácter concludente não pode ser conciliado com a abertura despojada de preconceitos que caracteriza o progresso do conhecimento científico.

Por este motivo, o pensamento metafísico não pôde senão ficar em apuros com a passagem do saber da racionalidade material para a racionalidade processual. A autoridade das ciências empíricas obrigou a Filosofia, desde os meados do século XIX, à assimilação.([10]) A partir dessa altura, o retorno à metafísica que, de quando em vez, vai sendo proclamado traz a mácula de uma iniciativa puramente reaccionária. No entanto, as tentativas no sentido de adequar a Filosofia às ciências naturais ou humanas ou à Lógica e à Matemática apenas criaram novos problemas.

Quer se tratasse do materialismo vulgar de Moleschott e Büchner ou do positivismo de Mach a quererem construir uma imagem científica do mundo, ou de Dilthey e do historicismo a dissolverem a Filosofia em História da Filosofia e tipologia mundividencial, ou do Círculo de Viena a restringir a Filosofia à via estreita da metodologia e da epistemologia, o pensamento

([10]) H. Schnädelbach: *Philosophie in Deutschland*, 1831-1933, Frankfurt, 1983, pp. 120 e segs.

filosófico, com todas estas reacções, parecia abdicar do que lhe é específico – a saber, o conhecimento enfático do todo, mas sem alguma vez poder concorrer seriamente com as ciências eleitas como respectivo modelo.

Como alternativa propunha-se uma divisão do trabalho que, com um método *próprio*, devia assegurar à Filosofia uma área temática *própria*. Como é do conhecimento geral, foi por este caminho que a Fenomenologia e a Filosofia analítica enveredaram, embora por vias respectivamente distintas. Entretanto, a Antropologia, a Psicologia e a Sociologia não respeitaram particularmente semelhantes reservas; as ciências humanas atravessaram as linhas de demarcação da abstracção ideadora e da análise e invadiram os santuários da Filosofia.

Como último recurso restou a viragem para o irracional. Sob esta forma, a Filosofia devia assegurar o seu património e a sua referência à totalidade renunciando, em contrapartida, a um conhecimento capaz de concorrer com o das ciências. Apresentou-se como iluminação da existência e fé filosófica (Jaspers), como um mito complementar das ciências (Kolakowski), como pensamento místico do ser (Heidegger), como tratamento terapêutico da linguagem (Wittgenstein), actividade de desconstrução (Derrida) ou Dialéctica Negativa (Adorno). O anticientismo destas delimitações já só permite, então, dizer o que a Filosofia não é nem quer ser; todavia, enquanto não-ciência, a Filosofia tem de manter o seu estatuto indeterminado. As determinações positivas tornaram-se impossíveis, uma vez que as realizações do conhecimento já só podem ser comprovadas a nível da racionalidade processual – com recurso a procedimentos que, em última instância, são os da argumentação.

Tais embaraços exigem hoje uma redefinição da relação entre a Filosofia e a Ciência. Após ter abandonado a sua pretensão ao título de ciência primeira ou enciclopédia, a Filosofia não pode defender o seu estatuto no seio do sistema científico nem pela assimilação a esta ou aquela ciência exemplar, nem pela distanciação exclusiva da ciência em geral. Ela tem de admitir a autocompreensão falibilista e a racionalidade processual das ciências empíricas; não deve reivindicar nem um acesso privilegiado à verdade, nem um método próprio, uma área temática própria ou mesmo um estilo próprio de intuição. Só assim ela poderá dar, numa divisão do trabalho não-exclusivista([11]), o que tem de mais precioso, a saber, por um lado a sua obstinação em colocar interrogações universalistas, por outro um processo de reconstrução racional que se apoia no saber intuitivo, pré-teórico de sujeitos competentes na fala, na acção e no juízo, mas que nega à anamnese platónica precisamente o seu carácter não discursivo. Este dote recomenda a Filosofia como um participante insubstituível na cooperação com aqueles que se preocupam com uma teoria da racionalidade.

Mesmo que a Filosofia se instale deste modo *no seio* do sistema científico, nem por isso ela tem de abdicar por completo da referência ao todo que caracterizara a metafísica. O que não faz sentido é defender esta referência à totalidade sem dispor de uma pretensão de conhecimento susceptível de ser definida. No entanto, todos nós desde sempre temos presente, a nível intuitivo e de um modo nada problemático, o mundo da vida como uma unidade não objectiva e pré-teórica – como esfera das evidências quotidianas, ou seja, do *common sense*. Com este, a Filosofia sempre teve um parentesco complicado. Tal como ele, a Filosofia move-se na órbita do mundo da vida, numa relação com a totalidade do horizonte fugidio do saber quotidiano. Mas, todavia, a Filosofia opõe-se totalmente ao bom senso, pela força subversiva da reflexão, da análise aclaradora, crítica, dissecadora. É devido a esta relação íntima, e ainda assim reflexiva, com o mundo da vida que a Filosofia pode desempenhar um papel *aquém* do sistema científico: o papel de intérprete que medeia entre as culturas de peritos da ciência e da técnica, do direito e da moral, por um lado, e a prática comunicativa do dia-a-dia, por outro – fazendo tudo isso de um modo análogo ao da crítica literária e artística que servem de mediadoras entre a arte e a vida.([12]) Evidentemente o mundo da vida, com o qual a Filosofia mantém um contacto de cariz não objectivador, não pode ser confundido com essa totalidade do todo uno, da qual a metafísica quisera dar uma imagem conforme ou, melhor, uma mundividência. O pensamento pós-metafísico opera com outro conceito de mundo.

([11]) J. Habermas: *Die Philosophie als Platzhalter und Interpret*, in: J. Habermas: *Moralbewußtsein und kommunikatives Handeln*, Frankfurt, 1983, pp. 9 e segs. [*Consciência moral e Agir Comunicativo*, (R. Janeiro: Tempo Brasileiro, 1989)].

([12]) Cf. o meu aparte sobre Derrida *in* J. Habermas (1985), pp. 219 e segs.

III. Situação da razão

Inicialmente, o pensamento pós-metafísico encontrava-se inteiramente sob o signo de uma crítica do idealismo de cunho hegeliano. A primeira geração dos discípulos de Hegel criticou no seu mestre a preponderância secreta do universal, do intemporal e do necessário sobre o particular, o mutável e o contingente, ou seja, a concepção idealista do conceito da razão. Feuerbach sublinha a primazia do objectivo, a integração da subjectividade numa natureza interior e a sua confrontação com a natureza exterior. Marx encara o Espírito como enraizado na produção material e consubstanciado no conjunto das condições sociais. Por fim, Kierkegaard opõe a uma razão quimérica inerente à História a facticidade da existência própria e a interioridade da vontade radical de se ser si mesmo. Todos estes argumentos reivindicam, contra o pensamento auto-referente e totalizante da dialéctica, a finitude do Espírito – Marx falava do «processo de apodrecimento» do Espírito absoluto. É bem verdade que todos os jovens hegelianos corriam o perigo de hipostasiar o primado da natureza, da sociedade e da História novamente num «em si» e de, assim, regredirem ao grau de um pensamento inconfessadamente pré-crítico.([13]) Não obstante, foram suficientemente fortes para, em nome da objectividade, finitude e facticidade, tornar convincente o desiderato de uma razão produzida no quadro da história da natureza, consubstanciada fisicamente, situada socialmente e contextualizada historicamente; mas ao nível prenunciado por Kant e Hegel não conseguiram dar cumprimento a esse desiderato. Assim abriram as portas para a crítica radical e totalizante da razão de Nietzsche.

O conceito adequado de uma razão *situada* não se estabeleceu por esta via, mas seguindo a lógica de uma outra crítica, direccionada contra a versão fundamentalista do pensamento da Filosofia do sujeito. Nesta discussão, que retoma os tópicos de Kant, foram abalados os conceitos fundamentais da Filosofia transcendental, ainda que não tivessem sido ultrapassados a nível paradigmático.

([13]) Mesmo Marx não reflectiu o suficiente sobre as relações entre a natureza em si, a natureza para nós e a sociedade. A dialéctica da natureza de Engels, o alargamento do materialismo histórico em materialismo dialéctico, tornou posteriormente evidente a recaída no pensamento pré-crítico.

A posição transmundana da subjectividade transcendental, para a qual haviam transitado os atributos metafísicos de universalidade, intemporalidade e necessidade, colidia inicialmente com as premissas das novas ciências humanas. Estas encontram (no seu objecto) configurações que já estão previamente estruturadas a nível simbólico e possuem, por assim dizer, a dignidade de produtos transcendentais; de qualquer modo deverão ser submetidas a uma análise puramente empírica. Foucault descreveu como as ciências humanas chegam a alcançar as condições empíricas sob as quais os sujeitos transcendentais, multiplicados e individualizados, produzem os seus mundos, sistemas simbólicos, formas de vida e instituições. Ao fazê-lo, enredam-se inexoravelmente numa perspectiva dupla pouco clara, transcendental e empírica.([14]) Já Dilthey se vira forçado, por este facto, a uma crítica da razão histórica. Ele pretendeu reorganizar os conceitos fundamentais da Filosofia transcendental de tal forma que as operações sintéticas, destituídas de origem, libertas de toda a contingência e necessidade natural, pudessem encontrar um lugar *no* mundo sem terem de abdicar da sua ligação interna com o processo de constituição do mundo.

O historicismo e a Filosofia da vida atribuíram à mediação de tradições, à experiência estética, à existência física, social e histórica do indivíduo um significado, sob o ponto de vista da teoria do conhecimento, que forçosamente tinha de fracturar o conceito clássico do sujeito transcendental. O lugar da síntese transcendental era tomado pela produtividade aparente, mas falha de estrutura, da «vida». Por outro lado, Husserl não hesitou em equiparar o *ego* transcendental, ao qual se mantinha apegado, à consciência fáctica do fenomenólogo enquanto indivíduo. Ambas as linhas de argumentação confluem em *Ser e Tempo,* de Heidegger. Sob a designação de «ser-aí» [Dasein], a subjectividade criadora acaba por ser reconduzida do domínio do inteligível – se não até ao aquém da História, ao menos até ao interior da dimensão da historicidade e da individualidade. O que se torna paradigmático é a figura do pensamento do projectar lançado, relacionada ao cuidado para com a existência que é minha a cada passo.

([14]) Cf. o capítulo final. M. Foucault, *Le mots et les choses,* ed. Gallimard, 1966. [Trad. port. *As Palavras e as Coisas* (Lisboa: Edições 70, 1998)].

Esta historicização e individualização do sujeito transcendental acarreta uma modificação da arquitectónica dos conceitos fundamentais. Este sujeito perde a sua conhecida situação dupla como um face a tudo e um entre muitos. O sujeito de Kant, enquanto consciência transcendental, defrontara o mundo como a totalidade dos objectos experienciáveis; ao mesmo tempo, enquanto consciência empírica, figurara no mundo como uma entidade entre muitas. Heidegger, pelo contrário, quer compreender a própria subjectividade projectante do mundo como ser-no-mundo, como um *ser-aí* singular que se encontra na facticidade de um ambiente histórico, mas que, mesmo assim, não deve perder a sua espontaneidade transcendental. A consciência transcendental deve, sem prejuízo para a sua originalidade instauradora do mundo, ser sujeita às condições da facticidade histórica e da existência no interior do mundo. No entanto, estas condições não devem ser pensadas como algo de ôntico que se encontra contido no mundo. Elas limitam, antes, a partir do interior, as operações criadoras do sujeito que *é* no mundo, limitando a espontaneidade projectante do mundo na própria fonte. O lugar da diferença transcendental entre *constituens* e *constitutum* é, agora, ocupado por outra: a diferença ontológica entre o projecto do mundo, que abre o horizonte para possíveis encontros no mundo, e aquilo que neste vem de facto ao nosso encontro.

Assim sendo, coloca-se a questão de saber se a abertura do mundo, o deixar ser o ente, ainda podem ser compreendidos em geral como *actividade* e atribuídos a um sujeito que os realize. Em *Ser e Tempo,* Heidegger ainda favorece esta versão. O *ser-aí* individual mantém, apesar do seu enraizamento existencial no mundo, a autoria do projecto soberano do mundo – o potencial constitutivo do mundo, sem a posição transmundana correspondente. Todavia, com esta decisão, Heidegger arranja um problema ulterior, com o qual Husserl se debate em vão na quinta das suas *Meditações cartesianas* e para o qual também Sartre, na terceira parte de *L'Être et le Néant,* não encontrará qualquer solução. Com efeito, mal o todo da consciência se desmorona para dar lugar ao pluralismo de várias mónadas criadoras de mundos, coloca-se o problema de saber como, a partir da sua perspectiva, pode ser construído um mundo intersubjectivo em que uma subjectividade poderia encontrar a outra não só como poder oposto objectivante mas, igualmente, na sua espontaneidade originária e projectante do mundo. Este problema da intersubjectividade torna-se irresolúvel quando se parte das premissas de um *ser-aí* que só na solidão pode projectar-se em direcção às suas possibilidades de uma forma autêntica.([15])

Na sua Filosofia tardia, Heidegger desenvolve uma alternativa. Aqui, já não sobrecarrega o *ser-aí* individual com o processo de abertura do mundo; de um modo geral já não considera a constituição do mundo como uma realização, mas, sim, como processo de uma dominação anónima, através do qual se afirma a força de uma origem temporalizada. A transformação das ontologias processa-se no interior do *medium* da linguagem como um acontecimento para além da história ôntica. O problema da intersubjectividade ficou, assim, sem objecto. Mas agora reina, na transformação gramatical das concepções linguísticas do mundo, de uma forma imprevisível o próprio ser tornado soberano. O último Heidegger eleva o potencial criador de sentido da linguagem à categoria do absoluto. Daí resulta, porém, um problema adicional. A força pré-judicativa da linguagem que abre o mundo desvaloriza todos os processos de aprendizagem que se desenvolvem no interior desse mundo. A pré-compreensão ontológica em vigor constitui um enquadramento *fixo* para a prática dos indivíduos socializados. O encontro com o que existe no interior do mundo move-se, de um modo *fatalista*, nos trilhos de contextos de sentido previamente estabelecidos, de modo que estes, por seu lado, não podem ser afectados pelas soluções viáveis dos problemas, pelo saber acumulado, pela situação alterada das forças produtivas ou da consciência moral. Assim, torna-se inexplicável a interacção dialéctica entre a deslocação dos horizontes de sentido e tudo aquilo em que estes têm de facticamente comprovar-se.

Todas estas tentativas, no sentido de destranscendentalizar a razão, são ainda prisioneiras das decisões prévias de ordem conceptual da Filosofia transcendental. As falsas alternativas só desaparecem com a transição para um novo paradigma, o do entendimento. Os sujeitos dotados de capacidade de fala e de acção que, diante o pano de fundo de um mundo da vida comum, se põem de acordo sobre algo no mundo, comportam-se

---

([15]) M. Theunissen, *Der Andere*, Berlim, 1977, pp. 176 e segs.

relativamente ao *medium* da sua linguagem de um modo que tanto tem de autónomo como de dependente: podem utilizar os sistemas de regras gramaticais que, antes de tudo, tornam possível a sua prática, também para os seus próprios fins. Ambos os momentos são co-originários.([16]) Por um lado, os indivíduos encontram-se, desde sempre, inseridos num mundo estruturado e aberto pela linguagem e alimentando-se dos contextos de sentido gramaticalmente preconcebidos. Nesta medida, a linguagem afirma-se perante os sujeitos falantes como algo de pré-existente e objectivo, como a estrutura marcante das condições de possibilidade. Por outro lado, o mundo da vida, aberto e estruturado pela linguagem, só ganha consistência na prática de entendimento de uma comunidade linguística. Ao mesmo tempo, o estabelecimento de consensos linguísticos, através dos quais as interacções se entrelaçam no espaço e no tempo, mantém-se dependente das tomadas de posição autónomas do estilo sim/não dos participantes de uma comunicação face a pretensões de validade criticáveis.

As línguas naturais não franqueiam só os horizontes de um mundo específico em que se inscrevem os indivíduos socializados; ao mesmo tempo, compelem os sujeitos a realizações *próprias* – nomeadamente a uma prática, no interior do mundo, orientada por pretensões de validade e que sujeita o sentido preconcebido que franqueia o acesso ao mundo a uma *prova* constante. Entre o mundo da vida, enquanto recurso ao qual vai beber o agir comunicativo, e o mundo da vida enquanto produto desse agir, vai-se estabelecendo um processo circular, em que o sujeito transcendental desaparecido não deixa atrás de si qualquer lacuna. No entanto, apenas a viragem linguística no seio da Filosofia disponibilizou os meios conceptuais necessários para se analisar a razão consubstanciada no agir comunicativo.

IV. A viragem linguística

Nas duas últimas alíneas, demonstrei como o pensamento pós-hegeliano se liberta das concepções metafísicas da razão que

---

([16]) Cf. a minha resposta a Taylor *in* A. Honneth, H. Joas (orgs.): *Kommunikatives Handeln,* Frankfurt, 1986, pp. 328 e segs.; e, neste volume, pp. 183 e segs.

se apresentavam sob a forma da Filosofia da consciência. Antes de me dedicar (depois do pensamento da identidade e do idealismo) à relação entre a teoria e a prática, quero debruçar-me sobre a crítica da Filosofia da consciência que abriu o caminho para o pensamento pós-metafísico. De facto, a passagem da Filosofia da consciência para a Filosofia da linguagem não traz apenas vantagens metodológicas, mas, igualmente, objectivas. Ela permite sair do círculo de um vaivém improcedente entre os pensamentos metafísico e antimetafísico, isto é, entre o materialismo e o idealismo, oferecendo, para além disso, a possibilidade de encaminhar para uma solução um problema que não pode ser resolvido com base nos conceitos fundamentais da metafísica: o da individualidade. Na crítica da Filosofia da consciência associam-se, de resto, temas muito diversos. Não quero deixar de referir, pelo menos, os quatro mais importantes.

a) Desde Fichte, quem elegeu, com a auto-relação do sujeito cognoscente, a autoconsciência para ponto de partida da sua análise, via-se a braços com a objecção de que a autoconsciência não poderia ser um fenómeno originário, uma vez que a espontaneidade da vida consciente se subtrairia precisamente à forma de objecto, mal o sujeito se debruçasse sobre si próprio, a fim de se apropriar de si próprio enquanto objecto.([17]) Esta coacção exercida pelos conceitos fundamentais no sentido da objectivação e da auto-objectivação é, desde Nietzsche, também alvo de uma crítica, que alastra às condições gerais da vida moderna, do pensamento objectivador ou da razão instrumental.

b) Desde Frege, a lógica e a semântica infligiram um duro golpe a essa concepção da teoria do objecto que resulta da estratégia conceptual da Filosofia da consciência. Efectivamente, é sempre apenas a objectos, nas palavras de Husserl objectos intencionais, que se podem dirigir as acções do sujeito que julga, age e adquire experiências. Esta concepção do objecto *representado*, no entanto, não

([17]) As teorias não egológicas, que procuram uma saída desta aporia, são tratadas por M. Frank: *Die Unhintergehbarkeit von Individualität,* Frankfurt, 1986, pp. 33-64.

se adequa à estrutura proposicional dos estados de coisas *visados* e enunciados.([18])

c) Além disso, o naturalismo duvida da própria possibilidade de assumir a consciência como base, como algo de incondicional e originário: Kant tinha de ser conciliado com Darwin. Mais tarde, as teorias de Freud, Piaget e Saussure, propuseram categorias «terceiras» que iludiam o dualismo dos conceitos fundamentais da Filosofia da consciência. Através das categorias do corpo capaz de expressão, do comportamento, da acção e da linguagem podem ser introduzidas relações com o mundo nas quais o organismo socializado do sujeito, capaz de falar e agir, *já* se encontra integrado antes de se referir de uma forma objectivante a algo existente no mundo.([19])

d) Semelhantes objecções, todavia, só com a viragem linguística vieram a encontrar uma base metodológica firme. Esta deve-se ao abandono, marcado já por Humboldt, da concepção tradicional, segundo a qual a linguagem é representada em conformidade com o modelo da associação de nomes a objectos e como um instrumento de comunicação que permanece exterior ao conteúdo dos pensamentos. A nova concepção da linguagem de cunho transcendental ganha relevância paradigmática, sobretudo pela vantagem metodológica relativamente a uma Filosofia do sujeito que se vê obrigada a invocar o acesso introspectivo aos dados da consciência. A descrição de entidades, que se apresentam no interior do espaço das representações ou do fluxo vivencial, enferma sempre da mácula do puramente subjectivo, quer uma pessoa queira apoiar-se na experiência interior, numa intuição intelectual ou numa evidência imediata. Da validade intersubjectiva de observações podemos certificar-nos pela prática experimental, ou seja, através de uma

([18]) E. Tugendhat: *Einführung in die sprachanalytische Philosophie,* Frankfurt, 1976, pp. 72-106.

([19]) A temática da Antropologia filosófica de H. Plessner e de A. Gehlen foi retomada na Fenomenologia antropológica de Merleau-Ponty, cf. B. Waldenfels, *Phänomeno-logie in Frankreich (A Fenomenologia em França),* Frankfurt, 1983; cf., igualmente, A. Honneth, H. Joas, *Soziales Handeln und menschliche Natur,* Frankfurt, 1980.

> transformação regrada de percepções em dados. Uma semelhante objectivação parece ser conseguida se se proceder à análise de representações e pensamentos com base nas construções gramaticais pelas quais são expressos. As expressões gramaticais são algo de publicamente acessível, de onde podem ser depreendidas estruturas sem que tenhamos de nos referir a algo puramente subjectivo. O modelo da Matemática e da Lógica fez o que ainda faltava para remeter a Filosofia, de um modo geral, para o domínio do objecto, publicamente acessível, das expressões gramaticais. Frege e Peirce marcam o ponto de viragem.([20])

Na verdade, a viragem linguística foi consumada primeiro no interior das fronteiras do semanticismo, nomeadamente ao preço de abstracções que impediam que o potencial de soluções de problemas do novo paradigma fosse plenamente aproveitado. A análise semântica continua a ser, no essencial, uma análise da forma das proposições, sobretudo das formas assumidas pelas proposições assertórias; ela abstrai-se da situação da fala, da utilização da linguagem e seus contextos, das pretensões, dos papéis dialógicos e das posições defendidas pelos locutores, numa palavra: dos aspectos pragmáticos da linguagem que a semântica formal quisera deixar a cargo de uma outra consideração, esta, sim, de carácter empírico. Do mesmo modo, também a teoria da ciência separou a lógica da investigação, das questões da dinâmica investigativa que deviam permanecer reservadas aos psicólogos, aos historiadores e aos sociólogos.

A abstracção semanticista reduz a linguagem a um formato que torna irreconhecível o seu carácter singularmente auto-referente.([21]) A este propósito, vejamos um único exemplo: no caso das acções não linguísticas, a intenção do agente não pode ser deduzida do comportamento manifesto, podendo, no melhor dos casos, ser tornada acessível por via indirecta. Um acto de fala, pelo contrário, dá a entender por si só a intenção do locutor ao

---

([20]) Cf. as obras de Ch. S. Peirce do período intermédio, K.-O. Apel (org.): *Schriften zum Pragmatismus (Escritos sobre o Pragmatismo)*, Frankfurt, 1976, pp. 141 e segs.

([21]) K.-O. Apel: *Transformation der Philosophie*, vol. II, Frankfurt, 1973, II parte, pp. 155 e segs.

ouvinte. As expressões linguísticas identificam-se a si próprias, na medida em que são estruturadas de forma auto-referente e comentam o sentido da utilização do conteúdo que nelas se encontra expresso.

A descoberta desta estrutura dupla, performativa e proposicional, no seguimento de Wittgenstein e de Austin([22]), foi o primeiro passo no caminho para a inclusão de elementos pragmáticos numa análise formal. Só com esta passagem para uma pragmática formal é que a análise linguística recupera as dimensões e questões da Filosofia do sujeito que tinham sido dadas como perdidas. O próximo passo é a análise dos pressupostos gerais que têm de encontrar-se preenchidos para que os participantes de uma comunicação possam pôr-se de acordo sobre algo que existe no mundo. Estes pressupostos pragmáticos, que presidem à formação de consensos, apresentam a particularidade de conterem fortes idealizações. Por exemplo, é inevitável, embora muitas vezes contrária aos factos, a suposição de que todos os participantes de uma conversação utilizam as mesmas expressões linguísticas com significados idênticos. Semelhantes idealizações também se encontram associadas às pretensões de validade que são levantadas por um locutor relativamente ao conteúdo das suas frases assertórias, normativas ou expressivas: o que um locutor afirma válido aqui e agora, num dado contexto, transcende *pela sua pretensão* todos os padrões de validade contextuais e meramente locais. Através do conteúdo normativo dos pressupostos da comunicação, idealizantes mas inevitáveis, de uma prática facticamente exercida, a tensão entre o inteligível e o empírico propaga-se para o interior da própria esfera dos fenómenos. Pressupostos contrários aos factos transformam-se em factos sociais consumados – é este o espinho crítico que se encontra cravado na carne de uma realidade social que tem de se reproduzir através de um agir orientado pela comunicação.

A viragem linguística consumou-se não só através da semântica proposicional como igualmente por intervenção da semiótica – como foi o caso em Saussure. Entretanto, o estruturalismo deixa-se cair de forma análoga na rede dos paralogismos por abstracção. Ao elevar as formas anónimas da linguagem a uma

---

([22]) J. Searle: *Speech Acts*, Cambridge, 1969. [Trad. port. *Actos de Fala* (Coimbra: Livraria Almedina, 1984)].

categoria transcendental, reduz os sujeitos e o seu discurso a algo de meramente acidental. A forma como os sujeitos falam e aquilo que fazem deve poder explicar-se a partir de sistemas de regras subjacentes. A individualidade e a criatividade do sujeito dotado de capacidade de fala e de acção e, de um modo geral, tudo o que foi atribuído à subjectividade como «propriedade» passam a constituir meros fenómenos residuais que ou são negligenciados, ou são desvalorizados como sintomas narcisistas (Lacan). Quem ainda quiser, apesar de tudo, fazer-lhes jus sob premissas estruturalistas, tem de transferir tudo o que seja individual e inovador para uma esfera pré-linguística que apenas é acessível de forma intuitiva.([23])

Somente a viragem pragmática conduzirá a uma saída também da abstracção estruturalista. As realizações transcendentais não se retiraram, de modo algum, para os sistemas de regras gramaticais enquanto tais; a síntese linguística constitui muito mais o resultado de realizações construtivas do entendimento que se processam sob a forma de uma intersubjectividade descontínua. É certo que as regras gramaticais garantem a identidade dos significados das expressões linguísticas; mas, ao mesmo tempo, têm de deixar espaço para uma utilização com variações individuais e uma imprevisibilidade inovadora destas expressões, cuja identidade de significados não passa de uma convenção. O facto de as intenções dos locutores se desviarem sempre, de novo, dos significados-padrão das expressões utilizadas explica essa sombra de diferença que repousa sobre qualquer acordo alcançado por intermédio da linguagem: «Por esta razão toda a compreensão é sempre, simultaneamente, uma não-compreensão; todo o acordo de pensamentos e sentimentos é, ao mesmo tempo, um desacordo» (W. v. Humboldt). Uma vez que a intersubjectividade da comunicação linguística é de si porosa e porque o consenso alcançado por meios linguísticos não elimina, plenamente, as diferenças entre as perspectivas dos locutores, pressupondo-as antes como insuperáveis, o agir orientado para o entendimento também serve como *medium* de processos formativos que possibilitam ambas as coisas simultaneamente: socialização e individuação. O papel gramatical dos pronomes

([23]) M. Frank: *Was ist Neostrukturalismus?,* Frankfurt, 1983, 23.ª aula, pp. 455 e segs.

pessoais obriga, tanto o locutor como o ouvinte, a uma atitude performativa na qual um encontra o outro como seu *alter ego* – só na consciência da sua diferença e impermutabilidade absoluta, um pode reconhecer-se no outro. Assim, na prática comunicativa do dia-a-dia, esse elemento vulnerável, não idêntico que sempre voltou a permanecer na sombra apesar de toda a objectivação e que sempre voltou a fugir às malhas da rede dos conceitos fundamentais desenvolvidos pela metafísica, mantém-se acessível de um modo trivial.([24]) Não obstante, o alcance desta salvação profana do não idêntico só se torna reconhecível se abrirmos mão da primazia clássica da teoria e superarmos, ao mesmo tempo, a redução logocêntrica da razão.

V. O deflacionamento do extraquotidiano

Na medida em que a Filosofia se retirou para o interior do sistema das ciências, estabelecendo-se como uma disciplina académica ao lado de outras disciplinas, ela teve de renunciar ao acesso privilegiado à verdade e à significância soteriológica da teoria. Hoje em dia, a Filosofia é apenas tarefa para poucos no sentido de um saber especializado que se encontra reservado aos respectivos peritos. No entanto, ela ainda mantém, contrariamente a outras disciplinas científicas, uma certa relação com o saber pré-teórico e com a totalidade não objectivável do mundo da vida. É *a partir daí* que o pensamento filosófico se pode *voltar novamente* para a ciência no seu todo e impulsionar uma auto-reflexão das ciências que vá para além dos limites da metodologia e da epistemologia, opondo-se à fundamentação última, metafísica, do saber em geral – pondo a descoberto os fundamentos de sentido da formulação das teorias científicas que remontam à prática pré-científica. O Pragmatismo de Peirce até Quine, a Hermenêutica filosófica de Dilthey a Gadamer e, igualmente, a Sociologia do saber de Scheler, a análise do mundo da vida de Husserl, a Antropologia do conhecimento desenvolvida de Merleau-Ponty a Apel e a teoria pós-empirista da ciência a partir de Kuhn revelaram tais conexões internas entre a génese e

---

([24]) Cf. K. H. Haag: *Der Fortschritt in der Philosophie,* Frankfurt, 1983, pp. 50 e segs.; cf., neste volume, pp. 171 e segs.

a validade. As realizações do conhecimento esotérico têm ainda raízes na prática da forma pré-científica de lidar com coisas e pessoas. Com isso, encontra-se abalada a clássica primazia da teoria relativamente à prática.

Este tipo de constatações tornou-se, no entanto, uma fonte de preocupações para a própria Filosofia; afinal é em particular desta fonte que se alimenta a forma moderna de cepticismo. Depois das culturas de peritos terem deixado de necessitar de justificação e terem chamado a si o poder de definir os respectivos critérios de validade, a Filosofia deixou de dispor de critérios de validade próprios e diferentes que pudessem manter-se inalterados perante a intelecção de uma primazia de princípio da prática em relação à teoria. Assim, voltam sempre a impor-se consequências que põem em dúvida a pretensão universalista de uma razão situada. Hoje em dia, prevalece em muitas áreas um contextualismo que limita todas as pretensões de verdade à dimensão de jogos de linguagem locais e de regras de discurso facticamente impostas e que adequa todos os padrões de racionalidade a hábitos, a convenções de validade local.([25])

Não posso debruçar-me, aqui, mais pormenorizadamente sobre esta discussão, tendo de me dar por satisfeito com a apresentação de uma tese contrária. A conclusão pela primazia de princípio, também relevante para a respectiva validade, da prática sobre a teoria só conduz a um cepticismo radical perante a razão no caso de ser *estreitado* o olhar filosófico sobre a dimensão das questões de verdade passíveis de serem tratadas com meios científicos. Ironicamente a própria Filosofia impulsionou uma tal redução cognitivista, tendo fixado a razão, primeiro ontologicamente, depois no âmbito da teoria do conhecimento e, por fim, até no âmbito da teoria linguística, a apenas uma das suas dimensões – ao *logos* inerente ao ente no seu todo, à capacidade de representar e de versar objectos ou ao discurso de constatação de factos centrado sobre o modo de validade que consiste em postular a verdade de proposições assertórias. O privilégio ocidental do *logos* reduz a razão às operações que a linguagem realiza numa das suas funções que consiste na apresentação de estados de coisas. Por fim, a única coisa que se reconhece como

([25]) R. Rorty: *Solidarity or Objectivity?, in* J.-Rajchman, C. West (org.): *Post-analytic Philosophy,* Nova Iorque, 1985, pp. 3 e segs.; e, no presente volume, pp. 177 e segs.

racional é o tratamento metódico de questões de verdade – as questões da justiça e as questões do bom gosto, e mesmo as que se prendem com a autenticidade da auto-apresentação, são excluídas da esfera do racional. A partir daí, parece automaticamente irracional o que rodeia e delimita a cultura científica, especializada em questões de verdade – nomeadamente todos os contextos em que ela se encontra inserida e enraizada. O contextualismo não é mais que o reverso de um logocentrismo.

Porém, uma Filosofia que não se resume à auto-reflexão das ciências, que solta o seu olhar da sua fixação no sistema científico, que inverte esta perspectiva e volta a dirigir o seu olhar para a riqueza das manifestações(*) do mundo da vida, liberta-se do logocentrismo. Ao fazê-lo, descobre uma razão que já opera na própria prática comunicativa do dia-a-dia.([26]) Aqui, por um lado, as pretensões de verdade proposicional, de correcção normativa e de sinceridade subjectiva entrecruzam-se no interior de um concreto horizonte do mundo aberto pela linguagem; mas, tratando-se de pretensões criticáveis, estas transcendem, ao mesmo tempo, os contextos em que são formuladas e afirmadas. No espectro de validade da prática comunicativa quotidiana, manifesta-se uma racionalidade disposta e ordenada segundo várias dimensões. Esta oferece, ao mesmo tempo, um critério para as comunicações sistematicamente distorcidas e as desfigurações dos modos de vida que evidenciam as marcas da exaustão selectiva do potencial racional que se tornou acessível com a transição para a Modernidade.

No seu papel de intérprete, no qual ela serve de mediadora entre o saber dos peritos e uma prática quotidiana necessitada de orientação, a Filosofia pode fazer uso do seu saber e contribuir para a tomada de consciência destas deformações do mundo da vida. No entanto, pode unicamente fazê-lo na qualidade de instância crítica, visto já não se encontrar na posse de uma teoria afirmativa da verdadeira vida. *Após* a metafísica, o todo não objectivável de um mundo da vida concreto, e apenas presente enquanto pano de fundo, subtrai-se a uma abordagem teórica objectivante. A expressão de Marx acerca da realização da Filosofia também pode ser compreendida deste modo: que só no

(*) Literalmente, Habermas diz aqui «mata cerrada» (Dickicht). *(N. do T.)*

([26]) U. Matthiesen: *Das Dickicht der Lebenswelt und die Theorie des -kommunikativen Handelns,* Munique, 1985.

contexto empírico da prática do mundo da vida se encaixa – e também pode ser consertado – o que, com o desmoronamento das mundividências metafísicas e religiosas, se diferenciou a nível dos sistemas culturais de interpretação sob aspectos de validade diversos.([27])

Após a metafísica, a teoria filosófica perdeu o seu estatuto extraquotidiano. Os explosivos contextos empíricos do extraquotidiano deslocaram-se para a arte que se tornou autónoma. Contudo, mesmo depois deste deflacionamento, o quotidiano, definitivamente convertido em profano, não se tornou de modo algum imune à irrupção avassaladora e subversiva dos acontecimentos não quotidianos. Se observarmos do exterior a religião, destituída em grande medida da sua função mundividencial, ela continua a ser insubstituível como relação normalizadora do extraquotidiano no seio do quotidiano. É também por isso que o pensamento pós-metafísico coexiste ainda com uma prática religiosa. E tal não acontece no sentido da sincronicidade de coisas assíncronas. A coexistência que continua a verificar-se lança alguma luz sobre uma notável dependência de uma Filosofia que perdeu o seu contacto com o extraquotidiano. Enquanto a linguagem religiosa se mantiver povoada de conteúdos semânticos inspiradores, dos quais nem sequer pode abdicar e que se subtraem (por enquanto?) à capacidade de expressão de uma linguagem filosófica esperando ser traduzidos em discursos fundamentadores, a Filosofia, mesmo sob a sua forma pós-metafísica, não poderá nem substituir, nem desalojar a religião.

([27]) Cf. pp. 168 e segs., neste volume.

8.

Das imagens do mundo ao mundo da vida

Quando reduzimos a conceitos o nosso entendimento do mundo e a nossa autocompreensão, falamos de imagens do mundo ou de concepções do mundo. Ao passo que em «concepção do mundo» se encontra subentendido o *processo* da apreensão do todo, «imagem do mundo» põe antes de mais a ênfase no *resultado*, no carácter teórico ou expositivo, com pretensões de verdade, de uma interpretação do mundo. Ambas as expressões têm o significado existencial de uma orientação de vida – as concepções do mundo e as imagens do mundo orientam-nos no todo da nossa vida. Este saber orientador não deve ser confundido com um saber científico, mesmo quando se apresenta com a pretensão de uma síntese de resultados de investigação provisoriamente válidos. Isto explica o uso distanciado da linguagem: se hoje não utilizamos as expressões «imagem do mundo» e «concepção do mundo», de uma forma geral, como algo que se atribui pejorativamente a outrem, a fim de diferenciarmos a filosofia de concorrentes duvidosos(1), preferimos aplicá-las em retrospectiva às tradições «fortes» do passado. Em primeira linha, referimo-nos então a concepções que, de um ou doutro modo, remontam às imagens do mundo cosmológicas e teocêntricas da era axial. Neste lote também se inscrevem partes essenciais da filosofia grega.

Se e na medida em que doutrinas filosóficas mantiveram a sua referência ao mundo no seu todo, ao cosmos, à história universal ou à escatologia, ou a uma evolução da natureza que

(1) M. Heidegger, «Die Zeit des Weltbildes», in: *idem*, *Holzwege*, Frankfurt/M. 1950, pp. 69-104 [*Caminhos da Floresta*, Lisboa, Fundação Calouste Gulbenkian, 2014].

incluísse o Homem e a cultura, elas cumprem ainda hoje a função de imagens do mundo.(2) Tais doutrinas podem ser justificadas como figuras de um auto-entendimento ético; mas, nas condições modernas do pluralismo mundividencial, a auto-interpretação mais ou menos explícita de um *ethos* específico já não pode reivindicar validade universal. Também a filosofia faz bem em, sob a forma de um pensamento pós-metafísico, se distanciar de uma mera produção de imagens do mundo. Como pode satisfazer esta exigência sem, ao mesmo tempo, abrir mão da referência ao todo? Hoje, a disciplina decompõe-se nos fragmentos das suas filosofias de hífen, ao especializar-se na reconstrução de competências respectivamente individuais como a fala, a acção e o conhecimento, ou ao reflectir sobre as figuras culturais *pré-existentes* da ciência, da moral ou do direito, da religião ou da arte. Será que esses fragmentos podem ser recompostos num todo, se partirmos do foco do mundo da vida? O caminho das imagens do mundo ao conceito do mundo da vida, cujos traços fundamentais irei delinear, abre a perspectiva de apesar de tudo se acabar por chegar, de um modo não fundamentalista, a uma filosofia «sem hífen».

O mundo do mundo da vida é, no entanto, diferente do mundo das imagens do mundo. Não tem nem o significado do cosmos sublime ou da ordem exemplar das coisas, nem o de um fatídico *saeculum* ou era mundial, isto é, da sequência ordenada de acontecimentos soteriologicamente relevantes. O mundo da vida não se perfila teoricamente diante dos nossos olhos, antes nos encontramos *no seu seio* de uma forma pré-teórica. Ele *cerca* e *sustenta*-nos, enquanto nós, como seres finitos, *lidamos* com aquilo que se nos depara no mundo. Husserl fala do «horizonte» do mundo da vida e da sua «função de solo». Antecipando-nos, podemos descrever o mundo da vida como o horizonte da experiência respectivamente intransponível, presente a par e passo apenas de forma intuitiva, e como pano de fundo impossível de iludir, apenas presente de forma imaterial, da vivência de uma existência quotidiana pessoal, historicamente situada, fisicamente encarnada e comunicativamente socializada. Temos consciência deste *modus* de existência sob diversos aspectos. Experienciamo-nos de

(2) No que se segue, utilizo, desde que o contexto não exija que se ponha em destaque expressamente o aspecto processual, a expressão «imagem do mundo».

forma performativa como sujeitos que *vivenciam*, se encontram inseridos em execuções orgânicas das suas vidas, como sujeitos *socializados*, enredados nas suas relações e práticas sociais, e como sujeitos que *agem*, que intervêm no mundo. O que é comprimido nesta fórmula compacta não pode ser contemplado como o céu estrelado acima de nós ou ser aceite, mediante a confiança na palavra de Deus, como verdade vinculativa.

Quando explicitamente nos entendemos sobre alguma coisa do mundo, movemo-nos num meio que desde sempre se baseou em tais certezas performativas. É tarefa da reflexão filosófica trazer à consciência os traços mais gerais, por assim dizer, a arquitectónica do mundo da vida. Assim sendo, esta descrição não abrange a questão de saber como se articula o próprio mundo, mas as condições do nosso acesso ao que está a suceder no mundo. Da imagem do mundo já apenas resta, após esta viragem antropocêntrica de volta ao solo e ao horizonte do estar-no-mundo, o quadro vazio para um *possível* saber do mundo.

Deste modo, a análise do pano de fundo do mundo da vida perde também a função orientadora das imagens do mundo, que, com o seu acesso teórico ao todo, prometem ao mesmo tempo corolários práticos sobre o modo correcto de viver. Ainda assim, Husserl pretende extrair de uma fenomenologia do mundo da vida, que elabora numa intenção estritamente descritiva, uma importante mensagem prática. Pois com o conceito do mundo da vida, ele pretende pôr a descoberto o «fundamento de sentido» esquecido pelas ciências e, deste modo, preservar a sociedade do saber de um objectivismo prolífero em consequências. A tese do «esquecimento», do esquecimento filosófico do mundo da vida, foi, em Heidegger, objecto de uma dramatização, primeiro na ontologia fundamental e, em seguida, no âmbito da história do Ser. Perante o desafio de um naturalismo agudizado pelo cientismo coloca-se, hoje, uma questão semelhante: se, e, se for caso disso, em que sentido o papel epistémico do mundo da vida traça limites a uma revisão por parte das ciências da natureza da autocompreensão das pessoas a operar no quotidiano.

Gostaria de submeter a tese de Husserl do esquecimento quanto ao fundamento de sentido a um teste de plausibilidade do ponto de vista do desenvolvimento de uma imagem do mundo, desenvolvimento que esboçarei em traços largos. A filosofia europeia tem, com a elaboração de um conceito de mundo de cariz ontológico e, mais tarde, com a construção de um conceito de mundo epistemológico([3]), por um lado, uma quota-parte importante no desemaranhamento cognitivo do mundo objectivo cientificamente apreensível relativamente aos aspectos projectivamente objectivados de um mundo da vida que opera respectivamente em segundo plano. Como uma figura secular do espírito, no século XVII, a filosofia vira costas à religião e despede-se simultaneamente das pretensões fortes de conhecimento metafísico. Por outro lado, ao contribuir para a genealogia de um conceito desencantado e objectivado do mundo da experiência, recalcou o papel epistémico do mundo da vida. Por conseguinte, interessa-me a questão de saber como a autocompreensão do pensamento pós-metafísico se modifica com a reflexão sobre esse pano de fundo recalcado. E como se modifica, com isso, a posição da filosofia relativamente à ciência, sua aliada, por um lado, e, por outro, relativamente a uma religião que se opõe à filosofia como uma figura *contemporânea* do espírito? No que se segue, centrar-me-ei na relação entre a filosofia e a ciência.

Antes de mais, e antecipando-me ao conceito de mundo da vida da teoria da comunicação, quero clarificar como o «mundo da vida», o «mundo objectivo» e o «mundo do quotidiano» se distinguem entre si (1). Estes conceitos fundamentais servirão para referirmos o questionamento crítico da ciência de Husserl ao contexto do desenvolvimento de uma imagem do mundo. Neste desenvolvimento interessa-me a paulatina libertação cognitiva do «mundo objectivo» das projecções do «mundo da vida» (2), assim como o tratamento dado pela filosofia transcendental aos problemas decorrentes de uma imagem do mundo objectivo consubstanciada pelas ciências da natureza (3). Esta imagem complica-se uma vez mais pela ascensão das ciências humanas e sociais, que constituem, em simultâneo, um desafio para a filosofia transcendental. A esta situação, a fenomenologia transcendental responde com a introdução do conceito de mundo da vida (4). Evidentemente, os conceitos de Husserl e de Heidegger de mundo da vida e de estar-no-mundo falham o objectivo de uma destranscendentalização da subjectividade

([3]) Cf. artigo «Welt», in: Historisches Wörterbuch der Philosophie, org. por J. Ritter, K. Gründer, G. Gabriel, Darmstadt, 1992, vol. 10, pp. 408-446.

realizadora, que só é alcançado com a viragem para uma versão decorrente da teoria de comunicação (5). Este conceito explica por que a objectivação progressiva da imagem que fazemos do mundo objectivo não conduz por si só ao êxito de uma estratégia explicativa naturalista no sentido cientificista. À relação complementar entre o mundo da vida e o mundo objectivo, a que não conseguimos subtrair-nos *in actu*, liga-se um dualismo epistémico, que vai contra a necessidade de uma interpretação monista do mundo (6).

(1) O conceito do mundo da vida apoia-se na diferenciação entre a consciência performativa e o saber falível. O *modus* específico do saber de fundo pré-reflexivo, presente a par e passo, sabido intuitivamente, mas que permanece implícito, que nos acompanha nas nossas rotinas quotidianas, explica-se pelo facto de o mundo da vida nos ser apenas presente de forma performativa, na execução de actos que estão respectivamente direccionados para algo de *outro*. Como se vivencia o temor de escorregar no cascalho solto; o que se sente ao corar devido a um erro de palmatória; qual é a sensação quando de repente já não nos podemos fiar na lealdade de um velho amigo; como é quando uma suposição de fundo há muito incrustada na prática começa surpreendentemente a vacilar – «conhecemos» tudo isso. Pois em tais situações de execuções de vida perturbadas é posta a descoberto uma camada de saber implícito, quer se trate de um conhecimento prático habitualizado (o saber como, ao esquiar, se desce uma encosta) ou de um estado de alma (a sensação de bem-estar nos braços de uma paisagem mediterrânica quente a vibrar com o chilrear dos grilos) ou de uma relação social fiável (o aconchego no meio familiar) ou de uma convicção inabalável (de que o chão debaixo dos meus pés não vacila). Estes componentes do saber de execução diferenciado constituem, enquanto se mantiverem em segundo plano e não forem tematizados, uma amálgama.

Em princípio, cada uma destas certezas pode converter-se de um recurso de cooperação e comunicação no seio da sociedade num tema, particularmente quando a execução normal é perturbada e surgem dissonâncias – quando nos assustamos ao colocarmos um pé em falso, quando nos sentimos apanhados com a mão na massa e nos envergonhamos, quando uma expectativa de lealdade é traída ou quando uma suposição de fundo fracassa no embate com a realidade. Por isso, um mundo da vida fenomenologicamente descrito também pode ser compreendido como pano de fundo da acção comunicativa e referido a processos de entendimento.(4) Nesse caso, no centro do horizonte do mundo da vida já não está, como em Husserl, a vida consciente de um *ego* transcendental, mas sim a relação comunicativa entre pelo menos dois participantes, *alter* e *ego*. Para ambos os participantes na comunicação, o mundo da vida abre-se como o horizonte presente a par e passo, presente apenas de forma implícita, passível de alargamentos discricionários, em que se encontra localizado o encontro respectivamente efectivo nas dimensões igualmente apenas presentes de forma performativa do espaço social experienciado e do tempo histórico vivenciado.

O duplo centramento elíptico explica o carácter público por inerência do mundo da vida partilhado intersubjectivamente (ou dos excertos que respectivamente se sobrepõem). O mundo da vida apenas está acessível ao indivíduo enquanto *participante potencial* de uma prática exercida em comum. *Ego* só toma consciência de si próprio como *ego* em relação a um mundo da vida partilhado por *ego* e *alter*. É também por isso que a sua *auto*compreensão dotada de capacidade de articulação, mas inicialmente apenas difusa, se encontra *a limine* entrosada com a compreensão do *mundo*. Esta abordagem da teoria de comunicação permite clarificar os conceitos fundamentais de «mundo da vida», «mundo objectivo» e «mundo quotidiano» (a), com recurso aos quais quero proceder à análise do desenvolvimento de uma imagem do mundo (b).

(a) Qualquer episódio linguístico tem um tema que evoca nos intervenientes um saber contextual referido à situação e enquadra o encontro num excerto situacional correspondente.(5) É a partir destes contextos remissivos actuais que se constrói uma definição da situação negociada em conjunto. Contrariamente a este saber do horizonte e do contexto, saber *de primeiro plano*, uma

---

(4) Relativamente ao que se segue, cf. J. Habermas, «Acções, actos de fala, interacções mediadas pela linguagem e mundo da vida», in *Obras Escolhidas*, vol. 1, pp. 171-210.

(5) J. Habermas, *Theorie des kommunikativen Handelns*, vol. 2, Frankfurt/M., 1981, pp. 182-222.

vez que está disponível a todo o momento, a camada profunda das certezas que permanecem em *segundo plano* sem serem tematizadas apenas pode ser trazida à consciência sob uma pressão de problematização que ocorra de modo contingente ou através de um esforço metódico. Para os que agem comunicativamente, este pano de fundo constitui um recurso a que vão buscar obviedades. Como a acção comunicativa se estabelece através do reconhecimento de pretensões de validade criticáveis, aquilo que os intervenientes pressupõem em conjunto como óbvio pode suster o risco permanente de uma dispendiosa dissensão. No nosso contexto, esta função de recurso e almofada que o mundo da vida cumpre para a acção comunicativa é menos importante que o contributo que, no sentido inverso, a análise de actos de fala pode dar para o esclarecimento do *modus* específico desse saber de fundo que é presente a par e passo, mas permanece implícito.

As certezas do mundo da vida representam uma forma intensificada e ainda assim deficitária de «saber»; pois apenas podem ser levadas a assumir a forma de um enunciado perdendo no acto o seu *modus* performativo. O que não pode ser verdadeiro ou falso sob a forma de enunciados, também não é um saber no sentido rigoroso. Temos de pôr entre aspas o *saber* de fundo de que falámos até aqui. Afinal apenas podemos tornar explícito aquilo que «conhecemos» deste modo intuitivo transformando-o numa descrição; nesse acto, porém, dissolve-se o modo de execução do meramente «conhecido» – decompõe-se, por assim dizer. O que é interessante é que a única excepção neste contexto é a dos actos ilocutórios. Do sentido expresso de forma ilocutória de *como o que* devem ser entendidas frases em actos de fala recai, por isso, luz sobre a consciência performativa em geral.

Os componentes ilocutórios de actos de fala – como «confesso-te que eu [...]», «recomendo-te que tu [...]» ou «estou firmemente convicto de que p» expressam o modo de execução do vivido ou vivenciado, de relações interpessoais e de convicções, *enquanto tal, sem o representarem expressamente*; visto que em qualquer dos casos os conteúdos proposicionais enunciados com o acto ilocutório tratam de algo de diferente. A confissão embaraçosa, o conselho de amigo e a convicção firme podem ter quaisquer conteúdos. Mas este *Quê* é apenas apresentado como um estado de coisas existente no caso de um acto de fala constatativo. No caso da locução expressiva, o conteúdo torna-se o conteúdo de uma vivência a que alguém tem um acesso privilegiado e que uma primeira pessoa «revela» a outros, e, no caso do acto de fala regulativo, torna-se o conteúdo de uma relação interpessoal que uma primeira pessoa estabelece com uma segunda.

Graças à dupla estrutura peculiar «Mp» dos actos de fala, pode-se produzir uma comunicação sobre o conteúdo de determinadas vivências ou laços sociais sem destituir os sentimentos ou desejos tematizados em locuções expressivas *do significado* de algo vivenciado subjectivamente, ou as relações interpessoais referidas num discurso normativo *do significado* de algo de vinculativo plano intersubjectivamente.([6]) Os modos da redução a sentimentos corporais e vivências ou da inserção em relações sociais vinculativas distinguem-se uma vez mais do sentido modal do acto de se estar convencido da existência de estados de coisas. E todos os três modos reflectem-se nas pretensões de validade dos tipos de actos de fala correspondentes – nas pretensões de sinceridade, correcção ou verdade que locutores assinalam para frases na primeira pessoa, para frases que são endereçadas a segundas pessoas, ou para enunciados descritivos. Graças a esta tríade de pretensões de validade, o sentido performativo do subjectivamente vivido, do intersubjectivamente vinculativo e do que é objectivamente visado alcança o espaço público dos motivos.

A realização particular das expressões ilocutórias de representar linguisticamente *o modus de execução* de vivências subjectivas, vínculos interpessoais e representações objectivas *enquanto tal* sem o *enunciar* distingue os actos de fala das ações não linguísticas. O modo de execução não «se decompõe», antes é «superado» no espaço intersubjectivamente partilhado dos motivos. Em contrapartida, um observador que vê um homem atravessar a rua a correr não pode conhecer a acção que o homem, que está a correr para a estação de caminhos de ferro para apanhar o seu comboio, está deste modo a levar a cabo. Há mais uma diferença pertinente. Os actos de fala também são acções e partilham o carácter específico do saber de execução das acções teleológicas em geral. Para acertar na cabeça de um prego ou chutar uma bola de futebol ao canto superior esquerdo da baliza, temos de «saber como» é que isso se faz, se quisermos ter êxito. Mas,

([6]) Relativamente à utilização de frases na primeira pessoa, cf. E. Tugendhat, Selbstbewußtsein und Selbstbestimmung, Frankfurt/M., 1979.

contrariamente ao *bricoleur* ou ao goleador, o locutor competente não pode alcançar o seu êxito ilocutório *unicamente com base na sua própria capacidade.* Não intervém no mundo para nele produzir um estado pretendido. Antes, ao querer entender-se com alguém sobre algo no mundo, torna-se dependente das tomadas de posição de «sim» ou «não», mais ou menos racionalmente motivadas, de um destinatário, ou seja, de um *uptake* que não pode controlar. Ao passo que, com ações não linguísticas, intervimos no mundo objectivo, com actos de fala movemo-nos no espaço de um mundo da vida partilhado intersubjectivamente.

A fronteira entre o «mundo da vida» e o «mundo objectivo» reflecte-se na estrutura dupla dos próprios actos de fala. Na execução dos seus actos ilocutórios, os locutores pertencem a um mundo da vida, ao passo que, com a utilização dos componentes proposicionais desses actos, se referem *a algo* no mundo objectivo. Na acção comunicativa, pressupõem este mundo objectivo em comum como a totalidade dos objectos ou referentes que existem independentemente de uma descrição e dos quais podem ser enunciados estados de coisas. Isto não significa porventura que sejam impossíveis enunciados sobre o próprio mundo da vida. É certo que os participantes da comunicação *não* podem tornar o processo de entendimento em que se encontram implicados actualmente perante o pano de fundo do seu mundo da vida *simultaneamente* o conteúdo da sua comunicação. O que está presente somente em termos performativos permanece «atrás das costas». Mas com o domínio do sistema dos pronomes pessoais dispõem da capacidade de trocar a perspectiva de participante pela perspectiva de observador.

Podem assumir a atitude de uma terceira pessoa relativamente ao seu próprio envolvimento e, num acto de entendimento *adicional*, tornar explícita uma relação comunicativa produzida de forma performativa, e isso quer dizer: *tratá-la como algo que ocorre no mundo.* Pois tudo o que é tornado o conteúdo de uma proposição torna-se um tema enquanto objecto, estado ou acontecimento no mundo. Apesar da intransponível distância intencional daquilo que acontece no mundo objectivo – entre a execução e o conteúdo explícito de uma comunicação – faz parte da experiência dos participantes da comunicação e do seu saber de fundo que o processo comunicativo em que se encontram actualmente implicados decorre no *mesmo* mundo a que também pertencem os referentes dos seus enunciados proferidos nesse mesmo momento. O mundo da vida como componente do mundo objectivo goza, por assim dizer, de um «primado ontológico» relativamente à consciência de fundo respectivamente actual do seu membro individual, visto que as execuções de vida performativamente presentes – ou seja, vivências, relações interpessoais, convicções – pressupõem o corpo orgânico, as práticas e as tradições partilhadas intersubjectivamente em que os sujeitos que vivenciam, agem e falam se encontram «desde sempre».

(b) Ainda voltarei a debruçar-me sobre o modo de existência destes mundos da vida articulados em formas simbólicas e a descrição objectivante destas «formas de vida socioculturais». Antes de mais, o que está em causa é a «imagem» que nos fazemos no dia-a-dia do mundo objectivo que tudo engloba. É certo que não nos podemos desprender do mundo da vida presente em segundo plano, em cujo horizonte nos dirigimos intencionalmente a algo «no mundo», enquanto estivermos envolvidos *na execução* destas actividades intencionais, sejam elas linguísticas ou não linguísticas. Mas podemos saber que o mesmo mundo objectivo – da perspectiva de um observador distanciado – *inclui-nos*, por sua vez, a nós, as nossas redes de interacção e o seu pano de fundo a par de outras entidades. Isto marca o nosso mundo quotidiano inclusivo, o mundo do *common sense*. Não podemos equiparar o mesmo ao conceito filosófico do mundo da vida, embora os traços performativos do mundo da vida também determinem a estrutura do nosso mundo quotidiano – o seu centramento à nossa volta, os nossos encontros e práticas, os nossos estados de alma e interesses. Mas o «mundo quotidiano» é inclusivo, não contendo apenas os elementos performativamente familiares, mas igualmente os elementos percebidos do meio circundante natural que se nos deparam frontalmente. O mundo quotidiano não se esgota nos seus excertos constituídos no plano do mundo da vida, nas execuções de vida subjectivas, nas relações sociais e nas obviedades culturalmente transmitidas, que nos são performativamente familiares. Abrange tudo o que se nos pode *deparar* no mundo. Em termos imediatos, é este mundo quotidiano que confere o seu cunho à imagem que fazemos do «mundo objectivo» – ou seja, à nossa imagem do mundo.

No quotidiano categorizamos as coisas que se nos deparam no mundo de acordo com referências de interacção prática. Falando em termos genéricos, categorizamo-las como pessoas se as pudermos encontrar por via de relações comunicativas; ou como normas, actos de fala, acções, textos, signos, artefactos, etc., se pudermos compreendê-las como algo produzido por pessoas; ou como animais e plantas se nos constrangerem, pelo sentido próprio de sistemas orgânicos, isto é, que se reproduzem a si próprios e são de limites constantes, a formas moderadas de trato (como protecção e tratamento ou criação); ou apreendemos as coisas como corpos manipuláveis se formos capazes de as despojar de todas as qualidades próprias do mundo da vida que lhes aderem de outras experiências de trato (por exemplo, as qualidades de uma ferramenta ou de uma beleza natural). Não é por acaso que a ontologia próxima do quotidiano, que ainda encontramos em Aristóteles, recorda esta «imagem» do «mundo objectivo» marcada por experiências de trato.

A produção de imagens do mundo – das imagens que variam ao longo da história que nos fazemos respectivamente do mundo objectivo – parte, pelos vistos, das camadas triviais do mundo da vida. Enquanto a perspectiva científica do mundo entronca na categoria quotidiana dos corpos e compreende o Universo como a totalidade regulada pelas leis da natureza dos estados e acontecimentos mensuráveis com os instrumentos da física, as tradições mais antigas situam quase todos os acontecimentos nas relações comunicativas entre pessoas. Se nos for lícito confiar nas representações da antropologia cultural(7), o mundo que se reflecte nestas narrativas míticas é constituído de forma monista; existe apenas *um* plano de fenómenos, nada que «seja em-si» por detrás dos fenómenos. Os acontecimentos narrados estruturam-se sob a forma de interacções sociais, em que participam pessoas e animais, mas igualmente os espíritos dos antepassados e forças naturais e primordiais imaginadas, poderes suprapessoais e deuses personificados.(8) Quase qualquer um pode comunicar

(7) Cf. sobretudo as obras clássicas da antropologia cultural anglo-saxónica e as da antropologia estruturalista na senda de Lévi-Strauss.

(8) Marcel Gauchet aborda o xamanismo como exemplo deste mundo monista, habitado tanto por vivos como por mortos: «Aqui temos especialistas que iniciam a comunicação com o mundo dos espíritos e manipulam os seus representantes,

com qualquer outro, e tudo com tudo, exprimir sentimentos e desejos, intenções e opiniões, e actuar reciprocamente uns sobre os outros.

Das narrativas nasce uma rede de «correspondências» em que também se encontram inseridas acções rituais; é desta inserção que o relacionamento com os poderes míticos organizado em ritos fúnebres ou sacrificiais, em cultos dos antepassados e feitiços naturais, retira a sua evidência. Deste modo, em práticas mágicas, a *atitude performativa*, em que uma primeira pessoa se adapta a uma segunda pessoa para com ela se pôr de acordo sobre algo, funde-se com a *atitude objectivante* de um técnico relativamente a poderes impessoais ou suprapessoais sobre os quais gostaria de exercer uma influência causal. Ao comunicar *com* um espírito, um feiticeiro adquire poder *sobre* ele. Isso atesta de forma contundente a dominância de uma única categoria, nomeadamente, a da acção comunicativa.

Manifestamente, as imagens do mundo ditas míticas não trazem apenas a marca dos traços totalizadores de um mundo da vida centrado, respectivamente habitado «por nós»; são de tal forma perpassadas e estruturadas pela consciência performativa do mundo da vida, que a *distinção entre o mundo da vida e o mundo objectivo* gramaticalmente incorporada na acção comunicativa e manejada na vida quotidiana em termos práticos pelos respectivos intervenientes *se desvanece* nas imagens do mundo de sociedades tribais primordiais. As categorias da acção orientada para o entendimento estruturam os acontecimentos intramundanos no seu todo, de forma que, *da nossa perspectiva*, os acontecimentos do mundo *são absorvidos pelos excertos do mundo quotidiano constituídos no plano do mundo da vida*.

Para nós existe um contraste particular entre estes primórdios míticos e a imagem do mundo da ciência moderna. Tal oposição sugere um desenvolvimento da imagem do mundo,

---

mas que, apesar do considerável prestígio e dos medos que inspiram, se encontram firmemente confinados ao destino comum da sua sociedade. Isto deve-se ao facto de o visível e o invisível estarem entrelaçados num mundo único [...]. O xamã permanece um técnico dotado de uma capacidade especial de se movimentar entre os vivos e os mortos, entre os espíritos e as forças mágicas. Não é de forma alguma uma força que se incarna estabelecendo uma união permanente entre o mundo dos humanos e o seu criador ou governador.» (M. Gauchet, *The Disenchantment of the World*, Princeton, 1997, p. 31)

em cujo decurso o mundo objectivo que existe «em si» foi sendo depurado *para os intervenientes* dos excedentes projectivos de qualidades do mundo da vida. Pela via da resolução de dissonâncias cognitivas empiricamente desencadeadas e resolvidas, a perspectiva do mundo objectivo é *objectivada.* Não teria, desta perspectiva, um naturalismo agudizado pelo cientismo de acabar por ter a última palavra? Ou pode a tese de Husserl do fundamento de sentido das ciências esquecido ser defendida com o argumento de que a progressiva tendência para a objectivação conduziu a uma polarização cada vez mais aguda entre o mundo da vida já determinado apenas formalmente, mas impossível de iludir em termos epistémicos e um mundo cientificamente objectivado? Enquanto a consciência performativa do pano de fundo do mundo da vida apenas é acessível à reflexão filosófica, o mundo objectivo pode ser mais ou menos libertado de projecções do mundo da vida pela ciência. Ainda assim, o todo do mundo da vida e do mundo objectivo subtrair-se-ia a uma descrição monista feita de forma despreocupada em categorias das ciências da natureza hoje decisivas. Na sua forma clássica, porém, este diagnóstico assenta em premissas de base da filosofia transcendental, que o próprio Husserl, com a sua fenomenologia do mundo da vida, puxou para o torvelinho de uma destranscendentalização da subjectividade projectadora do mundo e assim expôs a uma problematização ulterior.

(2) O seguinte esboço, muito rudimentar, do desenvolvimento da imagem do mundo é uma proposta no sentido de compreender três cesuras no caminho «das imagens do mundo para o mundo da vida» como surtos cognitivos que conduziram a alargamentos das perspectivas das imagens do mundo. Deste ponto de vista selectivo e das noções prévias correspondentes, o que me interessa, antes de mais, é

(a) o passo que vai do pensamento mítico apegado ao mundo a uma perspectiva sobre o mundo como um todo; em seguida, é
(b) a ligação característica do Ocidente de uma imagem do mundo teocêntrica com uma imagem do mundo cosmológica, o que conduz a uma polarização entre a fé e o saber; e finalmente é

(c) aquela emancipação do saber das ciências da natureza referente ao mundo relativamente à metafísica, que dissolve o nexo entre a cosmologia e a ética e, deste modo, destrói a base racional comum da fé e do saber.

Como este projecto estreita a perspectiva ao desenvolvimento ocidental e, mesmo assim, teria de encher vários livros ou mesmo bibliotecas, apenas posso dar seguimento à minha proposta no que diz respeito ao nosso tema sob um único aspecto: como, na sequência destes presumíveis passos de aprendizagem, se deslocaram as constelações conceptuais do «mundo da vida», do «mundo objectivo» e do «mundo quotidiano».

(a) Com o conceito de era axial, Karl Jaspers chamou a atenção para o facto de, num período de tempo relativamente curto, por volta de meados do primeiro milénio pré-cristão, se ter operado um salto cognitivo no mundo das culturas evoluídas do Próximo até ao Extremo Oriente.([9]) Naquela altura surgiram, na Pérsia, na Índia e na China, em Israel e na Grécia, as doutrinas religiosas e as imagens cosmológicas do mundo cujos efeitos se prolongam até aos dias de hoje. Estas «tradições fortes» – o zoroastrismo, o budismo e o confucionismo, o judaísmo e a filosofia grega – trouxeram consigo uma mudança da concepção do mundo, passando da multiplicidade dos fenómenos superficiais narrativamente interconectados no mesmo plano para a unidade de um mundo como totalidade compreendido de um modo teológico ou «teórico». No monoteísmo, a «ordem das coisas» cósmica assume a forma temporalizada de uma ordem teleológica das idades do mundo. Em todas as imagens do mundo reflecte-se uma mudança de perspectiva que possibilita uma reflexão sobre a posição do indivíduo no todo da natureza e da história. Com a consciência moral da responsabilidade do indivíduo e com uma consciência histórica despertada por uma tradição literária([10]), o destino da vida individual diferencia-se dos destinos colectivos da tribo e da família, e adquire um significado independente: «Pela primeira vez houve filósofos» (Jaspers). E, lá está, não foi só em Atenas.

([9]) K. Jaspers, *Vom Ursprung und Ziel der Geschichte*, Zurique, 1949, pp. 19-42.
([10]) Quanto à formação do cânone no antigo Egipto, cf. J. Assmann, *The Axial Age and the Space of Writing*, manuscrito, 2008.

Entretanto, o conceito de era axial tem vindo a inspirar uma extensa investigação internacional.([11]) No nosso contexto, interessa sobretudo a libertação do espírito humano do acanhamento cognitivo de um actor *implicado*, que apenas consegue apreender os acontecimentos do mundo da *perspectiva interior* de alguém que está, ele próprio, embrenhado em histórias míticas. As novas imagens dualistas do mundo rompem com este monismo plano. Com a concepção de um Deus único, situado além do mundo, ou com os conceitos de uma regularidade cósmica, abrem perspectivas, a partir das quais o mundo passa a ser visto como um todo objectivado. A referência ao pólo estático do criador único do mundo, do *nomos* que mantém tudo em equilíbrio, da realidade profunda do nirvana ou do Ser eterno, proporciona ao profeta e ao sábio, ao pregador e ao professor, ao observador contemplativo e ao místico, ao que reza e ao filósofo embrenhado na contemplação intelectual, a distância necessária do múltiplo, do contingente e do mutável. Tanto faz se a perspectiva dualista do mundo é mais vincada, como nas religiões redentoras de Israel ou da Índia, ou menos, como na filosofia grega e nas doutrinas da sabedoria chinesa, as elites intelectuais operam em todo o lado o *salto* cognitivo *para um ponto de vista transcendente.*

Observado daqui, tudo o que acontece *no mundo* pode ser distinguido do *mundo no seu todo.* E este olhar sobre o Ser e a Humanidade como um todo produz a distinção categorial *entre a essência e a aparência*, que se substitui à distinção mais antiga, de cariz expressivista, entre o mundo dos espíritos e as suas manifestações (e, de resto, retira as bases no plano das concepções do mundo às representações mágicas). Com a diferenciação em «mundo» e «intramundano», o mundo quotidiano é desvalorizado, tornando-se uma esfera de meros fenómenos, ou seja, de cópias afastadas ou de véus passionais de uma realidade subjacente. Este acesso teórico directo a essências amplia a força explanatória das narrativas. De ora em diante, o quadro conceptual torna-se capaz de assimilar a massa do saber prático, científico-natural e médico, e igualmente os conhecimentos astronómicos e matemáticos, que entretanto se tinham acumulado nos centros urbanos das primeiras culturas evoluídas

([11]) J. P. Arnason, S. N. Eisenstadt, B. Wittrock (org.), *Axial Civilizations and World History*, Leiden, 2005.

e integrá-los de modo a formar um todo coerente e passível de ser objecto de uma tradição.

Enquanto o mito permanecia estreitamente entretecido com as práticas do quotidiano e ainda não alcançava a independência própria de uma «imagem» teórica do mundo, nas imagens do mundo da era axial articulam-se conceitos filosóficos e teológicos de um mundo «objectivo» englobante. Com a totalidade do mundo apreendida através da fé ou da contemplação dissolve-se *para todos os intervenientes* a fusão do «mundo objectivo» com o «mundo da vida», que *nós* depreendemos hoje das imagens míticas do mundo. Com a classificação e a subordinação do mundo quotidiano *despromovido a mero fenómeno* faz-se jus, *da nossa perspectiva,* ao facto de o mundo da vida presente de um modo performativo, juntamente com as práticas e os contextos remissivos em que tal mundo se abre ao agente comunicativo, ocorrer, tal como as demais entidades, *no* mundo.

Esta objectivação tem evidentemente o seu preço. Nas imagens do mundo da era axial, o mundo da vida não emerge enquanto tal, mas funde-se com os fenómenos do mundo quotidiano. Para os crentes e os filósofos, o próprio mundo da vida, que funciona nas suas costas, desaparece de tal modo por detrás das imagens ontoteologicamente objectivadas do mundo, que lhes permanecem ocultos as características projectivas que estas imagens do mundo continuam a *pedir emprestadas* à consciência performativa da sua existência no mundo vitalmente vivida e realizada. Isto pode ser demonstrado em três aspectos do mundo da vida que se reflectem no mundo das cosmologias e teologias.

- O cosmos e a escatologia são, por seu lado, projectados em dimensões do espaço social vivido e do tempo histórico experienciado. Por isso, os limites do mundo objectivo confluem com o horizonte do mundo da vida projectado na dimensão sobre-humana de um mundo habitável, centrado em nós, do qual os fenómenos efémeros da nossa existência quotidiana constituem, por seu lado, um componente. Nesta arquitectónica do «englobante» (Jaspers), a totalidade do mundo teleologicamente constituída retém os caracteres próprios do mundo da vida do nosso trato quotidiano com o Homem, o animal, a planta e a natureza inanimada.

- *Em segundo lugar*, as imagens do mundo da era axial não são, de modo algum, teorias no sentido de uma descrição de factos conhecidos axiologicamente neutra. Pois a interpretação *teórica* do mundo, mesmo nos seus conceitos fundamentais fortes, dotados de conteúdo avaliativo, encontra-se presa a imperativos da condução *prática* da vida. Quando a descrição do todo é feita com recurso a conceitos como «Deus» ou «Karma», «to on» ou «Tao», a *descrição* da escatologia ou do cosmos adquire o sentido simultaneamente *valorativo* de um ente exemplar, cujo *telos* se distingue normativamente, para os crentes e os sábios, como algo devido e digno de ser imitado. Esta fusão conceptual da validade do dever-ser dos enunciados normativos com a validade de verdade atribuída a enunciados descritivos recorda a síndrome do pano de fundo do mundo da vida que só na sequência de uma tematização linguística se dissolve e se ramifica nas diversas dimensões da validade dos tipos correspondentes de actos da fala.
- *Finalmente*, com o sentido prático da interpretação teórica do mundo também se articula a pretensão de infalibilidade com que se apresentam «verdades» religiosas e metafísicas. Se as diversas concepções do mundo e das idades do mundo nos caminhos da salvação ou os modelos politicamente decisivos de conduta de vida hão-de «compensar», as reflexões teóricas têm de satisfazer as exigências impostas à resiliência de certezas ético-existenciais. Daí explica-se a *forma de pensamento dogmático* que confere às doutrinas de fé e de sabedoria a forma de teorias «fortes». Com a pretensão de encerrar verdades infalíveis, o *modus performativo do saber* prolonga, por assim dizer, os seus efeitos do mundo da vida para o interior do âmbito do saber explícito acerca do mundo.

Na medida em que as imagens do mundo da era axial podem ser caracterizadas retrospectivamente por uma projecção não examinada de tais aspectos do mundo da vida sobre o mundo objectivo, a estrutura da concepção do mundo também já prenuncia o caminho de uma objectivação possível. O desenvolvimento aponta, em primeiro lugar, em direcção a um conceito descentrado do mundo como a totalidade dos estados e dos acontecimentos passíveis de serem descritos de modo fisicalista; em segundo lugar, em direcção a uma separação entre a razão teórica e a razão prática; e, em último lugar, em direcção a um entendimento falibilista, mas não céptico do saber teórico. Estes pontos de fuga reflectem, evidentemente, a nossa própria situação de partida em termos hermenêuticos e a compreensão pós-metafísica do mundo e de nós próprios, tal como tem vindo a formar-se desde os séculos XVII e XVIII. Para retirar a esta construção narcisista pelo menos a aparência da necessidade histórico-filosófica, tenho de recordar, embora de forma sumária, a contingência de alguns acertos de agulhas improváveis e, por isso, necessitados de uma explicação empírica, antes de voltar a debruçar-me sobre as alterações modernas da constelação conceptual do mundo da vida, do mundo objectivo e do mundo quotidiano.

(b) O *primeiro acerto de agulhas*, a saber, a conciliação produtiva do cristianismo paulino com a metafísica grega na dupla figura de um cristianismo helenizado e de um platonismo teologicamente conservado, é ao mesmo tempo o mais improvável. O acoplamento sistemático de uma imagem cosmológica do mundo a uma doutrina teológica é um caso singular. No entanto, as duas tradições, que têm as suas raízes em Israel e na Grécia, só conseguem unir-se numa relação de simbiose depois de se terem vistas livres daqueles elementos que constituíam obstáculos a uma complementaridade mútua. Por um lado, o monoteísmo apenas pôde ascender ao estatuto de religião de Estado no âmbito do império romano depois de ter renunciado à ligação exclusiva ao povo da Aliança em benefício do postulado de uma missão que incluísse os pagãos e se ter despojado do carácter político de uma religião da Lei em favor de uma irénica separação de poderes com a *civitas terrena*.(12) Por outro lado, a metafísica grega, em regime de divisão do trabalho com o *ora et labora* cristão, teve de retirar, ou reinterpretar, a própria promessa de salvação da contemplação; ao *ethos* formador de uma vida na teoria foi doravante enxertado um ideal alheio,

(12) Cf. M. Eliade, Geschichte der religiösen Ideen in vier Bänden, vol. 2, Friburgo, 2002, cap. 28-30. Sobre a complexa e polémica relação teológica entre o cristianismo e o judaísmo: M. Striet (org.), *Monotheismus Israels und christlicher Trinitätsglaube*, Friburgo, 2004.

a saber, o ideal de tradição cristã da existência monástica.([13]) A filosofia conseguiu adaptar-se muito facilmente a esta divisão do trabalho precisamente porque nunca tinha conseguido lançar ferro nas práticas cultuais da *polis*, com o seu caminho contemplativo para a salvação. Se não levarmos em conta as irmandades pitagóricas([14]), a filosofia grega representa o único caso de uma tradição «forte» que se estabilizou unicamente em formas «académicas», ou seja, sem um verdadeiro rito e uma constituição de comunidades fortes.

Embora a separação do invólucro soteriológico do núcleo científico da metafísica já se tivesse preparado em Aristóteles, mais concretamente, tanto na filosofia prática como na doutrina do conhecimento, a integração da herança grega no quadro cristão processa-se – perante um fundo helenístico comum – pela linha do platonismo. Santo Agostinho converte-se do neoplatonismo ao cristianismo e traduz o «Uno» da doutrina das emanações de Plotino na noção monoteísta do misericordioso Deus criador e salvador.([15]) Os padres da Igreja, por seu lado, serviram-se das doutrinas e dos meios do pensamento grego para desenvolverem uma teologia, salvando assim a filosofia no espaço protector da *sacra doctrina* como *scientia*. Nos séculos seguintes, o discurso sobre a Revelação e a razão natural desgasta-se na carga explosiva das ciências que – tal como a matemática, a astronomia, a medicina e a filosofia da natureza – seguem a sua lógica própria. No entanto, o *discurso sobre a fé e o saber* apenas desenvolve a sua força explosiva com a recepção de Aristóteles mediada pelos árabes, nos séculos XII e XIII.([16]) No âmbito deste processo, os conceitos em oposição, «fé» e «saber», apuram o seu perfil um no outro.

(c) A base racional comum da fé e do saber fractura-se, contudo, na medida em que a filosofia da natureza perde a sua capacidade de concertação com uma teologia que não deixou de querer estar à altura das ciências contemporâneas. A ontologia

---

([13]) K. Flasch, *Das philosophische Denken im Mittelalter*, Estugarda, 2000.

([14]) Relativamente à influência indiana sobre estas seitas filosóficas, cf. G. Obeyesekere, *Imagining Karma*, Berkeley, 2002, pp. 200 ss.

([15]) K. Flasch, *Augustinus*, Estugarda, 2003.

([16]) Relativamente a Abelardo, por exemplo, cf. a recente obra de K. Flasch, *Kampfplätze der Philosophie*, Frankfurt/M., 2008, pp. 125-140.

aristotélica de recorte teleológico ainda contém um potencial de sentido que se encontra aberto à referência à prática interpretada de forma soteriológica. Mas o nominalismo escolástico abre o caminho rumo a uma conceção empírica da natureza, isenta de preconceitos, assim como, por fim, a uma ciência empírica nomológica que já não é capaz de descortinar uma caligrafia divina no livro da natureza; prepara também uma teoria do conhecimento que atribui a natureza desta ciência moderna da natureza ao intelecto humano.([17]) Com este *segundo acerto de agulhas* invertem-se os ónus da prova aquando do exame de compatibilidade entre a religião e a ciência, visto que em torno das modernas ciências experimentais e dos poderes seculares do Estado se formarem doravante discursos filosóficos dotados de sentido próprio que se autonomizam relativamente à teologia.([18])

Nesta linha, a metafísica, até então contida pela teologia, assume, ao longo do século XVII, a forma de sistemas filosóficos que recebem os seus impulsos formativos tanto da teoria do conhecimento como do direito racional. O mundo dos corpos em movimento que exercem efeitos causais uns sobre os outros, apreendido de modo fisicalista, perde o carácter de um «dentro do qual» da existência humana. Ao mesmo tempo, o saber teórico desse mundo, que já não se encontra irmanado com a razão prática, perde a sua força orientadora da vida. Por este motivo, também o direito natural cristão tem de ser substituído por um direito humano interpretado unicamente com base na razão prática. Daqui em diante separam-se os caminhos do pensamento secular e do pensamento religioso. A tarefa de uma teologia dissociada do saber mundano será a de conciliar cognitivamente a fé vivida das comunidades cristãs com os desafios do pluralismo religioso e do monopólio do saber detido pelas ciências socialmente institucionalizadas, do direito secular e de uma moral social secular, em termos gerais, com as aparências dissonantes das condições de vida modernas. De ora em diante decresce o interesse da filosofia pela sua relação com a religião. O pensamento pós-metafísico centra-se

([17]) L. Honnefelder, *Duns Scotus*, Munique, 2005; quanto às origens medievais de todo o pensamento moderno, *idem*, *Woher kommen wir?*, Berlim, 2008.

([18]) Relativamente à epistemologia das ciências práticas nos séculos XIII e XIV, cf. M. Lutz-Bachmann, A. Fidora (org.), *Handlung und Wissenschaft*, Berlim, 2008.

na relação da filosofia com a ciência. Deste modo cria-se um défice sobre o qual não me debruçarei aqui de um modo mais circunstanciado.([19])

Com a deslocação rumo à compreensão secular e cientificizada do mundo que caracteriza a Modernidade altera-se novamente a constelação conceptual do mundo da vida, do mundo objectivo e do mundo quotidiano. Uma vez que o mundo objectivo se compõe de tudo sobre o qual podem ser emitidos enunciados verdadeiros, os contemporâneos filosóficos de Newton compreendem o mundo de acordo com a imagem mecanicista que a física moderna delineia da natureza como um todo. Do «mundo» fazem parte os objectos da experiência que se encontram numa relação determinada pelas leis da natureza com as coisas restantes. A matemática e a experiência operada pelas ciências da natureza substituem-se à «razão natural» dos teólogos-filósofos no seu papel de autoridade decisiva para a avaliação das experiências notoriamente pouco fiáveis do quotidiano. Os fenómenos sensíveis do mundo quotidiano já não têm por base essências, mas sim os movimentos regulares dos corpos que exercem efeitos causais uns sobre os outros.

Com o passo rumo ao conceito mecanicista da natureza, a imagem do mundo objectivo parece libertar-se de aspectos objectivados do mundo da vida. Mas que lugar ocupa o mundo da vida nesta compreensão reificada do mundo? O conceito de mundo depurado de projecções não foi introduzido de uma perspectiva ontológica, mas sim de uma perspectiva epistemológica. É o resultado da reflexão sobre as condições da possibilidade de um conhecimento físico fiável. Por isso, ao mundo objectivo encontra-se associado como contrapartida um sujeito cognoscente. Ao mundo da vida, os conceitos que figuram aos pares do paradigma mentalista apenas deixam em aberto o nicho da subjectividade representativa. Esta retirada deixa rastos tanto na forma aporética do mental como no burburinho das questões práticas, para as quais, depois da dissociação da razão prática da razão teórica cientificizada e pós-metafisicamente desencantada, já não existe nenhum lugar claro.

([19]) Quanto a esta matéria, vejam-se os ensaios dos capítulos 10, 11 e 12 do presente volume.

(3) No século XVII, o empirismo desenvolve essa imagem científica do mundo, contra a qual se levantará a acusação de «objectivismo». Por trás da fachada da descrição e explicação neutra dos fenómenos naturais, como é próprio das ciências da natureza, Husserl pretende pôr a descoberto as realizações constitutivas de objectos de práticas que são acessíveis a uma investigação fenomenológica. De acordo com este diagnóstico, o salto rumo a uma objectivação progressiva da nossa imagem do mundo objectivo não constitui ainda um argumento suficiente para a expectativa de que o saber reflexivamente acessível do mundo da vida, performativamente presente, se dissolva em ilusão perante a instância judicial do saber científico-natural referente ao mundo. No entanto, a crítica do psicologismo, em que Husserl começa por se apoiar([20]), é apenas um de vários motivos filosóficos que explicam a introdução do conceito do mundo da vida. Se já não nos deixarmos deslumbrar pelo mero facto do evidente progresso cognitivo das ciências exactas, recomenda-se termos em linha de conta três problemas internamente ligados da filosofia da consciência, em cujo quadro conceptual a moderna «imagem científica do mundo» começou por se desenvolver.

Logo a seguir, passo a explanar o estatuto aporético do mental (a) e revisito a «descrença moral» dos empiristas que provoca a viragem de Kant para a filosofia transcendental (b) a fim de preparar o argumento de que, no paradigma mentalista, o mundo da vida se oculta por detrás da fachada do espírito subjectivo.

(a) Após a introdução por parte da teoria do conhecimento do conceito desde então decisivo do mundo objectivo como somatório de todos os estados e acontecimentos apreensíveis de forma descritiva, em última instância nomologicamente explicáveis, a «natureza do espírito humano», sobre a qual já Hobbes se digladiou com Descartes, torna-se um problema. Pois, sob pontos de vista epistemológicos, o sujeito cognoscente assumiu uma posição externa relativamente ao mundo. Enquanto espírito, o sujeito retirou-se do todo dos objectos representáveis. Por outro lado, o sujeito pode representar-se, juntamente com

---

([20]) E. Husserl, *Logische Untersuchungen*, vol. 1, Tübingen 1980 [trad. port., *Investigações Lógicas*. Lisboa: Centro de Filosofia da Universidade de Lisboa, 2007.]

as suas representações, paixões e acções, como um *objecto no mundo* entretecido no nexo causal do mundo. Por isso, o mundo objectivo não é inteiramente redutível à totalidade dos fenómenos fisicamente explicáveis; estende-se igualmente ao mental, passível de uma explicação psicológica.

É um facto que o mental pode ser encarado *como objecto*, mas à partida chega à consciência *no modo de execução* como um espírito activo e assimilador. Esta subjectividade que se contrapõe ao mundo objectivo é o contraponto do mental encontrado no mundo. A teoria do conhecimento compreende o espírito *in actu* como uma consciência que sente, representa e pensa, e o sujeito cognoscente como um Eu que, de uma forma introspectiva, é capaz de formar, por seu lado, representações do facto de ter representações de objectos. A consciência entrosa-se por inerência com a autoconsciência. A posição extramundana destes estados de consciência bizarros, uma vez que apenas estão presentes de forma performativa no acto de vivenciar, permanece um aguilhão para a concepção de um mundo objectivado que inclui todos os corpos causalmente enredados. Em boa verdade, aquando da descrição de estados e acontecimentos mentais, o psíquico, que afinal apenas é acessível na execução, ou seja, da perspectiva da primeira pessoa, fica situado na perspectiva conceptual de uma anomalia *transitória*. Mas o mental retém, apesar deste *estatuto de candidato* a uma explicação científico-natural, o seu rosto de Jano. Factos vivenciais chamam até hoje a atenção para uma desconcertante incompletude da descrição do mundo objectivante.([21])

No século XVII, a filosofia começa por dar respostas ainda metafísicas à pergunta pelo lugar de uma consciência performativa de certo modo expulsa da natureza cientificamente objectivada – uma resposta dualista como Descartes, monadológica como Leibniz, ou deísta como Espinoza. Mas, da perspectiva do paradigma mentalista, estas construções que adoptam uma abordagem ontológica têm de se apresentar como um retrocesso a um ponto anterior à viragem epistemológica. À objectivação cartesiana do espírito em *res cogitans*, Hobbes contrapõe a concepção predicativa do mental como actividade ou realização que

([21]) T. Nagel, «What is it like to be a bat?», in: *idem, Mortal Questions*, Cambridge, 1979, pp. 165-180.

atribuímos a um sujeito; deste modo, capacidades mentais podem ser adscritas a um organismo, ou seja, a uma coisa corporal, como um atributo. «Poderia então ser que a coisa pensante, embora fosse o sujeito para o espírito, a razão, o entendimento, ainda assim fosse algo de corporal; Descartes supõe o contrário, mas sem apresentar qualquer prova.»(22)

Na sequência de Hobbes, o empirismo de Locke a Hume parece dar a resposta mais coerente ao compreender o espírito humano como um «espelho da natureza» que se encontra na própria natureza e ao concentrar-se na génese de um saber fiável.(23) Pela via da produção de efeitos causais sobre os órgãos sensoriais humanos, a natureza provoca impressões no sujeito e cria reflexos de si mesma nos juízos deste. Mas, enquanto a psicologia não possa ser derivada da física, mantém-se em aberto a pergunta inquietante pelo estatuto destes estados de consciência bizarros que, contrariamente a outras entidades, não podem ser espécio-temporalmente observados e identificados. A querela ainda hoje não está resolvida. A pergunta central da psicologia do conhecimento, que é a de saber como podemos certificar-nos da fiabilidade do nosso saber, ainda ofuscava na altura a consequência de que, com a viragem empirista, foi aberta a porta para uma objectivação científico-natural abrangente do espírito humano.

Os seus detractores, porém, desde o início não invocaram tanto o estatuto ontológico de difícil manejo das vivências; afinal também atribuímos a animais a subjectividade de uma vida consciente. Mas as *atitudes* que as pessoas podem assumir relativamente a estados de coisas ou a outras pessoas não são vivências que uma pessoa possa ter ou não, mas actos que se executam – e que podem dar mau resultado. É esta a *constituição normativa* do espírito, para a qual já Descartes chama a atenção(24) e que Kant faz valer contra Hume ao definir o entendimento como uma

(22) T. Hobbes, *Lehre vom Körper* [original: *De Corpore*, 1665], Leipzig, 1915, Anexo, p. 164.

(23) R. Rorty, *Philosophy and the Mirror of Nature*, Princeton, 1979; edição alemã citada: *Der Spiegel der Natur*, Frankfurt/M., 1981 [trad. port., *A Filosofia e o Espelho da Natureza*. Lisboa: Dom Quixote, 2004].

(24) Contra Hobbes, Descartes remete para a universalidade transcendente à consciência das proposições: «Pois quem duvida de que um francês e um alemão possam pensar *o mesmo* sobre os mesmos objectos, embora se sirvam de palavras completamente diferentes?» Hobbes (1915), p. 169.

faculdade espontânea de aplicação de regras ou conceitos. Outra consequência houve que inquietou ainda mais Kant: o empirismo falha ao tentar explicar a normatividade do espírito não só no que diz respeito às suas realizações epistémicas, mas, sobretudo, relativamente às suas realizações prático-morais.

(b) O paradigma mentalista constitui também uma resposta à desqualificação nominalista da natureza divina e ao deflacionamento correspondente de um conceito de teoria forte, dotado de conteúdo normativo. Agora, a atenção dos filósofos dirige-se a um entendimento humano que está em contacto com tudo o que se passa no seu mundo interior somente por intermédio da estimulação dos órgãos sensoriais. A imagem do mundo objectivo que o entendimento constrói com base em material sensorial contingente consiste exclusivamente de juízos descritivos, isto é, de um saber factual axiologicamente neutro. Desta consideração objectivante do mundo, a razão prática já não pode extrair nenhumas intelecções morais. Os enunciados avaliativos e normativos não podem ser fundamentados com base em enunciados descritivos. Com este desacoplamento, operado definitivamente por Hume, da razão prática em relação à razão teórica, a filosofia arrisca-se a perder toda a sua força orientadora das acções. Precisamente no caso em que todos os processos mentais pudessem explicar-se segundo o exemplo da física, já não poderiam extrair-se nenhumas orientações normativas de tais conhecimentos.

Os pensadores empiristas, que consideram o sujeito passional e agente tão enredado no nexo causal dos acontecimentos do mundo como o sujeito cognoscente, estimulado no plano sensorial, procuram uma saída na explicação psicológica da moral e do direito. Como precursores dos compatibilistas hodiernos, esforçam-se por chegar a uma compreensão da liberdade da vontade que seja compatível com uma constituição inteiramente determinista do mundo. Assim, Locke, no seu célebre capítulo «Sobre o poder», considera a pergunta «se a vontade do Homem será livre ou não?» como «inteiramente desapropriada.»([25]) Hobbes reduz os juízos morais a ponderações prudenciais, por

([25]) J. Locke, *An Essay Concerning Human Understanding*, cap. XXI [trad. port., *Ensaio sobre o Entendimento Humano*. Lisboa: Fundação Calouste Gulbenkian, 1999].

seu lado motivadas pelo desejo de evitar sanções e experiências de desprazer([26]), ao passo que Hume reconverte os sentimentos morais à habituação e contesta liminarmente uma genuína faculdade da razão prática: «As regras da moralidade não são conclusões do nosso raciocínio.»([27]) Para Kant, estas consequências no limiar do pensamento pós-metafísico constituem o verdadeiro desafio.

Como pessoas de carne e osso, os sujeitos cognoscentes não se limitam a defrontar-se ao mundo. Ao falarem uns com os outros e agirem em conjunto, têm de se orientar no trato com aquilo com que deparam no mundo. A comunidade dos investigadores, enquanto comunidade cooperativa de sujeitos agentes, encontra-se também inserida no nexo de um contexto de vida social e cultural. É um facto que a filosofia já havia muito que não tinha o seu próprio caminho de salvação a oferecer. Mas agora o próprio saber normativo da «ética» e da «política», reconvertidas à moral racional e ao direito racional, não se limitava a ocupar, como já em Aristóteles, uma posição inferior relativamente ao saber empírico, em última análise físico, acerca do mundo, antes o seu estatuto de saber estava abalado no seu âmago. A esta problemática, que, como pretendo demonstrar, é suscitada pelo recalcamento mentalista do mundo da vida, Kant responde servindo-se de uma revolucionária teoria do conhecimento para salvar da honra, de forma pós-metafísica, da pretensão cognitiva da razão prática.

A peripécia inicia-se com o facto de Kant ir até ao fundo das realizações construtivas do sujeito *cognoscente*, não interpretando já o contacto deste com o mundo – partindo da afecção dos sentidos – de modo passivo, mas sim transcendental. O sujeito cognoscente é ao mesmo tempo o elemento activo, porque é ele próprio que estabelece as condições em que se deixa afectar pelo mundo, ou por aquilo que se lhe pode deparar no mundo como objecto. Esta ideia de base da constituição de um mundo de objectos manifestos associa aspectos de dependência com aspectos de liberdade. O sujeito cognoscente goza da liberdade da legislação cognitiva de um espírito finito que reage

([26]) T.Hobbes, *Leviathan*, cap. 6-8 [trad. port., *Leviatã*. Lisboa: Imprensa Nacional-Casa da Moeda, 1999].

([27]) D. Hume, *A Treatise of Human Nature*, livro III, parte I, p. 1 [trad. port., *Tratado da Natureza Humana*. Lisboa: Fundação Calouste Gulbenkian, 2012].

às limitações contingentes de um mundo que existe de forma independente.(28) O núcleo da teoria é constituído pela distinção transcendental entre a constituição do objecto e os objectos manifestos. Ora, é um facto que, no plano da consciência transcendental, o entendimento opera sob a condução da razão *teórica.* Mas, com o acesso às condições subjectivas de experiências objectivas possíveis, Kant ganha um plano nouménico em que pode subtrair não só o sujeito cognoscente, mas as realizações espontâneas da subjectividade *no seu todo* a uma objectivação pelo conhecimento levado a cabo pelo entendimento.

Como Kant realça no prefácio da segunda edição da *Crítica da Razão Pura,* a restrição, operada pela crítica da metafísica, do uso da razão teórica a objectos da experiência pode, sob a premissa das realizações legislativas de um entendimento finito, ter a «utilidade positiva e muito importante» de pôr a descoberto um plano transcendental da espontaneidade do espírito, onde mesmo a liberdade da vontade ligada à utilização da razão prática encontra o seu lugar. Kant refere-se a este resultado da sua crítica do uso da razão teórica quando, longe de invocar contra a «descrença moral» dos empiristas argumentos provenientes da *Fundamentação da Metafísica dos Costumes,* declara: «Tive pois de suprimir o *saber* para encontrar lugar para a *crença,* e o dogmatismo da metafísica, ou seja, o preconceito de nela se progredir, sem uma crítica da razão pura, é a verdadeira fonte de toda a incredulidade, que está em conflito com a moralidade e que é sempre muito dogmática.»(29) O que Kant não menciona é a *utilidade recíproca* de que a razão legisladora na prática se reveste para o esclarecimento do conceito transcendental de uma razão legisladora na teoria. Pois somente a residência da vontade livre no «reino dos fins» faz entrar em jogo um fenómeno que pode preservar a suposição de uma esfera nouménica do mal-entendido fácil de ocorrer de uma recaída na metafísica.

Com o «facto transcendental» da lei moral, o fundo de ancoragem de toda a moral deontológica, Kant invoca, pois, um exemplo proeminente do saber de findo, convincente do ponto de vista fenomenológico. Em termos mais concretos, o peculiar

---

(28) R. B. Pippin, «Kant on the Spontaneity of Mind», in: *idem, Idealism as Modernism,* Cambridge, 1997, pp. 29 ss.

(29) I. Kant, *Kritik der reinen Vernunft,* BXXXI. (Realçado no original por impressão espaçada.) [trad. port., p. 27.]

facto de um sentimento de obrigação incondicionada, que deve arcar com todo o ónus da prova, distingue-se de outros factos descritivamente apresentados pela circunstância de poder ser co-tematizado *apenas no modo de execução.* A consciência do dever não é outra coisa senão o saber performativamente presente no jogo de linguagem da autoria responsável, no sentido de que se *deve* observar um imperativo moral racionalmente fundamentado. Se escolhermos o mundo da vida como chave para a interpretação do estatuto da liberdade da vontade racional, a esfera nouménica perde a aparência de um «mundo por detrás do mundo» interpretada de forma metafísica (Nietzsche). Só na execução da acção comunicativa podemos sentir *enquanto tais* – e aprender a compreender – as obrigações que assumimos com as relações sociais. Sem esta experiência performativa, não saberíamos de que se trata numa descrição deste estado de coisas feita da perspectiva de uma terceira pessoa. Por isso, o sentido normativo de uma expectativa de comportamento moralmente fundamentada tem de ser procurado no lugar de origem do fenómeno. A normatividade do dever-ser não pode nem ser objectivada de forma especulativa num mandamento da natureza ou num valor existente, nem reduzida psicologicamente a estados no mundo objectivo – prazer e desprazer, recompensa e castigo.

A «ideia» da liberdade é apenas uma entre várias ideias. A doutrina kantiana das ideias ilumina, em termos gerais, um segundo plano presente de modo performativo, que apenas é reificado num «mundo por detrás do mundo» quando a razão teórica ultrapassa os limites do uso legítimo do entendimento.([30]) As ideias ou os conceitos puros da razão delineiam uma totalidade não iludível ou «incondicionalmente válida» a que, enquanto tal, não corresponde nenhum objecto na experiência. Na distinção entre ideias da razão prática e da razão teórica, já se pode descortinar a antecipação da diferença entre o mundo da vida e o mundo objectivo. A ideia da liberdade de poder agir com base na intelecção de imperativos morais tem uma validade absoluta, se bem que apenas o seja numa acepção, e nesta medida reveste-se de um significado constitutivo para o mundo normativamente regulado das relações interpessoais.

([30]) Quanto a esta interpretação dos postulados da razão prática, cf. U. Anacker, *Natur und Intersubjektivität*, Frankfurt/M., 1974, parte II.

A ideia cosmológica do mundo, por seu lado, tem o significado regulativo de completar as nossas experiências sempre selectivas num todo, para lá de qualquer contexto, dos objectos de uma experiência possível. Nesta versão, a doutrina das ideias de Kant oferece pontos de ligação ao conceito destranscendentalizado de uma razão que projecta o mundo, mas que se encontra situada no mundo da vida descrito pela teoria de comunicação.([31])

Evidentemente, tiveram de ser ultrapassadas, em primeiro lugar, as dificuldades do paradigma mentalista, antes de, por detrás da fachada do espírito subjectivo compreendido de forma transcendental, poder ser descoberto o mundo da vida. É um facto que já as intelecções da filosofia da linguagem de Humboldt apontam na direcção de uma «superação» da filosofia transcendental pela pragmática linguística.([32]) Mas este desenvolvimento da ideia da «destranscendentalização», que parte de Hegel e vai até Heidegger e Wittgenstein, passando por Peirce e Dewey, bem como por Husserl e Dilthey, não pode ser compreendido como uma evolução interna, unicamente impulsionada por problemas filosóficos. Se, desde Galileu e Newton, a filosofia se viu obrigada a confrontar-se com o olhar desencantado das ciências da natureza modernas sobre o mundo objectivo, desde Hegel teve de se entender com o olhar histórico das ciências sociais e humanas sobre a cultura e a sociedade. Com a ascensão destas novas disciplinas emergiu um outro continente de factos «dissonantes» – o espírito objectivo das formas de vida culturais. Visivelmente, os objectos da psicologia não são *as únicas* entidades que não, ou ainda não, podem ser reduzidas a algo mensurável fisicalisticamente. Tal como a filosofia não pôde em tempos furtar-se à pergunta pelo estatuto dos factos da consciência, tão-pouco pode agora evitar a pergunta de como este espírito «objectivo», que manifestamente transcende o espírito subjectivo, há-de ser compreendido e enquadrado no nexo causal dos acontecimentos do mundo.

([31]) T. McCarthy, *Ideale und Illusionen*, Frankfurt/M., 1991, pp. 19 ss.; J. Habermas, «Acção comunicativa e razão destranscendentalizada», in *Obras Escolhidas*, vol. 2, pp. 127-180.

([32]) Cf. A minha resposta em: A. Honneth, H. Joas (org.), *Kommunikatives Handeln*, Frankfurt/M., 1986, pp. 328-337.

(4) Antes de mais (a) pretendo explicar o desafio ambivalente que as ciências humanas representam para a filosofia transcendental para, em seguida, demonstrar (b) como a fenomenologia responde a este desafio com a introdução do conceito de mundo da vida.

(a) Não deixa de ser espantoso que os factos históricos, sociais e culturais só muito tarde tenham sido objecto de um interesse científico sistemático. As ciências humanas históricas nasceram de doutrinas sobre a arte, das tradições humanistas da poética, das exposições históricas e das filologias; de modo semelhante, as novas ciências dedicadas ao estudo do Estado e da sociedade desenvolveram-se a partir das doutrinas clássicas da política e da economia. Estas doutrinas sobre a arte tinham em comum com o cânone das «artes livres» – que remontam, por seu lado, aos primórdios das culturas evoluídas – a proveniência de um saber profissional. Tal como a gramática, a retórica e a lógica, como a aritmética, a geometria e a música, e até a astronomia, as artes e as respectivas doutrinas, mesmo que estas se refiram a competências mais específicas, são desenvolvidas a partir da reflexão de participantes sobre uma prática *previamente dominada*. As ciências sociais e humanas assumem uma atitude completamente diferente.

O seu interesse já não tem por alvo o conhecimento reflexivo de uma prática *convencionada pelo hábito* e dos seus produtos, quer de uma determinada língua, quer das artes plásticas e da literatura, da historiografia, da arte de governar ou da economia. A curiosidade de ora em diante *metodicamente orientada* dirige-se antes à comparação e à análise das múltiplas formas de vida culturais que, embora apenas sejam acessíveis da perspectiva do participante, podem ser utilizadas da perspectiva de um observador *como fontes de dados* e transformadas em factos históricos, culturais e sociais. É esta transformação da perspectiva do participante na perspectiva do observador que acaba por fazer das ciências da cultura disciplinas científicas de direito próprio. Em comparação com a área temática das ciências da natureza, porém, os objectos simbólicos das ciências humanas conservam um estatuto peculiar. Pois o observador tem, antes de mais, de ter participado nas práticas do mundo da vida, tem de as ter compreendido assumindo o papel de um participante virtual, antes de ser capaz de objectivar em dados as práticas e os produtos em que estas se sedimentam.

Não é, pois, um acaso termos introduzido o conceito de mundo da vida como o saber performativamente presente de potenciais *participantes de práticas comuns.* O saber «vivido», ou seja, constitutivo para o mundo da vida, do qual se alimenta a prática comunicativa quotidiana, decerto que se reflecte na consciência pessoal, até se encontra «gravado» em cérebros individuais, mas, não sendo uma propriedade privada, mantém presente um mundo da vida por inerência *partilhado no plano intersubjectivo.* Quem se encontra performativamente enredado no processo circular entre o mundo da vida e a acção comunicativa sabe, para mais, que este processo decorre em simultâneo como algo no mundo objectivo a que se refere de forma intencional – sem poder atalhar essa distância *in actu.* Faz parte do realismo próprio do bom senso humano estar ciente de que o mundo da vida, que permanece performativamente nas suas costas como o «nosso mundo da vida», existe como algo no mundo objectivo – mais concretamente, como uma entre várias formas de vida culturais. Os integrantes, que partilham o «seu» mundo da vida, observam e comentam simultaneamente os acontecimentos que se desenrolam no espaço social e no tempo histórico. Daquilo que deste modo é *observado e debatido* nasce o mundo quotidiano.

É assim que os sujeitos que agem comunicativa também adquirem, de uma forma natural e espontânea, conhecimentos «sociológicos» e «históricos» dos excertos do seu mundo quotidiano constituídos no plano do mundo da vida. Quanto mais contingentes, complexos e opacos forem os processos de socialização, mais ricos e sistemáticos se tornam esses conhecimentos. Este saber tematizado e, nessa medida, tornado explícito deve ter-se consolidado desde o começo – ou seja, desde a transição da coesão instintiva das hordas de hominídeos para a comunicação linguística – nas ramificadas redes de interacção da acção comunicativa em padrões interpretativos tradicionais e em expectativas normativas de comportamento. As tradições e normas culturais, por seu lado, inscrevem-se pela via de processos socializatórios e educativos nas competências, atitudes e identidades das gerações vindouras. Os adultos encontram-se *perante* o conjunto das suas práticas e dos seus produtos, práticas essas convencionadas pelo hábito e parcialmente tornadas tematicamente disponíveis. É, também, por isso que têm uma consciência do *primado ontológico* destes excertos do seu mundo quotidiano, constituídos antes de mais de forma performativa, ou seja, no plano do mundo da vida. Na atenção dada a estes excertos radica o saber corrente reflexivo, referido à história, cultura e sociedade próprias, que já nas culturas evoluídas é objecto de tradição escrita e, ainda assim, só muito tarde se evolui para um componente cientificamente diferenciado do saber acerca do mundo.

No início do século XIX, o acervo acumulado de saber acerca do mundo já fora enriquecido pelas descobertas revolucionárias das ciências da natureza modernas – e com Copérnico importantes igualmente no plano das imagens do mundo. Decerto que as descobertas de Darwin e Einstein ainda estavam por fazer e ainda não se tinham verificado, os importantes avanços no plano da nanofísica, da genética e da neurologia. Mas esses progressos do saber desenrolar-se-ão nos trilhos das ciências empíricas nomológicas que, desde o século XVII, cunham no essencial o conceito de mundo objectivo. O que inquieta é o novo continente de factos difíceis de manipular que emerge no decurso da investigação da cultura e da sociedade por parte das ciências sociais e humanas. As ciências humanas reagiam, naquela época, depois da Revolução Francesa, a uma aceleração da tradição cultural liquefeita, em que se expressa uma consciência intensificada, marcada por experiências de novidade e expectativas para o futuro([33]); ao mesmo tempo, as ciências sociais assimilam a objectivação sistémica das relações sociais, sentida como «alienante», que se impõe aos contemporâneos no processo da diferenciação funcional do Estado administrativo e da economia capitalista.([34])

Estas ciências competem com as ciências da natureza no que toca à reificação da nossa imagem do mundo objectivo e deixam vestígios ambivalentes na prática quotidiana – tanto reificadores como ideológicos. Servem-se das experiências e dos conhecimentos da prática quotidiana, que até à data apenas eram registadas

([33]) R. Koselleck, *Vergangene Zukunft*, Frankfurt/M., 1979.
([34]) Cf. por exemplo o meu excurso relativo às *Briefen über die ästhetische Erziehung des Menschen* de Schiller em: J. Habermas, *Der philosophische Diskurs der Moderne*, Frankfurt/M., 1985, pp. 59-64 [*O Discurso Filosófico da Modernidade*, Lisboa: Dom Quixote, 2010].

na literatura e em relatos de viagem, em diários e crónicas, em estatísticas económicas e administrativas, relatos de guerra, narrativas históricas, compêndios, etc., seja como «fontes» de uma investigação histórico-crítica, filologicamente esclarecida, ou modelam a partir daí âmbitos de dados a recolher de forma empírica e a interpretar sistematicamente sob pontos de vista teóricos. Com esta deslocação rumo à objectivação científica dos *excertos do mundo quotidiano constituídos no plano do mundo da vida*, o conceito monolítico do mundo objectivo, que se impusera à teoria do conhecimento sob o efeito da física newtoniana, ainda se torna mais problemático.

Agora coloca-se novamente a questão de como se transformou a constelação conceptual do mundo da vida e do mundo objectivo, depois de os excertos do mundo da vida se terem tornado objecto da investigação, não apenas sob pontos de vista psicológicos, mas igualmente sob pontos de vista culturais, sociais e históricos. No essencial, os fenómenos do mundo quotidiano são agora canalizados de dois lados(35) em direção a uma objectivação científica. Com o termo «objectivação» referimo-nos a uma descrição cada vez mais imparcial da realidade, que se deve a um progressivo descentramento das perspectivas de percepção e de interpretação centradas no mundo da vida sempre próprio. No entanto, não devemos confundir a objectivação com uma abstracção *reificadora*, ou seja, o acto de talhar os acontecimentos intramundanos à medida de uma única dimensão da forma de se lidar com objectos manipuláveis e mensuráveis.(36)

Ao passo que as ciências da natureza se aproximam da ideia de uma avaliação imparcial pela via da eliminação de qualidades do mundo da vida e produzem um saber contra-intuitivo, as ciências sociais e humanas apenas podem almejar *o mesmo* objectivo pela via da certificação hermenêutica e da reconstrução aprofundadora de experiências de relacionamento e práticas próprias do mundo da vida. Nas ciências naturais, nem sequer

---

(35) Com a limitação a ciências exactas nomológicas, por um lado, e a ciências sociais e humanas, por outro, procedo a uma simplificação que se deve à perspectiva do meu questionamento. Este contraste tosco não só negligencia as particularidades pertinentes noutro contexto das biociências e da psicologia, mas igualmente as múltiplas diferenças que existem no seio das duas grandes, das ciências *da natureza* e *humanas*, caracterizadas *apenas sob o aspecto da abordagem* das suas respectivas áreas temáticas.

(36) Agradeço a Lutz Wingert por esta indicação clarificadora.

uma teoria dos sistemas que pretenda eliminar da sua área temática todos os traços normativos pode prescindir da abordagem hermenêutica dos seus objectos simbólicos e do «sentido» como conceito fundamental. Desde então, a imagem que fazemos do mundo objectivo polariza-se, porque a objectivação dos fenómenos quotidianos aponta *em direcções diversas*.

Perante esta objectivação *bipolar* complica-se também o projecto de uma naturalização do espírito. Pois agora as ciências cognitivas não só têm de reintegrar o mental na terminologia das ciências da natureza e reconduzir o espírito *subjectivo* a operações do cérebro, como têm de estabelecer ligações entre formas de vida culturais partilhadas *intersubjectivamente* e substratos orgânicos. As tentativas de redução deparam com a dificuldade adicional de o espírito «objectivo» ou socializado se subtrair ao esquema organismo *versus* meio circundante, dado que aquele já não pode ser modelado, tal como o «espírito subjectivo», como «imagem interior do mundo exterior» e arrumado numa relação bilateral entre sujeito e objecto. Antes de eu poder retomar esse filão, temos de percorrer a última etapa no percurso que leva das imagens do mundo ao mundo da vida e explicar por que a intelecção transcendental de base quanto à constituição normativa e ao carácter construtivo do espírito humano apenas pôde afirmar-se contra as objecções empíricas do pensamento historizador e particularizador das ciências humanas através de uma descentralização que vinha ao seu encontro.

(b) Vejamos antes de mais as objecções. A filosofia transcendental expõe-se, especialmente na versão, segundo a qual deciframos no coração da esfera noumenal o «reino dos fins» como a silhueta do mundo da vida recalcado pelo mentalismo, à crítica das ciências sociais e humanas que põem em campo elementos empíricos evidentes contra a suposição da invariância e validade intemporal das categorias e das realizações de um sujeito transcendental encapsulado em si próprio de uma forma monádica. Uma vez que as novas disciplinas se debruçam sobretudo sobre o carácter específico e variável de artefactos, das formas de vida e das práticas produzidos de forma simbólica, as suas provas parecem desmentir a presunção de uma legislação transcendental *uniforme* que não consegue explicar a riqueza e a variação das formas simbólicas multiformes e historicamente mutáveis.([37]) Não é o carácter construtivo e capaz de projectar o mundo do espírito que suscita a oposição das ciências hermenêuticas, mas a universalidade e a necessidade abstractas que presumivelmente afastam a consciência transcendental da multiplicidade e da contingência exóticas das línguas, das culturas e das sociedades.

Esta crítica historicista não coincide, portanto, com aquela crítica do mentalismo que faz valer, em primeira linha, a natureza intersubjectiva das línguas, das práticas e das formas de vida contra a constituição subjectivista do espírito. Mas ambos os vectores de ataque confluem na crítica da posição transmundana de um Eu inteligível. A nova consciência histórica, que encontra a sua expressão reflectida nas ciências humanas que então estavam a nascer, impeliu já Herder e Hamann, assim como, e sobretudo, o Hegel de Jena nas suas lições dedicadas à *filosofia do espírito*, a acertarem contas com a ideia mentalista de um sujeito transcendental, acima do mundo no seu todo e que, por assim dizer, se lhe contrapõe. De acordo com a concepção do jovem Hegel, o sujeito cognoscente, que fala e age encontra-se inserido *por inerência* em relações com outros sujeitos. Estas são, por seu lado, instituídas *de antemão* por «*media*» como a linguagem e a comunicação, o trabalho e a interacção social.([38]) O próprio Hegel acertou posteriormente as agulhas de outro modo. Acaba por sempre voltar a reintegrar as configurações do espírito objectivo no processo circular do espírito absoluto que regressa a si – e assim na reflexão de um sujeito único que tudo abrange.([39]) No entanto, a sua crítica do mentalismo é radicalizada pelos jovens hegelianos, nomeadamente por Feuerbach e Marx sob pontos de vista da filosofia do diálogo e da teoria da sociedade, assim como por Kierkegaard sob pontos de vista ético-existenciais. Somente o historicismo e a filosofia da vida, o pragmatismo

---

([37]) A *teoria das formas simbólicas* de Cassirer entende-se como uma defesa directa da filosofia transcendental de Kant contra esta crítica historicista.

([38]) J. Habermas, «Wege der Detranszendentalisierung», in: *idem*, *Wahrheit und Rechtfertigung*, Frankfurt/M., 1999, pp. 186-229; também já em J. Habermas, «Arbeit und Interaktion», in: *idem*, *Technik und Wissenschaft als «Ideologie»*, Frankfurt/M., 1968, pp. 9-47 [*Técnica e Ciência Como «Ideologia»*, Lisboa: Edições 70, 2015].

([39]) J. Habermas, *Der philosophische Diskurs der Moderne*, Frankfurt/M., 1985, pp. 34-58.

e a filosofia da linguagem atribuíram, porém, no decurso ulterior do século XIX e dos primórdios do século XX, aos contextos de vida práticos, mediados simbolicamente, da existência corporal, social e histórica dos indivíduos socializados um significado epistemológico e teórico-científico.

Nesta situação argumentativa é instrutiva a revisão a que Edmund Husserl submete, com recurso ao conceito de mundo da vida, as linhas gerais da sua própria fenomenologia transcendental. Nas *Investigações Lógicas*, debruçara-se unicamente sobre a relação entre a psicologia e a fenomenologia pura que, embora tivesse estado na ordem do dia desde a crítica que Kant fizera de Hume, havia adquirido uma renovada actualidade no decurso do século XIX devido ao ganho de reputação da psicologia da percepção. Husserl, ao invés, debruça-se no seu texto, escrito entre 1928 e 1930, dedicado à relação entre as ciências da natureza e as ciências do espírito, sobre o estatuto das ciências do espírito, bem sucedidas particularmente nas universidades alemãs.

Husserl detecta uma afinidade de parentesco com a fenomenologia no facto de as ciências humanas terem por alvo a compreensão das pessoas a partir da perspectiva dessas mesmas pessoas: «O interesse dirige-se para os seres humanos enquanto pessoas que, em acções e paixões pessoais, estão referidas a "o" mundo e, no convívio da vida, do relacionamento pessoal, da acção e, de resto, desde a determinação mundana até ao comportamento mun.»([40]) O mundo quotidiano que, neste texto é coerentemente designado por «o meio circundante das pessoas», merecera antes a Husserl ocasionalmente uma outra expressão: «O mundo da vida é o mundo natural – na atitude da vida natural corrente, somos sujeitos funcionais vivos tal como o círculo de outros sujeitos funcionais.»([41]) A expressão «mundo da vida» só se torna objecto de uma utilização terminológica clara nos anos

([40]) E. Husserl, «Naturwissenschaftliche und geisteswissenschaftliche Einstellung», in: *Die Krisis der Europäischen Wissenschaften und die transzendentale Phänomenologie* , org. por Walter Biemel, Den Haag, Dordrecht, 1976, p. 296 (*Husserliana*, vol. VI) [trad. port., p. 299].

([41]) E. Husserl, *Ideen zu einer reinen Phänomenologie und phänomenologischen Philosophie*, org. por Marly Biemel, Den Haag, Dordrecht, 1991, p. 375. (*Husserliana*, vol. IV). A este propósito, cf. R. Welter, *Der Begriff der Lebenswelt*, Munique, 1986, p. 79.

de 1934 a 1937, quando Husserl centra a sua atenção na «crise das ciências europeias».

Para já, fica-se pelo «meio circundante» ou pelo mundo do *common sense*, em que vivemos numa «atitude natural». As ciências humanas tornam esse mundo, por seu lado, uma área temática de descrições e explicações empíricas possíveis focando a sua atenção em pessoas nos seus meios circundantes, ou seja, adoptando elas próprias a «atitude pessoal». Desta perspectiva, também se torna visível a diferença entre o mundo da vida respectivamente observado e a visão correspondente que os que a ele pertencem têm de «o» mundo objectivo.([42]) Relevante é apenas a «imagem» que os integrantes de uma determinada forma de vida cultural fazem do mundo objectivo; estes têm acesso ao mundo objectivo visto «através» das lentes da sua forma de vida. Neste contexto, Husserl poderá ter tido em mente as tipologias das imagens do mundo tais como foram desenvolvidas de Dilthey até Jaspers. Contrariamente às ciências humanas, as ciências da natureza assumem uma «atitude natural» perante o mundo objectivo: «Se tornarmos as coisas, a natureza, o mundo dos animais e dos humanos, os corpos e as almas, como são por si "próprios" (objectivamente), um tema científico, somos praticantes das ciências exactas.»([43]) Desta perspectiva, tudo, incluindo as pessoas no seu respectivo meio circundante, se reduz a elementos da totalidade de entidades mensuráveis com os meios da física e concatenadas por leis causais.

Partindo da «atitude natural» do quotidiano, abrem-se, portanto, consoante a direcção temática, duas atitudes *teóricas*. Estas visam ou o mundo quotidiano, ou a «mera natureza.»([44]) Ao passo que o interesse teórico das ciências humanas entronca na atitude natural como aquilo que abre a porta de acesso às formas de vida e às práticas culturais, o interesse das ciências da natureza parece abstrair do mundo da vida enquanto tal. No entanto, esta pressuposição revela-se uma ilusão, logo que o «mundo» da natureza objectivável por via da matemática e das ciências experimentais seja visto como uma «ideia», como o

([42]) «A ciência do espírito é a ciência da subjectividade humana na sua referência consciente ao mundo como para ela aparecendo, e motivador do seu agir e padecer.» (Husserl [1976], p. 297) [trad. port., p. 300]

([43]) *Ibidem*, p. 297.

([44]) *Ibidem*, p. 308 [trad. port., p. 311].

audacioso projecto idealizante de uma comunidade de investigadores cooperantes, que afinal comunicam uns com os outros «no seu meio envolvente». Já anos antes do tratado sobre *A crise das ciências europeias*, Husserl descreve o «mundo objectivo» da física «como o em-si real da natureza a determinar idealmente [...] pelo método científico-natural. Mas este é [...] um correlato de realizações particular dessa comunidade pessoal que se denomina então a dos cientistas da natureza.»([45]) Deste modo, Husserl encontrou o ponto de partida para as análises a que procederá na sua obra tardia; ali utiliza o termo «mundo da vida» no sentido terminológico de um correlato pré-predicativo da consciência do mundo quotidiano posto a descoberto por uma «redução fenomenológica»: «As ciências estão construídas sobre a obviedade do mundo da vida, porquanto a partir dela fazem uso daquilo que em cada caso é necessário para os seus fins. Contudo, utilizar o mundo da vida desta maneira não quer dizer conhecê-lo cientificamente a ele mesmo no seu modo de ser próprio.»([46])

A reflexão sobre a lógica específica das ciências humanas atraiu Husserl ainda para um outro caminho que conduz à concepção do mundo da vida. Não só as ciências da natureza, também as ciências humanas encontram-se inseridas em contextos do mundo da vida: «Para a atitude científico-natural, o ponto de partida é a "atitude natural", na qual toda a gente se encontra e se pode encontrar a si mesma na sua vida desperta e, assim, também o cientista do espírito que começa, antes de todo o propósito e agir científicos [...] num mundo que o cerca, que aparece ora assim, ora de outro modo, que ora o motivo de um modo, ora de outro, no qual ele dirige o olhar, o ouvir, etc.»([47]) A sua concepção mentalista da comunicação e representação linguística impede Husserl de compreender a vinculação do intérprete à sua situação de partida, à maneira de Heidegger, como um problema hermenêutico. Mas ele depara neste lugar com a problemática do historicismo, de modo que, a fim de defender a pretensão de verdade das ciências do espírito, passa a procurar uma saída perante a ameaça do relativismo.

([45]) *Ibidem*, p. 298 [trad. port., 301].
([46]) *Ibidem*, p. 128 [trad. port., 140].
([47]) *Ibidem*, p. 300 [trad. port., 303].

Na concepção de Husserl, as atitudes teóricas das ciências da natureza e das ciências humanas ainda se mantêm elas próprias apegadas ao horizonte incontestado do mundo da vida e da «atitude da vida natural e humana no mundo.»([48]) É um facto que as atitudes natural e pessoal visam ambas a verdade e a objectividade do conhecimento e geram uma distância metódica do exercício irreflectido da vida quotidiana. No entanto, devido ao facto de dirigirem o olhar da comunidade dos investigadores *intentione recta* para a sua respectiva área temática, as pressuposições performativamente presentes, próprias do mundo da vida, permanecem ocultas à própria prática. De acordo com Husserl, somente a fenomenologia deverá ser capaz de esclarecer a relação entre o mundo da vida e o «mundo científico objectivo», isto é, do mundo objectivo *objectivado pelas ciências da natureza e as ciências sociais e humanas.* Mas para Husserl, e é isso que interessa no nosso contexto, a forma como a fenomenologia põe a descoberto o «fundamento de sentido» tem de ter uma consequência respectivamente diferente para as ciências da natureza e as ciências do espírito. No caso das ciências da natureza – é esse o tema e o desígnio declarado do tratado sobre a crise –, isso deve contrariar um objectivismo carregado de consequências práticas, ou seja, uma reificação projectiva das práticas investigativas constituintes do objecto. No caso das ciências humanas, o pôr a descoberto estruturas universais do mundo da vida deverá evitar a derrapagem para uma autocompreensão equivocada de cariz contextualista, que teria por consequência uma crítica radical da razão.

(5) Husserl está ciente do carácter fértil em consequências dos seus acertos de agulhas conceptuais. O «mundo objectivo» é sublimado numa *ideia do ser-em-si.* Isso possibilita a orientação teórica pela verdade e rege as práticas investigativas que conduzem a uma *objectivação em dupla perspectiva* do nosso saber acerca do mundo. As próprias práticas, porém, encontram-se desde sempre inseridas em contextos de um mundo quotidiano que constitui o ponto de partida para uma análise do pano de fundo do mundo da vida. À semelhança do que acontece no

---

([48]) D. Liebelt (*Edmund Husserl, Lebenswelt – Ein Überblick,* Munique, 2007, p. 7) encara as duas atitudes teóricas como «atitudes naturais de segundo grau».

pragmatismo de Dewey ou na filosofia da vida de Dilthey, a esfera do bom senso humano e «da desprezada δόξα, revestir-se-ia da dignidade de um fundamento para a ciência, a ἐπιστήμη.»(49) No entanto, as estruturas universais do mundo da vida apenas podem ser filtradas dos mundos quotidianos concretos na *atitude reflexiva* de uma investigação rigorosamente fenomenológica. Para caracterizar esta atitude, Husserl recorre a precauções metódicas anteriormente explicadas.

Somente o acesso rigorosamente metódico ao saber de fundo explica o sentido transcendental e a utilização terminológica do «mundo da vida». Este conceito, que Husserl desenvolve recorrendo a uma fenomenologia da percepção como fio condutor, é alargado por Heidegger sob pontos de vista pragmáticos e éticos (a). Na tentativa da destranscendentalização do mundo da vida da subjectividade realizadora, Husserl e Heidegger envolvem-se num paradoxo a que reagem cada um a seu modo (b). Como resposta ao malogro destas duas tentativas oferece-se o conceito teórico-comunicativo, já introduzido do mundo da vida (c).

(a) Husserl volta uma e outra vez ao específico da reflexão que o fenomenólogo observador fenomenológico há-de levar a cabo. Neste exercício corre-se o risco de perder-se o que interessa entre conotações enganosas (como a «visão da essência» e a eidética). A reflexão deverá explicitar aquilo que é atematicamente co-dado na realização das atitudes proposicionais. A «*epoché*» exige relativamente a qualquer acto realizado linearmente a conversão da atitude directa relativamente a algo existente no mundo na certificação reflexiva do próprio acto respectivamente a ser realizado; a «redução fenomenológica» deve então encaminhar a atenção para o benefício desta operação para, abstraindo do conteúdo proposicional do realmente visado, guindar à consciência aquilo que é atematicamente co-dado na realização do acto, ou seja, o componente do significado constitutivo para o sentido da utilização *enquanto tal*. Ambos os passos devem explicitar a consciência dos actos, que, assim não sendo estaria presente apenas em termos performativos.

Se retirarmos estes preceitos metódicos do contexto específico da fenomenologia transcendental, eles descrevem no seu

(49) Husserl (1976), p. 158 [trad. port., p. 169].

âmago o processo clássico, seguido desde a análise dos conceitos realizada por Platão, da explicação filosófica do saber de uso de sujeitos que conhecem, falam e agem com competência. Mas, ao invés da filosofia analítica, na tradição de Kant mantém-se uma consciência do carácter transcendental deste saber de uso. O saber de fundo performativamente presente em que os sujeitos se apoiam ao se referirem intencionalmente a algo no mundo é compreendido como um conjunto de condições que são constitutivas para as vivências e as experiências, para a produção de expressões linguísticas, para as práticas e as acções.

Na realização das suas investigações, Husserl orienta-se ainda pela relação compreendida de forma mentalista entre *ego, cogito* e *cogitatum*. Nisto revela-se o interesse originário pela percepção das coisas. A própria descrição fenomenológica de simples percepções de forma ou cor desvia o olhar do próprio objecto para o «como da sua doação» e para o contexto do qual o objecto sobressai para o observador – quer para o pano de fundo diferenciado de que se destacam os contornos do objecto, ou para a perspectiva de que se apresentam as tonalidades de cor graduadas, ou para as referências às opiniões colaterais do meio envolvente, etc. É deste modo que Husserl analisa «a estrutura horizontal da experiência» e o «típico pré-conhecimento» de qualquer objecto da experiência; depara com o «mundo como solo universal da fé para qualquer experiência» ou como «horizonte de todos os substratos do juízo possíveis» e desenvolve uma «teoria da experiência pré-predicativa.»([50])

Deste tipo de saber intuitivo, que Husserl designa por «pré-predicativo» porque de certo modo acompanha de forma pré-reflexiva o saber proposicional expresso em percepções e juízos, em sentimentos, desejos e expectativas, mas igualmente em acções e actos de fala, forma-se o pano de fundo performativamente presente do «mundo da vida». Este rodeia o observador ingénuo quando se dirige intencionalmente a algo no mundo; é também nele que o próprio observador fenomenológico depara consigo desde sempre como um Eu mundano, encarnado. No entanto, o mundo dos objectos de referências possíveis apenas ganha objectividade e uma existência independente para o

([50]) Husserl, *Erfahrung und Urteil*, org. por Ludwig Landgrebe, Hamburgo, 1948, §§1-14.

observador apresentando-se tanto das perspectivas de outros sujeitos como também para ele como *o mesmo* mundo. A objectividade de objectos de experiências possíveis apenas se produz para um *Ego* que vivencia nas condições de uma comunitarização com *Alter*. Pois as perspectivas dotadas de parcialidade egocêntrica só são suficientemente descentradas num mundo da vida partilhado intersubjectivamente.

O Heidegger orientado de um modo quase pragmatista por uma interpretação do mundo artesanalmente funcional (da primeira secção da «primeira metade») de *Ser e Tempo* reinterpreta logo de seguida a «descrição» fenomenológica como «interpretação» hermenêutica([51]) e confere à pálida fenomenologia do mundo da vida, que parte da percepção dos objectos, as cores mais garridas de uma forma prática de se lidar com o mundo e da autocompreensão existencial. Converte a «vida da consciência» do Eu transcendental na «existência» de um ser-aí essencialmente determinado como activo e que tem de viver a sua vida («ser o seu ser»). O mundo da vida exibe, nesta versão, os traços de um contexto histórico constituinte do horizonte para um «ser-aí» consciente, desafiado para a autenticidade, centrado no corpo, situado no tempo e no espaço social. É compreendido como a constituição «existencial» do estar-no-mundo de sujeitos que, à luz do seu projecto existencial de vida, deixam vir ao seu encontro àquilo que «é no mundo». Heidegger compreende o «mundo objectivo» como «aquilo que é no seu todo» com que o indivíduo se vê confrontado no cuidado consigo próprio. E o «mundo quotidiano» abre-se-lhe no «estar com» e «ter que ver» preocupados com as coisas e as pessoas do trato quotidiano.

Também a ontologia existencial mantém um recorte transcendental. Pois, como pano de fundo implicitamente sabido, a prática de vida pré-teórica goza de uma prioridade transcendental relativamente a tudo aquilo que é e que se depara aos sujeitos no mundo – relativamente àquilo *que* ficam a saber, *sobre o que* falam e *com que* se desgastam. A relação entre o *constituens* e o *constitutum* é traduzida na diferença ontológica entre o ser e os entes. Esta adquire um significado diferente na medida em que Heidegger *inverte* a prioridade convencional, acentuada

([51]) M. Heidegger, *Sein und Zeit*, Tübingen, 1949, p. 37.

ainda por Husserl, da atitude teórica sobre a atitude prática, a saber, em favor de uma prioridade epistémica do trato com o que está à mão – trato esse que abre o mundo – sobre o juízo acerca do que está meramente perante nós, ou seja, do implicitamente sabido sobre o saber proposicional.([52]) Uma vez que, de um ponto de vista pragmático, a utilização de utensílios, ou seja, a acção instrumental, e, sob pontos de vista éticos, a auto-afirmação autêntica da existência heróica (a que «colmata as brechas e domina» ou a que «se antecipa e domina» têm um carácter exemplar, a relação bilateral entre sujeito e objecto do esquema mentalista deixa as suas marcas também em *Ser e Tempo.* Por isso, o existencial do «estar com» é introduzido, de um modo não muito diferente do verificado relativamente à «intersubjectividade» em Husserl, também em Heidegger da perspectiva egológica do sujeito individual «diligente.»([53])

No que diz respeito à crítica da ciência, o paralelismo é óbvio. O enunciado central dirige-se, já nos primeiros parágrafos de *Ser e Tempo,* contra um cientismo que «esquece» o mundo dos instrumentos como o fundamento do sentido das áreas temáticas das ciências da natureza, produzidas por operações idealizantes de medição e matematização. Uma vez que também «as ciências são modos de ser do ser-aí», «a elaboração do (respectivo) domínio já está realizada de certo modo nas suas estruturas fundamentais pela experiência e pela interpretação pré-científica do âmbito do ser (correspondente).»([54]) As áreas temáticas da investigação dependem do mundo da vida constituinte a que pertencem os investigadores. Os acontecimentos intramundanos tornados objecto e o que os sujeitos aprendem com eles não podem afectar o conjunto subjacente das condições de possibilidade.

([52]) Heidegger (1949), §§12-24. Cf. relativamente a esta matéria E. Tugendhat, «Schwierigkeiten in Heideggers Umweltanalyse, in: *idem,* Aufsätze 1992-2000, Frankfurt/M., 2001, pp. 109-137. Tugendhat critica, e com razão, a tese de Heidegger do estatuto derivado do estar disponível e da verdade de enunciados, mas negligencia a referência decisiva para tal de «aquilo que é no seu todo» ao ponto de referência ético da vida que se projecta (primeiro, o indivíduo, mais tarde, o «povo»).

([53]) Relativamente à crítica, já se encontra em K. Löwith, «Das Individuum in der Rolle des Mitmenschen (1928), in: *Sämtliche Schriften,* vol. 1, Estugarda, 1981, pp. 9-197.

([54]) Heidegger (1949), pp. 13 e 9.

(b) Em ambos os casos permanece pouco claro o que as concepções do mundo da vida e do estar-no-mundo contribuem para uma destranscendentalização da subjectividade realizadora. O olhar empiricamente apurado das ciências sociais e humanas sobre as formas mutáveis do espírito objectivo não pusera em causa a espontaneidade, mas sim o estatuto inteligível, distanciado de todos os acontecimentos do mundo da legislação de um sujeito transcendental. Husserl e Heidegger querem, cada um a seu modo, superar o estatuto transmundano da consciência transcendental sem a privarem do seu estatuto construtivo, constituinte do mundo. Mas se a espontaneidade transcendental apenas puder ser obtida a expensas da manutenção da diferença entre o projecto do mundo e os acontecimentos intramundanos, a inserção simultânea de um tal sujeito em contextos do mundo da vida não pode ser pensada de uma forma isenta de contradições.([55]) Antes de mais, Husserl descreve o «paradoxo» sob o título desdramatizador, a recordar Kant, de «ser sujeito para o mundo e, ao mesmo tempo, ser objecto no mundo» da forma seguinte: «Como pode uma parte constituinte do mundo, a sua subjectividade humana, constituir o mundo inteiro, a saber, constituí-lo como a sua configuração intencional? Como pode constituir o mundo – uma configuração sempre já formada e que assim prossegue da conexão universal da subjectividade intencionalmente realizadora – como a sua configuração intencional, pela qual eles, os sujeitos realizadores em relação mútua, devem ser somente partes constituintes da realização total?»([56])

Em seguida, põe-se a questão de saber quem se deve substituir à consciência transcendental de Kant – «a Humanidade» como o correlato ao mundo da vida no seu todo ou a «pessoa individual» que vive no horizonte do mundo da vida e no convívio dos sujeitos? Quem ocupa o lugar da «subjectividade que acaba por ser quem funciona e realiza»? A Humanidade – como uma «subjectividade constituidora do mundo e, no entanto, como subjectividade inscrita no próprio mundo»([57]) – não pode resolver o paradoxo. Uma solução é antes prometida pelo regresso radical à pessoa, como a qual o fenomenólogo respectivamente

([55]) J. Habermas, «Temas do pensamento pós-metafísico», neste volume, pp. 159-184.
([56]) Husserl (1976), p. 183 [trad. port., pp. 193-4].
([57]) *Ibidem*, p. 185 [trad. port., p. 196].

compreendido na meditação depara facticamente consigo próprio: «*eu* levo a *epoché* a cabo, e ainda que existam vários eus, e mesmo que efetuem comigo, em comunidade real, a *epoché*, todos os outros homens, com toda a sua vida de actos, estão para mim, na minha *epoché*, incluídos no fenómeno do mundo que, na minha *epoché*, é o meu.»(58) O fenomenólogo que se transpõe para o estado do Eu primordial no início de qualquer constituição egológica do mundo tem de se arriscar a um «começo infundamentado».

Vou abstrair inteiramente o facto de a tentativa empreendida na Quinta Meditação Cartesiana no sentido de «produzir» a intersubjectividade do mundo da vida da perspectiva solipsista do ego primordial falhar redondamente.(59) O entrosamento, devido aos mesmos motivos, do mundo da vida partilhado intersubjetivamente com o mundo objectivo não pode ser deduzido do «ser-para-mim» dos corpos observados de outras pessoas, porque a mnemónica da «apresentação» formadora de analogias de uma subjectividade alheia não o sustenta. Com esta construção, mesmo que fosse convincente, Husserl voltaria a perder o ganho da destranscendentalização ambicionada da subjectividade realizadora. Pois, no papel do Eu primordial, a pessoa que medita perde exactamente aquela «concreção plena» que deve à situação no mundo da vida e à individuação biográfica; em vez disso, funde-se com a forma anónima de uma vida transcendental da consciência e dos actos «enquanto tal». Husserl não determina a relação entre o Eu empírico e o Eu transcendental de uma forma substancialmente diferente da de Kant: tal como, de acordo com a concepção cristã, qualquer pessoa traz em si uma alma imortal, assim qualquer ser humano, desde que seja capaz de uma meditação fenomenológica, traz no seu coração o ego primordial transcendental: «Eu não sou *um* eu, que continua ainda a ter em validade natural o seu tu e o seu nós, e a sai comunidade universal de co-sujeitos. A humanidade inteira, e toda a separação e ordenação dos pronomes pessoais tornou-se, na minha *epoché*, fenómeno.»(60)

---

(58) *Ibidem*, p. 187 [trad. port., p. 198].

(59) M. Theunissen, *Der Andere*, Berlim, 1977, Erster Teil; J. Habermas, «Vorlesungen zur sprachtheoretischen Grundlegung der Soziologie», in *Obras Escolhidas*, vol. 1, pp. 29-156, aqui 76 ss.

(60) Husserl (1976), p. 188 [trad. port., p. 198].

Heidegger vê-se confrontado com o mesmo paradoxo. Como não quer sacrificar pelo sentido de um estar-no-mundo destranscendentalizado a noção transcendental de uma subjectividade que projecta o mundo, não lhe é lícito nivelar a diferença ontológica entre o projecto de mundo que abre o horizonte a possíveis encontros no mundo e os acontecimentos contingentes no mundo. Mas com a figura do pensamento pedida emprestada à teologia do «projecto lançado» da existência humana, Heidegger enfrenta o mesmo dilema: quem é a «subjectividade que, em última instância, funciona e realiza» e que «projecta»? Contrariamente a Husserl, que pensa de um modo universalista, o jovem conservador Heidegger nem sequer considera «a Humanidade» como resposta. E a leitura individualista do «ser-aí» inicialmente equacionada em *Ser e Tempo* conduz ao mesmo beco sem saída que o ego transcendental de Husserl. O Heidegger tardio escolhe uma terceira opção: a capacidade de articulação de um acontecimento linguístico anónimo, que interpreta ou «abre» respectivamente para uma época histórica o mundo da vida relevante, substitui-se à subjectividade realizadora.([61]) No percurso da ontologia existencial para a filosofia tardia, o *locus of control* desloca-se do «ser-aí» para o «ser». Deste modo, a espontaneidade transcendental transfere-se dos projectos de vida e das realizações activas da vida dos sujeitos individuais, «lançados» para o seu mundo, para o poder de «projectar o mundo», desocultador e ocultador linguístico-ontologicamente, da história da metafísica ocidental.([62])

No Heidegger tardio, a energia franqueadora do mundo das imagens do mundo linguísticas, nas quais se expressa respectivamente a compreensão ontológica do mundo e de si própria de formas de vida e de «povos» epocais, toma o lugar das realizações constitutivas levadas a cabo pelo sujeito transcendental. Desta forma, Heidegger dá uma nova interpretação ontológica à doutrina romântica do espírito do povo da ciência da linguagem referente a conteúdos de proveniência humboldtiana. Este rasgo vem ao encontro da intenção de destranscendentalização. Pois as

---

([61]) M. Heidegger, *Unterwegs zur Sprache*, Pfullingen, 1959 [trad. port., *A Caminho da Linguagem*. São Paulo: Vozes, 2015].

([62]) M. Heidegger, *Beiträge zur Philosophie (Vom Ereignis)*, Frankfurt/M., 1989 (Gesamtausgabe, vol. 65) [trad. port., *Contribuições à Filosofia. Do Acontecimento Apropriador*. Rio de Janeiro: Via Verita, 2014].

línguas com os seus substratos de signos físicos atingem o interior do mundo dos corpos e, com os contextos semânticos simbolicamente encarnados, também as dimensões espácio-temporais do mundo da vida sem se dissolverem no meramente ôntico. As comunidades linguísticas têm, enquanto formas do espírito objectivo, uma extensão no espaço social. E, com a mudança das semânticas, a consciência transcendental linguisticamente liquefeita estende-se ao mesmo tempo no tempo histórico.

Decerto que a interpretação linguístico-ontológica do transcendental retira a acuidade às dúvidas relativamente à universalidade abstracta, à invariância e à necessidade das categorias e formas de intuição de Kant. Mas o historicismo, que se enreda num relativismo autocontraditório, não constitui para Heidegger uma alternativa. Como um empirismo de segundo grau, que também ataca a própria pretensão de verdade da filosofia, dispara para lá do alvo. O conceito da «história do ser», que estiliza a capacidade de abrir o mundo das ontologias linguísticas como um poder supra-racional do destino, é a resposta de Heidegger ao estilhaçamento histórico da verdade única em perspectivas contingentes da verdade. Pois, de acordo com a sua concepção, o «ser» linguisticamente interpretado permanece, ao longo das transformações das línguas franqueadoras do mundo, ainda assim «igual a si próprio».

(c) Desta concepção ressalta que a tentativa de uma destranscendentalização da subjectividade que projecta o mundo tem de fracassar enquanto uma diferença ontológica conservada sem qualquer modificação *excluir* o *reacoplamento* da *produtividade constitutiva do mundo* com resultados dos *processos de aprendizagem no mundo* por ela possibilitados. Um poder primordial transcendental, que apenas se faz ouvir, no âmbito de uma transformação auto-regulada de imagens do mundo linguísticas, a expensas da despotenciação de sujeitos em tudo dependentes do ser, não se encontra «destranscendentalizado» nalgum sentido compreensível. Assume a forma de um acontecer contingente meta-histórico que, segundo o modelo das tragédias da Antiguidade, se impõe por cima das cabeças dos indivíduos que vivenciam, falam e agem – de um destino que se realiza *neles* em vez de se integrar *na* dimensão histórica do mundo da vida. Uma outra imagem de espontaneidade transcendental é a que resulta se a «linguagem» não for reduzida à semântica de imagens do mundo linguísticas, mas – como já foi o caso de Humboldt – for compreendida de forma pragmática, ou seja, partindo da prática comunicativa de sujeitos que agem, se envolvem em discursos e resolvem problemas, ou seja, sujeitos que *aprendem*. Línguas abrem certamente os horizontes de um mundo da vida pré-interpretado. Mas de modo nenhum abrem os caminhos para possíveis encontros com o que acontece no mundo num modo de antecipação que seja *impossível de reintegrar*. Vistas bem as coisas, a comunicação linguística obriga os intervenientes a tomadas de posição de sim ou não racionais, e tal significa autónomas. Como a comunicação linguística passa por pretensões de validade mutuamente apresentadas e sujeitas a crítica, os intervenientes encontram-se expostos a oposição dos interlocutores e, sob a pressão imprevista de experiências negativas, também podem corrigir os seus conceitos *movidos pelo conhecimento*.

Ao sujeito transcendental substitui-se o sujeito dotado de capacidade de fala e acção que, ao lidar com o mundo, se alimenta do *logos* intersubjectivamente partilhado da linguagem, mas sem lhe estar acriticamente exposto. Somente esta figura do pensamento da linguagem enquanto *medium* de uma abertura do mundo, *que dá espaço a processos de aprendizagem, mas necessita de verificação em práticas bem-sucedidas*, contorna a rígida distinção transcendental entre uma actividade constitutiva do mundo e os acontecimentos constituídos de forma intramundana. A diferença não é superada enquanto os sujeitos, que deparam consigo no contexto do seu mundo da vida, não se compreenderem como co-autores da sua história, mas defrontarem, ou *em si* o Eu primordial transmundano, ou *acima de si* o destino meta-histórico do ser.

As categorizações e interpretações gramaticalmente adiantadas logo no quotidiano *e por maioria de razão no mundo científico* e, no âmbito de práticas de resolução de problemas, submetidas a uma revisão *por parte dos próprios intervenientes*. Não precisam de ficar à escuta das vozes de «deuses ausentes» nem ter presente o seu próprio passado de «fundação primordial». Através da acção comunicativa, a abertura do mundo e processos de aprendizagem intramundanos articulam-se entre si. Os sujeitos que agem comunicativamente estão *implicados* nesta interacção – e assim também, implicitamente, na reprodução do seu mundo da vida. Entre o mundo da vida, que possibilita a acção comunicativa, e um pano de fundo do mundo da vida continuamente posto à prova, que é confirmado no exercício imperturbado da acção comunicativa, mas, no seguimento de problematizações e processos de aprendizagem, também é corrigido, estabelece-se um processo circular equilibrado em que o desaparecido sujeito transcendental não deixa nenhuma lacuna.([63]) Quem age comunicativamente intervem na reprodução e na revisão do seu mundo da vida, ainda assim não deixa de permanecer inserido nestes contextos do mundo da vida. Pois a almofada das certezas do mundo da vida apenas pode ser posta em causa *ad hoc* e, na sequência de processos de aprendizagem intramundanos, tem de ser sempre revista apenas *peça a peça*.

(6) No final do percurso «das imagens do mundo ao mundo da vida», delineado em traços largos, a questão de partida de saber como a objectivação progressiva da nossa imagem do mundo objectivo há-de ser compreendida, aguarda ainda por uma resposta. Será que, ao fim e ao cabo, também o saber reflexivamente acessível do mundo da vida performativamente presente se revela uma ilusão, ou será que o papel epistémico do mundo da vida traça limites a uma revisão baseada nas ciências da natureza da autocompreensão operativa no quotidiano de sujeitos socializados enquanto *pessoas que aprendem, são motivadas racionalmente e agem de forma responsável*? Husserl e Heidegger julgavam poder dicidir esta questão sem qualquer esforço *a priori* no sentido de um dualismo, uma vez que não tocam à distinção transcendental entre um mundo da vida constituinte e os acontecimentos intramundanos constituídos. A questão de partida volta a estar em aberto se contarmos com uma interacção entre a abertura do mundo e os processos de aprendizagem intramundanos que se processa, com passagem pelo *medium* da linguagem, *através* das práticas e realizações no mundo da vida de sujeitos dotados de capacidade de fala e de acção ricos em iniciativas.

A destranscendentalização, levada a cabo com base na teoria de comunicação, da subjectividade realizadora brinda-nos com o conceito de um mundo da vida que permanece

---

([63]) J. Habermas, «Temas do pensamento pós-metafísico», neste volume, pp. 159-184, aqui 192.

performativamente nas costas de quem age comunicativamente como um conjunto de condições de possibilitação, mas, lá está, apenas enquanto estiver envolvido no exercício do respectivo acto e nele se revestir de eficácia operativa. O pano de fundo do mundo da vida não está subtraído *por princípio* aos acontecimentos intramundanos. De outro modo, as práticas e os artefactos do mundo da vida também não poderiam ser tratados como entidades no mundo e, nos detalhes ou em termos gerais, tornados objectos das ciências humanas ou da filosofia. Mas o que milita então contra a perspectiva de levar o pano de fundo performativamente presente das nossas práticas *completamente*, ou seja, incluindo as próprias práticas investigativas, para o lado do objecto, e isto *nas categorias das ciências da natureza* cujo género já é conhecido?([64]) As duas restrições são importantes, visto que a objectivação do mundo da vida operada pelas ciências sociais e humanas é afinal tão pouco controversa como a investigação dos substratos naturais do Homem e da cultura.

Quero, antes de mais, recordar o problema em que embate a estratégia explicativa do naturalismo (a) e depois debruçar-me sobre tentativas de encontrar uma saída da aporia (b).

(a) Às duas perspectivas das ciências da natureza e das ciências humanas, Husserl associou as atitudes «natural» e «pessoal». Delas distinguiu, por seu lado, a «atitude reflexiva» do fenomenólogo que, de entre a multiplicidade das formas de vida culturais, põe em relevo as estruturas presumidamente gerais do mundo da vida. Sendo «teóricas», todas estas três atitudes distinguir-se-iam, por seu lado, da atitude «prática» da vida quotidiana. Mesmo depois de se levar a cabo a destranscendentalização da subjectividade realizadora, estas distinções conservam a sua utilidade.

Ao concebermos o mundo objectivo como a totalidade dos estados e acontecimentos mensuráveis com os meios da física procedemos a uma abstracção objectivante. No trato com objectos manipuláveis, abstrai-se de todos os outros tipos de trato, de forma que os acontecimentos intramundanos são despojados de todas as qualidades meramente «subjectivas» ou próprias do mundo da vida que lhe aderem de forma «projectiva» de *outras*

([64]) A questão de saber se a imagem «originária» pode ser inteiramente reduzida à «imagem científica do Homem» é abordada por W. Sellars, «Philosophy and the Scientific Image of Man» (1960), *Science, Perception and Reality*, 1963, p. 1-40.

experiências de trato (por exemplo, como ferramenta ou obstáculo, como veneno ou abrigo, como alojamento ou ambiente inóspito). Por outro lado, um intérprete, que procura o acesso a expressões culturais, a acções, textos, mercados, etc., tem de se envolver no essencial com as mesmas práticas a que o mundo quotidiano deve as suas qualidades próprias do mundo da vida. Neste exercício, a intérprete tem de ir beber a uma pré-compreensão que adquiriu *previamente* com base numa linguagem coloquial, isto é, como participante de uma prática comunicativa quotidiana e como integrante de um mundo da vida partilhado intersubjectivamente.

Sendo assim, no caso das ciências humanas, também a compreensão metodicamente objectivada e criticamente verificável de entidades simbolicamente constituídas continua a depender de um acesso à perspectiva do participante, visto que a semântica da linguagem coloquial se encontra irmanada com a consciência performativa dos *native speakers.* Apenas na atitude para com segundas pessoas e no exercício de práticas comuns aprendemos as expressões normativas e avaliativas, os conceitos semânticos, o vocabulário intencionalista, assim como todo o saber das regras que integra os conceitos fundamentais das descrições elaboradas pelas ciências humanas. A compreensão hermenêutica realiza-se *em última análise* no mesmo plano que o entendimento intersubjectivo entre pessoas que dizem «sim» ou «não» no dia-a-dia. Não podemos descrever uma norma *enquanto tal* se não tivermos aprendido anteriormente de um modo performativo, no exercício (ou na reprodução virtual) de interacções quotidianas o que significa infringir uma norma. Também por este motivo, os objectos culturais subtraem-se ao mesmo tipo de autoridade *transsituativa* que nos é facultado pelos conhecimentos das ciências da natureza sobre processos naturais.

Breve, nas ciências humanas, o caminho para a objectividade do modo de consideração científico não passa por uma *abstracção* das qualidades próprias do mundo da vida inerentes ao mundo quotidiano, mas, por assim dizer, na direcção oposta, rumo a um *aprofundamento* reconstrutivo. O intérprete tem de se certificar de uma forma *autocrítica* do contexto do mundo da vida a partir do qual consegue aceder ao *interpretandum.* As ciências sociais e do espírito não se conseguem libertar do vínculo a uma pré-compreensão, proveniente do mundo da vida, dos seus conceitos fundamentais (como sentido, comunicação ou acção, preferência, decisão, etc.) mesmo quando emitem enunciados teoricamente generalizadores sobre contextos abertos pela hermenêutica.

É por este vínculo metódico do observador proveniente das ciências sociais e do espírito à perspectiva de práticas previamente exercidas que se explica a dinâmica particular que procura extravasar estas próprias ciências rumo a uma abstracção diferente da das ciências da natureza, a saber, uma reflexão sobre *estruturas gerais* do mundo da vida. Quanto mais as práticas do mundo da vida forem objectivadas cientificamente na sua multiplicidade funcionalmente diferenciada, histórica e cultural – e as práticas observadas, por seu lado, cientificizadas – tanto mais fortemente estas análises empurram para uma transição da compreensão *hermenêutica* para a compreensão *reconstrutiva* e a formação de um *conceito formal*, que já só pode ser obtido de um modo reflexivo, do mundo da vida em geral.([65]) A clarificação analítica do pano de fundo e das pressuposições da acção comunicativa exige um tipo de reflexão que já não é um assunto das ciências sociais e do espírito. Para esta investigação genuinamente filosófica, tal como pressupus tacitamente aquando da introdução pragmático-formal do conceito do mundo da vida, a *consciência performativa* de sujeitos que falam e agem comunicativamente, que cooperam e intervêm no mundo, que vivenciam, calculam e ajuízam, constitui *o único* fundamento da experiência.([66])

Husserl viu correctamente a objectivação científica progressiva do mundo quotidiano torna necessária, de forma *complementar* ao desencantamento da natureza, a caracterização formal de um mundo da vida, a partir de cujo horizonte as ciências da natureza e as ciências humanas encontram um acesso respectivamente próprio às suas áreas temáticas. Acontece que esta *perspectiva dupla* das ciências da natureza e das ciências humanas vai contra uma intuição profundamente arraigada. Pois mesmo um conceito do mundo objectivo deflacionado a ponto de ser um pressuposto da comunicação ainda desempenha

---

([65]) J. Habermas, «Ciências sociais reconstrutivas *versus* ciências sociais interpretativas», in *Obras Escolhidas*, vol. 1, pp. 293-315.

([66]) L. Wingert, «Lebensweltliche Gewißheit versus wissenschaftliches Wissen?», in: P. Janich (org.), *Naturalismus und Menschenbild*, Hamburgo, 2008, pp. 288-309.

a função de uma *ideia unificadora*. Mantém algo do sentido regulativo da «ideia cosmológica» de proveniência kantiana. A suposição pragmatico-formal de um mundo idêntico para todos os observadores de objectos existentes independentemente da sua descrição sugere, já na prática comunicativa quotidiana, a unidade e a conexão na multiplicidade das entidades a que nos podemos referir intencionalmente. Como *fio condutor heurístico* associa-se a esta ideia a procura por um nexo regular inclusivo de *todos* os acontecimentos – mesmo que fosse o conceito matemático do caos a manter o todo coeso.

Esta intuição poderá explicar a irritação peculiar aquando da observação de um mundo que se decompõe nas regiões do ser, nomeadamente a dos corpos físicos e das formas simbólicas (nas quais o espírito subjectivo e o espírito objectivo assumem a sua forma), sem que a conexão entre estas regiões seja tornada transparente, quer pela via naturalista, quer pela via idealista. A razão está «insatisfeita» com um dualismo ontológico que surge no próprio mundo e não é só de natureza epistémica. A pretensão de uma descrição uniforme do mundo objectivo não é destituída de fundamento – pelo menos não o é enquanto não a desmascararmos como uma aparência transcendental apenas evocada por uma pressuposição comunicativa pragmática. E que é mais óbvio, se escolha houver, do que realizar esta pretensão pela via das ciências «duras»?

Num mundo compreendido de um modo fisicalista, o mental figura como uma dissonância *por enquanto* não resolvida.([67]) As ciências humanas, porém, insuflaram este resto mental do espírito subjectivo no «espírito objectivo» das tradições, das culturas e dos sistemas sociais históricos. Aprofundaram uma vez mais o dualismo epistémico inerente à filosofia da consciência mas, com isso, não fizeram desaparecer a necessidade de uma explicação monista do mundo natural, a que também pertencem o Homem e a cultura. Este dualismo não se explica porventura

([67]) Ao passo que o sentido de formas simbólicas é um «corpo estranho» puro e simples no mundo físico, «vivências», sob a descrição empirista de «estados ou episódios mentais», já têm sido assimiladas conceptualmente a objectos espacio-temporalmente identificáveis. Deste modo, a circunstância de o «psíquico» apenas ser acessível pela via que passa pelo modo expressivo das frases enunciadas na primeira pessoa é assinalada como uma anomalia passageira. Cf. quanto a esta matéria H. J. Schneider, «Reden über Inneres», *Deutsche Zeitschrift für Philosophie*, 53, 2005, p. 743-760.

pelo motivo pragmático de que o vocabulário da psicologia, da história e da sociologia do quotidiano facilita o relacionamento social. Baseia-se antes numa descontinuidade semântica.([68]) O vocabulário das ciências humanas não pode aderir ao das ciências da natureza, enunciados de um dos vocabulários não podem ser traduzidas para enunciados do outro. O cérebro não «pensa». E quando se rompe encadeamento semântico, já nem sequer as entidades de um dos planos podem ser inequivocamente coordenadas com as do outro.

Daí também se explicam os limites práticos da auto-objectivação naturalista.([69]) Sob uma descrição naturalista, por muito precisa que seja, uma pessoa não poderia reconhecer-se nem como pessoa em geral, nem como essa pessoa individual (como «ela própria»). Decerto que, em sociedades liberais que se *habituassem* à divulgação nos moldes do mercado de «tecnologias invasivas» e a intervenções correspondentes nos âmbitos constitutivos, hoje ainda não disponíveis, da personalidade, se pode pensar uma *deformação* da autocompreensão pessoal. O que é mais interessante é que a imagem do mundo especulativa dos transhumanistas entronca em possíveis consequências, que transformassem a espécie, de auto-manipulações eugénicas ou tecnológicas, ou seja, em *práticas* e não nas *descrições* teóricas que estão na base da construção de tais tecnologias. Mesmo os exemplares melhorados com recurso à biotecnologia ou à nanofísica são representados de acordo com o modelo de sujeitos que agem, comunicam e conhecem intencionalmente.([70]) Mas a substituição *sem exceção* desta autocompreensão por uma autodescrição naturalista nem sequer pode ser pensada coerentemente nas condições de formas de vida socioculturais que incluam a acção comunicativa, um mundo da vida partilhado intersubjectivamente e uma relação intencional com o mundo.

([68]) D. Sturma, *Philosophie des Geistes*, Leipzig, 2005.

([69]) L. Wingert, «Grenzen der naturalistischen Selbstobjektivierung», in: D. Sturma (org.), *Philosophie und Neurowissenschaften*, Frankfurt/M., 2006, pp. 240-260.

([70]) A. Grunwald, «Orientierungsbedarf, Zukunftswissen und Naturalismus. Das Beispiel der "technischen Verbesserung" des Menschen», in: Janich (2008), pp. 212-239; ver igualmente *idem, Technik und Politikberatung*, Frankfurt/M., 2008. Ver, além disso: Büro für Technikfolgenabschätzung beim Bundestag, carta n.º 33, junho 2008.

Os limites práticos da auto-objectivação naturalista confirmam a tenacidade de um dualismo epistémico que não se encontra fundamentado enquanto tal na diferença entre o mundo da vida e o mundo objectivo, mas na circunstância de o acesso hermenêutico ao mundo da vida se revestir de um carácter exclusivo, ou seja, de não poder ser substituído por outro. É certo que o jogo de linguagem da medição física, tal como todas as outras práticas do mundo da vida, tem de ser exercido pela participação antes do seu conteúdo proposicional poder ser descrito e «compreendido» sob a forma de regras explícitas.([71]) No entanto, do «sentido» específico deste jogo de linguagem faz parte a relação contingente entre o critério e as propriedades dos objectos medidos – e por isso compreendidos no quadro de uma ontologia nominalista.([72]) Contrariamente a isso, as práticas do mundo da vida (incluindo a da medição física) e os seus produtos simbólicos são descritos, no quadro de uma ontologia «realista», isto é, não nominalista, de tal forma que a sua individuação no espaço e no tempo apenas pode ser efectuada com referência a pessoas e aos seus mundos da vida. Nas práticas, que afinal têm de ser *exercidas*, está conceptualmente inscrita uma referência às realizações de sujeitos que agem intencionalmente, tomam posição espontaneamente, são criativos e aprendem.

(b) Ao dilema de que a suposição de um mundo objectivo nos compele a uma descrição monista que um dualismo epistémico nos impede de fazer, aqueles que em última instância concedem unicamente às ciências da natureza o monopólio de um saber acerca do mundo que seja reconhecido pela sociedade, reagem com argumentos compatibilistas.([73]) Querem desacoplar o saber acerca do mundo monopolizado pelas ciências da

([71]) P.Janich, *Kleine Philosophie der Naturwissenschaften*, Munique, 1997, pp. 85 ss.

([72]) É daí que se nutre a teoria da referência que H. Putnam explica no exemplo de conceitos de género naturais, cf. relativamente a esta matéria A. Müller, *Referenz und Fallibilismus*, Berlim, 2001.

([73]) M. Pauen, «Ratio und Natur – warum unsere Fähigkeit, nach Gründen zu handeln, auch durch reduktive Ansätze in Frage gestellt werden kann», in: H.-P. Krüger (org.), *Hirn als Subjekt?*, Berlim, 2007, pp. 417-429; ultimamente A. Beckermann, *Gehirn, Ich, Freiheit*, Paderborn, 2008; cf. a minha crítica da posição do compatibilismo em J. Habermas, «O jogo de linguagem da autoria responsável», neste volume, pp. 247-309.

natureza relativamente à compreensão do mundo e de si próprio centrada no mundo da vida. Para uma tal compatibilização das duas perspectivas do saber não basta compreender as ciências da natureza de um modo instrumentalista e restringir a sua validade a um excerto do mundo funcionalmente determinado. Em todo o caso, esta perspectiva neopragmatista([74]) não é compatível com o espírito, próprio do realismo cognitivo, do programa de investigação naturalista. A compatibilização almejada apenas é conseguida se o título do saber rigoroso puder ser reservado para o saber acerca do mundo controlado pelas ciências da natureza, enquanto ao «saber» suposto, por ser imprescindível para fins práticos da conduta de vida, pode ser atribuído um estatuto diferente. A compreensão pessoal do mundo e de si próprio deve pertencer por princípio ao saber quotidiano problemático.

O compatibilismo terá algumas dificuldades para digerir as consequências de uma utilização exclusiva do conceito do saber, uma vez que é pouco plausível *reservar* o conceito do saber para aquelas ciências que, de acordo com o pressuposto, devem definir o saber acerca do mundo. Pois o conceito de saber permanece, no quotidiano, não menos que na investigação, entretecido com os conceitos da verdade e do mundo. O saber consiste no conteúdo de enunciados verdadeiros – só podemos «saber» factos. Factos são estados de coisas «existentes» que são enunciados sobre objectos «existentes». Independentemente da forma de que compreendemos a existência ou o «ser verídico» de estados de coisas, apenas podemos compreender a existência de objectos como uma *existência no mundo.*([75]) A prática quotidiana entraria, de resto, em colapso se *os mesmos conceitos* não funcionassem também em contextos do mundo da vida. Estão desde sempre em jogo quando uma pessoa quer entender-se com outra sobre «algo no mundo».

Aqui, na acção comunicativa, *a interferência* entre o saber acerca do mundo e a autocompreensão das pessoas envolvidas não pode ser simplesmente suspensa. De outro modo não existiriam as irritações que apenas suscitam as tentativas do compatibilismo provocam. A proposta no sentido de desacoplar

---

([74]) R. Rorty, *Truth and Progress*, Cambridge, 1998.

([75]) E. Tugendhat, *Vorlesungen zur Einführung in die sprachanalytische Philosophie*, Frankfurt/M., 1976, quarta prelecção; *idem*, «Heideggers Seinsfrage», in: *idem*, *Philosophische Aufsätze*, Frankfurt/M., 1992, pp. 108-135.

o saber acerca do mundo de uma compreensão do mundo e de si próprio desvalorizada pelo subjectivismo fracassa no embate com o facto de supormos, tanto no quotidiano como nas ciências humanas, *o mesmo* mundo objectivo a que também se referem as ciências da natureza. Nesta medida, o saber científico acerca do mundo – em princípio, tudo o que os contemporâneos podem saber dos acontecimentos intramundanos – tem de ser compatível com a autocompreensão de pessoas mesmo no que diz respeito *ao seu conteúdo.* A extensão do mundo não pode ser restringida por um *fiat* à natureza das ciências da natureza. Mas, enquanto estas tentativas de deflacionamento fracassarem, temos de levar a sério o facto de o nosso acesso cognitivo ao mundo ser cindido.

É natural que se reaja a esta problemática novamente com uma viragem reflexiva e, tomando como fio condutor os conceitos fundamentais específicos à área temática da física e da biologia, da psicologia e das ciências humanas, que se busque as condições de constituição do saber acerca do mundo no mundo da vida.([76]) Nesse caso, estabelece-se, através de linguagens teóricas, de metodologias e de práticas do mundo da vida franqueadoras do mundo, um nexo *epistemológico* entre os «excertos do mundo» específicos da área temática. Esta estratégia entronca no questionamento crítico-científico de Husserl mas desembaraça-se, com o regresso a práticas do mundo da vida, ao mesmo tempo das hipotecas de um ego originário transcendental.([77])

([76]) A. Ros, *Materie und Geist*, Paderborn, 2004.

([77]) Vejo a vantagem do construtivismo de Erlangen e Marburg no facto de levar a sério a dimensão pragmática da investigação como um contexto de acção e reconstruir os aspectos performativos da acção investigativa; cf. P. Janich, «Naturwissenschaften vom Menschen versus Philosophie», in: Janich (2008), p. 45: «A inclusão da perspectiva de execução constitui *de facto* a diferença mais importante entre uma filosofia da ciência que permanece meramente descritiva e as reconstruções metódicas em abordagens metódico-culturalistas.» Ver também Janich (1997); *idem, Kultur und Methode*, Frankfurt/M., 2006. No entanto, a limitação dos projectos do mundo constitutivos da área temática a «finalidades estipuladas» resulta de uma estreiteza de vistas que se explica por uma redução inadmissível da acção linguística à acção teleológica. O pano de fundo do mundo da vida da acção comunicativa é muito mais complexo que o pano de fundo de acções que, tal como Janisch (ver, entre outros, (2008), p. 47) as considera de forma exclusiva, são unicamente analisadas sob pontos de vista da racionalidade orientada para fins. É assim que o elemento franqueador do mundo da linguagem, que Heidegger autonomizou evidentemente a expensas de processos de aprendizagem intramundanos, cai para debaixo da mesa em benefício de uma acentuação fichteana em «posições» voluntaristas.

Tal como todas as teorias constitutivas, porém, também uma versão destranscendentalizada tem de enfrentar, para lá dos limites de questionamentos epistemológicos, problemas derivados de ordem ontológica. Como podem as próprias práticas de elaboração de projecções do mundo ainda ser pensadas como algo que ocorre no mundo? Como as possibilidades de verdade projectadas apenas podem confirmar-se com base num conjunto de acontecimentos que nos ocorrem de forma contingente, temos de partir de uma espécie de acção recíproca entre as nossas práticas e esses próprios acontecimentos. No malogro dos nossos projectos mostra-se essa ligação; sem esta confrontação não haveria nada que pudéssemos aprender do mundo.

Quem rejeitar o problema ontológico decorrente da viragem epistemológica como uma questão mal colocada e também não quiser projectar os estratos da linguagem, no sentido da ontologia dos estratos de Nicolai Hartmann, na própria realidade, tem de se conformar com a pluralidade de algumas perspectivas de abertura do mundo profundamente ancoradas; nesta medida, o próprio mundo fragmenta-se no particularismo de excertos do mundo relevantes no mundo da vida.([78]) Da perspectiva do neopragmatismo, os acontecimentos intramundanos deparam-se-nos sob aspectos funcionais diversos do modo como nos «desenvencilhamos» com o mundo, consoante os vocabulários e as práticas.([79]) Quem, no entanto, não quiser dar-se por satisfeito com a insistência numa tal situação cognitiva destranscendentalizada, mas *cindida*, não pode capitular perante o buraco negro da pergunta ontológica pela origem e existência do mundo da vida.

A maior parte das opções que aqui se oferecem seguem caminhos especulativos. Deste modo se pode-se aproveitar a ausência de fundamento ôntico específico do mundo da vida como ponto de partida para uma retranscendentalização e um aprofundamento da diferença transcendental – ou para uma complementação da compreensão do mundo e de si próprio pós-kantianamente desencantada por via de uma interpretação

([78]) Nestas abordagens também se inclui a teoria dos interesses cognitivos que K.-O. Apel e eu em tempos desenvolvemos. Cf. também C. Hubig, A. Luckner, «Natur, Kultur und Technik als Reflexionsbegriffe», in: Janich (2008), pp. 52-66.

([79]) R. Rorty, *Philosophy and Social Hope*, Londres, 1999, pp. 23-92.

religiosa do mundo([80]), ou para uma metafísica pós-Kant que parte da análise da autoconsciência e ousa o acesso directo a uma consciência alargada a uma dimensão cósmica.([81]) Quem desconfiar desta viragem que regressa a motivos das tradições «fortes», arraigados na era axial, dispõe, se eu estiver a ver bem, de uma única alternativa: a tentativa de exceder a destranscendentalização da subjectividade realizadora uma vez mais no sentido de um naturalismo fraco.([82])

A recuperação de experiências religiosas, o pensamento religioso unitário metafísico e o naturalismo próprio do cientismo não são as únicas vias pelas quais o dualismo epistémico poderia ser conciliado com um monismo ontológico. De acordo com a leitura proposta, nos moldes da teoria de comunicação, a espontaneidade transcendental da subjectividade realizadora retira-se para as práticas do mundo da vida, através das quais a reprodução do mundo da vida se entrosa com os resultados de processos de aprendizagem intramundano. Este processo circular certamente também pode ser exemplificado em processos no espaço social e no tempo histórico. Mas esta destranscendentalização não é suficientemente radical para sair da análise auto-referencialmente reconstrutiva das estruturas gerais de mundos da vida possíveis numa direcção diferente – rumo a uma génese evolutiva de formas de vida socioculturais. Afinal descrevemos as estruturas performativamente conscientes e apenas acessíveis de um modo reflexivamente, da perspectiva de um participante em práticas do mundo da vida, da comunicação linguística e do seu pano de fundo sob a forma de uma reconstrução racional de competências gerais de sujeitos cognoscentes, falantes e agentes. Em primeira linha é a conjugação entre uma relação intencional com o mundo, a adopção mútua da perspectiva alheia, a utilização de uma linguagem proposicionalmente diferenciada, a acção e a cooperação instrumentais que possibilita os processos de aprendizagem de uma inteligência socializada.

([80]) T. Rentsch, *Gott*, Berlim, 2005, H.J. Schneider, *Religion*, Berlim 2008; cf. também os contributos em H. de Vries (org.), *Religion Beyond a Concept*, Nova Iorque, 2008.

([81]) D. Henrich, *Denken und Selbstsein*, Frankfurt/M., 2007.

([82]) C. Demmerling, «Welcher Naturalismus? Von der Naturwissenschaft zum Pragmatismus», in: Janich (2008), pp. 240-256.

Para finalizar, gostaria ao menos de levantar a questão heurística quanto à possibilidade de uma teoria de recorte empírico, com a qual um espírito caracterizado deste modo reintegra a sua génese histórico-natural de tal forma que se consegue reconhecer nela.([83]) Talvez tenhamos de apostar na perspectiva de uma «história natural do espírito». Esta perspectiva já se encontra ancorada na forma de vida cultural, porque apesar do dualismo epistémico sabemos que o nosso mundo da vida é uma parte integrante do mundo objectivo. De uma perspectiva evolutiva, as estruturas gerais do mundo da vida descritas pela filosofia apresentam-se como as condições empíricas de partida para processos de aprendizagem culturais acelerados. A tarefa consistiria em identificar as propriedades emergentes, que preencham estas condições, no âmbito da história natural e explicá-las com base numa evolução natural que, por seu lado, seja compreendida como um «processo de aprendizagem». As estruturas gerais do mundo da vida reconstruídas de forma reflexiva, ou seja, «a partir de dentro», teriam ao mesmo tempo de poder ser «explicadas», enquanto propriedades emergentes, a partir de uma constelação de partida descrita empiricamente.

Uma tal pesquisa, que tem lugar mais no arquivo da natureza do que no laboratório, teria, portanto, de se deixar conduzir por uma teoria abrangente da aprendizagem. Esta, no entanto, não poderia ser concebida de uma forma reducionista de tal forma, que tivéssemos de fazer à partida descontos da «nossa» compreensão performativamente adquirida dos processos culturais de aprendizagem.([84]) Enquanto a própria teoria não adquirir contornos mais definidos, continua, contudo, pouco claro em que sentido se pode falar de «emergência» e «explicação». Para uma tal história natural do espírito que se permitisse ligar a perspectiva explicativa «a partir de cima» à perspectiva explicativa «a partir de baixo», as análises do aumento de complexidade dos

---

([83]) K.-O. Apel fala neste sentido de um postulado de «auto-reintegração do espírito». Janich ([2008], p. 41) agudiza esta exigência transformando-a num princípio metódico, segundo o qual as «Ciências da natureza relativas ao Homem» apenas *podem licitamente* reivindicar validade para os resultados que são conciliáveis com o facto de estes conhecimentos terem sido obtidos por seres humanos *enquanto sujeitos investigadores*.

([84]) Esta condição depara com a objecção assinalada por Hubig e Luckner ((2008), 57) de que a busca de uma «evolução» transversal à natureza e à cultura constitui uma recaída num «nível inferior de reflexão».

conceitos fundamentais que observamos nos níveis linguísticos das biociências, da psicologia e das ciências culturais poderiam desempenhar um papel heurístico.([85]) Evidentemente, um semelhante empreendimento corre o perigo de se limitar a envergar vestes pós-metafísicas a uma filosofia da natureza de recorte metafísico.

([85]) O materialismo sintético de Arno Ros (2005) parece acabar por ir dar a um perspectivismo dos sistemas conceptuais utilizados, com recurso aos quais podemos enquadrar os mesmos fenómenos em contextos espacio-temporais respectivamente mais estreitos ou alargados.

9.

O jogo de linguagem da autoria responsável e o problema do livre arbítrio

Como pode o dualismo epistémico ser conciliado com um monismo ontológico?(*)

Numa revista que traz o título programático *Gehirn und Geist* [Cérebro e Espírito], onze neurocientistas de ponta publicaram um manifesto um pouco ou nada fanfarrão que despertou atenção além do círculo dos concorrentes na luta pela distribuição de recursos escassos.([1]) Os autores anunciam poder explicar e prever «num prazo determinável» processos psíquicos como emoções e sentimentos, pensamentos e decisões, com base em processos físico-químicos do cérebro. Por isso consideram necessário que o problema da liberdade da vontade seja já hoje tratado como uma «das grandes questões das neurociências». Os neurologistas esperam dos resultados das suas pesquisas uma revisão profunda da nossa autocompreensão: «No que diz respeito à imagem que temos de nós próprios esperam-nos, portanto, abalos consideráveis num prazo determinável.»

Seria apenas de saudar que os neurocientistas fossem capazes de resolver um problema que desde há séculos merece um tratamento controverso aos filósofos; disputas em torno

(*) Por objecções oportunas e conselhos críticos agradeço a Joel Anderson, Philip Clayton, Tilmann Habermas e Lutz Wingert.

([1]) Cf. quanto a esta matéria, ver o número 6/2004 da revista *Gehirn und Geist*. A resposta dos psicólogos consta do número 7-8/2005 da mesma publicação.

de competências não levam a lado nenhum.(2) No entanto, a mais recente dramatização do conflito parece levar uma volta irónica: pois o problema direcciona o olhar sem rodeios para a estrutura daquilo que é no seu todo e agora também atrai praticantes das ciências exactas para o redemoinho da especulação filosófica.

Esta «tentação metafísica» explica-se por três intuições fortes que competem entre si. Como pessoas agentes, estamos, *em primeiro lugar*, convencidos da autonomia e da eficácia causal do espírito. Temos a certeza de sermos capazes de agirmos de forma voluntária e de podermos causar um efeito no mundo. Como sujeitos cognoscentes, partimos, *em segundo lugar*, da autoridade epistémica das ciências da natureza que atribuem a todos os estados e acontecimentos, mas igualmente àqueles que meramente vão variando no mundo de acordo com determinadas leis, uma eficácia causal. Como pessoas cientificamente esclarecidas que reflectem sobre o seu posicionamento no mundo natural, estamos, por fim, convencidos da unidade de um Universo que nos inclui enquanto seres naturais. Na base destas intuições encontram-se os argumentos bem reflectidos que podemos aduzir tanto para a eficácia causal do espírito como para a determinação por leis da natureza de todos os acontecimentos intramundanos e para uma constituição monista do Universo. Com esta terceira tese ontológica pretendemos evitar um dualismo que nos é imposto pela contradição existente *prima facie* entre as duas primeiras teses. Um desdobramento dualista do mundo em natureza e espírito não é plausível, uma vez que a liberdade incondicionada de um espírito que, por assim dizer, através de uma ingerência vinda do exterior, sobredetermina os acontecimentos do mundo, determinados pelas leis da natureza, não poderia ser distinguida do acaso.

Ninguém nega *o fenómeno* da liberdade da vontade. Evidentemente, depende da descrição adequada de um fenómeno a necessitar de explicação saber por que tipo de explicação temos de procurar. Começarei, por isso, por procurar a liberdade da vontade no local onde ele surge – no jogo de linguagem da autoria responsável (I). Da perspectiva quotidiana, coloca-se

(2) M. R. Bennett, P. M. S. Hacker, *Philosophical Foundations of Neuroscience*, Oxford, 2003.

em seguida *o problema da liberdade da vontade* sob a forma da pergunta de saber se os progressos prospectivos das neurociências minam esse jogo de linguagem. Pretendo analisá-lo com base no discurso forense de atribuição de responsabilidade por actos puníveis por lei (II). De uma perspectiva filosófica, os *limites* práticos *da* auto-objectivação nos moldes das ciências da natureza de pessoas agentes reflecte-se nos problemas conceptuais da tradução de jogos de linguagem e padrões explicativos categorialmente diferentes. Expressa-se nisso um dualismo de perspectivas do saber que, no entanto, não resolve a pergunta ontológica pela constituição monista de um mundo que inclui o Homem enquanto ser natural (III). A esta problemática, os filósofos respondem com um concerto polifónico. Os naturalistas atêm-se à pressuposição de um mundo compreendido de um modo materialista, fechado em termos causais, e seguem, no essencial, uma de duas estratégias: o compatibilismo tenta desdramatizar o problema da liberdade da vontade fazendo a prova de que o jogo de linguagem da autoria responsável afinal sempre é compatível com a suposição determinista do não-poder--agir-de-modo-diferente (IV). As variantes não eliminatórias e não redutoras do materialismo viram costas ao sujeito agente e voltam-se para o mundo. Da perspectiva de uma ontologia mentalista do espírito e do corpo, tentam fazer jus à autonomia fenomenal, senão mesmo à eficácia causal do espírito (V). Estas estratégias de resolução do cientismo fracassam devido à ficção metódica de um exclusivo «olhar de nenhures» que se deve a um desacoplamento problemático da perspectiva objectivante do observador, de cunho científico-natural, da de um participante da prática investigativa. Mas se o entrosamento complementar do nosso acesso observador ao mundo objectivo com a participação em práticas do mundo da vida partilhadas intersubjectivamente se revelar incontornável, é a terceira opção de uma viragem epistemológica que se insinua (VI). Mas também esta reflexão sobre as bases no mundo da vida das áreas temáticas constituídas nos moldes das ciências da natureza não dispensa da questão por resolver de saber como o espírito encarnado em formas de vida socioculturais pode compreender-se a si próprio como produto da evolução natural (VII).

I. O fenómeno da liberdade da vontade

A espontaneidade do comportamento é algo que atribuímos já aos animais; somente em pessoas que agem intencionalmente supomos a liberdade da vontade. O conteúdo desta suposição revela-se quando alguém pede contas a outrem: «Porque é que compraste uma camisola vermelha?» – «Como pudeste ficar tão furioso?» – «Por que não o desenrascaste?». Quando nos são colocadas questões pelos motivos da nossa acção, tornamo-nos conscientes do que já havíamos pressuposto tacitamente durante a sua execução: *Também poderíamos ter agido diferentemente; e foi nossa a responsabilidade de termos agido assim e não de outra forma.* Do conteúdo da consciência de liberdade de pessoas agentes decorrendo perfomativamente, em segundo plano, fazem parte estes dois elementos habitualmente diferenciados: a decisão mais ou menos reflectida entre alternativas e a tomada mais ou menos espontânea de uma iniciativa.([3]) A *capacidade de agir de outra forma* chama a atenção para a dimensão cognitiva da ponderação de motivos, a *autodeterminação*, para a dimensão volitiva da autoria.

A pressuposição da liberdade da vontade é necessária à atribuição de «responsabilidade» que pessoas agentes «carregam». No quotidiano, se não existirem disposições expressas no sentido contrário – ou seja, para além das liberdades *juridicamente* concedidas de poder fazer e deixar de fazer o que se quiser – podemos ser chamados à responsabilidade pelas nossas acções. Nesses casos temos de «responder», a saber, indicar motivos por que agimos desta e não de outra forma. A liberdade da vontade é uma pressuposição que faz parte do jogo de linguagem da autoria responsável. O conteúdo desta pressuposição apenas se desvenda a *participantes* que, enquanto ouvintes ou locutores, assumem uma atitude performativa relativamente a segundas pessoas, ao passo que permanece inacessível *a observadores*, ou seja, da perspectiva de uma terceira pessoa não implicada.

O jogo de linguagem da autoria responsável como parte integral da acção comunicativa perpassa a vida quotidiana; ao acentuar um determinado aspecto dessa acção – as tomadas de posição de sim e não sobre pretensões de validade criticáveis

([3]) Relativamente à fenomenologia da liberdade da vontade, cf. P. Bieri, *Das Handwerk der Freiheit*, Munique, 2001.

– traz à consciência dos actores que se movem *desde sempre* num espaço de motivos vinculativos e que devem deixar-se afectar e aproveitar por esses motivos. Esse jogo de linguagem torna explícito o momento do dever-ser não expresso que está contido no mero *modus* de uma socialização por via da acção comunicativa. Este carácter vinculativo de motivos epistémicos é mesmo relevante para a coerência e o acerto das nossas opiniões e dos motivos práticos para o êxito e a avaliação normativa da acção, se fizermos algo de evidente sem grande reflexão, ou seja, se nos limitarmos a seguir as inclinações individuais ou as rotinas sociais. Mesmo nesses casos devemos motivos uns aos outros e expomo-nos ao louvor ou à censura.

O conteúdo forte, e em muitos casos contrafactual, da liberdade da vontade pressuposto revela-se quando são desiludidas expectativas morais: «Como pudeste insultá-lo desta maneira?» Só sob a pressão justificativa de *recriminações morais* ou escrúpulos se torna retrospectivamente claro o que a sociedade espera de um *exercício reflectido* da liberdade da vontade. A pessoa agente deve

- estar ciente da circunstância de se inserir num «espaço dos motivos» culturalmente circunscrito e de estar receptiva a motivos a favor e contra; deve
- fazer depender o seu juízo prático de uma ponderação de motivos a condizer; e
- fazer seu o motivo cognitivamente decisivo também enquanto actor.

Estas condições exigentes especificam a acção «livre» num determinado sentido como uma acção reflectida, determinada pela compreensão de motivos objectivos, para que os motivos manifestos também façam parte dos motivos – ou causas – factuais da acção e não se limitam a encobrir motivos que se mantêm inconscientes.([4]) A cada uma destas três condições associam-se

---

([4]) A este uso reflectido da liberdade da vontade corresponde um conceito «forte» de responsabilidade; cf. S. L. Hurley, *Justice, Luck and Knowledge*, Cambridge (Mass.), 2003, p. 56: «Uma atitude estreitamente responsiva a motivos objectivos fornece uma condição de responsabilidade que é máxima em duas dimensões»: nomeadamente no que diz respeito às dimensões da decisão reflectida e da força da vontade.

conotações que foram trocadas por miúdos em conceitos filosóficos de liberdade:

(a) A liberdade depende da *capacidade de reflexão e de auto-reflexão*, ou seja, da predisposição para se deter e assumir algum recuo perante si próprio e a situação. O acto de tomar consciência de motivos e circunstâncias liberta da pressão da imediatez. O *ethos* originário da Antiguidade da vida consciente ainda encontra um eco empirista quando John Locke considera a liberdade da vontade decorrente do adiamento dos impulsos e da ponderação reflectida de bens.([5]) Agir livremente requer orientações da acção que sejam reflectidas e remetam para o futuro.

(b) No exercício reflectido da liberdade da vonade, associa-se à ponderação de motivos *a consciência de também poder agir de outro modo*. Pois as nossas tomadas de posição sobre pretensões de validade criticáveis, embora sejam racionais, ou seja, motivadas pelo peso relativo dos motivos, não são provocadas de forma causal. Em contextos de justificação, os motivos não podem determinar as nossas tomadas de posição como se fossem causas naturais, desde logo porque, no espaço das relações semânticas, constituído de forma holística, apenas podem ser ordenados de um modo transitivo, consoante forem motivos melhores ou piores. Existem poucos argumentos «concludentes», na maioria dos casos apenas motivos decisivos; existe o constrangimento sem coacção do *melhor* argumento – e mesmo este, nem sempre. A consciência da liberdade também está marcada pela *experiência da indecisão* entre motivos de igual peso. Esta intuição subjaz a muitas versões do indeterminismo.

(c) Por último, a pessoa que age de forma reflectida não tem apenas de se dedicar a reflexões, devendo igualmente fazer da razão justificadora o motivo em que se baseia a sua acção. A intuição de que «depende de nós» agirmos desta ou daquela maneira explica-se pela circunstância de que o actor segue de facto a sua convicção. Também poderia ter agido ao arrepio de um conhecimento melhor.

([5]) J. Locke, *Essay Concerning Human Understanding*, cap. XXI: Of Power.

> *Autodeterminação* significa *ter a força de vontade de se deixar determinar na sua acção precisamente pelas razões de que a própria pessoa esteja convencida.* Quem agir de outra forma, tem uma má consciência ou, no mínimo, não se sente lá muito bem. Kierkegaard põe esta concepção kantiana da liberdade na boca do seu oponente literário, Sócrates.(6)

No conceito da liberdade da vontade, estes três elementos formam uma ligação intrincada. Cada um contribui a seu modo para a especificação da liberdade que atribuímos a todas as pessoas que agem intencionalmente. A circunstância de as pessoas se encontrarem num «espaço dos motivos» lança, desde já, alguma luz sobre o *modus da causalidade* de acções. Ao assumirem o papel de motivos suficientes para explicar uma acção, as razões assumem uma eficácia causal que, enquanto conteúdos semânticos, não possuem por inerência. Tornam-se eficazes por via

- da encarnação simbólica das razões em tradições culturais,
- do ancoramento social das razões em instituições ou expectativas comportamentais munidas de sanções, assim como
- do tratamento comunicativo das razões em contextos de interacção coordenados pela força racionalmente motivadora de pretensões de validade criticáveis.

Mas estas razões que circulam na cultura e na sociedade apenas adquirem uma força *motivadora da acção* ao conseguirem entrar deste «espírito objectivo» no seu congénere subjectivo, isto é, na consciência de pessoas que, por seu lado, foram preparadas para isso através de processos de socialização.(7) Por muito que esteja «pré-programado» para tal pelo seu equipamento genético, o organismo humano do recém-nascido somente se torna uma pessoa pelo facto de se «ligar» aos contextos de sentidos intersubjectivamente partilhados do programa cultural. A personalidade caracteriza-se por uma *socialização da cognição,*

(6) S. Kierkegaard, *Die Krankheit zum Tode*, segunda parte, segundo capítulo: «Die Sokratische Definition der Sünde».

(7) Relativamente a esta concepção, cf. J. Habermas, *Theorie des kommunikativen Handelns*, Frankfurt/M., 1982, vol. 2, pp. 182-228.

precoce em termos ontogenéticos, que então também imprime o seu cunho à estrutura da acção e da formação de motivos.([8])

Há que ter em consideração estes contextos se compreendermos a pressuposição da liberdade da vontade como reflexo de um determinado *modus* de causalidade. Contrariamente a Kant, porém, pretendo definir a «causalidade derivada da liberdade» de tal forma que, no sentido de um «naturalismo suave», se enquadra no todo de uma natureza compreendida de um modo não cientificista.([9]) As acções «livres» (que correspondem a esta descrição) não são, de forma alguma, acções «incondicionadas», ou seja, intervenções destituídas de origem no curso natural das coisas. Mas as conexões condicionantes, a partir das quais acções podem ser tornadas compreensíveis e, se for caso disso, podem igualmente ser explicadas, são de um tipo diferente em termos conceptuais, do que as conexões de acontecimentos estabelecidas pelas leis da natureza. Na mesma medida em que pessoas se deixam conduzir na sua acção por razões, vergam-se ao carácter vinculativo em termos tanto lógico-semânticos como, num sentido mais amplo, «gramaticais» de sistemas de regras partilhados intersubjectiamente que *não se encontram à sua disposição*. Por outro lado, estas regras não «constrangem» no sentido em que as leis da natureza o fazem. A objectividade das razões depende da ressonância pela parte de um espírito subjectivo que se regula a si próprio. O espaço das razões constitui o meio para pretensões de validade que pessoas que tomam posições apresentam mutuamente.

O agente não pode perceber estes actos simultaneamente como acontecimentos produzidos de forma causal. A estrutura normativa de processos de ponderação e a falibilidade dos seus resultados tornam conceptualmente necessário que um interveniente parta, em reflexões práticas, da premissa de poder agir de outro modo. Na motivação racional para um «sim» ou um «não», o *pull* do desafio por boas razões mistura-se com o *push*

([8]) Cf. a tese sobre o desenvolvimento da cognição social na primeira infância, apoiada em dados da investigação comparativa de primatas e lactentes em: M. Tomasello, *Die kulturelle Entwicklung des menschlichen Denkens*, Frankfurt//M., 2002. Relativamente à teoria da cognição social, cf. igualmente J. Habermas, *Moralbewußtsein und kommunikatives Handeln*, Frankfurt/M., 1983, pp. 127-206 [trad. port., *Consciência Moral e Agir Comunicativo*. Rio de Janeiro: Edições Tempo Brasileiro, 2003[2]].

([9]) Ver mais abaixo, secção VII.

da resposta de uma pessoa que toma uma posição, que assim assume uma obrigação. A liberdade que opera, em termos gerais, em discursos e processos do pensamento, mas o faz de um modo especial em processos de formação racional da vontade, pode ser analisada como *uma auto-vinculação orientada pela intelecção.*

Mas intelecções práticas têm de se traduzir em acções, se se quiser falar numa «causalidade derivada da liberdade». Pessoas – os únicos seres capazes de agirem – são seres vivos socializados de carne e osso. A socialização torna os organismos altamente desenvolvidos, dotados de cérebros complexos, maduros para a «ligação» às redes comunicativas, através das quais uma sociedade «transmite» o seu programa cultural. As interacções entre o espírito e o cérebro, a cultura e o organismo, são por enquanto pouco transparentes. Mas, visivelmente, os processos de socialização não garantem quaisquer «ligações» isentas de dificuldades. O «uso reflectido» da liberdade da vontade é uma idealização. Mesmo que atribuamos a liberdade da vontade por princípio a todas as pessoas, a medida de *reflexividade e força de vontade* varia de caso a caso de acordo com o equipamento cognitivo, o carácter e as circunstâncias. Utilizamos o termo «liberdade» como um conceito comparativo. A amplitude da margem de manobra disponível para a reflexão depende da predisposição para, na medida das possibilidades, pôr à prova uma decisão iminente à luz de razões alcançáveis. Para além disso, a vontade de uma pessoa parece-nos tanto mais forte, quanto melhor ela for capaz de agir precisamente com base naquelas razões que são para ela racionalmente decisivas.

No entanto, um grau elevado de reflexividade e força de vontade somente é necessário em situações excepcionais. As expectativas excêntricas relativamente a uma utilização reflectida da liberdade da vontade coadunam-se mal com o carácter de *fundo* da consciência *incidental* da liberdade. A consciência intuitiva de se dispor de uma vontade livre é o reflexo de uma pressuposição da pragmática linguística e acompanha todas as nossas acções – mesmo aquelas que habitualmente exercemos de uma forma não reflectida. No quotidiano, as razões cobradas a título retrospectivo trazem à luz emoções, disposições, preferências e orientações valorativas de contornos pouco definidos que guiam a acção de um modo pré-reflexivo. Estas razões remontam a disposições, preferências, inclinações e características, reflectem tradições dominantes, práticas convencionadas pelo hábito e normas sociais. Não deixa de ser interessante que também possamos ser chamados a prestar contas pelas consequências de acções irreflectidas que levemos a efeito por tais «razões» sedimentadas no carácter ou na sociedade. Respondemos também pelas consequências de uma acção negligente. Pois enquanto formos «nós» aqueles a quem pode ser imputada uma acção incriminada, mesmo os motivos de acção de certo modo cristalizados na rotina – essas reacções emocionais, atitudes e hábitos que não passaram pelo filtro de reflexões explícitas – operam com o nosso acordo. Apenas esta anuência implícita constitui um fundamento suficiente para a crítica e o arrependimento, para a admissão de erros e as consequências correspondentes (o pedido de desculpas, reparação, perdão, etc.).

As razões para a acção de cariz problemático apenas são arrancadas ao seu ancoramento no carácter ou à sua obviedade convencional em casos de conflito. Somente em casos de uma integração social perturbada, o jogo de linguagem da autoria responsável cuida de uma mobilização das razões na prática discursiva da oração e réplica. Nesses casos é, por assim dizer, accionada a lógica dos discursos práticos – e é nessa lógica que encontramos uma explicação para o procurado nexo entre um elevado grau de reflexividade e a liberdade. Pois discursos práticos obedecem a uma *hierarquização das razões*, de acordo com a qual razões éticas se impõem a razões pragmáticas, e razões morais triunfam, por seu lado, sobre razões éticas.([10]) E cada mudança de perspectiva, que traz a terreiro uma nova categoria de razões, requer um grau de reflexão mais elevado, de forma que na mobilização discursiva de razões para a acção se encontra incorporada uma dinâmica que tende para o aumento da reflexão.

As razões pragmáticas, que se referem respectivamente a desejos actuais ou a dadas preferências são, em caso de necessidade, «batidos» por razões éticas, com as quais se afirmam interesses de mais longo prazo. Estes, por seu lado, podem ser

([10]) J. Habermas, «Sobre o uso pragmático, ético e moral da razão prática", in *Obras Escolhidas*, vol. 3, p. 319-338.

«vencidos» por razões morais.[11] Na dimensão do tempo, razões éticas alcançam mais longe que razões pragmáticas, mas, tal como estas, permanecem apegadas à perspectiva auto-referente daquilo que é bom «para mim» ou «para nós». Unicamente razões jurídicas e morais visam, de uma perspectiva descentrada, aquilo que é bom «na mesma medida para todos» – ou o justo. Com cada operação em que razões éticas se sobrepõem a razões pragmáticas, ou razões morais a razões éticas, cresce assim a complexidade do raciocínio e o grau de reflexão. Se convicções éticas de mais longo prazo colidem com inclinações, ou quando convicções morais de princípio chocam com orientações valorativas pessoais, tem de se proceder a generalizações. A perspectivação ética generaliza passando por cima de correlações de interesses que mudam ao longo da história de vida, enquanto a perspectivação moral generaliza passando por cima de correlações de interesses social e culturalmente opostos.

Esta *gradação* lógica das razões práticas explica o facto de podermos falar do «uso da liberdade» num *sentido comparativo.* Evidentemente, o contexto e a situação da acção decidem sobre quando pode ser esperada das pessoas agentes um uso mais ou menos reflectido da liberdade da vontade. Mas o nexo interno entre a reflexividade e a liberdade torna compreensível por que Kant reserva o termo *vontade livre* ou *autonomia* à capacidade de tomar e executar decisões *moralmente racionais.* Para ele considera-se autónomo aquele que vincula a vontade própria a normas que se deu a si próprio com base em intelecções morais. Somente este conceito acarreta uma coincidência completa entre as dimensões cognitiva e volitiva da autoria racionalmente fundamentada – por um lado, o conhecimento daquilo que é ordenado moralmente, por outro, a adopção e observância da norma moralmente obrigatória. Evidentemente, não nos é lícito compreendermos este conceito moralmente agudizado da autonomia, como o próprio Kant o fez, no sentido de uma causalidade *isenta de origem e incondicionada* que estende os seus efeitos do âmbito do inteligível para o mundo dos fenómenos que variam de acordo com determinadas leis.

([11]) Relativamente a isto, de uma perspectiva da teoria do direito: R. Dworkin, *Bürgerrechte ernstgenommen*, Frankfurt/M., 1984.

No quadro gramatical do jogo de linguagem da autoria responsável, também a liberdade moral figura tão-só sob a forma deflacionada de uma liberdade condicionada, embutida em razões contextualizadas no mundo da vida. Em termos gerais, entendo por liberdade da vontade *o modus da auto-vinculação da vontade com base em razões plausíveis*. A liberdade da vontade caracteriza um modo de ser – o modo como pessoas agentes existem no espaço das razões e como se deixam afectar por razões culturalmente transmitidas e socialmente institucionalizadas. O jogo de linguagem da autoria responsável abre um horizonte, em cujo anterior todo o espectro da liberdade da vontade se estende entre a «vontade livre» e a «arbitrariedade» – do uso reflectido que temos em mente até ao exercício normal ou convencionado pelo hábito do livre arbítrio. Neste contexto, as pessoas não se compreendem de forma alguma como puros espíritos que, no seu pensamento e na sua acção, se deixam sempre motivar por boas razões. Antes, contamos com pessoas falíveis que frequentemente não *podem* ter em conta as circunstâncias pertinentes e nem sempre *podem* conciliar as boas razões com os seus outros motivos. E tão pouco assim acontece que a própria suposição da liberdade da vontade é afectada por tais défices, nas dimensões tanto do espaço de manobra para a reflexão e para a decisão, como da fraqueza da vontade.

Assim expomo-nos a censuras se negligenciarmos interesses próprios bem compreendidos por cedermos a desejos e impulsos espontâneos, ou quando traímos objectivos de vida de longo prazo para satisfazermos necessidades actuais, ou quando nos enriquecemos às custas de outros sem nos importarmos com a miséria e a injustiça. Nestes casos de um comportamento imprudente em termos pragmáticos, eticamente irreflectido ou moralmente insensível, as censuras apelam à liberdade da vontade da pessoa acusada. Censuramos outros – ou nós próprios – por eles – ou nós – não terem ou termos tido em conta as razões relevantes. Ou faltou de todo um recuo reflexivo, ou a reflexão prática foi insuficiente, a decisão foi tomada a quente, ou outros motivos foram mais fortes do que a intenção bem ponderada. Da perspectiva do crítico, a pessoa que levou uma descompostura não se «resolveu» a um uso suficientemente reflectido da sua liberdade da vontade. Por outro lado, o visado pode defender-se de censuras injustificadas. A pessoa chamada a prestar contas pode rejeitar a responsabilidade que lhe é imputada, quer dizendo não ter sido o autor dos actos, quer pelo facto de poder aduzir desculpas acertadas para o comportamento incriminado.([12]) Dentro do jogo de linguagem que pressupõe por princípio a liberdade da vontade, são reconhecidos *limites da liberdade da vontade.*([13])

II. O problema da liberdade da vontade no discurso do direito penal

A fenomenologia da liberdade da vontade alcança, com o discurso sobre os seus limites, um ponto em que se impõe o tema da relação entre o determinismo e a liberdade – e com ele, o «problema da liberdade da vontade». Enquanto se tratar de restrições da liberdade – do espaço de manobra para a reflexão e a decisão e da força de vontade – não se deixa de pressupor aquilo que se limita. Somente quando a acção problematizada, no acesso naturalista através das atitudes proposicionais do actor, é imputada de forma imediata a uma teia de acontecimentos determinados pelas leis da natureza, uma tal pressuposição se anula. Quando deixa de encontrar uma sede no contexto de um jogo de linguagem, em que pessoas se deixam afectar por razões, a liberdade da vontade converte-se num fenómeno misterioso. A motivação por razões é o único tipo de determinação compatível com a liberdade da vontade. Mal ela seja substituída pela causalidade de acontecimentos determinados por leis da natureza, o fenómeno esboroa-se – e fá-lo desde logo por razões gramaticais.

No manifesto mencionado no início, os neurocientistas defendem a concepção, segundo a qual todos os actos e acontecimentos mentais não só são realizados através de processos cerebrais, o que ninguém contesta, mas são plenamente determinados de forma causal por estados cerebrais. Se a investigação neurológica, tal como se afirma, tem já hoje na mão a chave

([12]) Ver infra, nota 17.

([13]) Evidentemente depende das expectativas sociais saber quando e onde circunstâncias forçosas ou o fracasso da constituição espiritual, psíquica e física contam como razões suficientes para um acto precipitado, para uma reflexão insuficiente ou para a paralisia da capacidade de decisão.

para, num futuro próximo, explicar quaisquer motivos de acção e processos de ponderação unicamente a partir do concurso, determinado por leis da natureza de processos neuronais, temos de considerar a liberdade da vontade uma suposição fictícia. Pois desta perspectiva já não nos é lícito supormos uns dos outros que afinal poderíamos ter agido de outra forma e que foi da nossa responsabilidade termos agido desta e não doutra maneira. Não nos podemos esquecer que, de acordo com descrições neurológicas, a referência a «nós» enquanto pessoas agentes, perde todo o seu sentido. Nesse caso, o comportamento humano não é decidido por pessoas, mas está fixado pelos seus cérebros: «Quem ou o quê é este «nós» que habita o cérebro? É um comentador e intérprete com um acesso limitado à verdadeira maquinaria, mais do tipo de um secretário de imprensa do que um presidente ou um patrão.»([14])

Com toda a coerência, Wolf Singer e outros consideram inevitável uma revisão da autocompreensão dos agentes, sobretudo no que diz respeito à conjectura de uma causalidade mental. Se tivermos de procurar as causas complexas do comportamento humano de forma imediata nos padrões de estimulação do cérebro, a concepção, segundo a qual pessoas podem provocar alterações no estado do mundo através de intervenções intencionais, é disparatada. Nesse caso, algo como uma «causalidade descendente» entre o espírito e o cérebro não existe. E parecemos estar ainda mais enganados quanto ao nexo entre a reflexividade e a liberdade. Da perspectiva neurológica, a ironia dos discursos de responsabilidade e justificação consiste em que os argumentos relevantes na hierarquia das razões já só podem ratificar no nível respectivamente superior de reflexão o que há muito que foi estabelecido nas regiões do cérebro mais arredadas da consciência.([15]) No caso de uma dissonância entre resultados de processos de ponderação conscientes e inconscientes, os

---

([14]) D. C. Dennett, *Freedom Evolves*, Londres, 2003, pp. 244 s [trad. port., *A Liberdade Evolui*. Lisboa: Temas & Debates, 2005.]

([15]) G. Roth hierarquiza as dependências causais do comportamento pela participação respectiva das regiões subcorticais e corticais do cérebro: no grau mais rasteiro intervêm estados afectivos guiados de forma vegetativa, no grau intermédio, sentimentos, preferências e convicções centrados no Eu, e, no grau mais próximo da consciência, motivos mediados de forma comunicativa e motivos morais. Assim, ele troça uma imagem sugestiva do cariz «a posteriori" das justificações discursivas (cf. G. Roth, «Gehirn, Gründe und Ursachen»,

inconscientes estão em vantagem, porque podem tratar uma quantidade muito maior de variáveis em simultâneo.([16]) O jogo de linguagem da autoria responsável desmorona-se sem os dois pilares que são a suposição da eficácia causal do espírito e o nexo entre a reflexividade e a liberdade.

A subversão do jogo de linguagem pode ser recapitulada passo a passo com base no discurso de atribuição de culpas e castigos institucionalizado no direito penal. No *medium* do direito vinculativo, que simultaneamente reduz e precisa as pretensões da moral, este discurso é vinculado a regras rigorosas.([17]) O direito processual penal traduz a lógica quotidiana da imputação de responsabilidade por actos incriminados em procedimentos formais de verificação de motivos de desculpabilização e exclusão de culpa. No corolário da constatação do acto ilegal tem de ser verificado se o acto pode ser realmente imputado ao acusado a título pessoal, se porventura estiveram presentes circunstâncias desculpabilizadoras, e se o autor dos actos pôde de todo tornar-se culpado. Explicações do comportamento do foro das ciências da natureza, com base em causas físicas, químicas ou orgânicas, permanecem parte integrante deste discurso somente enquanto servirem para uma análise de um défice e diagnosticarem a falta ou o bloqueamento de uma liberdade da vontade *pressuposta por princípio*. Mas mal o naturalismo *estende* este tipo de explicação *a todo o comportamento*, já não se trata de uma fixação de limites da liberdade da vontade, mas da sua liquidação. Se um acusado não é irresponsável pelas suas acções apenas no caso de excepção, mas em regra, a suposição da liberdade da vontade tem de anular – a própria acusação perde qualquer sentido.

A implosão do jogo de linguagem da atribuição de responsabilidade é um caso-limite que pode ser reconstruído com

---

Deutsche Zeitschrift für Philosophie, 53, 2005, pp. 699 s.; cf. igualmente *idem*, *Fühlen, Denken, Handeln*, Frankfurt/M., 2003).

([16]) W. Singer, «Wann und warum erscheinen uns Entscheidungen als frei?», *Deutsche Zeitschrift für Philosophie*, 53, 2005, pp. 710 s.

([17]) Cf., para a reconstrução do direito penal com base em princípios do Estado de direito democrático, que reconhece o sentido da imputabilidade penal, não em fins de política criminal (da regulação social e prevenção), mas no acto da responsabilização de pessoas morais e cidadãos do Estado na sua qualidade de co-legisladores democráticos, o eminente estudo de: K. Günther, *Schuld und kommunikative Freiheit*, Frankfurt/M., 2005.

base na lógica do próprio jogo de linguagem. A pergunta pelos limites da liberdade da vontade existentes no caso individual coloca-se, da perspectiva da dogmática do direito penal, como a questão de saber em que medida uma pessoa pode ser responsabilizada pessoalmente por um acto ilegal por ela realizado. A busca de razões atenuantes da pena e que desculpabilizam ou excluem a culpabilidade requer uma mudança de perspectiva do participante, que acusa ou *justifica*, para a do observador analítico que, tendo em conta circunstâncias, constrangimentos externos e internos, *explica* um comportamento. O código penal esforça-se por uma padronização dos casos mais importantes.([18]) Na codificação do código penal está em causa um pequeno número de casos típicos. Aquando da ponderação da culpa, situações de excepção externas, que limitam a liberdade de *acção*, e isso quer dizer que restringem a margem de manobra para alternativas, como estado de necessidade não justificativa (por exemplo o sacrifício de outra vida humana para salvar a própria)([19]), ou constrangimentos internos, que restringem a liberdade da *vontade*, isto é, do espaço de manobra para a reflexão e a decisão, como estados de excitação psíquica («terror e confusão» no caso do excesso da legítima defesa) são reconhecidos como elementos de «desculpabilização» no sentido de razões de «atenuação da culpabilidade». Circunstâncias gravosas pertencentes à história de vida ou existentes no plano social (como situações pessoais e condições económicas) ou determinados estados psíquicos (homicídio involuntário) que explicam uma falta de capacidade de cognição e de autodomínio podem cair no prato da balança aquando da fixação da pena como razões «atenuantes da pena».

([18]) Por me ter instruído sobre o estado da discussão e a literatura dedicada à matéria, assim como pelas suas detalhadas propostas de correcção, agradeço novamente a Klaus Günther (cf. também o seu contributo para o debate: «Das Strafrecht und der Schuldbegriff. Eine alte Diskussion mit neuen Impulsen», *Forschung Frankfurt*, 4, 2005, pp. 26-31).

([19]) K. Günther chamou-me a atenção para o facto de, no contexto do direito penal, a expressão «justificar» assume o sentido específico de excluir a ilegalidade para um caso especial, ou seja, estabelecer a *excepcional* conformidade com o ordenamento jurídico. Esta redução do âmbito terminológico não afecta o papel geral que as «desculpas» desempenham no discurso da justificação de acções – entendido no sentido mais lato. Salvo indicação em contrário, utilizarei a expressão «justificar», como até ao presente momento no sentido coloquial.

Estas explicações racionais quotidianas, que tornam acções compreensíveis com a referência a situações extraordinárias, constrangimentos e motivações, referem-se à autocompreensão de pessoas agentes que se conduz por razões. «Desculpam» um comportamento incriminado com o facto de, para a pessoa acusada, terem existido razões plausíveis no local e à hora do crime para se desviar de uma norma obrigatória. Também as explicações mais exigentes das ciências sociais e da psicologia seguem este padrão. Somente aquando da fundamentação da «exclusão de responsabilidade penal» também têm relevância, para além de explicações racionais (como no caso do «erro de direito»), outras explicações objectivantes como a inimputabilidade penal, por um lado, e perturbações de funções corporais ou mentais («perturbações mentais doentias»), por outro, como razões de exclusão da culpabilidade. Enquanto a falta de consciência da ilegalidade é irrelevante no contexto que nos interessa, os dois outros casos são tanto mais interessantes: pois fazem implicitamente referência à falta do pressuposto da culpabilidade que é a liberdade da vontade.

Com base em premissas da psicologia do quotidiano ou em conhecimentos da psicologia do desenvolvimento, a sociedade parte do princípio de que nos adolescentes até uma idade estabelecida normativamente (na Alemanha, até aos catorze anos) *falta* a capacidade de vincular a vontade a normas com base em reflexões práticas. Para a fundamentação da idade de maioridade penal podem ser aduzidas explicações nomológicas. Mas somente aquando da avaliação médica de graves perturbações funcionais ou doenças que conduzem no perpetrador a uma *falta temporária ou crónica* de capacidade de compreensão e de auto-regulação é que explicações científico-naturais desempenham um papel sistemático. Em tais diagnósticos, os perpetradores são considerados, com base numa falta de «imputabilidade» (um conceito indeterminado que, entretanto, foi eliminado do vocabulário do direito penal alemão) isentos de responsabilidade penal. Se deixarmos de parte a menoridade ontogeneticamente fundada e socialmente definida, o âmbito nuclear das doenças e afecções graves do «estrato biológico-psiquiátrico» abre a porta pela qual as explicações científico-naturais conseguem entrar no discurso jurídico da atribuição de responsabilidade.

Esta diferença entre razões de desculpabilização e a razão de exclusão de culpa por inimputabilidade é frequentemente negligenciada por terem a mesma consequência jurídica: o perpetrador não é punido. Uma parte da dogmática penal alemã, porém, que se orienta mais por pontos de vista sistemáticos do que por fins penais, enfatiza, apesar da consequência jurídica ser a mesma, a distinção entre razões «desculpabilizadoras» e «exclusivas de culpa.»([20]) Sob as pressuposições de uma responsabilidade penal existente e da presença de consciência de ilegalidade, as desculpas apenas fundamentam uma atenuação da culpa ao explicarem por que o espaço de manobra para a acção, ou a margem de manobra para a reflexão e decisão, do acusado era *limitado* na altura do crime. Nesses casos presume-se que a capacidade de orientação e auto-vinculação permanece intacta *no interior* desta margem de manobra limitada por circunstâncias externas ou compulsões internas, de modo que mesmo um perpetrador «desculpabilizado» age de uma forma não só objectivamente «ilegal», mas, tal como dantes, «dolosa». A acusação de culpabilidade, *que continua a existir*, é suavizada apenas na consequência jurídica, o que significa que se prescinde da pena.([21])

([20]) H.-H. Jeschek, T. Weigand, *Lehrbuch des Strafrechts*, 5.ª ed., § 43, II.; K. Kühl, *Strafrecht*, parte geral, 5.ª ed., § 12, Rn. 1-12; no sentido contrário, C. Roxin, *Strafrecht*, 4.ª ed., § 19, Rn. 56-57.

([21]) Isto não tem em conta o sentido ambivalente de que as «desculpas» se revestem já na vida quotidiana; cf. J. Gardner, «The Gist of Excuses», *Buffalo Criminal Law Review*, 1, 2, 1997, p. 588: «Num certo sentido, ser responsável pelo que foi feito significa arcar com as consequências normativas adversas por tê-lo feito. Muita gente que apresenta desculpas, por exemplo aqueles que as apresentam num tribunal penal, nega que deveria ter responsabilidade nesse sentido. Mas não nega a sua responsabilidade num segundo sentido que é normalmente [...] uma condição prévia da responsabilidade no primeiro sentido. Ao apresentarem desculpas, as pessoas *afirmam*, pelo contrário, a sua responsabilidade neste sentido. Sermos responsáveis pelas nossas acções não é outra coisa senão estar naquela condição em que as nossas acções estão em princípio sujeitas a justificação e desculpa.» De um ponto de vista kantiano, é interessante o corolário dogmático-jurídico que Gardner retira desta distinção para uma crítica das teorias empiristas do direito penal: «Juristas penais tendem a ter uma fixação relativamente à responsabilidade no primeiro sentido que referi e tendem a ter por certo que qualquer doutrina que serve para desculpabilizar o acusado e, por conseguinte, para evitar as consequências normativas adversas das suas acções, é tão boa como qualquer outra no que diz respeito ao acusado. Sempre considerei esta presunção espantosa, a qual implica que ninguém que é alvo de um processo-crime tem, nem merece ter, qualquer respeito próprio.» (590)

As razões «exclusivas de culpa», ao invés, explicam porque o perpetrador foi *incapaz* de se deixar orientar por motivos, por pouco que fosse, na sua acção. Como lhe faltava a capacidade de autoria responsável, não se pôde tornar culpado.

Ora, no nosso contexto é interessante que as explicações correspondentes do comportamento científico-naturais conduzem *sempre* à consequência da inimputabilidade. Pois na sua base encontra-se o conceito determinista da causalidade dos acontecimentos. Assim que as acções já não são explicadas com base em razões *compreensíveis* e na *avaliação* das circunstâncias *avaliadas*, mas tão-só à luz de leis da natureza, ou seja, com recurso a modificações orgânicas, processos químicos ou efeitos físicas, a «causalidade natural» substitui-se, dizemos, a uma racionalidade da acção (por mais enquadrada e limitada). Tais explicações referem-se a um conjunto de acontecimentos determinado por leis naturais que, através de processos de ponderação, «perpassa» razões e intenções motivadoras da acção.

Enquanto, no processo penal, as explicações do foro das ciências sociais e da psicologia do desenvolvimento se referem, nos conceitos fundamentais, a défices que *prejudicam* as pessoas na sua liberdade de acção ou na sua capacidade de percepção, de juízo e de decisão relevante para a formação da vontade, *que*, portanto, *continua a ser pressuposta*, as explicações científico-naturais referem-se a efeitos que podem ser comprovados quimicamente (como é o caso do excesso de álcool) ou por diagnósticos neurológicos (como é o caso de um tumor cerebral) ou por disposições genéticas (constituindo as depressões graves um exemplo controverso), ou seja, em termos gerais, por causas que *produzem efeitos* fisiológicos, ou seja, de forma *imediata* através de um conjunto de acontecimentos orgânicos, no comportamento de uma pessoa. Como, neste plano descritivo, as pessoas e as suas acções não podem figurar por razões gramaticais, as explicações científico-naturais também não permitem que se retirem conclusões sobre atitudes proposicionais que produzem efeitos causais (como desejos ou convicções). Antes, o *comportamento interpretado como acção* de uma pessoa é explicado de forma causal sem referência às suas tomadas de posição no espaço das razões. Nestes casos, é destituída de sentido a exigência normativa de dizer que a pessoa poderia ter reflectido com mais precisão e tomado uma decisão diferente.([22])

A imagem naturalista do mundo, que se apresenta com a pretensão de que, no futuro, unicamente as ciências da natureza serão capazes de explicar de um modo fiável o comportamento das pessoas, adquire, da perspectiva deste discurso de exclusão de culpa, uma virulência que não deixa de ter efeitos sobre a esfera pública. Na fixação dos limites da responsabilidade de um acusado, existe até à data uma alternativa entre um e outro padrão explicativo: no discurso do direito penal, apenas se recorre a explicações naturalistas, quando já não se pode fazer compreender uma acção com base em motivos racionalmente compreensíveis. A exclusão da culpabilidade constitui a excepção da regra. Mas quando os peritos científicos exigirem que se retire a distinção entre padrões explicativos complementares, o modo naturalista de explicação de um comportamento desviante perde a referência à norma da autoria responsável. Enquanto a explicação científico-natural desempenha até hoje o papel de estabelecer excepções da regra do comportamento responsável, no futuro a excepção converter-se-ia em regra. Deste modo, a pergunta pelos limites da responsabilidade perderia o seu sentido. Sob a premissa de que estados cerebrais inconscientes não só prejudicam ou anulam a faculdade pressuposta da causalidade mental, mas determinam *por completo* todos os estados mentais, o jogo de linguagem da autoria responsável entra em colapso – e, como sua variante, o discurso jurídico enquanto tal.([23])

([22]) *Ibidem*, 589: «O enfoque em descortinar o sentido das acções de pessoas à luz das suas razões traz à superfície, e bem, o ponto importante de que aqueles, cujo raciocínio não pode ser analisado quanto ao seu sentido desta forma, quer por doença mental profunda, ou por infância ou por sonambulismo, ou por sugestão pós-hipnótica (nalgumas interpretações) não são responsáveis pelos seus actos e, por isso, não precisam de desculpas por aquilo que fazem.»

([23]) É esta a consequência que W. Singer retira numa entrevista: «Die Welt jenseits der Oszillografen», *Forschung Frankfurt*, 4, 2005, p. 86: «Afinal afirma-se no direito penal que a medida de pena se orienta pela culpa subjectiva, o que frequentemente deve ser explicado por pareceres redigidos por peritos. A meu ver, porém, a determinação da responsabilidade penal excede desesperantemente as capacidades dos psiquiatras forenses. Estes concedem uma responsabilidade penal diminuída quando detectam, a título de exemplo, um tumor cerebral, porque este limita as funções cerebrais "normais". Enquanto

Uma revisão correspondente tem de reconverter o direito penal por completo a um controlo social do comportamento, de forma que doravante as sanções já não se orientem pela gravidade normativamente avaliada de uma pretensa culpa, mas unicamente pelas consequências do desvio da norma observado (reduzindo-se a medidas de segurança ou a medidas de terapia social). Como a neurologia desmascara a liberdade no sentido da autoria responsável como ilusão([24]), podemos contar, no melhor dos casos, com uma harmonização *a posteriori* das razões conscientes com os acertos de agulhas de processos inconscientes. Em vez de «liberdade» deve falar-se melhor, de acordo com uma proposta de Singer, em «maioridade», mas mesmo isso apenas numa acepção *suis generis* de «dizibilidade». A capacidade «que oscila fortemente no contexto interindividual» de formular os resultados de processos inconscientes ou de os tornar «dizíveis» poderia, em sua opinião, servir para evitar incoerências inquietantes entre processos conscientes e inconscientes. Perante este tipo de *novilíngua* perguntamo-nos o que a adaptação de reflexões dissonantes a intuições que reflectem o resultado de processos inconscientes anteriores tem que ver

---

neurobiólogos sabemos, porém, que conexões erradas de origem genética, processos formativos precoces ou doenças degenerativas podem conduzir às mesmas deformações ou alterações de processos decisórios como um tumor visível. Apenas não os podemos registar, pelo menos por enquanto. E é nisso que vejo uma terrível incoerência. Se aqui não somos verdadeiramente capazes de objectivar com recurso a medições, é preciso encontrar uma outra concepção. Nesse caso, não deveríamos considerar subjacentes as cadeias causais "a culpa subjectiva determina a medida de pena" e "a culpa subjectiva afere-se pela liberdade".» (Cf. igualmente W. Singer, «Grenzen der Intuition: Determinismus oder Freiheit», in: R. M. Kiesow et al. (org.), *Summa. Festschrift für Dieter Simon*, Frankfurt/M., 2005, p. 537.)

([24]) Neste sentido também: D. Wegner, *The Illusion of Conscious Will*, Cambridge (Mass.), 2002, p. 98: «A vantagem humana sem paralelo dos pensamentos conscientes que prevêem as nossas acções confere-nos o privilégio de sentirmos que causamos de forma voluntária aquilo que fazemos. Com efeito, mecanismos inconscientes e imperscrutáveis criam tanto o pensamento consciente sobre a acção como a acção, e também produzem uma sensação de vontade que experimentamos percebendo o pensamento como a causa da acção. Deste modo, ao passo que os nossos pensamentos podem ter ligações causais profundas, importantes e inconscientes com as nossas acções, a experiência da vontade consciente emana de um processo que interpreta essas ligações, e não das próprias ligações.»

com «maioridade.»([25]) Como resposta, não é suficiente, claro está uma redefinição receitada.

III. Limites performativos da auto-objectivação

Independentemente da questão de saber se a desilusão neurocientífica da consciência de liberdade é justificada ou não, o postulado de uma revisão da autocompreensão de pessoas agentes é mais fácil de formular do que de revalidar. Será que a pessoa agente pode adaptar a sua consciência normativamente formada a uma auto-descrição objectivadante, de acordo com a qual os próprios pensamentos, intenções e acções não são porventura apenas realizados, mas plenamente determinados por processos cerebrais? Ou será que esta tentativa esbarra performativamente, ou seja, na execução de práticas quotidianas ou científicas, nos *limites da auto-objectivação naturalista*([26])? O problema é, antes de mais, de índole conceptual.

No quotidiano temos de partir do princípio de que o nosso saber de acção – todo o saber pelo qual nos deixamos (ou podemos deixar-nos) guiar como agentes – está sintonizado com o nosso (de cada qual) saber acerca do mundo. Este «temos de» exprime um nexo conceptual: não podemos recalcar intencionalmente aquilo que «aprendemos» e julgamos «saber». Desaprender e esquecer são défices que ocorrem, mas não objectivos possíveis que possamos ambicionar e alcançar. Não

---

([25]) Vai neste sentido a proposta de: W. Singer, «Wann und warum erscheinen uns Entscheidungen als frei?», *Deutsche Zeitschrift für Philosophie*, 53, 2005, p. 712 s. Klaus Günther ([2005], 31) enfatiza o contraste entre as consequências em termos de política criminal da investigação cerebral e os esforços reformistas de uma ciência autocrítica do direito penal. Ambos coincidem na premissa humanista «de que é injusto acusarmos as pessoas de culpabilidade e punirmo-las se uma pessoa já não tinha essa liberdade na hora dos feitos prevaricadores. O "humanismo esclarecedor da investigação cerebral", porém, visa muito mais longe: essa própria convicção é posta em causa. Aqui os caminhos se separam [...]. Se se renunciasse à própria ideia liberal do Homem, já nem sequer se poderia punir. Se o castigo já não se apoiasse na culpa, já apenas a protecção da comunidade permaneceria como finalidade do castigo.»

([26]) É esta questão que L. Wingert explora em: *idem*, «Grenzen der naturalistischen Selbstobjektivierung», in: D. Sturma, *Philosophie und Neurowissenschaften*, Frankfurt/M., 2006, pp. 240-260.

podemos manusear a nosso bel-prazer uma «tesoura na cabeça» que corte as dissonâncias por via de um isolamento do saber de acção relativamente a aspectos incómodos do saber acerca do mundo. O sujeito cognoscente não enfrenta apenas o mundo, mas sabe ser ele próprio uma entre outras entidades no mundo. Como tal, o saber acerca do mundo repercute-se reflexivamente sobre aquele que sabe. O alargamento cumulativo do saber acerca do mundo não pode deixar de afectar o estatuto que sujeitos *cognoscentes* têm de se atribuir como sujeitos que simultaneamente *agem* no mundo. Isto fundamenta, aliás, o nexo interno entre a ciência e o esclarecimento: «O esclarecimento não é primariamente um progresso do saber, mas uma perda de ingenuidade.»([27]) Aos nomes de Newton e Darwin associamos progressos objectivos do conhecimento que obrigaram a um descentramento progressivo da nossa autocompreensão – levas de relativização do estatuto do Homem no mundo que ao mesmo tempo foram sentidas como levas de perdas de ilusões e de libertação.

Mesmo a descoberta por Freud do inconsciente ainda pôde ser compreendido como emancipação, porque uma análise bem sucedida de motivos inconscientemente eficazes devia contribuir para alargar o espaço de manobra da reflexão e da auto-regulação – o «*id*» deve tornar-se «*ego*». O facto de, com o esclarecimento neurocientífico sobre a ilusão da liberdade da vontade, ser transposto um limite conceptual da auto-objectivação ressalta da ocorrência do efeito oposto. Mais concretamente, este ímpeto rumo à naturalização do espírito teria de dissolver a própria perspectiva, segundo a qual um acréscimo de saber acerca do mundo pode ser vivido como uma emancipação de limitações.([28]) Com a ficção do «Eu» desmorona-se a referência para uma autocompreensão, que está aberta a revisões. Esta ficção é substituída pela imagem de uma consciência que, à semelhança de uma marioneta, está suspensa de um emaranhado indestrinçável de fios: «Não nos é possível ter conhecimento (e muito menos não perder o rasto) da tremenda quantidade

([27]) Cf. o comentário plausível relativamente a esta frase de Max Horkheimer em: E. Martens, H. Schnädelbach, *Philosophie*, Hamburgo, 1985, pp. 31-35.

([28]) Isto decorre das propostas neurocientificamente fundamentadas relativamente à reforma do direito penal; cf. o argumento de Günther na nota 25.

de influências mecânicas sobre o nosso comportamento, visto habitarmos uma máquina extraordinariamente complexa.»([29])

Kant definiu a «maioridade» como a faculdade de se servir do seu entendimento sem a direcção de outrem. Por um «uso racional» do entendimento podemos entender a capacidade de uma pessoa de se deixar afectar por razões e de tomar uma posição relativamente às mesmas. Evidentemente, esta capacidade tem de ser possibilitada no plano orgânico; as operações que regulam a acção têm de ser realizadas através de estados cerebrais. Mas mal abramos mão da suposição de possíveis *interacções* entre este substrato e o plano dos pensamentos, intenções e vivências semanticamente constituídos, simbolicamente encarnados, comunicados de acordo com regras gramaticais, em favor de uma *determinação* unilateral do «espírito» pelo «cérebro», desmorona-se o quadro conceptual para as referências correspondentes, geradas socialmente. Pensamentos, intenções e vivências apenas podem ser atribuídos a pessoas que começam por se formar enquanto tais em contextos de interacção social. Somente no decurso da ontogenése, aprendem as crianças a assumir os papéis pragmáticos de locutores, ouvintes e observadores e a assumir as relações consigo mesmas correspondentes.([30])

A autocompreensão pessoal depende para todo os efeitos da diferenciação entre o que se faz e o que acontece, sendo que «o que se faz» é por sua vez diferenciado em comportamento espontâneo enquanto tal e a acção intencional ou «auto-iniciada». A nova descrição objectivante de pessoas e do seu comportamento, que as neurociências nos impõem, inclui as seguintes distinções fundamentais: «Serão as decisões voluntárias? Ou são coisas que nos acontecem? De alguns pontos de vista fugidios, parecem ser as atitudes voluntárias por excelência nas nossas vidas, as ocasiões em que mais plenamente exercemos o nosso papel de agentes. Mas essas mesmas decisões também podem ser vistas como algo que estranhamente se furta ao nosso controlo. Temos de esperar para ver como vamos decidir algo, e quando chega a hora de decidir, a nossa decisão emerge na consciência

([29]) Wegner (2002), p. 27.

([30]) Relativamente à teoria dedicada à matéria de George Herbert Mead sobre o desenvolvimento do Eu, cf. H. Joas, *Praktische Intersubjektivität*, Frankfurt/M., 1980, cap. 4 e 5; J. Habermas, *Theorie des kommunikativen Handelns*, Frankfurt/M., 1981, vol. 2, pp. 9-68.

como se de bolhas se tratasse, sabe-se lá de onde. Não testemunhamos o decurso do processo: testemunhamos a sua chegada. Isto pode conduzir à ideia peregrina de que a Sede não é onde nós nos encontramos enquanto inspectores conscienciosos; está algures mais fundo no nosso interior e é-nos inacessível.»([31])

Se ilustrar adequadamente o estado actual da investigação neurocientífica, esta descrição objectivante bem poderia *destruir uma ilusão*, mas não *contribuir para o esclarecimento*, porque com *esta* ilusão também se desmoronaria a auto-referência a um sujeito que, nessa qualidade, seria a única instância capaz de perder a sua ingenuidade. A não ser que o sujeito deste progresso mais recente do saber possuísse a capacidade paradoxal de dissolver a união pessoal consigo próprio enquanto sujeito agente que pode ter ilusões sobre o seu estatuto no mundo e chegar a esclarecer-se sobre o mesmo.([32])

O limite da auto-objectivação naturalista é transposto com descrições em cujo âmbito as pessoas já não conseguem reconhecer-se como pessoas. As descrições científico-naturais referem-se – sendo mediadas através dos graus de abstracção da elaboração de conceitos teóricos – a um conjunto de acontecimentos que pode ser identificado no espaço e no tempo e sistematicamente explicado em termos nomológicos, ou seja, deterministicamente. Como aprendemos com Husserl e Frege, as capacidades e realizações determinantes para as pessoas não podem ser arrumadas em tais categorias de acontecimentos tal como os conteúdos semânticos não extensionais das proposições e dos pensamentos não podem ser traduzidos nos conceitos extensionais da neurologia. Como Wittgenstein demonstra de forma insistente, os conteúdos semânticos encarnam-se apenas em enunciados, artefactos ou sistemas de signos simbólicos, cuja significação nos permanece vedada enquanto não dominarmos as regras generativas gramaticais correspondentes, mas descrevermos apenas o substrato físico. Como havemos de referir a meditação de um monge ao padrão de estimulação de oscilações gama do seu córtex cerebral observado de modo síncrono, como havemos de interpretar a correlação estabelecida de forma electro-encefalográfica entre uma experiência de fé e

([31]) D. C. Dennett, Elbow Room: *The Varieties of Free Will worth wanting*, Cambridge (Mass.), 1984, p. 78.

([32]) Relativamente a esta concepção compatibilista, ver mais abaixo, secção IV.

um estado neuronal? A dificuldade consiste no facto de os jogos de linguagem, os vocabulários e os modelos explicativos, a que temos de recorrer respectivamente em casos deste género, não poderem ser reduzidos uns aos outros.([33])

As descrições de pessoas e dos seus pensamentos, ou das práticas, não podem ser traduzidas sem perdas de significado ou deslocações de sentidos para uma linguagem behaviorista ou fisicalista. Todas as tentativas de redução conceptual fracassam no embate com a constituição intersubjectiva de um espírito dirigido intencionalmente para o mundo, que comunica através de conteúdos proposicionais e se orienta por normas de validade e regras.([34]) Este hiato lógico entre a acção e o acontecimento é muitas vezes disfarçado com recurso a metáforas. Um exemplo que não é atípico para as exposições neurocientíficas é a assimilação de razões a causas – a título de exemplo, a assimilação da «competição» das variáveis actuantes no plano inconsciente, que são acessíveis à observação neurológica, ao modelo da competição de argumentos, que exprimem as tomadas de posição de pessoas relativamente a pretensões de validade. A competição pelo melhor argumento, avaliada de acordo com regras lógico-semânticas, exige uma descrição diferente da sequência causal de estados no sistema límbico: «A diferença menosprezada consiste no facto de, no caso do vaivém das razões, existir um conflito semanticamente descritível [...], um conflito entre juízos no que diz respeito àquilo que é verdadeiro ou falso, ou certo ou errado. Um tal conflito é algo diferente de uma alternância entre estados físicos. Estes não se podem contradizer.»([35])

Lutz Wingert demonstra claramente que as pessoas submetidas à auto-descrição neurológica sugerida também se tornam incompreensíveis como pessoas *que aprendem*. A própria prática investigativa teria de se transformar num empreendimento opaco para os intervenientes. Submetidos à auto-descrição neurológica de um «diálogo de cérebros», os investigadores já não poderiam

---

([33]) A interpretação funcionalista das correlações entre estados cerebrais e os conteúdos de representações, a que se associa G. Roth ((2005), p. 694 s.; cf. *Deutsche Zeitschrift für Philosophie*, 54, 2006, pp. 174 s.), apenas muda o problema de lugar, a este propósito, veja-se Wingert ((2006), pp. 244 ss.).

([34]) W. Cramm, *Repräsentation oder Verständigung?*, dissertação de doutoramento em filosofia, Universidade de Frankfurt, 2003.

([35]) Relativamente ao que se segue, cf. Wingert (2006), p. 250.

compreender o que significa corrigir premissas teóricas à luz de melhores razões, ou seja, melhorar um estado do saber ou até procurar novos conhecimentos. Pois o saber e o acréscimo de saber são conceitos irremediavelmente normativos, que resistem a uma nova descrição empirista.([36])

Claro está que o ponto de resistência não é a subjectividade da vida consciente, que também atribuímos a animais. A objecção conceptual contra as tentativas de auto-objectivação que transpõem os limites não se apoia em primeira linha no estatuto ontológico difícil de manejar de vivências, mas numa distinção constitutiva da autocompreensão entre ser e dever. Decerto que as vivências representam um tipo peculiar de factos acessíveis apenas subjectivamente. A qualidade de como «se sente» o facto de se estar num tal estado pura e simplesmente não pode ser expressa numa linguagem fisicalista, talhada à medida dos objectos no mundo.([37]) Tais factos vivenciais chamam a atenção para uma incompletude desconcertante da descrição objectivante do mundo. Mas o mentalismo não vai suficientemente longe ao atribuir o limite da auto-objectivação à *subjectividade* da vivência, e não à *personalidade*. Sobretudo a designação paradigmática de vivências com conteúdos proposicionais nulos ou fracos (como dores e disposições) induz então a objectivar o chamado fluxo das vivências em analogia com os acontecimentos que podem ser observados no mundo como uma consequência de «estados mentais» acessíveis à introspecção.

As atitudes que pessoas podem assumir relativamente a estados de coisas ou a outras pessoas não são vivências que se possam ter ou não, mas actos que se executam.([38]) Este carácter performativo explica-se pela circunstância de as atitudes propo-

([36]) P. Kitcher, «The Naturalist Return», *The Philosophical Review*, 101, 1, 1992, pp. 53-115.

([37]) T. Nagel, «What is it like to be a bat?», in: *idem*, *Mortal Questions*, Cambridge (Mass.), 1979, pp. 165-180.

([38]) Também as «vivências» frequentemente apenas têm um conteúdo rudimentar. Mas nós «encontramo-nos» em tais estados e não os «formamos» como pensamentos e intenções. Isto não significa, por outro lado, que as intenções possam ser descritas de forma adequada sem referência ao seu substrato vivencial. Relativamente ao fracasso das conhecidas tentativas naturalistas no sentido de explicar a intencionalidade exclusivamente com referência aos seus efeitos funcionais no mundo, cf. D. Sturma, *Philosophie des Geistes*, Estugarda, 2005, pp. 86 ss.

sicionais e os seus conteúdos fazerem parte do lote das práticas orientadas por regras e exercidas em conjunto que se regem por normas e podem *fracassar.* Como estão sujeitos ao fracasso, juízos e enunciados, intenções e acções têm de se poder «confirmar». Sob uma descrição objectivante que, por motivos conceptuais, tem de suprimir a diferença entre a capacidade de dar bom ou mau resultado de uma operação em benefício de um conjunto de acontecimentos fácticos – estes são o que são – uma pessoa não pode reconhecer-se como tal.

Como haveria, a título de exemplo, um participante de uma argumentação, que se esforce por convencer oponentes que duvidem da verdade do seu enunciado, de poder ter ao mesmo tempo a certeza de que a totalidade «das interacções humanas, incluindo o seu próprio comportamento, esteve desde sempre fixada de antemão»([39])? Um observador sociológico poderá descrever um determinado comportamento retórico como manipulação ou amestragem, ou seja, como tentativa de *levar* o destinatário a uma reacção desejada. Mesmo que este participante em seguida faça sua a perspectiva do observador, ainda será capaz de entender o seu interlocutor manipulador como uma pessoa que se esforça por, fingindo um comportamento orientado para o entendimento, produzir um efeito sobre ele, ou seja, exercer sobre ele uma influência causal. Mas já não poderia fazer sua, de modo semelhante, uma descrição neurológica da mesma ocorrência, uma vez que nesta já nem figura o papel de um «causador mental». Pois razões motivadoras da acção tão-pouco podem ser reduzidas a acontecimentos produtores de efeitos causais como os vocabulários correspondentes de que estes conceitos fazem parte respectivamente.

Um naturalista não tem de se deixar desencorajar por tais argumentos que acabam por redundar em que se faça a prova de uma autocontradição performativa. Como era de esperar, os filósofos reagem à problemática, cujos contornos acabo de esboçar, por múltiplas vozes. Contrariamente aos advogados pragmatistas do *common sense,* que tendem a resistir a não fazerem caso do facto de a nossa consciência de liberdade conceptualmente imunizada ser à prova de revisão, os naturalistas têm um forte aliado na pretensão de conhecimento realista de ciências exactas que, nas

---

([39]) J. Nida-Rümelin, *Über menschliche Freiheit,* Estugarda, 2005, p. 41.

sociedades modernas, adquiriram a autoridade de uma instância que decide sobre um conhecimento falível acerca do mundo. Sob a premissa naturalista que estipula que os acontecimentos do mundo são *todos eles* determinados pelas leis da natureza oferecem-se duas opções. Um dos lados procura uma saída conceptual do beco desmascarando o suposto problema que se coloca relativamente aos limites da auto-objectivação como despropositado (IV). O outro lado tenta assegurar aos estados mentais um lugar adequado no quadro ontológico de um mundo compreendido de um modo fisicalista (V). Em ambos os casos deparamos com o mesmo problema: será que a perspectiva do participante pode ser enquadrada na perspectiva do observador, e ficar-lhe subordinada, de tal forma, que possamos reintegrar-«nos» de um modo objectivante – não só como sujeitos que falam e agem, mas ainda por cima como sujeitos cognoscentes a realizarem os actos cognitivos dirigidos a nós «próprios» – e observar-nos a partir de um nenhures fictício?

IV. Três argumentos compatibilistas

De acordo com a concepção compatibilista, o problema da liberdade da vontade deve-se a uma agudização artificial de descrições concorrentes, mas que na realidade são conciliáveis.([40]) A intuição que nos diz que não nos devemos coçar onde não sentimos comichão foi desenvolvida em três variantes exemplares. Como a premissa de se poder agir de outro modo é irrelevante para a atribuição de responsabilidade, a imagem de um mundo compreendido materialisticamente e causalmente coeso é compatível com o jogo de linguagem da autoria responsável (1). Este argumento é apoiado pela reflexão ulterior de que a série de antecedentes causais no plano das razões, que pode ser prolongada a nosso bel-prazer, não desempenha de qualquer papel

([40]) Uma observação relativamente à terminologia: também a minha posição visa a inclusão do espírito humano e das suas perspectivas do saber complementarmente entrosadas no universo cientificamente perscrutável da natureza; ao mesmo tempo distingue-se, porém, do chamado *mainstream* «compatibilista» pela recusa da tese cientista, segundo a qual este universo está suficientemente determinado enquanto área temática das ciências da natureza que procedem de um modo nomológico (de acordo com o modelo normal da física actual).

em contextos de justificação (2). Por último, a circunstância de que o saber da constituição determinista do mundo não implica uma alteração da autocompreensão de pessoas agentes deve explicar-se em termos gerais a partir do horizonte limitado de uma pessoa agente que, sob as condições de um conhecimento incompleto, a quês estão associados riscos, em todo o caso depende da ponderação de expectativas alternativas (3).

(1) No seguimento de uma reflexão clássica de G. E. Moore([41]), o agente deve poder conciliar a compreensão voluntarista da sua decisão com o facto de o processo genético do acto de vontade correspondente ser determinado pelas leis da natureza. Pois mesmo num mundo causalmente coeso, a pessoa agente pode dizer-se a si mesma que poderia ter agido de outro modo. O verbo «poder» entende-se, no entanto, no sentido em que «teria» agido de outro modo se assim o tivesse desejado.([42]) Uma pessoa agente atribuir-se-á uma vontade a si própria, independentemente da forma pela qual ela possa ter sido causada, desde que a sua decisão se fundamente apenas pelo seu próprio juízo prático. Quem age com base em razões sente-se (e é) responsável pela sua acção, ainda que não pudesse ter agido de outra forma.

Harry Frankfurt alicerçou a ideia fundamental de que a consciência da liberdade e o determinismo são compatíveis, porque a atribuição de responsabilidade não depende da existência de possibilidades alternativas de acção([43]), em múltiplos exemplos de ficção científica: «Nos casos elaborados por Harry Frankfurt, o agente não é capaz de agir de outro modo porque, na sequência alternativa, um mecanismo de recurso entra em acção. Mas as causas operativas são tais que este mecanismo nunca intervém na realidade. A intuição a que os casos elaborados por Frankfurt apelam é a de que esta característica da sequência alternativa é irrelevante. A condição de uma sequência real ser suficiente para merecer censura pode ser preenchida, mesmo que a condição de poder agir de outro modo da sequência alternativa não o

([41]) G. E. Moore, «Freier Wille», in: U. Pothast (org.), *Freies Handeln und Determinismus*, Frankfurt/M., 1978, pp. 142-156.

([42]) Nida-Rümelin (2005), p. 19 ss.

([43]) H. G. Frankfurt, «Alternative Possibilities and Moral Responsibility», *Journal of Philosophy*, 66, 1969, pp. 829-839.

seja.»([44]) Susan Hurley liberta esta tese de determinadas fragilidades decorrentes de experiências de pensamento artificiais. Recorre ao caso comum de uma pessoa que, por fraqueza de vontade, se desvia do seu «bom propósito», e coloca a questão retórica de saber se essa pessoa não é responsável pelas suas acções em qualquer dos casos, independentemente de, em termos objectivos, poder ter agido de outro modo ou não.

Exemplos deste tipo revestem-se de uma certa plausibilidade por fazerem vista grossa à mudança da perspectiva de participante para a perspectiva do observador. Um observador que deve avaliar o comportamento de uma outra pessoa tem de determinar antes de mais aquilo pelo que essa pessoa deve ser em geral responsabilizada. Tenta saber quais são as razões pelas quais a pessoa agiu. O facto de o observador ser ou não ser determinista não desempenha qualquer papel no que toca à atribuição de responsabilidade: para o observador, a questão de saber se a pessoa também poderia ter agido de outo modo não é tematizada. Mas para a pessoa agente revestiu-se de grande relevânia. Pois para ela, a ponderação entre alternativas de acção teria perdido todo o sentido, se tal pessoa tivesse de esperar que apenas estivesse disponível essa única via pela qual de qualquer forma enveredou na sequência de um processo de ponderação fixado de um modo determinista.([45]) É por isso que os exemplos de Harry Frankfurt são construídos de tal forma, que a pessoa agente não tem qualquer conhecimento desta circunstância.([46]) É-lhe lícito entregar-se à ilusão de também poder agir de outro modo.

Assim sendo, a compatibilidade do determinismo com a consciência de liberdade permanece, no melhor dos casos, uma verdade compatibilista *sobre* pessoas agentes. Para que

---

([44]) Hurley (2003), p. 61 s.

([45]) O mesmo também se aplica ao determinista, mal deixe de ajuizar no papel neutro de um observador sobre a responsabilidade de uma terceira pessoa para, como participante no jogo de linguagem da autoria responsável, atribuir responsabilidade a uma segunda pessoa que lhe pode responder. Pois nesta situação tem de se envolver em censuras, confissões de culpa ou desculpas que teriam de perder o carácter de tomadas de posição contestáveis se os intervenientes partissem do princípio que o agente de qualquer modo não teve nenhuma alternativa.

([46]) Cf. Hurley (2003), p. 66: «de um modo que lhe é profundamente desconhecido».

essa verdade se possa tornar uma verdade *para* as próprias pessoas, é recomendável atender-se ao carácter e ao papel dessas premissas que, da perspectiva do participante, acabam por ser determinantes para as decisões. Podemos imaginar o modelo de fundamentações dos juízos práticos de tal modo, que o agente parte de preferências pessoais e volta a interrogar, através de valores ou preferências de ordem superior, essas «preferências pessoais» que são em última instância constitutivas da própria autocompreensão ética. Ora, se as orientações valorativas decisivas para a formação da vontade estiverem ancoradas na identidade respectivamente própria, a pessoa agente terá a consciência de ter decidido *ela própria*, de um modo inteiramente independente da questão de saber se tem de compreender *a génese* das premissas basilares – e, com ela, a génese dos motivos da acção, decisivos em última instância – como uma cadeia de acontecimentos ligados de um modo causal.

Com base neste raciocínio, Michael Pauen propõe a seguinte definição de liberdade: «Uma pessoa, que numa determinada situação escolhe x em vez de y, age livremente no sentido desta concepção exactamente naquele caso em que a decisão por x e contra y pode ser reconduzida às preferências pessoais da pessoa.»([47]) Esta proposta visa igualmente um desacoplamento da génese da validade dos motivos decisivos na prática, mas agora de tal modo, que a génese dos motivos, eventualmente descrita de um modo determinista, não tem de afectar a consciência da pessoa que raciocina e decide. E o erro remonta, por seu lado, ao facto de se descurar a mudança de perspectiva que é necessária, quando aquelas orientações valorativas que fixam o Eu da autocompreensão pessoal são descritas ora de dentro como premissas, ora de fora, como consequências de um processo passível de ser explicado de forma causal. Da perspectiva do agente, uma descrição não pode ser substituída pela outra *sem ter consequências.*

Os motivos mantêm relações semânticas com outros motivos. Expõem-se por princípio à crítica por motivos contrários, ao passo que estados ou episódios psíquicos passíveis de explicação causal não se podem contradizer entre si. Ainda assim, o argumento compatibilista parte do princípio de que as pessoas

([47]) M. Pauen, *Illusion Freiheit?*, Frankfurt/M., 2004, p. 96.

acabam por agir em última instância com base em motivos que, se forem objecto de uma observação mais precisa, revelam ser efeitos causalmente explicáveis – e, sob *esta* descrição objectivante, subtraem-se a uma ponderação discursiva. A consciência de liberdade de uma pessoa que já não pode mover-se no espaço dos motivos *sem encontrar resistência* e já não pode pôr *tudo* em causa, tem de sofrer alguns danos. Também as orientações valorativas constituintes da identidade não se apresentam ao actor, enquanto se dedica a reflexões, como acontecimentos mentais, mas como juízos implicitamente afirmados.(48)

Até pelo seu carácter é lícito responsabilizar-se uma pessoa adulta. Pois, em simultâneo com a liberdade da vontade, pressupõe-se que ela teve ocasião de se confrontar de forma crítica com o seu próprio processo formativo. Somente uma «apropriação crítica» da própria história de vida decide sobre qual entre as tradições marcantes prosseguimos, respectivamente «com vontade e consciência», e de qual nos distanciamos. Também a falta de um tal ponto de censura reflexivo na adolescência faz as vezes de uma decisão pela continuidade.(49)

(2) Como complemento deste argumento compatibilista pode ser entendida a ideia de que, em contextos de *justificação* com base na «galeria de antepassados causais» de uma acção, não consideramos relevante a mesma quantidade de causas como em contextos de *explicação*.(50) A liberdade da vontade, ou seja, a capacidade de tomarmos decisões auto-vinculativas com base em juízos práticos, é algo que apenas supomos no contexto justificativo. Aqui, os motivos de decisão passam por

(48) Ver igualmente a réplica de J. Nida-Rümelin a M. Pauen em: *Information Philosophie*, Janeiro de 2006, pp. 24-31.

(49) Entendo a exposição que Kierkegaard faz do «estádio ético» de tal forma, que a autocompreensão ética adquirida de forma crítica exprime precisamente o carácter, como o qual uma pessoa quer ser reconhecida por outras. De forma implícita, concorda assim também com o acervo de motivos disponibilizado pelas características afirmadas como boas (cf. J. Habermas, *Die Zukunft der menschlichen Natur*, Frankfurt/M., 2001, pp. 17 ss.).

(50) Quanto ao que se segue, cf. M. Willaschek, *A Contextualist Account of Free Will* (manuscrito, 2005), com referência à discussão entre J. Hawthorne («Freedom in Context», *Philosophical Studies*, 104, 2001, pp. 63-79) e R. Feldmann («Freedom and Contextualism», in: J. K. Campbell et al., *Freedom and Determinism*, Cambridge (Mass.), 2004, pp. 255-276). Agradeço a M. Willaschek as objecções metacríticas e os comentários explanatórios.

possíveis motivos de acção, e estes são quanto basta para o problema da imputação de responsabilidade. É um facto que, em tais contextos, também podem revestir-se de alguma importância as explicações que exigem a mudança da perspectiva do participante para a perspectiva do observador. Mas, como vimos, neste contexto, explicações causais apenas servem para traçar os limites, para além dos quais uma pessoa já não pode ser considerada responsável, ou plenamente responsável, pelas suas acções. Uma dissonância entre a liberdade e o determinismo nem nesse caso pode ocorrer, visto que questões de imputação de responsabilidade apenas têm sentido sob a premissa de que as pessoas agem, em geral, de forma voluntária.

A inclusão de explicações nos contextos de justificação não altera o sentido ilocutório do contexto abrangente, em que as pessoas não têm de se deixar desconcertar por encadeamentos causais que remontem mais longe. Somente a relevância dependente do contexto do questionamento que orienta a reflexão, assim reza o argumento, cuida do desacoplamento subjectivamente desonerante da *génese* (de outro modo inquietante) de um acto de vontade relativamente à *validade* dos motivos de justificação correspondentes. Somente quando passamos de contextos em que um participante *pede contas* a outro para *contextos de explicação* de acções e nexos de acções, é que o interesse se dirige para conexões causais de longo prazo.

A fragilidade do argumento consiste na utilização sumária do conceito de «explicação causal». Pois afinal cumpre verificar como uma imagem naturalista do mundo, que já só aceita como válidas explicações nomológicas do comportamento e assim *suprime* o papel explanatório dos motivos de acção inteligíveis, se repercute sobre a consciência intuitiva da liberdade de pessoas agentes. Decerto que, no discurso forense, os motivos desculpabilizantes e excludentes de culpa se apoiam em explicações causais que representam, da perspectiva do observador, o nexo condicionante de um comportamento que se desvia das normas. Ao fazê-lo, porém, as explicações racionais e naturalistas assumem papéis diversos e produzem, como vimos, efeitos diferentes, consoante o caso, sobre a autocompreensão pessoal.

Em casos de explicações da acção racionalmente inteligíveis, a compatibilidade da causalidade com a liberdade é óbvia, porque, nas explicações racionais da acção, os motivos desempenham um papel análogo ao que desempenham em justificações. No contexto da justificação, um «caso de necessidade» apenas pode servir de desculpa se esse motivo, no contexto da explicação, for considerado a causa da acção incriminada, e tal significa: se for *por esse motivo* que a pessoa em causa infringiu uma norma. No entanto, logo que os motivos excludentes de culpa se apoiam em explicações nomológicas, como acontece nos casos de um excesso de consumo de álcool ou de um diagnóstico psiquiátrico grave, os nexos causais regidos pelas leis da natureza excluem a suposição da liberdade da vontade. O acusado não *pôde* agir de outra forma se, no momento da acção, nem sequer existia uma ligação entre as causas da acção e os eventuais motivos da mesma. Na sequência disto, o jogo de linguagem da autoria responsável implode, logo que a generalização de explicações naturalistas retirar de circulação a premissa da liberdade da vontade.

No melhor dos casos, o argumento contextualista vai buscar alguma plausibilidade inicial da circunstância de apenas ter em conta *um* tipo de explicações. Mas, na realidade, não é o contexto de justificação que permite que a consciência de liberdade se mantenha intacta, mas sim um tipo de explicação que, contrariamente às explicações naturalistas, se refere às margens de manobra concedidas à reflexão e à decisão das pessoas agentes. Ao invés do que acontece com a causalidade dos acontecimentos, que é extensiva a nexos físicos entre o meio circundante e o organismo ou a redes no seio do organismo, a causalidade semanticamente transmitida dos motivos opera por via das tradições culturais, dos processos de socialização, das normas sociais sobre as percepções e os afectos, os processos reflexivos e os motivos de acção e, por isso, não solapa a autocompreensão pessoal dos sujeitos agentes. Isto não se aplica menos às explicações complexas de cariz historiográfico e sociológico ou económico do que às simples explicações narrativas e do foro da psicologia do quotidiano.([51])

([51]) Os nexos causais, em que se apoiam as explicações do comportamento da sociologia e da economia, assim como da história e, na maior parte dos casos, da psicologia, não suscitam debates sobre a liberdade e o determinismo, porque as hipóteses teóricas são respectivamente formuladas na terminologia de interacções, tradições, instituições e situações inerentes à sociedade transmitidas de forma comunicativa, assim como interpretações e convicções, interesses e desejos, disposições e sentimentos. Deste modo é mantida a ligação com pessoas que assumem posições no espaço dos motivos. Para lá da biologia,

(3) Os argumentos compatibilistas têm o objectivo de mostrar que a concepção do Universo causalmente coerente é irrelevante para a consciência da autoria responsável. Nesta fileira também se enquadra a tese de Daniel Dennett de que, para seres vivos conscientes do risco e inteligentes como nós, é indiferente se consideram a liberdade uma ilusão ou não: «Há quem não acredite na vontade livre e, por isso, não tem uma vontade livre, e há aqueles que acreditam na vontade livre e, por isso, de facto tem uma vontade livre.»([52]) Isto não significa que a imagem naturalista do mundo seja falsa; enquanto filósofo, Dennett milita pelo determinismo. Embora estejamos longe de conhecer todas as leis da física e jamais venhamos a conhecê-las, temos boas razões para imaginar o Universo a partir da perspectiva de um demónio de Laplace, de tal forma que a cada instante permite apenas exactamente um curso possível dos estados do mundo futuros. Por esta ordem de ideias, não podem existir dois mundos diferentes que partilhem o mesmo estado de partida. Se algum par de dois mundos possíveis tiver em comum nem que seja um estado do mundo, cada um dos dois mundos preencherá as descrições correctas de todos os estados do mundo que se sigam a esse estado. Mas para seres vivos que foram providos pela evolução da faculdade da escolha racional e condenados à acção inteligente em condições de incerteza não faz nenhuma diferença na prática se compreendemos o mundo de um modo materialista e o consideramos causalmente coerente ou não.

Também da perspectiva do observador científico podemos elucidar-nos quanto ao facto de a concepção de um mundo constituído de um modo determinista não ter de conduzir à consequência paralisante da «inevitabilidade» de todos os acontecimentos. Antes, no mundo de uma vida orgânica, que gerou projectos para evitar os riscos e as interferências nocivas sobre o organismo, existe uma diferença entre resultados evitáveis e inevitáveis. Quanto mais inteligentes são os seres vivos, mais eficazes são dispositivos de protecção correspondentes – e tanto

---

nem mesmo a teoria dos sistemas consegue passar sem o conceito fundamental do sentido comunicado de forma linguística. No entanto, para compensarem a incompletude explanatória de explicações racionais da acção, as hipóteses empíricas acerca de estruturas e condições restritivas têm de tornar provável a eficácia *causal* de motivos de acção *prima facie inteligíveis.*

([52]) Dennett (2003), p. 13.

menos plausível se torna a suposição de que uma concepção determinista nos poderia impedir de reflectir no interior de uma margem de manobra para alternativas limitada sobre a escolha das opções em cada caso melhores para promovermos os interesses próprios através de decisões prudentes: «Isto prova que a "evitabilidade" pode ser alcançada num mundo determinista»([53]) e «daí decorre que a verdade ou a falsidade do determinismo não deverá afectar a nossa crença de que determinados acontecimentos não realizados seriam ainda assim "possíveis" *num sentido quotidiano importante* do termo.»([54])

A restrição do enunciado, realçada pelo próprio autor, ao sentido quotidiano das expressões modais já chama a atenção para a mudança de perspectiva operada tacitamente de que os argumentos compatibilistas repetidamente se aproveitam. O mesmo perigo que se apresenta como evitável *para uma pessoa que age* nas condições da ignorância, e o mesmo objectivo que se apresenta como alcançável desta perspectiva de interveniente, o cientista compreende-o *da perspectiva do observador* como estados do mundo determinados «em si». O discurso sobre «opções» e «riscos evitáveis» apenas tem sentido com referência à perspectiva assumida por pessoas inteligentes, mas com necessidades e vulneráveis, quando, com base em informações limitadas e expectativas falíveis, interpretam uma situação percepcionada para, à luz dos seus interesses, levarem a melhor às contingências para elas impenetráveis. Para esvaziar a contradição entre a imagem naturalista do mundo e a autocompreensão de pessoas agentes não basta, por isso, verificar *da perspectiva de pássaro do cientista* que tais alternativas e graus de liberdade apenas existem *da perspectiva dos intervenientes*. Pois, apesar da finitude de um entendimento situado, que apenas consegue prever o curso do mundo dentro de limites estreitos, as pessoas agentes são idênticas àquelas pessoas cujo olhar, por assim dizer, recai do exterior ou de cima sobre o mundo. O que uma sabe, a outra não o pode simplesmente ignorar.

A insensibilidade relativamente ao *sentido próprio* da perspectiva dos participantes, que aqui se nos depara novamente, explica-se pela premissa de base do cientismo de que a perspectiva

---

([53]) *Ibidem*, p. 62.

([54]) *Ibidem*, p. 77.

objectivante própria das ciências da natureza *goza de prioridade* relativamente à perspectiva participante. Precisamente sob a perspectiva evolucionista que Daniel Dennett adopta (para lá dos limites da biologia evolutiva), este cientismo perde a sua obviedade. A finitude de um espírito oriundo da evolução natural e situado no mundo milita antes contra a subordinação incontestada da perspectiva participante, em que o mundo objectivo se nos apresenta, antes de mais, ao lidarmos de forma prática com contingências não dominadas, a um ponto de vista transcendente, além do mundo, que já não pode licitamente ser um mero «ponto de vista»: «É precisamente a ideia de uma descrição absoluta, com validade final, definitiva «do Universo» que é incoerente. É *ela* a ficção da qual – e unicamente dela – decorre que a nossa consciência de liberdade, vista do exterior, seja fictícia. Assim que se verifique que a capacidade de participação em práticas de justificação é fundamental para todo o conhecimento – e qualquer conceito inteligível de conhecimento – esta construção desmorona-se.» ([55])

V. Explicações naturalistas do dualismo epistémico

Mesmo no caso de um fracasso do compatibilismo, o naturalista não tem de se dar por vencido. Porque não haveria de ser legítima a pretensão da neurologia de um dia saber explicar estados psíquicos de um modo suficiente, mesmo que esse saber não pudesse ser conciliado de forma prática, ou seja, no decurso da realização se uma intenção de acção, com a autodescrição dos agentes como pessoas? O eventual êxito deste programa não dependerá das consequências que ele teria «para nós» no mundo da vida. Para o naturalista recomenda-se renunciar a uma consideração epistémica, referida à consciência dos actores, para, em vez disso, investigar de um ponto de vista ontológico qual é o lugar que estados mentais ocupam num mundo compreendido de um modo materialista e causalmente coerente.

([55]) M. Seel, «Teilnahme und Beobachtung. Zu den Grundlagen der Freiheit», *Neue Rundschau*, 116, 4, 2005, pp. 141-153. De uma forma semelhante, Thomas Nagel (*The View from Nowhere*, Oxford, 1986) critica a autonomização objectivista da perspectiva do observador, pese embora em oposição à perspectiva da primeira pessoa.

(1) As abordagens de um materialismo não eliminativo ou não reducionista têm o objectivo de fazerem jus à autonomia fenomenal ou até à eficácia causal do espírito, sem renunciarem à hipótese naturalista de que a estrutura do mundo pode ser reveladora com base na sua descrição levada a cabo pelas ciências da natureza e, em última análise, pela física. Neste caso não se dispõe nem da descrição materialista dos elementos de que o mundo se compõe, nem da sua coerência causal. No entanto, tais concepções distinguem-se pela forma como entendem os conceitos de «autonomia» e «causalidade». A versão que dá o tom, considerada não problemática no campo naturalista, contenta-se com caracterizar o grau de complexidade do espírito por propriedades «emergentes» no sentido fraco.

As propriedades da reprodução como a auto-organização, o crescimento e a evolução, o metabolismo, a procriação e por aí fora manifestam-se no plano da vida orgânica, as propriedades da subjectividade como a sensibilidade, o movimento espontâneo, a percepção etc., manifestam-se nos seres vivos de um grau superior de organização.([56]) No entanto, as propriedades emergentes surgem também já na natureza inorgânica. São propriedades que se manifestam primeiro no plano do respectivo sistema, e não já ao nívelno dos seus componentes; resultam de constelações inovadoras desses componentes. O aspecto da inovação pode ser determinado com mais rigor sob o ponto de vista diacrónico da evolução. Nesse contexto, designamos por «emergentes» as propriedades geradas a partir de novas constelações e que também não podiam ser previstas antes da sua primeira exemplificação.([57]) Ora, se propriedades pessoais como a intencionalidade e a competência linguística pudessem ser entendidas como «emergentes» e explicadas de forma causal, de um modo semelhante ao das referidas propriedades biológicas, o espírito encaixar-se-ia num mundo descrito de forma materialista e causalmente coerente.

No entanto, também neste caso teria de se conseguir decompor nos seus componentes os acontecimentos no plano sistémico e reproduzi-los com recurso a um modelo teórico de tal forma que, ao menos em princípio, se possa explicar como os

---

([56]) G. Toepfer, «Der Begriff des Lebens», in: U. Krohs, G. Toepfer (org.), *Philosophie der Biologie*, Frankfurt/M., 2005, pp. 157-174.

([57]) A. Stephan, «Emergente Eigenschaften», in: *ibidem*, pp. 88-105.

acontecimentos sistémicos decorrem da sinergia regida por leis desses elementos. Para todas as propriedades emergentes no sentido fraco, um semelhante modo de proceder significa «que sistemas que são vivos ou são dotados de espírito – sejam eles naturais ou artificiais – consistem dos mesmos elementos constitutivos fundamentais que os objectos inanimados da natureza.»([58])

Suponhamos por um momento que as neurociências consigam levar a efeito uma naturalização do espírito *neste sentido metódico*. Neste caso, embora o mental não viesse a assumir um estatuto ôntico diferente do físico, poderiam fazer jus à autonomia fenomenal das intenções e das vivências, na medida em que estas se enquadram na descrição das propriedades emergentes. Com a «autonomia fenomenal», porém, as propriedades mentais ainda não adquiririam qualquer «eficácia causal». Uma vez que regularidades da física que determinam a sinergia dos componentes elementares perpassam todos os graus de emergência, num tal Universo também não haveria espaço algum para algo como a liberdade da vontade sujeita à causalidade mental.

Donald Davidson, em contrapartida, insiste também numa explicação dessa misteriosa intuição que, uma vez mais, ilustra com um exemplo seco: «Se alguém afundou o *Bismarck*, é porque acontecimentos mentais variados como por exemplo percepções, juízos, decisões, acções intencionais e expressões de opinião desempenharam um papel no afundamento do *Bismarck*.»([59]) Davidson parte (tal como muitos outros filósofos analíticos) do princípio que os acontecimentos mentais não podem ser reduzidos a acontecimentos físicos nem por leis psico-físicas, nem por relações definitórias. Por outro lado, rejeita igualmente a ideia de uma interacção entre acontecimentos mentais e físicos e, com ela, a ideia de uma causalidade descendente. Recorre ao conceito da superveniência das propriedades para explicar a experiência da causalidade mental de um modo imediatamente ontológico: todos os acontecimentos são de natureza física, mas alguns desses acontecimentos também «são portadores», de certo modo, além das suas propriedades físicas, de propriedades mentais.

([58]) *Ibidem*, p. 91.

([59]) D. Davidson, «Geistige Ereignisse», in: *idem*, *Handlung und Ereignis*, Frankfurt/M., 1985, pp. 291-316, aqui 292.

Nesses casos, quando têm a propriedade física Kx, apresentam simultaneamente a propriedade mental Gx.

Se medido pelo objectivo da argumentação no sentido de reservar às actividades mentais um lugar num mundo explicado integralmente de modo fisicalista, este «monismo anómalo» também não é convincente. Afinal, é supérfluo postularmos a existência de um tipo especial de propriedades, se estas «não efectuarem nenhum trabalho causal»([60]) num Universo entendido de modo materialista, em que apenas os acontecimentos têm a capacidade de exercer efeitos uns sobre os outros. A tentativa de Davidson de preservar o espírito relativamente à redução parece redundar sem querer na sua eliminação. Neste lugar, não necessito de me debruçar mais minuciosamente sobre as objecções de Jaegwon Kim. Se ainda assim quisermos manter o objectivo da estratégia argumentativa, resta apenas a opção de alargarmos ou complementarmos o conceito de lei da causalidade. As concepções mais recentes prescindem da noção de uma realização nomológica das propriedades mentais num mundo causalmente coerente de acontecimentos físicos. Ou operam com a hipótese de uma subdeterminação dos graus de emergência superiores pelas leis da física([61]), ou provêem as propriedades e as configurações de propriedades de forças causais.([62])

(2) A plausibilidade das tentativas de explicação até agora abordadas enferma, em termos gerais, de uma simplificação mentalista do fenómeno que cumpre explicar devido ao curto-circuito ontológico entre o espírito e o cérebro. Se se pretender que o espírito se reduza à quantidade daqueles acontecimentos mentais que são em cada caso produzidos pela actividade cerebral de um organismo humano individual, o espírito encarnado simbolicamente no nexo comunicativo da cultura e da sociedade encolhe, tornando-se um epifenómeno. Com a dissolução do «espírito objectivo» em acontecimentos mentais, isto é,

([60]) J. Kim, «The Myth of Nonreductive Materialism», in: R. Warner, T. Szubka (org.), *The Mind-Body Problem*, Londres, 1994, pp. 242-260, aqui 246: «O que não efectua trabalho causal também não efectua nenhum trabalho explanatório, de forma que não faria falta nenhuma se não lá estivesse.»

([61]) Nida-Rümelin (2005), pp. 74 ss.

([62]) W.Detel, «Forschungen über Hirn und Geist», *Deutsche Zeitschrift für Philosophie*, 52, 2004, pp. 891-920.

localizados na consciência, desfaz-se, no entanto, o meio em que o espírito subjectivo começa por se formar. A consequência é uma conceptualização excessivamente simplificada das relações entre o espírito humano e o cérebro. Será que o espírito teria reintegrado a sua própria genealogia pela via da cognição e, de certo modo, se teria «compreendido» a si próprio se um neurologista conseguisse descrever, com recurso a uma teoria adequada, quaisquer excertos do funcionamento da sua própria vida da consciência?

Wolfgang Prinz vê para a psicologia uma boa oportunidade de preencher a lacuna explicativa que, em programas investigativos fisicalistas, se abre entre o espírito subjectivo e o espírito objectivo para assim se adequar melhor ao fenómeno da liberdade da vontade.([63]) Da perspectiva de um construtivismo psicológico aproveita as intelecções que Wittgenstein extraíra da análise de frases enunciadas na primeira pessoa para uma crítica convincente da concepção do acesso introspectivo a vivências sempre próprias.([64]) O conteúdo de experiências subjectivas é o resultado de interpretações que «tratam as informações de entrada de acordo com categorias próprias e com meios de representação próprios.»([65]) Dito isto, não é completamente claro a quem os conteúdos devem a sua forma categorial; como veremos mais tarde, não é lícito que sejam já os «meios de representação» gramaticais de uma linguagem partilhada intersubjectivamente.

No passo seguinte, Prinz explica decisões de acção com recurso a preferências, saber de acção e avaliação de situações. A génese de decisões é descrita como um processo anónimo de sinergia de variáveis psicológicas «sem que haja alguém que tome tais decisões». No entanto, as acções são atribuídas a pessoas que se experienciam como pessoas, ou seja, como um Eu. Nesta medida, as «estruturas de saber que sustentam o «Eu»» têm de

---

([63]) W.Prinz, «Bewußtsein und Ich-Kommunikation», in: G. Roth, W. Prinz, *Kopf-Arbeit. Gehirnfunktionen und kognitive Leistungen*, Heidelberg, 1996, pp. 451-466.
([64]) Cf. E. Tugendhat, *Selbstbewußtsein und Selbstbestimmung*, Frankfurt/M., 1979, prelecções 5 e 6.
([65]) W. Prinz, «Kritik des freien Willens. Bemerkungen über eine soziale Institution», *Psychologische Rundschau*, 55, 4, 2004, pp. 198-206, aqui 200: «Independentemente do que julguemos saber da introspecção sobre processos psíquicos – este saber é invariavelmente o produto de uma representação selectiva, da focagem referente a conteúdos e da provisão de formações categoriais.» (201)

ser «construídas juntamente com as estruturas de saber referentes a preferências, saber de acção e avaliação de situações.»([66]).

O passo decisivo é a explicação da génese do Eu como resultado de uma interacção social, em que os actores se atribuem mutuamente a capacidade de decisão e a autoria. A relação pessoal consigo próprio deverá decorrer da resposta a expectativas de uma «situação de discurso» que «mantém à disposição» de cada actor «um papel sob a forma de um Eu». O modelo para esta situação de aprendizagem, em que uma pessoa aprende «no espelho» dos outros a compreender-se da forma como os outros a compreendem é manifestamente a aquisição de uma linguagem coloquial que, com o sistema dos pronomes pessoais, disponibiliza as categorias correspondentes. A criança aprende a aplicar o sistema de «eu», «tu» e «ele» de uma forma correcta na medida em que, no processo de crescimento, se adapta aos papéis reciprocamente permutáveis de locutor e de ouvinte e, de uma forma reflexiva, desvia para si a atitude da primeira pessoa para com a segunda para finalmente articular ambas as perspectivas com a perspectiva de observador de uma terceira pessoa.([67])

Prinz compreende a «pessoa» e a «instância do Eu», neste sentido, como organizações ou «instituições». Estas desempenham a função da imputação de responsabilidade e, deste modo, tornam possível a auto-organização de sociedades. Pois é apenas com a localização de decisões de acção na «pessoa», que as expectativas de comportamento encontram um destinatário para possíveis castigos e gratificações. Esta análise parece ligar sem cesuras na concepção da liberdade da vontade como uma pressuposição necessária do jogo de linguagem da autoria responsável: «Instituições produzem intuições [...]. As intuições de liberdade são formadas no âmbito de discursos socialmente regulados e, em seguida, contribuem elas próprias para a sua conservação.»([68]) Os proponentes da liberdade da vontade poderiam dar-se por inteiramente satisfeitos: como construção social, a liberdade da vontade é evidentemente um «artefacto». *Todas* as formas de expressão simbólicas, em que existem a cultura e

([66]) *Ibidem*, p. 203.

([67]) Este assunto foi investigado, na tradição investigativa de Lawrence Kohlberg, sob a rúbrica da aquisição de perspectivas sociais.

([68]) Prinz (2004), p. 204.

a sociedade, são uma realidade gerada artificialmente, que se conserva unicamente no *medium* da comunicação humana.

Por outro lado, a resposta à pergunta se o Homem afinal tem ou não tem uma liberdade da vontade permanece peculiarmente obscura – «na verdade, não, mas, na prática, sim». A palavra «artefacto» passa a soar a uma existência remetida para o reino das fábulas, quando o autor começa o seu tratado com a frase: «Falar em vontade livre da perspectiva da psicologia assemelha-se a falar de um unicórnio da perspectiva da zoologia: fala-se de coisas que, em sentido próprio, não estão previstas na ontologia dessa disciplina.»([69]) Aqui, o psicólogo fala como um cientista da natureza, que parte *a priori* da coerência causal dos acontecimentos do mundo determinados por leis da natureza. Por isso, o construtivismo psicológico, que zela pela autonomia fenomenal do espírito objectivo, tem de se aliar a um materialismo neurobiológico que se encarrega da redução e nega ao conjunto de acontecimentos emergentes da cultura e da sociedade uma eficácia causal própria. Prinz mantém aberta a porta a uma redução neurológica dos fenómenos de nível superior: o saber de acção e a autopercepção pessoal apenas podem «ocorrer com base em processos sub-pessoais.»([70]) As reflexões conscientes contribuem, quando muito, para uma elaboração de processos de decisão que decorrem de forma inconsciente, mas devem poder ser atribuídas, por seu lado, com recurso a leis psico-físicas, a processos cerebrais.

Com este passo, eis de regresso o problema da transição: como vamos parar da descrição dos «acontecimentos» neuronais à descrição de «realizações» construtivas sem obtermos sub-repticiamente o significado da construção e da atribuição mútua? A descrição da «construção social do Eu» recebe a sua plausibilidade da pressuposição tácita de formas de interacção, cuja génese a partir de processos sub-pessoais afinal ainda está por esclarecer. O que se pressupõe é a capacidade de comunicar numa língua com espaços em branco gramaticalmente pré-estruturados, que os adolescentes em vias de se tornarem adultos preenchem na sequência de reflexos e atribuições assimétricos. Mas, apenas podem aprender isso, se já existirem locutores competentes que

---

([69]) *Ibidem*, p. 198.
([70]) *Ibidem*, p. 204.

sejam capazes de proceder a atribuições. Mesmo uma teoria da atribuição limitada pelo mentalismo, ou seja, circunscrita à perspectiva do observador([71]), não é capaz de explicar como modos de interacção que se revestem da forma da linguagem podem brotar de estruturas de saber anónimas, ainda desprovidas de Eu e pré-pessoais; afinal, uma tal teoria pressupõe desde já a existência de participantes da interacção.

Esta tentativa no sentido de explicar de forma naturalista o «Eu» como instância de imputação mútua de responsabilidade por acções tem o mérito de levar a sério o nexo gerado através da comunicação entre o espírito subjectivo e o espírito objectivo. A tentativa falha porque a constituição social do espírito humano, que se desenvolve em relações interpessoais, é aberta pela perspectiva dos participantes e não pode ser reintegrada na perspectiva de um observador que objectiva tudo num conjunto de acontecimentos intramundanos. Mais uma vez, a pressuposição do cientismo de um «olhar de nenhures», literalmente utópico, revela-se problemática. Este facto já se dá a ver na comicidade involuntária do conhecido título de um livro: *Da perspectiva do cérebro* não se pode percepcionar coisíssima nenhuma, porque «o cérebro» não designa outra coisa senão excertos de um conjunto de acontecimentos observáveis.

A partir da crítica do «ponto de vista divino», Hilary Putnam desenvolveu coerentemente a ideia de um «realismo interno». Sem abrir mão da pretensão de verdade universalista do conhecimento científico, faz jus à circunstância trivial de que somos «nós» próprios – os sujeitos dotados de capacidade de fala e acção situados no mundo – quem, do horizonte de um respectivo mundo da vida, procura o melhor acesso cognitivo possível ao mundo objectivo.([72]) A resistência da autocompreensão pessoal contra a autodescrição naturalista explica-se pela impossibilidade de iludir o dualismo das perspectivas de saber que têm de se entrosar para possibilitar ao espírito situado no mundo

---

([71]) Quanto à crítica, cf. Wingert (2006), pp. 252 ss.

([72]) H. Putnam, *Realism and Reason* (*Philosophical Papers*, vol. 3), Cambridge (Mass.) 1983; *idem*, *Realism with a Human Face*, Cambridge (Mass.), 1990. Relativamente a Putnam, ver igualmente A. Müller, *Referenz und Fallibilismus*, Berlim, Nova Iorque, 2001. Sobre a afinidade de concepção de um pragmatismo kantiano debruço-me em «O realismo após a viragem pragmático-linguística», in *Obras Escolhidas*, vol. 2, pp. 275-325.

uma perspectiva de conjunto orientadora da sua situação. Nem mesmo o olhar do observador putativamente absoluto se pode despojar-se da ligação a um ponto de vista, a saber, ao de uma comunidade argumentativa idealmente alargada.([73])

VI. A iniludibilidade de perspectivas do saber entrosadas de forma complementar e a viragem epistemológica

As duas perspectivas de saber, a do observador e a do participante, podem ser reconduzidas a «perspectivas do mundo» que, sendo ambas co-originárias, se encontram ancoradas na nossa forma da comunicação linguística. Quando as pessoas se põem de acordo umas com as outras sobre alguma coisa, dirigem, enquanto participam em práticas comuns no seio do seu *mundo da vida* partilhado *intersubjectivamente*, o seu olhar para coisas e acontecimentos no *mundo objectivo*. Não é a subjectividade da vida da consciência que distingue os seres humanos de outros seres vivos, antes é o entrosamento das relações intersubjectivas entre pessoas com a atitude objectivadora das mesmas relativamente a algo num mundo intencionalmente posto à distância. A socialização linguística da consciência e a relação intencional com o mundo constituem-se mutuamente no sentido circular de que uma coisa pressupõe conceptualmente a outra.

Os universais pragmáticos da linguagem coloquial instituem para os locutores e os ouvintes que deles se servem para comunicarem uns com os outros sobre alguma coisa uma dupla referência ao mundo: na medida em que se referem entre si, no horizonte de um mundo da vida partilhado, *como primeiras e segundas pessoas*, os participantes, referem-se, ao mesmo tempo, *na atitude objectivante de uma terceira pessoa*, a objectos no mundo, sobre os quais algo pode ser enunciado. Os participantes de uma tal prática de entendimento compreendem-se como pessoas

([73]) G. H. Mead destrancendentalizou, de certo modo, o conceito transcendental de uma comunidade de investigadores ideal ou completamente inclusiva, introduzido por C. S. Peirce (relativamente a este ponto, K.-O. Apel, *Der Denkweg von Charles S.*, Frankfurt/M., 1975) na ideia comparativa de uma «comunidade cada vez mais abrangente» (relativamente ao tratamento controverso destes impulsos, que o pragmatismo deu ao pensamento, cf. a controvérsia entre mim e Richard Rorty: R. B. Brandom (org.), *Rorty and His Critics*, Oxford, 2000, pp. 1-64).

que se devem mutuamente razões para as suas locuções. Estas propriedades conhecidas dos contextos performativos são atribuídas a pessoas mesmo quando elas próprias, juntamente com as suas práticas e contextos do mundo da vida, são observadas e descritas como «algo que ocorre no mundo». Isto explica por que as expressões intencionalistas, de que um vocabulário adequado à descrição de pessoas e das respectivas locuções tem de ser enriquecido, podem unicamente ser utilizadas e aprendidas por esta via performativa no uso por participantes de interacção que assumem umas com as outras a atitude de uma segunda pessoa.

Neste contexto, é interessante um célebre ensaio de Wilfrid Sellars, que se permite um olhar fortemente simplificador sobre os começos arcaicos da ontogenética.([74]) Inicialmente, parece ter sido um passo óbvio o de incluir também a natureza, o conjunto dos acontecimentos no mundo objectivo, nas relações sociais do mundo da vida partilhado intersubjectivamente – ou seja, de personalizar forças inquietantes da natureza. Na medida, porém, em que os humanos tiveram de conviver com os riscos inerentes a uma natureza surpreendente, o sentido próprio dos problemas obrigou a uma dessocialização progressiva das descrições. À diferenciação de uma linguagem-de-coisas-e-acontecimentos, que está talhada para lidar com estados no mundo observáveis e, em última instância, mensuráveis com os meios da física, associou-se uma diferenciação em conceitos fundamentais importantes (tais como lei e norma, ser e dever-ser causa e motivo), assim como no que diz respeito aos padrões explicativos correspondentes. Somente desta forma foi possível desenvolver o potencial cognitivo que é respectivamente inerente às perspectivas do mundo, entrosadas desde o início, dos participantes e observadores. A racionalização das experiências de trato tanto quotidianas como igualmente das transmitidas no âmbito das profissões e dos ofícios artesanais conduziu por fim à génese das disciplinas científicas.

Esta evolução decorreu por várias vias, em conformidade com as *formas* específicas de trato: as coisas e os acontecimentos podiam ser manipulados e produzidos ou causados; cultivaram-se, protegeram-se ou criaram-se plantas e animais; com outras

([74]) W. Sellars, «Philosophy and the Scientific Image of Man», in: *idem*, *Science, Perception, and Reality*, Londres, 1963, pp. 1-40.

pessoas gerava-se um enredamento comunicativo em práticas, experiências e histórias comuns.([75]) Mas, no final, a evolução das ciências modernas teve por consequência última a alternativa entre «explicar» e «compreender» como os dois métodos decisivos.([76]) Nas ciências da natureza, as estratégias teóricas visam – apesar da «resistência gerada pelo atrito» que a natureza orgânica provoca nas ciências da vida e até hoje não superada – a apreensão sistemática de regularidades de ordem determinista ou probabilista e a explicação nomológica de acontecimentos mensuráveis com os meios da física, nas ciências sociais e humanas, a explicação e interpretação de nexos semânticos e empíricos de dados facultados de forma hermenêutica.([77]) Mesmo que a elaboração teórica nestas disciplinas «moles» continue a depender de uma terminologia intencionalista, devido ao facto de a abordagem da área temática se fazer pela compreensão do sentido, o procedimento metódico também aqui está neste âmbito sujeito ao mesmo ideal de objectividade científica.

A filosofia, por seu lado, nutre-se da clarificação analítica dos conceitos de um saber intuitivo que (tal como nas ciências hermenêuticas) apenas se torna acessível da perspectiva do participante. E mais, enquanto a filosofia explicava a situação do Homem no todo da natureza de forma metafísica, moveu-se sem dúvida dentro da perspectiva do mundo da vida. Somente a partir do século XVII se vê confrontada com a questão de saber o que significa para o Homem compreender-se *a si próprio* com base numa natureza cientificamente objectivada. O naturalismo radicalizou este desafio no sentido de uma auto-objectivação progressiva do Homem sob descrições do âmbito das ciências da natureza. Somente essa exigência no sentido de *substituir* a imagem «manifesta» do Homem, delineada da perspectiva do mundo da vida, por uma autodescrição cientificamente objectivante do Homem precoce o conflito entre as perspectivas do saber habitualmente *entrosadas num plano de divisão do trabalho.* Somente quando a elaboração teórica das ciências da natureza

([75]) P. Janich, *Kultur und Methode*, Frankfurt/M., 2006.

([76]) K.-O. Apel (org.), *Neue Versuche über Erklären und Verstehen*, Frankfurt/M., 1978.

([77]) Relativamente à crítica do programa das ciências unitárias, cf. J. Dupré, «The Miracle of Monism», in: M. De Caro, J. Dupré (org.), *Naturalism in Question*, Cambridge (Mass.), 2004, pp. 36-58.

se aventura na área temática da psicologia, deixando de *pressupor* as realizações do espírito normativamente constituído e culturalmente inserido como mero pano de fundo do mundo da vida e recurso da prática investigativa para ainda as reduzir a processos neurológicos, coloca-se a questão relativa à primazia da perspectiva objectivante sobre a perspectiva participativa. Até então, o esgotamento dotado de sentido próprio dos potenciais de racionalidade parecia decorrer de forma paralela em *ambas* as dimensões da relação com o mundo – por um lado, a forma de se lidar com aquilo que se nos depara *apenas* no interior do mundo objectivo, por outro, a relação com o que também é acessível, mesmo que *de início* o seja apenas de forma performativa no mundo da vida – ou seja, ser expressão da mesma racionalização do saber relativo ao mundo da vida.

Wilfrid Sellars investiga o que a naturalização do espírito significa para pessoas que até aí se compreenderam, com base nas referências da vida ínsitas ao seu mundo habitual, como pessoas sem lugar a qualquer dúvida. Não deixa de ser notável que, para Sellars, a alternativa entre a «imagem científica» e a «imagem manifesta do Homem» não se apresenta como um conflito que possa ser dirimido no sentido da primazia de uma ou da outra perspectiva. Sellars está convencido de que a dupla perspectiva faz parte *enquanto tal* da autocompreensão correcta do Homem, porque, em sua opinião, não se pode sacrificar a moral – entendida num sentido kantiano – à imagem científica do mundo: «Dizer que uma determinada pessoa desejou fazer A, embora o seu dever seja fazer B, mas foi forçada a fazer C, não significa descrevê-la como se descreveria uma amostra científica. Com efeito, descreve-se, mas faz-se algo mais. E é esse "algo mais" que é o núcleo irredutível do enquadramento de pessoas [...]. Deste ponto de vista, a irredutibilidade do aspecto pessoal é a irredutibilidade do "deveria" ao "é".»([78])

Podemos entender esta indicação de tal maneira, que as tentativas de uma auto-objectivação com os meios das ciências da natureza colidem com o quadro firmemente estruturado e próprio do mundo da vida de uma autocompreensão personalista, que não podemos *querer* que se dissolva sob descrições revisionistas. Mas também podemos entender a tese de Sellars

([78]) Sellars (1963), pp. 39 s.

no sentido forte de que não nos é de todo *possível* iludir as perspectivas arraigadas nas formas de comunicação da vida cultural e mutuamente entrosadas da imagem científica e da imagem manifesta do Homem: não podemos abstrair da perspectiva do participante, visto que «não existe nenhuma observação sem uma participação no mínimo virtual.»([79]) É um facto que este conhecimento não faz esmorecer a pergunta ontológica de como afinal se encontra constituído o próprio Universo. Mas se as opções naturalistas deparam com a resistência obstinada de um dualismo de perspectivas impossível de iludir, oferece-se uma terceira opção: a de levarmos a sério a viragem transcendental de Kant e de reflectirmos sobre as condições pragmáticas do nosso acesso cognitivo ao mundo.

A iniludibilidade do dualismo epistémico convida a uma concepção transcendental, de acordo com a qual o naturalismo confunde a natureza das ciências naturais com o Universo da natureza que inclui o Homem. Mas um *idealismo* transcendental, que retira às ciências da natureza o aguilhão da pretensão de conhecimento realista, não dispõe hoje de quaisquer provas fortes a seu favor. Ainda que o entrosamento complementar das perspectivas de saber faça parte da constituição linguística de formas de vida socioculturais, tudo indica que mesmo esta própria, tal como as restantes formas de vida animais, são resultado da evolução natural. Em todo o caso, não existem razões convincentes para a domiciliação das formas de expressão simbólicas e das operações do espírito humano num lugar (ou não-lugar) inteligível, além dos acontecimentos intramundanos identificáveis no espaço e no tempo.

É daí que vem o largamente disseminado cepticismo relativamente a uma restrição crítico-cognitiva da «imagem científica do mundo». Por outro lado, com as dificuldades que se deparam inclusive a um materialismo não redutor, impõe-se a pergunta de saber como as ciências da natureza modelam as suas áreas temáticas de acordo com leis causais. A reflexão sobre os alicerces no mundo da vida da construção de áreas temáticas das ciências da natureza é difícil de descartar. Mas será que pode rejeitar a questão ontológica relativa à constituição de um Universo que inclua o Homem enquanto ser natural? A viragem epistemológica

---

([79]) Seel (2005), p. 145.

não deve ter o sentido transcendental forte de imunizar as condições intersubjectivas do acesso ao mundo objectivo contra investigações ulteriores informadas empiricamente. Talvez pudesse abrir portas a uma história natural destranscendentalizada, cuja «natureza» tenha sido libertada do espartilho de uma ontologia fisicalista.

Decerto que a história da ciência nos recorda a espantosa série de êxitos de uma estratégia de investigação reducionista que conseguiu uma e outra vez explicar fenómenos, mesmo os complexos e de grau superior, com base na sinergia regida por leis entre os seus componentes físicos e bioquímicos. A imagem do mundo das ciências da natureza traça o percurso das partículas aos átomos e às moléculas, daí aos gases, líquidos e corpos sólidos, assim como das substâncias inorgânicas aos genes, ao organismo no seu todo e às espécies. Mas nós, no melhor dos casos, podemos *apostar* que os mesmos padrões explicativos de ordem nomológica, os mesmos métodos experimentais e procedimentos de medição agora também abrirão agora o caminho que leva dos neurónios à consciência e à cultura.([80])

No que diz respeito à parada, deveríamos ter em conta duas circunstâncias que militam contra uma semelhante aposta. Por um lado, neste grau de emergência falta, devido ao dualismo das perspectivas de saber, uma condição necessária ao êxito das reduções, designadamente uma terminologia uniforme para operações mentais e estados cerebrais. Também se pode ilustrar isto da forma seguinte: «O enunciado de que a consciência *consiste* de neurónios, sinapses e neurotransmissores não tem sentido.»([81]) É tudo menos claro em que linguagem poderiam ser formuladas as regularidades de cariz psico-físico. Por outro lado, a imagem sugestiva de uma hierarquia bem ordenada de teorias das ciências naturais, em que uma teoria *entronca* na outra, leva ao engano. Mesmo no interior da física já existem lacunas drásticas de explicação, e ainda mais quando passamos para a biologia: «A modelação causal de processos naturais de acordo com regularidades do âmbito da física, da química e da biologia é pouco uniforme e lacunar. Quem (julgar) [...] que o âmbito da física, ou do que se rege pelas suas leis, é coerente

---

([80]) P. Clayton, *Mind and Emergence*, Oxford, 2004, pp. 31 s.

([81]) B. Falkenberg, «Was heißt es, determiniert zu sein?», in: Sturma (2006), p. 67.

deveria ter isso em consideração. Em todo o caso, não se pode presentemente falar de uma coerência causal das explicações das ciências naturais. Pior ainda: o que, neste enunciado, deve ser designado pelo termo "causal", desde logo tendo em conta as teorias actuais da física, é pouco uniforme e pouco claro.»([82])

Se a própria natureza até ao presente não se adapta completamente à modelação causal, é conveniente atender ao nexo existente entre a elaboração teórica e as realizações construtivas da prática investigativa. As comunidades de investigação constituem áreas temáticas estabelecendo um quadro categorial e chegando a acordo sobre a forma como os fenómenos *devem* ser descritos e os dados devem ser recolhidos. Na esteira de Kant e Husserl, de Peirce e Dewey, elaborou-se uma interpretação nos moldes da pragmática transcendental da prática investigativa das ciências naturais.([83]) De acordo com esta leitura, tanto a constituição em conceitos fundamentais de áreas temáticas como a produção experimental de dados resultantes de medições radicam em práticas pré-científicas.([84]) O regresso às bases da prática investigativa no mundo da vida não obriga de nenhum modo ao abandono de uma interpretação realista do conhecimento das ciências exactas.([85]) Mas a mudança do plano de argumentação do acesso putativamente directo à constituição ontológica do mundo para as condições do nosso acesso cognitivo a esse mundo não é uma jogada trivial. No nosso contexto são importantes sobretudo duas consequências.

Por um lado, abdicamos da premissa de base do cientismo de que a «natureza» das ciências da natureza que procedem de um modo nomológico coincide com a «natureza no seu todo.»([86])

([82]) *Ibidem*, p. 53.

([83]) Neste contexto, o construtivismo inspirado por P. Lorenzen desempenha um papel de destaque; cf. P. Janich, *Konstruktivismus und Naturerkenntnis*, Frankfurt/M., 1996; *idem*, *Das Maß der Dinge. Protophysik von Zeit, Raum und Materie*, Frankfurt/M., 1997.

([84]) Se estiver a ver bem, abstraindo do realismo interno de Putnam, a teoria analítica da ciência no essencial apenas se debruçou sobre tais nexos no que diz respeito ao princípio da incerteza da teoria quântica. Relativamente à interpretação dita de Copenhaga, cf. C. F. von Weizsäcker, *Die Einheit der Natur*, Munique, 1971, pp. 223 ss.

([85]) J. Habermas, «O realismo após a viragem pragmático-linguística», in *Obras Escolhidas*, vol. 2, pp. 316-375.

([86]) Cf. A. Danto, artigo «Naturalism», em: *The Encyclopedia of Philosophy*, org. por P. Edwards, Nova Iorque, 1961, pp. 448-450.

Para a desconstrução do naturalismo, o conceito intervencionista da causalidade, que remonta a Kant e Peirce([87]) e foi desenvolvido ulteriormente por Georg Henrik von Wright, desempenha um papel decisivo.([88]) Se as generalizações sob a forma de leis, generalizações essas que se apoiam em orações condicionais irreais, dependerem conceptualmente da noção das acções instrumentais (no sentido da produção intencional de efeitos no mundo), a «natureza» das ciências da natureza abrange tudo, mas também apenas aquilo que da realidade pode ser objectivado sob o aspecto da disponibilização técnica. Coincide com aquilo que da realidade se torna acessível sob pontos de vista de explicações causais possíveis, de previsões condicionais e de intervenções controladas no que toca ao seu êxito. Esta restrição poderia explicar por que razão a própria prática investigativa não pode ser levada no seu todo para o lado do objecto e descrita completamente como um conjunto de acontecimentos determinado no plano intramundano.([89]) Como demonstrámos, as condições intersubjectivas do acesso cientificamente objectivante ao mundo, por seu lado, não podem ser reintegradas completamente nesta perspectiva objectivante.

Por outro lado, a viragem reflexiva preserva-nos à partida de uma redução do espírito a acontecimentos mentais. Se procurarmos «o mental» no seu lugar próprio, ou seja, nas regras gramaticais e nos conteúdos semânticos da prática comunicativa quotidiana, torna-se claro que o espírito subjectivo das intenções e vivências não pode ser separado das formas simbólicas do espírito objectivo. Não nos é lícito retirar aquilo que podemos *exprimir* em frases enunciadas na primeira pessoa do contexto pragmático de uma comunicação expressiva([90]) e objectivá-lo

---

([87]) Relativamente a Kant e Peirce, cf. F. Kambartel, *Erfahrung und Struktur*, Frankfurt/M., 1968; J. Habermas, *Erkenntnis und Interesse*, Frankfurt/M., 1968, pp. 143 ss.

([88]) G. H. von Wright, *Explanation and Understanding*, Londres, 1971.

([89]) L. Wingert analisou o entrosamento de perspectivas iniludível em processos de aprendizagem científicos com base na sinergia entre conceito e intuição, construção e descoberta, interpretação e experiência: *idem*, «Die eigenen Sinne und die fremde Stimme», in: M. Vogel, L. Wingert (orgs.), *Wissen zwischen Entdeckung und Konstruktion*, Frankfurt/M., 2003, pp. 218-249; cf. igualmente G. Keil, H. Schnädelbach (org.), *Naturalismus*, Frankfurt/M., 2000, pp. 7-46.

([90]) E. von Savigny, O. Scholz, *Wittgenstein über die Seele*, Frankfurt/M., 1995.

em episódios mentais *representáveis*.([91]) Somente o conjunto formado pela relação intencional com o mundo, a competência linguística, a adopção mútua de perspectivas e a intersubjectividade do entendimento torna possíveis fenómenos mentais como vivências, opiniões e intenções. O «espírito» compõe-se destas propriedades emergentes que da estruturação para a constituição de formas de vida socioculturais.

VII. Uma destranscendentalização do espírito cognoscente operada pela história da natureza?

Uma tal viragem epistemológica faz jus ao dualismo epistémico, mas afasta-nos de um monismo ontológico que resolve o enigma de saber qual é o lugar que o espírito situado no mundo da vida com a sua estrutura de perspectivas ocupa na própria natureza. Como não pode deixar de ser interessante, Kant faz, num trecho remoto([92]), uma referência críptica ao *a posteriori* da «aquisição original» de formas da intuição e conceitos do entendimento *a priori*: «Com efeito, deve existir um fundamento no sujeito que torna possível que as representações pensadas surjam desta e não de outra forma e, ainda por cima, possam ser referidos a objectos que ainda não são dados, e no mínimo esse fundamento é inato.» Também o «inato», assim Kant se vê aqui obrigado a entender ao arrepio das suas próprias intenções sistematicamente desenvolvidas, tem a sua origem no tempo. Mas será que não perdemos todo o ponto de apoio cognitivo, logo que com as nossas perguntas contornarmos a concepção nomológica da natureza limitada ao aspecto da disponibilização? De outras confrontações próprias do mundo da vida – e formas de lidar – com a natureza sempre provêm outros conceitos, por exemplo os conceitos da evolução natural e da história da natureza.([93])

([91]) H. J. Schneider, «Reden über Inneres», *Deutsche Zeitschrift für Philosophie*, 53, 2005, pp. 743-760.

([92]) Quem chamou a minha atenção a este trecho foi Rudolf Langthaler: I. Kant, «Über eine Entdeckung», in: *Werkausgabe*, org. por Wilhelm Weischedel, Frankfurt/M., 1974 ss., vol. V, pp. 337 s.

([93]) M. Quante, «Ein stereoskopischer Blick? Lebenswissenschaften, Philosophie des Geistes und Begriff der Natur», in: Sturma (2006), pp. 124-145. Quem já se apercebeu muito cedo do alcance filosófico do conceito benjaminiano da história da natureza foi Adorno: T. W. Adorno, «Die Idee der Naturgeschichte»,

Hoje já não é com Newton que temos de reconciliar Kant, mas com Darwin([94]) – uma exigência que já foi feita por Helmuth Plessner. Mas pretendo advertir contra uma resposta precipitada à pergunta de saber quais são afinal as características da natureza da história da natureza que não se esgotam na natureza das ciências da natureza.

Com o programa de uma destranscendentalização operada pela história da natureza das condições intersubjectivas necessárias em que objectivamos os processos observáveis da natureza tanto da exterior como da nossa própria natureza altera-se o próprio sentido do questionamento ontológico. Se não pudermos transcender a *prioridade epistémica* do horizonte do mundo da vida articulado de forma linguística, a *prioridade ontológica* de uma realidade independente da linguagem, nos nossos processos de aprendizagem apenas pode ter uma palavra a dizer pelo facto de impor *limitações* às nossas práticas e de orientar de forma indirecta a conjugação da construção com a experiência. Nesse caso, porém, a representação que retrata a realidade é o modelo errado para o tipo de conhecimento que se encontra ao nosso alcance; nenhum questionamento ontológico devolve a força sugestiva à metáfora do «espelho da natureza.»([95])

O mundo consiste de tudo a que podemos fazer referência em enunciados verdadeiros. Não há muito mais a dizer quanto a isso. Como *totalidade dos objectos* de enunciados verdadeiros possíveis resumimos as limitações desafiadoras, pelas quais o mundo nos obriga a aprender algo sobre ele, ao passo que com a *totalidade dos factos* antecipamos aquilo que, no fim de todos os dias, poderemos ter aprendido do mundo sobre ele mesmo. O que nos sensibiliza de todo para a relevância de coisas cognoscíveis não depende unicamente do mundo, mas igualmente da nossa posição no mundo. Por isso, o *próprio* mundo é um conceito-limite projectivo. Consiste de *objectos* de referências possíveis, não dos *factos* dependentes da linguagem que enunciamos sobre estes referentes.

---

in: *Gesammelte Schriften in zwanzig Bänden*, org. por Rolf Tiedemann, vol. 1, Frankfurt/M., 1973, pp. 345-365.

([94]) J. Habermas, «Freiheit und Determinismus», *Deutsche Zeitschrift für Philosophie*, 52, 2004, pp. 871-890.

([95]) Partilho a crítica, se bem que não as conclusões contextualistas, de: R. Rorty, *Der Spiegel der Natur*, Frankfurt/M., 1981.

Depois da viragem operada pela pragmática linguística, o que sobra é um realismo sem representação. Evidentemente, os factos enunciam algo sobre o mundo – mas é a «nós» que dizem alguma coisa. Que estes factos apenas nos dêem uma orientação, a «nós», seres vivos dotados da capacidade inata para a linguagem, oriundos de uma evolução natural, que se encontram em determinadas relações com o mundo não diminui a verdade e o conteúdo de realidade dos enunciados factuais. Por outro lado, não existem enunciados em «*off*», conteúdos de enunciados «em si» que desmintam a sua origem, ou pensamentos que povoem o terceiro mundo de Frege e Popper e estejam à espera de serem descobertos pela ciência. Os enunciados têm de poder ser afirmados, e as afirmações têm o seu lugar. Por isso, enunciados ontológicos caracterizam-se por, ainda no seu conteúdo, se reflectir a forma gramatical da linguagem em que são expressos – e, deste modo, a forma de vida dos respectivos locutores. A ontologia, que ainda é considerada capaz de emitir enunciados, torna-se desinteressante, ao passo que a ontologia, que poderia reivindicar um interesse mais abrangente sob a forma de uma filosofia da natureza, já não depara com uma verdadeira confiança.

As coisas não se passam como se as especulações sobre as linhas do exercício de influência causais que, no âmbito do mesmo equilíbrio energético, não correm apenas de baixo para cima (dos níveis físicos e orgânicos para os níveis psíquicos e socioculturais), mas igualmente no sentido descendente (dos graus de complexidade superiores aos inferiores), não fossem motivadas.([96]) Assim, por exemplo, a complexidade crescente da auto-organização na linha genealógica das espécies convida à concepção de uma ontologia hierarquizada de graus de desenvolvimento «fortemente» emergentes. Suponho também que as comunicações reguladas de forma gramatical e as operações mentais realizadas através de processos realizados no cérebro devam ser explicadas por uma «sinergia» de programas culturais e processos neuronais, ou seja, de uma forma não reducionista.([97]) Mas esta concepção nada acrescenta enquanto não tivermos um conceito para a «interacção» entre processos que, em planos de

([96]) Clayton (2004).

([97]) Habermas (2004), pp. 871-890.

descrição diversos, podem ser descritos com recurso a diversas categorias de «causalidade» (e uma solução satisfatória para o problema derivado, da compatibilidade das leis de conservação da energia com uma semelhante causalidade descendente).([98]) A tradição romântica da filosofia da natureza não pode ser prosseguida de forma inalterada depois da prossecução pragmática do deflacionamento operado pelos jovens hegelianos de pretensões de conhecimento ousadas.

Por muito que a multiplicidade das tentativas de explicação existentes na física, na biologia e na psicologia nos possa encorajar a romper com a imagem naturalista do mundo, que ainda estava na base do materialismo não redutor([99]), não é menor a dificuldade de uma filosofia da natureza, que a partir dos resultados avulsos das ciências particulares obtidos *intentione recta*, ou seja, *numa perspectiva ontológica sobre aquilo que é no seu todo,* produz uma síntese, de se manter em pé de igualdade([100]) com o pensamento pós-metafísico.([101]) No que se refere à suposta prioridade da perspectiva do observador frente à perspectiva do participante, a filosofia da natureza não se comporta de um modo menos incauto do que o seu oponente; apenas o protagonista do «ponto de vista divino» muda: ao cérebro sub-pessoal substitui-se um sucessor, mascarado de uma ou de outra maneira, do espírito absoluto.

([98]) H. Putnam, *The threefold cord mind, body, and world,* Nova Iorque, 1999, pp. 78 s. [trad. port., *A Tripla Corda – Mente, Corpo e Mundo,* Lisboa, Instituto Piaget, 2020]; H. Flohr, «Der Raum der Gründe», *Deutsche Zeitschrift für Philosophie,* 53, 2005, pp. 684-690; ver *ibidem,* 54, 2006, pp. 165-170.

([99]) Dupré (2004), pp. 36-58.

([100]) Ao enveredar por este caminho, P. Clayton está bem consciente deste perigo: *idem,* «Neuroscience, Person, and God: An Emergentist Account», *Zygon,* 35, Setembro, 2000, p. 639: «A própria hierarquia das próprias ciências apresenta provas de princípios que diferem cada vez mais da explicação fisicalista. As explicações funcionalistas desempenham um papel nas ciências biológicas (das estruturas celulares, com passagem pelos sistemas neurais até aos estudos ecológicos) que difere da estrutura explanatória da física fundamental, tal como as explicações intencionais desempenham um papel na explicação do comportamento humano que não tem qualquer analogia em planos inferiores. Uma perspectiva emergentista da pessoa não é, por isso, um argumento contra a ciência, sendo antes coerente com o padrão que vemos emergir na hierarquia natural das ciências.»

([101]) Quanto ao uso da linguagem: J. Habermas, «Motivos do pensamento pós-metafísico», neste volume, pp. 159-184.

Ambas as partes não levam suficientemente a sério a nossa ligação ao entrosamento complementar entre as perspectivas do saber. É o que me apraz ilustrar no exemplo da liberdade da vontade. O debate sobre a liberdade da vontade dirige o olhar para o fenómeno notável de que a margem de manobra inerente à espontaneidade do comportamento dos organismos aumenta no decurso da evolução: «Podemos seguir o aumento exponencial daquilo que frequentemente é designado por "graus de liberdade" até a organismos cada vez mais complexos – da produção de aminoácidos pelos genes, passando pela homeóstase celular até ao funcionamento complexo dos órgãos, e da simplicidade relativa de organismos monocelulares, passando pelo funcionamento diversificado presente na maior parte dos animais até à espantosa complexidade das ligações neuronais no cérebro humano. Os graus de liberdade parecem ser directamente correlativos com os aumentos de complexidade da estrutura e da função.»([102]) Como se explicam estes fenómenos a partir da perspectiva do naturalismo e da filosofia da natureza?

O naturalismo explica a aparência dos crescentes graus de liberdade como um artefacto dos observadores que, com o aumento da complexidade dos sistemas biológicos, têm cada vez mais dificuldade em prever um comportamento orgânico. Pelo mesmo motivo, as pessoas – seres vivos dotados de capacidade de reflexão – atribuem-se mutuamente, na respectiva interacção, a liberdade da vontade. As pessoas agentes são tão-pouco capazes de prever o seu próprio comportamento como o comportamento de outras pessoas, embora em grande medida seja determinado por processos internos, mas inconscientes, ou seja, inacessíveis à auto-reflexão, baseados em leis da natureza. Esta interpretação parte tacitamente do princípio de que a descrição objectivante, científico-natural, do neurologista perpassa a autocompreensão da pessoa agente, sendo que esta, por seu lado, é compreendida como resultado da auto-observação de uma pessoa que vivencia.

Da perspectiva do cientismo, apenas se pode falar em «saber» na condição

([102]) P. Clayton, 5.ª prelecção de uma série de palestras apresentada em 2006 na universidade de Frankfurt: «Formen der Freiheit, Als-ob-Freiheit und asymptotische Freiheit».

- de que seja adquirido, interpretado e examinado da perspectiva de uma terceira pessoa que observe os acontecimentos do mundo ou se observe a si própria, e
- de que possa ser utilizado na atitude objectivante de uma pessoa que age de forma controlada pelo êxito e que, nessa medida, depende de previsões.

No entanto, esta pressuposição é tudo menos evidente. Pois com ela é ofuscado *a priori* o contributo que a perspectiva do participante dá à aquisição e à utilização do saber que nos é possível para nós. É aí que tem início a crítica à filosofia da consciência. Ela entende a conquista evolutiva de uma auto-relação epistémica de um modo completamente diferente da da biologia evolutiva.

A filosofia da consciência parte da auto-experiência do sujeito epistémico. Descreve a espontaneidade do comportamento e da vivência, não *como algo* que ocorre *no mundo*, mas como uma *subjectividade realizadora* que assume uma posição *relativamente ao mundo* no seu todo – o mundo contrapõe-se-lhe como a totalidade de objectos possíveis das representações e das acções. Por isso, a autoconsciência não deve ser entendida como se a subjectividade familiar consigo própria, por assim dizer, fosse dada a si própria como um objecto entre outros. A autoconsciência da pessoa apresenta um saber que, devido ao acesso privilegiado à vivência respectivamente própria, goza da exclusividade de uma certeza blindada relativamente ao saber empírico. A perspectiva da primeira pessoa desligada da relação com a segunda pessoa goza de prioridade relativamente à perspectiva do observador. Da perspectiva deste auto-relação epistémica não questionável, a vida pré-reflexiva da consciência *no seu todo* encontra-se submetida à condição formal de uma auto-referência *possível*.([103])

Do ponto de vista da evolução da liberdade da vontade, esta figura de pensamento não deixa de se revestir de algum interesse

([103]) D. Sturma («Das Selbstverständnis der Person», *Jahrbuch für Psychologie*, 13, 3, 2005, p. 249) interpreta a apercepção transcendental de Kant neste sentido: «De facto, isto não significa que qualquer estado ou acto da consciência seja transparente a si próprio. Ainda assim, os processos da consciência deveriam ser de molde a permitir que, no seu seio, o respectivo sujeito possa tornar-se consciente da sua identidade ao longo do tempo.»

para uma filosofia da natureza que se torna herdeira da filosofia da consciência inclusive sob o aspecto metódico ao fazer sua a prioridade absoluta da perspectiva da primeira pessoa. Os processos da consciência cujo decurso é inconsciente, são descritos no caso dos animais como um conjunto de acontecimentos, assumem, assim que decorrem sob a condição de uma autoconsciência possível, uma qualidade diferente *enquanto tais*. Sob a condição da auto-referência, transformam-se, por assim dizer, de uma penada, nas *realizações conscientes* de pessoas que, com base na sua auto-relação, vão formando uma identidade própria ao longo da respectiva história de vida e assim se tornam destinatárias da imputação de responsabilidade. A fim de poder descrever esta transição evolutiva em categorias da filosofia da consciência, porém, a filosofia da natureza tem de introduzir a perspectiva de um sujeito de grau superior, a partir da qual volta a objectivar o saber que o espírito subjectivo adquiriu sobre si próprio pela via da reflexão, integrando-o na exposição do processo formativo desse espírito. Uma filosofia da natureza que queira preservar a liberdade humana contra a redução naturalista por esta via torna-se herdeira da filosofia da consciência na medida em que faz pouco caso do entrosamento iniludível da perspectiva do observador com a perspectiva do participante, privilegiando a prioridade de uma perspectiva da primeira pessoa alargada até ao absoluto, que inclua em si as perspectivas de todos os sujeitos restantes.

Já a tentativa de uma destranscendentalização histórico-natural do nosso «apriorismo cognitivo», por assim dizer, «inerente às características particulares da espécie» tem de ter em conta a iniludibilidade das perspectivas de saber complementarmente entrosadas. Não podemos compreender o contexto comunicativo da cultura e da sociedade da «perspectiva do cérebro», porque este «olhar de nenhures» – a observação reificada num «em-si» – não existe. Nem podemos expandir o nosso espírito de dimensão finita para o infinito para, do ponto de vista de um observador absoluto, reconstruirmos a evolução natural como a pré-história do espírito. Temos de nos desenvencilhar trivialmente com os meios de bordo da investigação organizada, desenvolvidos ao longo da história da cultura e da ciência, se quisermos explicar como os processos evolutivos regulados pela genética puderam ser adaptados às condições da aprendizagem cultural – com o resultado de uma aceleração exponencial da cadência do desenvolvimento.

A tentativa de explicação parte da suposição meta-teórica de que aquelas estruturas do mundo da vida que são simultaneamente constitutivas para a nossa autocompreensão pessoal como também para o nosso acesso cognitivo ao mundo objectivo resultaram, elas próprias, de um processo de aprendizagem evolutivo. Pois a possibilidade de um conhecimento objectivo da natureza apenas é dada, se as condições de possibilitação filosoficamente analisadas da perspectiva dos participantes puderem ser compreendidas (em função do apetrechamento orgânico da nossa espécie), por seu lado, da perspectiva do observador como o resultado de processos de selecção e adaptação dotados de relevância cognitiva.

Manifestamente, a capacidade da adopção mútua de perspectivas([104]) e o domínio de uma linguagem proposicionalmente diferenciada marcam um importante ponto de viragem evolutiva. Com a passagem das relações entre o sujeito e o meio circundante para a relação intencional com o mundo e a auto-relação reflexiva de pessoas que partilham intersubjectivamente um mundo da vida com outras pessoas, a cooperação entre elementos da mesma espécie foi reconvertida à base de uma inteligência *socializada*. Podemos reconstruir tais condições, que são necessárias à aprendizagem cultural enquanto tal, por assim dizer, «a partir do interior», uma vez que recorremos desde sempre às formas mais complexas da intencionalidade e da intersubjectividade e as dominamos de forma intuitiva. Mas tudo indica que somente iremos compreender a génese destas condições de possibilitação quando compreendermos a própria evolução natural de uma forma não metafórica e ainda assim pós-metafísica como um «processo de aprendizagem». Somente uma naturalização bem-sucedida do espírito fornecerá igualmente a interpretação adequada daquela «razão» que já opera na natureza sub-humana – e deste modo tornará possível uma explicação do conceito da «história natural», até esse momento utilizado de forma provisória.

([104]) M. Tomasello, *Die kulturelle Entwicklung des menschlichen Denkens*, Frankfurt/M., 2002.

Seja como for, eu procuraria a unidade de um Universo, a que os seres humanos pertencem enquanto seres naturais, na continuidade de uma história «abrangente» da natureza, de que ao menos podemos formar uma ideia por analogia com a tentativa de explicação de Darwin, se bem que ainda não um conceito satisfatório. Hoje podemos recolher provas dispersas, nomeadamente, da antropologia física, da biologia evolutiva e da psicologia do desenvolvimento, da ontogenése comparativa de crianças e chimpanzés, e também da linguística, da história cultural e da arqueologia, para contarmos uma ou outra história da génese de formas de vida socioculturais. Nestas meta-narrativas, é grande a tentação de generalizarmos para o todo mecanismos explanatórios que tenham dado provas da sua utilidade numa determinada área temática. Daniel Dennett, por exemplo, transfere, com recurso à teoria dos jogos evolutiva, o «algoritmo de Darwin» da modificação do acervo genético para a evolução de tradições, utilizando a analogia com a origem das espécies para explicar por sua vez as inovações morais e científicas.([105])

Se as grandes narrativas podem ser substituídas por teorias é evidentemente uma questão que está em aberto. Mas se algum dia existirem candidatos promissores para uma teoria com os quais o espírito «reintegre» a sua própria genealogia, provavelmente também entrarão na sua construção conceitos vindos «de cima». A teoria sintética da evolução já tem de operar com conceitos fundamentais não físicos como «autopreservação», «aptidão» e «adaptação». Estes conceitos nutrem-se, por um lado, da auto-experiência de uma existência que sabe como é ser um corpo e, por outro, do saber culturalmente adquirido de como se lida com plantas e animais em práticas de protecção, tratamento e criação.([106]) Com este exemplo apenas pretendo recordar o olhar crítico de uma história reconstrutiva da ciência que reconstitua racionalmente a mudança dos planos conceptuais na passagem de sistemas descritivos físicos a biológicos, ou neurológicos a psicológicos e sociológicos. Neste empreendimento, tal história faz-se conduzir pela intenção de decifrar um conteúdo

([105]) Dennett (2003), cap. 6 e 7.

([106]) P. Janich, M. Weingarten, *Wissenschaftstheorie der Biologie*, Estugarda, 1999; M. Gutmann, «Biologie und Lebenswelt», in: Krohs, *Toepfer* (2005), pp. 400-417.

da experiência que se repercutiu na produtividade no plano da formação de conceitos dos nossos progressos cognitivos.([107])

Nos conteúdos sintéticos das diferenciações de grau superior e mais complexo cristalizam-se essas antecipações construtivas do que *para nós* é pertinente e acessível, que, por assim dizer, foram aprovadas pela realidade pressuposta como objectiva. Se se pretender que a genealogia natural do espírito que se reintegra a si próprio e que se compreende como produto da natureza não volte a cair na metafísica, terá de se orientar sem haver lugar a qualquer compromisso pelos resultados das ciências empíricas; mas os conhecimentos empíricos apenas contribuirão com algo para este ponto, se ao mesmo tempo os *interpretarmos* no contexto da sua própria génese. É somente à luz das circunstâncias e das práticas de aquisição de saber que aquilo que aprendemos sobre o mundo – e sobre nós enquanto entidades no mundo – nos revela simultaneamente algo (de relevante para a nossa autocompreensão) sobre a génese do próprio espírito que aprende.

([107]) Cf. a este propósito o imponente estudo que dá conta de um vasto material científico no que à análise de conceitos diz respeito: A. Ros, *Materie und Geist*, Paderborn, 2005.

10.

A fronteira entre a fé e o saber

Sobre a história dos efeitos e o significado actual da filosofia da religião de Kant(1)

A helenização do cristianismo não foi um processo unilateral. Realizou-se também pela via de uma apropriação e de um aproveitamento teológico da filosofia grega. Durante a Idade Média europeia, a teologia foi a guardiã da filosofia. A razão natural tinha a sua legitimidade como contraponto à revelação. O discurso sobre a fé e o saber só saiu da cerca espiritual com a viragem antropocêntrica, que o humanismo promoveu nos primórdios da Modernidade. Depois de o saber acerca do mundo se ter tornado autónomo e ter deixado de precisar de se justificar como saber secular, o ónus da prova inverteu-se: a religião foi intimada a comparecer diante da barra da razão. Foi essa a hora da nascença da filosofia da religião.(2) A autocrítica da razão operada por Kant dirige-se aos dois lados: à posição da razão teórica relativamente à tradição metafísica e, por outro lado, à posição da razão prática relativamente à doutrina cristã.

(1) Agradeço a Rudolf Langthaler as suas referências textuais e os seus comentários extremamente úteis. As suas objecções e os resultados críticos de uma nova leitura de Kant no decurso de um seminário sobre filosofia da religião realizado na Northwestern University levaram-me a introduzir correcções na versão originalmente apresentada em Viena e, entretanto, publicada.

(2) M. Lutz-Bachmann, «Religion, Philosophie, Religionsphilosophie», in: M. Jung, M. Moxter, Th. M. Schmidt (org.), *Religionsphilosophie*, Würzburg, 2000, pp. 19-26; *idem*, «Religion nach der Religionskritik», *Theologie und Philosophie*, 77.Jg. H.2, 2002, pp. 374-388.

Da auto-reflexão transcendental, o pensamento filosófico resulta tanto como pensamento pós-metafísico, como enquanto pensamento pós-cristão – o que não equivale a um pensamento que deixe de ser cristão.

Com a linha de demarcação entre o uso especulativo e o uso transcendental da razão, Kant lançou as bases do pensamento pós-metafísico, embora não prescindisse do nome de uma «metafísica» da natureza e dos costumes e, com a dissociação entre mundo inteligível e mundo sensível, ele próprio necessita ainda de uma pressuposição de fundo de ordem metafísica como pilar de suporte da «arquitectónica» do seu edifício mental. É a própria razão transcendental que, por força das suas ideias unificadoras, projecta o todo do mundo; por isso, tem de interditar a si própria quaisquer enunciados hipostasiadores sobre a constituição ontológica ou teleológica da natureza e da história. O ser no seu todo ou o mundo moral enquanto tais não constituem objectos possíveis do nosso conhecimento. Esta restrição epistemológica da razão teórica ao uso do entendimento, que depende da experiência, encontra o seu contraponto no âmbito da filosofia da religião na «restrição da razão, tendo em conta todas as nossas ideias do metafísico, às condições da sua utilização prática.»(3) Nas duas direcções, Kant opõe-se às «impertinências da razão».

Para a autocompreensão da filosofia, porém, a crítica da metafísica mantém a primazia sobre a crítica da religião. Com ela, Kant combate as fantasmagorias especulativas de uma razão que não só provém de *erros*, ou seja, enunciados errados, mas igualmente de uma *ilusão* mais arraigada da razão sobre a operação e o alcance da própria faculdade de conhecimento. Com a restrição do uso da razão teórica, Kant quer abrir a uma filosofia, que até então apenas teria andado às apalpadelas no campo de batalha da metafísica, a «marcha segura da ciência». A destruição da metafísica também se destina a libertar uma moral autónoma, baseada na razão prática pura; mas, em termos imediatos, refere-se ao mister teórico da própria filosofia. A delimitação do uso da razão prática relativamente à fé positiva já tem outro vector de ataque. A domesticação da religião pela razão não é assunto

(3) I. Kant, *Kritik der Urteilskraft*, A435/B440. (Todas as citações de Kant provêm de: *Werkausgabe*, org. por Wilhelm Weischedel, Frankfurt/M., pp. 1968 ss.)

de uma auto-terapia filosófica; não serve à higiene do próprio pensamento, mas à protecção do público geral contra duas formas de dogmatismo. Por um lado, Kant, o iluminista, quer fazer valer, contra uma ortodoxia consolidada esclesiasticamente, que «faz dos princípios naturais da moralidade um assunto colateral», a autoridade da razão e da consciência individual. Por outro lado, Kant, o moralista, insurge-se, contudo, também contra o derrotismo esclarecido da descrença. Contra o cepticismo, quer salvaguardar os conteúdos de fé e os laços da religião que podem ser justificados dentro dos limites da razão pura.([4]) A *crítica da religião* associa-se ao motivo da apropriação *redentora*.

Hoje, o fundamentalismo religioso, que não observamos apenas fora do cristianismo, brinda a intenção crítica da religião com uma triste actualidade. Ainda assim, entre nós, os acentos deslocaram-se entretanto. Aqui, no Ocidente europeu, a auto--afirmação ofensiva da autocompreensão e da compreensão do mundo antropocêntrico perante os seus congéneres teocêntricos é uma batalha de ontem. Assim, a tentativa de *reintegrar* conteúdos centrais da Bíblia numa fé racional tornou-se mais interessante que a luta contra as vigarices de padre e o obscurantismo. A razão prática pura já não pode ter tanto a certeza de, com nada mais que as intelecções de uma teoria da justiça nas suas mãos desarmadas, poder contrariar uma modernização em pleno descarrilamento. Falta-lhe a criatividade da abertura linguística do mundo para regenerar, com base nos seus próprios recursos, uma consciência normativa que se atrofia à sua volta.

A mim, a filosofia da religião de Kant interessa-me, por isso, sob o ponto de vista de saber como nos podemos apropriar o património semântico de tradições religiosas, sem apagarmos a fronteira entre os universos da fé e do saber. O próprio Kant recorda, no prefácio do *Conflito das Faculdades*, e não será meramente por motivos de autoprotecção, «a deficiência teórica da pura fé racional, carência que nega». Compreende a compensação desta deficiência como a «satisfação de uma necessidade racional» e é da opinião de que, para tal, inspirações provenientes de doutrinas de fé, transmitidas historicamente, podem ser «mais ou menos» úteis. Deste modo, mesmo da perspectiva da

([4]) I. Kant, Prefácio da segunda edição da *Kritik der reinen Vernunft*, BVIIXLIV. [trad. port., *Crítica da Razão Pura* (6.ª ed.), Lisboa, Fundação Calouste Gulbenkian, 2008.]

fé racional, até «a Revelação, enquanto doutrina de fé em si contingente, é considerada como não essencial, não, porém, como desnecessária e supérflua.»([5]) Por que razão e sob que aspecto podem as tradições religiosas reivindicar «não serem supérfluas», nem mesmo para uma filosofia da religião agnóstica, ou seja, não exercida com uma intenção apologética? A resposta, que pretendo extrair de uma leitura crítica, pode apoiar-se menos nos enunciados sistemáticos de Kant do que em motivos e declarações de intenções.

Antes de mais recordarei as linhas de demarcação que Kant traçou na sua filosofia da religião (1-5) para, em seguida, lançar um olhar sobre a história da recepção e a actualidade desta tentativa de uma apropriação racional de conteúdos religiosos (6-12).

(1) Nascida do espírito do Iluminismo, crítico da religião, a filosofia da religião de Kant lê-se, antes de mais, como a orgulhosa declaração de independência da moral racional profana relativamente às amarras da teologia. O prefácio, desde logo, começa com uma clarinada: «A Moral, enquanto fundada no conceito do homem como um ser livre, mas que precisamente por isso, se vincula a si mesmo pela sua razão a leis incondicionadas, não necessita nem da ideia de um outro ser acima do homem [...], nem de outro móbil diferente da própria lei.»([6]) Nem a fé em Deus como o criador do mundo, nem a fé em Deus como o redentor com a perspectiva de uma vida eterna são indispensáveis para o conhecimento da lei moral e a reconhecer como absolutamente vinculativa.

A moral do igual respeito por cada qual é válida independentemente de qualquer contexto religioso de inserção. Noutro trecho, Kant bem admite que «não podemos tornar-nos muito bem intuitivo» o sentido categórico de validade de obrigações morais, isto é, «a coacção moral, sem ao mesmo tempo pensarmos um outro e a sua vontade (da qual a razão geralmente legisladora é apenas o porta-voz), a saber, Deus.» Mas este «acto de tornar intuitivo» apenas serve «para reforçar a mola propulsora de

([5]) I. Kant, *Streit der Fakultäten*, AXVII.

([6]) I. Kant, *Die Religion innerhalb der Grenzen bloßer Vernunft*, BA III. Citado a seguir como *Religion* [trad. port., *A Religião nos Limites da Simples Razão*. Lisboa, Edições 70, 2008, p. 11].

ordem moral na nossa própria razão legisladora.»(7) No conteúdo das leis morais nada se altera, independentemente de considerarmos Deus ou a razão como o legislador moral – «a religião não se distingue em ponto alguma da moral quanto à matéria, isto é, quanto ao objecto, pois tem em geral que ver com deveres.»(8) Enquanto disciplina filosófica, uma doutrina religiosa apenas é possível no sentido da *aplicação crítica* da teoria da moral a tradições históricas determinadas. Nesta medida, a filosofia da religião também não faz parte da ética, desenvolvida unicamente a partir da razão prática.(9)

Da perspectiva da crítica da religião, Kant descreve a religião positiva como uma «fé eclesial» meramente exterior e particular. As grandes religiões universais, instituídas por profetas, transmitidas de forma doutrinária, praticadas numa forma cultual, lançam as bases de uma fé que está vinculada a determinados testemunhos e factos históricos e apenas desenvolve os seus efeitos nos limites de uma comunidade religiosa respectivamente específica. A fé eclesial, que se apoia em verdades reveladas, dá-se sempre no plural, ao passo que os aspectos puramente morais da religião natural se «comunicam a qualquer um»: «Há somente *uma* (verdadeira) *religião*; mas pode haver diferentes tipos de *fé*.»(10) A religião proveniente da razão prática pura não precisa de formas de organização nem de estatutos; está ancorada na interioridade «na intenção do coração de cumprir todos os deveres humanos»(11), não em estatutos e observâncias. As doutrinas bíblicas constituem o invólucro que não pode ser confundido com o conteúdo racional da religião.(12)

Desta premissa decorre a pretensão dos «doutores da razão» de disputarem aos teológicos «eruditos escrituristas» a

---

(7) I. Kant, *Metaphysik der Sitten, Tugendlehre*, A181.

(8) I. Kant, *Streit der Fakultäten*, A45 [trad. port., *Conflito das Faculdades*, Lisboa: Edições 70, 2017, pp. 43-4].

(9) Desta perspectiva, uma frase da «decisão» da doutrina da virtude que dá azo a interpretações erróneas, adquire um sentido que nada tem de espinhoso: «Pode falar-se efectivamente de uma "religião nos limites da simpels razão", mas que não é derivada *da* mera razão, estando ao mesmo tempo alicerçada em doutrinas históricas e de revelação.» I. Kant, *Metaphysik der Sitten*, Tugendlehre, A182.

(10) I. Kant, *Religion*, A146/B154. [trad. port., p. 113].

(11) I. Kant, *Religion*, A107/B116 [trad. port., p. 90].

(12) I. Kant, *Streit der Fakultäten*, A65 [trad. port., pp. 53-4].

interpretação da Bíblia no que diz respeito ao que a religião tem de essencial («e que consiste no prático-moral, naquilo que devemos fazer»). Kant arvora a razão em critério para a hermenêutica da fé eclesial e torna assim «a melhoria moral do Homem, o fim genuíno de toda a religião racional, o princípio supremo de toda a interpretação das Escrituras.»([13]) No *Conflito das Faculdades*, o tom torna-se mais crispado. Aqui, o que está explicitamente em causa é a pretensão da filosofia de ajuizar de direito próprio sobre os conteúdos de verdade da Bíblia e de eliminar tudo o que não «possa ser discernido por conceitos da *nossa* razão, desde que estes sejam provenientes da moral pura e, nessa medida, iniludíveis». A referência à «nossa» razão, em itálico, é, com alguma ironia, explicitada com a remissão para o princípio protestante da exegese efectuada pelo leigo individual. O exegeta autêntico é unicamente «o Deus em nós próprios» que é afiançado por um facto da razão, que é precisamente a lei moral.([14])

Sobre esta base antropocêntrica, a hermenêutica racional tem de pôr de parte muitas doutrinas de fé, como por exemplo a ressurreição física, como acessórios históricos. Também tem de despir do seu sentido essencial doutrinas de fé centrais como a encarnação de Deus na pessoa de Jesus Cristo e, por exemplo, reinterpretar a graça divina num imperativo para a espontaneidade: «Por isso, as passagens das Escrituras, que parecem conter uma submissão meramente passiva a um poder externo, operando em nós a santidade, devem interpretar-se de tal forma, que daí se depreenda o seguinte: *nós próprios* devemos *trabalhar* no desenvolvimento da disposição moral em nós.»([15]) O contexto escatológico do pecado, da penitência e da reconciliação e, desse modo, também a confiança escatológica no poder retroactivo de um Deus redentor são relegados para trás do dever do esforço moral intramundano. A referência subjectiva de todas as referências de fé de ordem transcendente à razão prática pura do Homem exige o seu preço. Confrontado com a questão do que temos de partir na acção moral, a saber «se da fé no que Deus por nós fez, ou do que, para de tal nos tornarmos dignos, consista ele no que quiser»([16]), Kant decide-se pelo valor intrínseco do

---

([13]) I. Kant, *Religion*, A152/B161 [trad. port., p. 117].
([14]) I. Kant, *Streit der Fakultäten*, A70 e A108 [trad. port., p. 5].
([15]) I. Kant, *Streit der Fakultäten*, A60 [trad. port., p. 49].
([16]) I. Kant, *Religion*, A163/B172 [trad. port., p. 123].

modo de vida moral: «O que o homem em sentido moral é ou deve chegar a ser, bom ou mau, deve *ele próprio* fazê-lo ou tê-lo feito.»([17]) No entanto, pelo comportamento moral não adquire nenhum direito à felicidade, mostrando-se, quando muito, digno de experienciar a felicidade. A moralidade tornaria o honrado digno de felicidade, não feliz.

(2) Na mesma medida em que tradições religiosas podem ser assim reduzidas ao seu conteúdo puramente moral, impõe-se a impressão de que a filosofia da religião, de um modo pouco diferente do da crítica da metafísica, se limita à destruição de uma aparência transcendental. Mas Kant não reduz a filosofia da religião ao mister da crítica da religião. Precisamente no trecho em que Kant recorda à teologia que «por si mesma, a lei moral não (*promete*), contudo, felicidade alguma»([18]), torna-se claro que a filosofia da religião também tem o sentido construtivo de chamar a atenção da razão para fontes religiosas, das quais a própria filosofia pode, por seu lado, retirar um estímulo e, nessa medida, aprender alguma coisa. Embora nas próprias leis morais «não possa ser vislumbrado o mínimo motivo para uma relação necessária» entre a *dignidade de felicidade* de uma pessoa moralmente meritória e a felicidade que realmente lhe é concedida em termos proporcionais, o fenómeno de quem sofre injustamente ofende um sentimento profundo. A nossa indignação com a injustiça do curso do mundo diz-nos de forma inequívoca «que no resultado já não pode ser indiferente se uma pessoa se comportou de forma honesta ou errada, justa ou violenta, mesmo que, até ao fim da sua vida, não tenha, ao menos visivelmente, encontrado nenhuma felicidade pelas suas virtudes, e pelos seus crimes, nenhum castigo. *É como se ouvíssemos uma voz que diz que as coisas devem passar-se de outro modo.*»([19]) Evidentemente, a felicidade respectivamente própria de cada um, da qual queremos ter uma quota-parte proporcional ao nosso comportamento virtuoso, é apenas o desígnio final subjectivo de seres racionais do mundo, a que estes aspiram naturalmente. O que é quase ainda mais afrontoso que a falta de uma garantia

---

([17]) I. Kant, *Religion*, A45/B48 [trad. port., p. 50].

([18]) I. Kant, *Kritik der praktischen Vernunft*, A231 [trad. port., *Crítica da Razão Prática*. Lisboa, Edições 70, 2008, p. 180].

([19]) *Kritik der Urteilskraft*, A434/B439. Os itálicos são da minha responsabilidade.

da felicidade individual para o indivíduo que age de forma justa é para a razão prática, que visa o universal, a ideia adicional: que todas as acções morais *tomadas em conjunto* nada podem para melhorar o estado desastroso da convivência da Humanidade no seu conjunto. É este protesto contra a contingência de um destino natural da sociedade que «atira aqueles que puderam crer que eram o desígnio final da criação de volta ao abismo do caos sem desígnio da matéria»([20]) que, visivelmente, encontra ouvidos abertos na «doutrina do cristianismo».

Mais concretamente, a mensagem religiosa reage à insensibilidade característica de imperativos morais incondicionalmente válidos relativamente às consequências de uma acção moral na história e na sociedade com uma promessa: «Por si mesma a lei moral *promete*, contudo, felicidade alguma [...]. Ora, a doutrina moral cristã suplanta esta carência [...] pela representação do mundo em que seres racionais se consagram à lei moral com toda a sua alma, como um *reino de Deus* no qual a natureza e os costumes chegam a uma harmonia, [...] mediante um criador santo que torna possível o supremo bem derivado.»([21]) Kant traduz a noção bíblica do «reino de Deus» pelo conceito metafísico do «bem supremo», mas não o faz, como se poderia esperar-se, na intenção crítica da metafísica de chamar à ordem uma razão especulativa em desvario. Para a filosofia da religião não se trata de *limitar* a razão teórica, que é inquietada por questões sem resposta possível, mas de *alargar* o uso da razão prática, além da legislação moral de uma ética do dever rigorosa, aos postulados putativamente racionais de Deus e da imortalidade.

Já no prefácio ao seu texto dedicado à religião, Kant chama a atenção para o elemento excedentário que distingue a fé puramente religiosa da mera consciência de deveres morais: nós, como seres racionais, termos um interesse na promoção de um desígnio final, embora apenas sejamos capazes de pensar o seu cumprimento como o resultado, produzido por um poder superior, de uma feliz acumulação das consequências secundárias, que para nós se revestem de contornos absolutamente incertos, de uma acção moral incondicional. É um facto que a acção justa não necessita de um fim. Qualquer representação de um fim até

([20]) I. Kant, *Kritik der Urteilskraft*, A423/B428.
([21]) I. Kant, *Kritik der praktischen Vernunft*, A231 s [trad. port., p. 180].

desviaria a atenção dos agentes morais do carácter incondicional daquilo que respectivamente se é ordenado categoricamente. Ainda assim, «pois não pode ser indiferente à razão de que modo poderá ocorrer a resposta à questão "que resultará deste nosso recto agir", e para que – na suposição de que tal não estivesse de todo em nosso poder – poderíamos dirigir como para um fim o nosso agir e omitir.»([22]) O que somente faz uma *fé* da fé religiosa pura é a *necessidade* racional que vai além da consciência moral «de aceitar um poder que lhes pode proporcionar a estas [às leis morais e às acções fiéis à lei] todo o efeito possível num mundo, efeito consoante com o fim último moral.»([23])

Demonstrar por que precisamente essa necessidade há de ser racional, e por que este interesse há de ser um interesse da razão, deve ser um assunto da própria razão prática. Para obtermos uma prova não podemos esperar pelo encontro da filosofia com as doutrinas históricas da religião, antes a mesma tem de ser feita já na própria teoria da moral (e flanqueada pela crítica da teleológica faculdade do juízo, ou seja, apoiada por reflexões heurísticas da filosofia da natureza).([24]) Serve de ponte o conceito proveniente da Antiguidade de «bem supremo», cuja equiparação com o conceito bíblico de «reino de Deus» permite assim onerá-lo de conteúdos escatológicos. Efectivamente, é só graças à antecipação discreta da força franqueadora do mundo da semântica religiosa que Kant consegue avançar às apalpadelas rumo a uma doutrina dos postulados, que, paradoxalmente, ainda acaba de atribuir à razão prática força para inspirar confiança numa «promessa de lei moral.»([25])

(3) Em rigor, a competência da razão prática estende-se apenas aos requisitos morais, que transforma em dever de cada pessoa individual de acordo com a lei moral. Também o «reino dos fins», em que todas as pessoas são pensadas *reunidas* como cidadãos de uma comunidade moral simultaneamente legisladores e a agir fielmente à lei, é uma ideia que nada acrescenta ao

([22]) I. Kant, *Religion*, BA VII [trad. port., p. 13, ligeiramente modificada].
([23]) I. Kant, *Religion*, A139/B147 [trad. port., p. 110].
([24]) À excepção de alguns trechos a que recorro esporadicamente, não posso debruçar-me de um modo circunstanciado a estas reflexões que constam dos §§ 82-91 da *Crítica do juízo*.
([25]) *Kritik der Urteilskraft*, B463, nota.

conteúdo da lei moral endereçada a cada um a título individual. É verdade que Kant explicita, com esta ideia transcendental, a forma de uma convivência (de certa forma ordenada de um modo republicano) que se estabelece sob a condição de uma observância geral das leis morais (a saber, quando «cada qual faz o que deve»). Mas somente quando esta ideia não orientar apenas a acção individual do ponto de vista moral, mas por isso traduzida no ideal de um estado sociopolítico a realizar de forma cooperativa no mundo dos fenómenos, poderá o reino inteligível dos fins transformar-se num reino deste mundo. Sob o nome de uma «comunidade ética», Kant procederá, na filosofia da religião, realmente a uma semelhante transposição. Mas, no âmbito da sua teoria da moral, introduzirá como passo intermédio a concepção do «bem supremo» que projecta igualmente «a concordância entre a moral e a felicidade» como um estado no mundo. Este ideal, porém, não é concebido como um objectivo a prosseguir de forma cooperativa, mas como o efeito colectivo almejado de todos os fins singulares prosseguidos de uma forma respectivamente individual sob a égide de leis morais.

Um tal estado ideal de uma felicidade geral resultante apenas indirectamente da soma de todas as acções morais não pode ser convertido com propriedade em dever sob as premissas da teoria moral de Kant. Quando Kant diz que «*devemos* procurar promover o bem supremo», este dever, que se diria fraco, esbarra com os limites da inteligência humana que, afinal, não tarda em se enredar, de uma forma de que não se vislumbra saída, na confusão das consequências secundárias não intencionais, aquando de uma prossecução comum de objectivos generosos.([26]) Por si só, a razão prática não pode atrever-se a avançar além da cópia fenomenal da realidade noumenal do reino dos fins no *ideal* do bem supremo, que transparece sem força e, em todo o caso, não é moralmente vinculativo. Kant também designa os «ideais», num sentido tranquilizador, por «platónicos». Uma vez que está vedado ao entendimento humano prever a complexidade das

([26]) Quanto à realização do bem supremo, cf. a excelente análise de R. Wimmer, *Kants kritische Religionsphilosophie*, Berlim, 1990, pp. 57-76 e 186-206. No entanto, não vejo como uma pessoa (pp. 75 s.) pode entender a «promoção» do bem supremo como uma ideia moralmente obrigatória, ao passo que a «realização» deste desígnio final é apenas considerado um ideal. Apenas posso «promover» um objectivo tentando contribuir para a sua realização.

consequências de uma cooperação moral no mundo regido por leis da natureza, só age por obrigação quem se orienta por *ideias* e restringe a escolha dos seus fins de acordo com leis morais; não pode, por sua vez, comprometer-se de forma moral com um objectivo extravagante, isto é, que vá além das leis morais, que consiste na produção de um estado ideal no mundo.

Não deixa de ser interessante que Kant puxe por todos os registos conceptuais para elevar a *produção* do bem supremo no mundo ao estatuto de um dever moral. Embora o mandamento, segundo o qual cada um deve tornar o supremo bem possível no mundo – uma concordância geral entre a moralidade e a felicidade – o desígnio final da sua acção, não faça parte das próprias leis da moral, ou seja, não possa ser justificado como todos os outros deveres concretos *com base* na lei moral («na questão do *princípio* da moral, pode omitir-se completamente e deixar-se de lado [...] a doutrina do soberano bem»([27])), Kant quer convencer-nos de que no «respeito pela lei moral» já se encontra implícita a «consideração do soberano bem.»([28]) Devemos conceber o soberano bem como «um mandamento dela mesma [a razão pura prática] contribuir quanto possível para a sua realização.»([29]) Apenas compreendemos esse mandamento supramoral se conhecermos a pergunta, para a qual existe uma resposta: porque se há-de ser moral em geral?([30])

Mas, tendo em conta o carácter incondicionalmente vinculativo de uma lei moral fundada unicamente no facto do sentimento do dever, esta questão nem sequer deveria colocar-se para Kant. Do carácter vinculativo da lei moral podemos convencer-nos, mesmo sem a perspectiva da promoção efectiva de um bem supremo e sem a suposição dos postulados correspondentes. Afinal diz, com remissão para o exemplo de Espinosa: «Se, portanto, supusermos que uma pessoa se convencesse [...] de que

---

([27]) I. Kant, *Über den Gemeinspruch*, A213 [trad. port., *A Paz Perpétua e Outros Opúsculos*. Lisboa: Edições 70, 2009 p. 66].

([28]) I. Kant, *Kritik der praktischen Vernunft*, A239 [trad. port., p. 185].

([29]) I. Kant, *Kritik der praktischen Vernunft*, A214 [trad. port., p. 168].

([30]) Karl-Otto Apel parece, de resto, seguir com a sua «parte B» da ética precisamente este passo que, sob as pressuposições de uma abordagem deontológica, conduz a uma conclusão teleológica errónea: K.-O. Apel, *Diskurs und Verantwortung*, Frankfurt/M., 1988, pp. 103-153; em contraciclo, ver J. Habermas, «Sobre a Arquitectónica da Diferenciação do Discurso. Uma pequena réplica a uma grande controvérsia», in *Obras Escolhidas*, vol. III, pp. 385-406.

não existe um Deus: ainda assim, seria indigna aos seus próprios olhos se, por isso, considerasse as leis do dever meramente imaginárias, inválidas e não vinculativas.»(31) Deste modo, também as tentativas de fundamentação que Kant empreende em diversos contextos não conseguem ser inteiramente convincentes. Uma ética deontologicamente fundada, que compreende toda a acção moral como uma acção sujeita a normas moralmente justificadas, não pode submeter a auto-vinculação da vontade autónoma a conhecimentos, nem sequer a uma finalidade.

A isto, Kant riposta: «Com efeito, sem qualquer fim, não pode haver *vontade* alguma; embora, ao tratar-se apenas da obrigação legal das acções, seja preciso abstrair dele [...].»(32) Devemos, portanto, associar uma finalidade à decisão de se reger de todo por leis morais em vez de se ser mau? Mas, se todos os fins estiverem sujeitos a uma oposição moral, como é que ainda há-de poder «emergir» do todo composto de todos os fins legítimos um desígnio final que justifique a própria existência moral? Kant contenta-se com a remissão para o cariz não egoísta da necessidade de participar na realização do desígnio final que apenas pode ser pensada sob a condição da acção moral coerente: «Por conseguinte, no homem, o móbil que reside na ideia do soberano bem possível no mundo através da sua colaboração também não é a felicidade pessoal aí intentada, mas apenas esta ideia como fim em si mesmo, por conseguinte, a sua prossecução por dever. Com efeito, ela não contém a perspectiva da felicidade pura e simplesmente, mas apenas a de uma proporção entre tal felicidade e o mérito do sujeito, seja ele qual for. Mas uma determinação da vontade, que se limita a ela e também à sua intenção de participar num todo assim, esta condição, *não é interessada*.»(33) No entanto, a ausência de egoísmo não constitui o sentido de um dever, mas é, se for caso disso, o pressuposto do cumprimento de um *determinado* dever que se oponha aos desejos próprios. Kant tem de admitir, por fim, que aqui se trata de «uma determinada vontade de uma espécie peculiar»(34) que não pode ser posta no mesmo plano que o dos «deveres», tais como os entende habitualmente.

(31) I. Kant, *Kritik der Urteilskraft*, A421/B426.
(32) I. Kant, *Über den Gemeinspruch*, A211 s., nota de rodapé [trad. port., p. 66].
(33) I. Kant, *Über den Gemeinspruch*, A213, nota de rodapé [trad. port., p. 66].
(34) I. Kant, *Über den Gemeinspruch*, A212, nota de rodapé [trad. port., p. 66].

(4) Porque insiste Kant, ainda assim, numa obrigação de promover o bem supremo? Uma resposta é sugerida pelo postulado da existência de Deus. Se começarmos por aceitar um dever extravagante desse tipo, impõe-se a questão de saber como, num mundo dominado pela causalidade natural, poderá vir a realizar-se o sobreano bem através da observância, seja como for, das leis morais. A razão prática apenas pode tornar uma participação na produção deste objectivo uma tarefa moralmente obrigatória, se a realização do ideal não for de antemão impossível. Tem, no mínimo, de poder ser pensada como possível. Assim sendo, a razão prática exorta-nos, juntamente com essa tarefa, que visivelmente ultrapassa as forças humanas, a contarmos com a possibilidade de uma inteligência suprema que harmonize os efeitos inabarcáveis da moralidade com um curso do mundo regulado por leis naturais: «*Devemos* procurar fomentar o soberano bem (o qual, portanto, deve ser possível). *Postula-se* assim igualmente a existência de uma causa da natureza no seu conjunto, distinta da natureza, a qual contém o princípio desta conexão, a saber, da concordância exacta da felicidade e da moralidade.»([35])

Teremos, portanto, de pressupor, no que diz respeito a uma concepção do bem supremo que não se coaduna sem mais com os fundamentos da teoria moral, que Kant aceite como inevitável uma argumentação retorcida para ao menos poder postular a existência de Deus? Tendo em conta o espírito incorrompível, que esta filosofia exprime em cada uma das suas frases, a atribuição de um tal motivo não apenas seria iníqua, como nem sequer seria credível. Não, Kant acrescentou ao modo de pensar moral a dimensão da perspectiva de um mundo melhor no interesse da própria moral, isto é, para reforçar a confiança em si próprio da disposição moral e o proteger contra o derrotismo. Não entendo o dito de Adorno, segundo o qual o segredo da filosofia de Kant consiste na «impensabilidade do desespero», no sentido de uma crítica da ingenuidade do iluminista, mas como concordância com Kant, o dialéctico, que fixa o seu olhar nos abismos de um iluminismo que se entrincheire na subjectividade. Kant quer imunizar o secular Espinosa, «que se mantém firmemente convencido de que não existe nenhum Deus [...] e também nenhuma

([35]) I. Kant, *Kritik der praktischen Vernunft*, A225 [trad. port., p. 175].

vida futura» contra o desespero pelas consequências lamentáveis de uma acção moral que tenha o seu fim apenas em si mesma.

Decerto que Kant quis superar a metafísica para abrir espaço para a fé. Mas tem em mente a «fé» mais como modo do que como conteúdo. Procura um equivalente racional para a atitude de fé, o *habitus* cognitivo do crente: «A fé (designada assim de forma genérica, ou seja, não só a fé religiosa como também a fé racional) é uma confiança na consecução de uma intenção, cuja promoção é obrigatória, mas cuja possibilidade de execução não é compreensível para nós.»([36])

A título de explanação, diz na nota de rodapé: «Ela é uma confiança na promessa de uma lei moral; mas não enquanto uma tal que esteja compreendida na mesma, mas que *eu deposito na mesma* [itálicos da minha responsabilidade], a saber, por um motivo moralmente suficiente.» Kant quer reter um elemento de promessa, subtraindo-lhe o seu carácter sacro. Para que a disposição moral seja imune às aparências desencorajadoras, deve ser alargada pela dimensão de uma confiança num êxito final, ao qual ainda poderiam ser acrescentadas todas as acções morais no mundo. Deste modo, Kant não vai, em primeira linha, recuperar conceptualmente conteúdos religiosos, mas, sim, integrar o sentido pragmático do modo religioso de fé enquanto tal na razão. Ele próprio comenta nesse lugar a sua tentativa como «imitação lisonjeadora» do conceito cristão da *fides*. Pois a fé racional guarda o carácter específico de um ter-por-verdadeiro que retém, do saber moral, a referência a motivos convincentes e, da fé religiosa, o interesse no cumprimento de esperanças existenciais.([37]) Se explicarmos o aditamento da lei moral, problemático sob os pressupostos próprios de Kant, pelo dever de participar na realização do desígnio final, com o motivo da «impensabilidade do desespero», torna-se claro o que tem de interessar a Kant, em primeiro lugar, na tradição judaico-cristã. Mais que a promessa para o além da existência de Deus (ou mesmo da imortalidade da alma humana), é a perspectiva da promessa quanto ao reino de Deus *na Terra*: «A doutrina do cristianismo, mesmo que não seja ainda considerada como doutrina religiosa, fornece um [...] conceito do soberano bem (do Reino

---

([36]) I. Kant, *Kritik der Urteilskraft*, A456/B462 (itálico meu).

([37]) Este conceito não se coaduna com o esquema dos três modos do ter-por-verdadeiro que Kant tinha introduzido na *Crítica da razão pura* (A828/B856).

de Deus) que é o único a satisfazer a mais rigorosa exigência da razão prática.»([38]) O pensamento escatológico, cujo alcance vai além de todos os ideais platónicos, de um Deus que actua na história permite traduzir a ideia do «reino dos fins» da palidez transcendental do inteligível numa utopia intramundana. Deste modo, os seres humanos ganham a esperança de, pela sua acção moral, poderem promover a realização dessa «comunidade ética» que Kant formula filosoficamente a partir da metáfora de um reinado de Deus na Terra.

Sem o adiantamento histórico que a religião positiva fornece com o seu acervo de imagens que estimulam a nossa imaginação, faltaria à razão prática o estímulo epistémico para a formulação de postulados com que ela procura recuperar uma *necessidade* já formulada num contexto religioso no horizonte das reflexões racionais. A razão prática depara, nas tradições religiosas, com algo que promete compensar uma deficiência formulada como «necessidade de razão» – se for bem-sucedido a apropriar-se, de acordo com critérios racionais próprios, do historicamente pré-existente.

Kant não assume esta dependência epistémica, na exacta medida em que atribui uma função instrumental à religião positiva e à fé eclesial. É da opinião de que os seres humanos apenas necessitam dos modelos intuitivos, das histórias de vida exemplares de profetas e santos, das promessas e dos feitos milagrosos, das imagens sugestivas e das narrativas edificantes como «pretextos» para superarem a sua «descrença moral» e explica essa circunstância com a fraqueza da natureza humana. A revelação apenas atalha o caminho rumo à divulgação de verdades racionais. Torna acessíveis sob forma doutrinária verdades a que os homens, mesmo sem a orientação autoritária «pelo mero uso da sua razão [...] poderiam ter chegado por si próprias.»([39]) Deste modo, «a fé puramente moral» irá acabar por sobressair

---

([38]) I. Kant, *Kritik der praktischen Vernunft*, A 230 s [trad. port., pp. 178-79 ss.].

([39]) I. Kant, *Religion*, A219/B233. Cf. igualmente *Streit der Fakultäten*, A46: «O teólogo bíblico diz: procurai na escritura onde credes encontrar a vida eterna. Esta, porém, visto a condição não ser outra que o melhoramento moral do Homem, nenhum ser humano pode encontrá-la em escritura alguma, a não ser que lha impute, visto os conceitos e princípios necessários para tal no fundo não poderem ser aprendidos de alguma outra pessoa, antes tendo de ser desenvolvidos por ocasião de um relato oriundo da razão própria do professor.» [trad. port., p. 42]

dos envoltórios convencionais da fé clerical: «Os envoltórios [...] devem despir-se [...]. O fio condutor da tradição sagrada que, com os seus acessórios, com os estatutos e observâncias, prestou no seu tempo um bom serviço, torna-se pouco a pouco supérfluo, mais ainda, acaba por ser uma cadeia [...].»([40])

(5) No entanto, com este entendimento árido, próprio da crítica da religião, da fé clerical como um mero «veículo» da divulgação da fé racional não se coaduna propriamente o facto de Kant descrever a «transição gradual da fé eclesial para o domínio público da fé religiosa pura» sob o aspecto de uma «aproximação do reino de Deus»([41]) (que é, por seu lado, uma cifra para o estado do «mundialmente melhor» realizado) de tal forma que as formas eclesiásticas de organização já antecipam traços essenciais desta constituição futura. A fórmula da «aproximação» pode ser entendida, no sentido de um *genitivus subiectivus*, como a iminência da chegada do reino de Deus, ou, no sentido de um *genitivus obiectivus*, como uma aproximação ao reino de Deus. Precisamente, se entendermos a produção de um «reino de Deus na Terra» – apesar de se tratar de «uma expressão absurda a de que os homens devem instituir um Reino de Deus»([42]) – como resultado do esforço cooperativo do próprio género humano, as instituições de salvação, que começam por surgir no plural, desempenham um importante papel organizatório no dificultoso caminho rumo à «igreja verdadeira». A aproximação ao reino de Deus é «representada na forma sensível de uma *Igreja* [...] cujo ordenamento [...] incumbe aos homens instituir como uma obra que lhes é confiada e se lhes pode exigir.»([43])

A instituição de uma congregação clerical, que se compreende como «povo de Deus sujeito a leis éticas» incentiva Kant, na filosofia da religião, à formação de um conceito que oferece, para a pálida herança metafísica do «bem supremo», a encarnação plástica na configuração concreta de uma forma de vida. Kant não desenvolve o conceito de «comunidade ética» em contextos

([40]) I. Kant, *Religion*, A170/B179 [trad. port., p. 127].

([41]) De acordo com o título de capítulo em: *Religion* A157/B167 [trad. port., p. 120].

([42]) I. Kant, *Religion*, A213/B227 [trad. port., p. 154].

([43]) I. Kant, *Religion*, A212/B226 [trad. port., p. 154].

ligados à filosofia prática, mas sim no decurso da aplicação desta «a uma história patente.»(44) Manifestamente, o que se passa não é apenas que a «religião nos limites da simples razão» extrai de tradições religiosas tudo o que existe antes da razão(45); antes, esta parece também receber no processo, por seu lado, impulsos para o alargamento de um orçamento de razão, estreitamente delimitado em termos deontológicos. Na reconstrução do conteúdo racional das «doutrinas históricas e de revelação», o que capta o interesse de Kant é, em especial, aquele contributo que é dado pelas comunidades de fé para a «instituição de um reino de Deus na Terra». A «doutrina religiosa aplicada» elabora para a cifra do reino de Deus na Terra o conceito racional de «comunidade ética» e obriga assim a razão prática a ir além de uma autonomia puramente moral no «reino dos fins» inteligível.

Como ficou dito, a teoria da moral atribui ao «reino dos fins» um estatuto inteligível que não necessita de nenhum complemento terreno. Esta ideia dirige-se respectivamente ao destinatário individual da lei moral. Ela não necessita de nenhuma realização sob a forma de uma comunidade moral, visto que este modelo de uma «associação de seres racionais através de leis objectivas comuns» não tem o sentido de obrigar a algum tipo de cooperação, ou seja, à participação numa prática *comum*. O «reino dos fins» limita-se chamar a atenção *in abstracto* para o estado de um reinado de lei morais categoricamente válidas – sem ter em conta as consequências fácticas da acção no mundo complexo dos fenómenos. O carácter *público* deste *mundus intelligibilis* permanece, em certa medida, virtual. O seu equivalente real no mundo é a comunidade dos cidadãos do Estado republicanos organizados sob leis jurídicas. A moralidade pensada como interior apenas pode passar para o exterior e deixar traços visíveis no comportamento legal através do meio do direito vinculativo.

É deste dualismo rigoroso entre o interior e o exterior, a moralidade e a legalidade, que Kant abre mão ao traduzir a ideia de uma igreja universal e invisível, que se encontra inscrita em

---

(44) I. Kant, *Metaphysik der Sitten*, A182 s.

(45) O objectivo declarado da filosofia da religião consiste em «apenas apresentar o que, no texto da religião, tida por revelada, a Bíblia, pode ser reconhecido também pela simples razão». Prefácio do *Conflito das faculdades*, AXI, nota 1 [trad. port., p. 10].

todas as congregações religiosas, no conceito de «comunidade ética». Deste modo, o «reino dos fins» sai da esfera da interioridade e assume – em analogia com uma congregação eclesiástica inclusiva à escala mundial – uma forma institucional: «A uma associação dos homens sob simples leis de virtude [...] pode dar-se o nome de ética e, enquanto estas leis são públicas, sociedade civil ética (em oposição sociedade civil de direito) [...].»([46]) Neste trecho torna-se extremamente clara a *dependência epistémica* da formação de conceitos e teorias filosóficas relativamente à *fonte de inspiração que radica na tradição religiosa.*

Com o «estado civil ético» de uma comunidade organizada unicamente de acordo com leis da virtude, que acresce ao «estado jurídico-cívico» de uma comunidade política, Kant apresenta uma leitura nova, intersubjectivista do «fim final de seres racionais do mundo». Por este meio, também o dever de participar na realização do desígnio final adquire um outro significado. Até a este momento, a «produção» do bem supremo teve de ser pensada, antes de mais, como um «produzir» não intencionável a partir da soma das consequências e consequências secundárias imprevisivelmente complexas de todas as acções morais. Com efeito, é por isso que o peculiar «dever» de participar na realização do desígnio final não podia ter uma influência directa sobre a orientação da acção, mas, no melhor dos casos, sobre a motivação *para* agir. O que tem força orientadora são unicamente as leis morais, de acordo com as quais cada pessoa decide por si o que o dever manda fazer em cada situação. Mesmo que o estado ideal da convergência da virtude com a felicidade for referido não apenas à salvação pessoal, mas ao «mundialmente melhor» para todos, o superdever de promover esse estado permanece sem significado; pois não pode ser cumprido de outro modo salvo pela via indirecta do cumprimento individual dos deveres simples.

Qualquer indivíduo é «imediato» relativamente à lei moral. Isto altera-se com a substituição do sobreano bem, que qualquer pessoa consciencioso espera promover por uma acção moral constante, pela visão de uma forma de vida que Kant resume ao conceito da comunidade ética. Pois agora, as práticas locais de uma vida comunitária, que antecipa uma tal forma de vida,

([46]) I. Kant, *Religion*, A122/B129 s [trad. port., pp. 100 s.].

nem que seja de um modo distorcido, e a consubstancia de uma forma mais ou menos aproximada, podem constituir «pontos de confluência» para tentativas cooperativas de uma aproximação ulterior: «Pois só assim se pode esperar uma vitória do princípio bom sobre o mau. Pela razão moralmente legisladora, além das leis que ela prescreve a todo o indivíduo, foi também alçada uma bandeira da virtude como ponto de união para todos os que amam o bem [...].»([47]) Desta perspectiva, o dever individual de promover o bem supremo converte-se no dever dos membros de comunidades diversas e já existentes de se unirem a um «*Estado ético*», isto é, a um «*reino* da virtude» sempre mais abrangente, cada vez mais inclusivo.([48])

(6) Não é por intermédio dos postulados de Deus e da imortalidade que a razão pode reintegrar essa ideia, que vai além da lei moral, de uma aproximação ao reino de Deus na Terra. Antes, a intuição que se liga a esta projecção recorda a cobertura que o correcto tem de procurar no bem concreto de formas de vida melhores e melhoradas. As imagens orientadoras de formas de vida não falhadas que viessem ao encontro da moral a meio caminho são idealizadas por nós mesmo sem a certeza da assistência divina como um horizonte da acção que é, ao mesmo tempo, franqueador e limitador – mas não no singular como a comunidade ética de Kant e não nos contornos firmes do devido. Inspiram e encorajam-nos para o tipo – e a repetição obstinada do tipo – de tentativas cuidadas de cooperação que tantas vezes não se saldam por um sucesso porque só podem ser bem conseguidas em circunstâncias *felizes*.

A doutrina dos postulados deve-se à introdução de um dever problemático que faz o dever-ser exceder de tal modo a capacidade humana que a tal assimetria tem de ser curada com recurso ao alargamento do saber pela fé. Nisto também se reflecte o dilema em que Kant se enreda devido ao antagonismo das suas intenções de encarar a religião simultaneamente como herdeira e oponente. Por um lado, considera a religião a fonte de uma moral que satisfaz os critérios da razão, por outro lado, um reduto sombrio que tem de ser filosoficamente depurado do

([47]) I. Kant, *Religion*, A121/B129 [trad. port., p. 100].
([48]) I. Kant, *Religion*, A122/B130 [trad. port., p. 101].

obscurantismo e da exaltação. A tentativa de uma apropriação reflexiva de conteúdos religiosos está em conflito com o objectivo, inerente à crítica da religião, *de julgar filosoficamente* a sua verdade e falsidade. A razão não pode querer comer o bolo da religião e ao mesmo tempo ficar com ele. Ainda assim, a intenção construtiva da filosofia kantiana da religião continua a merecer o nosso interesse, se quisermos saber o que podemos aprender da capacidade de articulação das grandes religiões universais para o uso da razão prática.

A tradução da ideia do reinado de Deus na Terra no conceito de uma república submetida a leis da virtude mostra de forma exemplar que Kant liga a delimitação crítica e ao mesmo tempo autocrítica do saber relativamente à fé com a atenção dispensada à eventual pertinência cognitiva dos conteúdos que se encontram preservados em tradições religiosas. Em termos globais, a filosofia da moral de Kant pode ser entendida como a tentativa de reconstruir o dever categórico dos mandamentos divinos pela via discursiva. No seu todo, a filosofia transcendental tem o sentido prático de converter o ponto de vista transcendente de Deus numa perspectiva *intramundana* funcionalmente equivalente e de o preservar como ponto de vista moral.([49]) Desta genealogia também se alimenta a tentativa de deflacionar racionalmente o *modus* da fé sem o liquidar.

O próprio idealismo de Kant, isento de ilusões, é expressão de uma atitude cognitiva que associa uma abertura honesta relativamente às objecções pessimistas da razão teórica com a determinação optimista de uma razão prática destemida. Esta combinação conserva um «*habitus* da razão» inerentemente atreito ao cepticismo da indiferença derrotista e da autodestruição cínica. Decerto que Kant ainda se encontrava aquém do limiar de uma consciência histórica cuja pertinência filosófica foi reconhecida somente por Hegel. Kant ainda entendeu a apropriação reflexiva de conteúdos religiosos a partir da perspectiva de uma substituição paulatina da religião positiva pela fé racional pura, e não como decifragem genealógica de um contexto histórico genético, de que faz parte a própria razão. Mas, de certo modo, já a doutrina dos postulados reconcilia a autoconfiança

([49]) J. Habermas, «Uma consideração genealógica sobre o conteúdo cognitivo da moral», in *Obras Escolhidas*, vol. 3, pp. 267-317.

da razão crítica da religião com a intenção de uma tradução redentora dos conteúdos religiosos.

O nosso olhar hermenêutico sobre a filosofia kantiana da religião está evidentemente marcado por uma história dos seus efeitos, que se prolonga por duzentos anos. Neste contexto, recordo o carácter apologético da obra mais importante de filosofia da religião no âmbito do neokantismo: Hermann Cohen utiliza a religião racional de Kant como chave para uma interpretação minuciosa das fontes literárias da tradição judaica.([50]) Contra o antissemitismo intelectual do seu meio, vai pôr em destaque o teor humanista e o sentido universalista do Antigo Testamento e comprovar com meios filosóficos a equiparação entre o judaísmo e o cristianismo.([51])

As três figuras de efeitos mais poderosos, sobre as quais me vou debruçar no que se segue, não se inserem, contudo, na linha dos epígonos directos de Kant. Hegel, Schleiermacher e Kierkegaard reagiram à delimitação do saber relativamente à fé operada por Kant no âmbito da crítica da religião de um modo respectivamente diverso, mas igualmente carregado de consequências. Estavam todos ele convencidos de que Kant, o crítico da religião, na sua qualidade de filho do século XVIII, ficara apegado a uma forma abstracta de Iluminismo, despojando as tradições religiosas da sua verdadeira substância. Nesta secção da história dos efeitos, não por acaso dominada por protestantes, a disputa versou sobretudo sobre uma descrição não redutora do «fenómeno religioso» e a linha de demarcação correcta entre a razão e a religião. Não poderei aqui fazer mais do que acompanhar em traços largos as três linhas metacríticas, que partem de Hegel, Schleiermacher e Kierkegaard, até à constelação actual.

([50]) H. Cohen, *Religion der Vernunft aus den Quellen des Judentums* (reimpressão da 2.ª ed., 1928), Wiesbaden, 1988, p. 4: «Estando já chamada a minha atenção para as fontes literárias dos profetas para o conceito da religião, estes ainda assim permaneceriam mudos e cegos se, embora fosse elucidado por eles, mas não orientado pela sua autoridade pura e simples, antes não me aproximasse deles com um conceito que eu próprio tivesse começado por considerar subjacente à elucidação deles recebida.»

([51]) Micha Brumlik homenageia a obra como expressão do «humanismo hebráico» in: M. Brumlik, *Vernunft und Offenbarung*, Berlim/Viena, 2001, pp. 11-28.

(7) Hegel critica Kant como o iluminista que concebe a religião em função de conceitos abstractos do entendimento e desvaloriza o teor essencial dos mesmos como algo de meramente positivo. Deste modo, a razão arrogantemente subjectiva alcançaria uma vitória de Pirro sobre o putativo obscurantismo; seria somente a errónea auto-limitação transcendental da razão que produziria como seu contraponto um conceito redutor da positividade da religião.([52]) Esta crítica ainda pode ser entendida, ela própria, como uma radicalização da abordagem kantiana, na medida em que pretende superar a oposição entre a fé e o saber igualmente no interior do horizonte de um saber racionalmente *alargado*. Hegel compreende a história das religiões, não há dúvidas, na amplitude das suas práticas rituais e dos seus imaginários, mas, ainda assim, como genealogia de uma razão englobante, cujo porta-voz é a filosofia. Também ele se atém à pretensão do Iluminismo filosófico de justificar o conteúdo de verdade da religião segundo os critérios da razão.([53])

Por outro lado, uma apropriação selectiva de conteúdos individuais da religião pela razão consciente dos seus limites é substituída pela superação compreensiva da religião como um todo. A filosofia reconhece o que o pensamento representativo da religião tem de racional. Mas o casamento assimétrico que a filosofia que abraça uma religião esmagada acaba por forçá-la a contrair tem, para o parceiro aparentemente superior, novamente um resultado de dois gumes. Com o conceito do espírito absoluto, que se aliena na natureza e na história para se reintegrar reflexivamente nesse outro, a filosofia incorpora em si, sem dúvida, a noção fundamental do cristianismo e torna a encarnação de Deus o princípio do próprio pensamento dialéctico – mas a um preço duplo. Por um lado, a evasão das fronteiras traçadas pela autocrítica da razão transcendental conduz de volta ao

---

([52]) G. W. F. Hegel, *Glauben und Wissen*, Werke vol. 2, Frankfurt, 1986, p. 288: «A gloriosa vitória que a razão iluminista arrecadou sobre aquilo que, na diminuta medida da sua compreensão religiosa, considerou como contrário a si mesma, vistas bem as coisas não é outra senão que nem o positivo com que se debateu permaneceu religião, nem ela que venceu continuou a ser razão.» Cf. quanto a esta matéria: T. M. Schmidt, *Anerkennung und absolute Religion*, Estugarda-Bad Cannstatt, 1997.

([53]) G. W. F. Hegel, *Vorlesungen über die Philosophie der Religion* II, Werke, vol. 17, p. 318: «O verdadeiro conteúdo da fé cristã deve ser justificado pela filosofia.»

âmbito da metafísica; por outro lado, o fatalismo de um espírito que gravita em redor de si próprio – que, mal tenha alcançado o apogeu do saber absoluto, tem de entregar-se de novo à natureza – fecha precisamente a dimensão escatológica de um novo início, a que afinal se dirige a esperança, de redenção dos crentes.([54])

A dupla decepção – tanto com o recuo para a metafísica como com a retirada quietista da teoria relativamente à prática – levou os hegelianos de esquerda a radicalizar a crítica kantiana da religião num outro sentido, desta feita materialista. Feuerbach e Marx escovam ao arrepio a história idealista da evolução do espírito absoluto, a saber, da perspectiva de uma razão intersubjectiva, incarnada no corpo e na linguagem, situada na história e na sociedade, e restauram novamente a primazia que Kant atribuiu à razão prática relativamente à razão teórica. Com efeito, compreendem a religião de um modo desencantado como o reflexo de condições de vida dilaceradas e, simultaneamente, como o mecanismo de ocultação desta vida alienada de si própria.([55]) A sua crítica da religião antecipa a explicação psicológica de Freud, segundo a qual a consciência religiosa satisfaz necessidades negadas de um modo projectivo. Mas, tal como em Kant, esta destruição da falsa positividade destina-se a libertar um conteúdo de verdade que apenas espera por ser realizado na prática. Mais uma vez é a ideia do reino de Deus na Terra como comunidade ética que agora deve encontrar uma corporização profana na figura revolucionária da sociedade emancipada.([56])

([54]) K. Löwith, «Hegels Aufhebung der christlichen Religion», in: *idem*, *Zur Kritik der christlichen Überlieferung*, Estugarda, 1966, pp. 54-96.

([55]) K. Marx, *Einleitung zur Kritik der Hegeischen Rechtsphilosophie* (1843), Berlim/ /RDA, 1976, p. 378: «O homem é o mundo do homem, o Estado, a sociedade. Este Estado e esta sociedade produzem a religião, uma consciência invertida do mundo, porque eles são um mundo invertido. A religião é a teoria geral deste mundo [...], o seu entusiasmo, a sua sanção moral, o seu complemento solene, a sua base geral de consolação e justificação. É a realização fantástica da essência humana, porque a essência humana não possui verdadeira realidade. Por conseguinte, a luta contra a religião é indirectamente a luta contra aquele mundo cujo aroma espiritual é a religião.» [trad. port., *Manuscritos Económico-Filosóficos*. Lisboa: Edições 70, 2017, p. 71.]

([56]) L. Feuerbach, *Grundsätze der Philosophie der Zukunft* (1843), § 59: «O ser humano individual por si não tem em si a essência do Homem nem como ser moral, nem enquanto ser pensante. A essência do Homem apenas está

Esta apropriação ateísta de conteúdos religiosos encontrou prolongamentos cruciais no marxismo ocidental. Aqui, os motivos teológicos são fáceis de decifrar, quer na filosofia da esperança baseada na filosofia da natureza de Bloch, no esforço desesperado, mas de inspiração messiânica, de redenção de Benjamin, ou no negativismo ríspido de Adorno. Algumas das abordagens filosóficas causaram ressonância no seio da própria teologia, como por exemplo em Johann Baptist Metz ou Jürgen Moltmann.

De Hegel até Marx e ao marxismo hegeliano, a filosofia tenta apropriar-se, no rasto semântico seguido inicialmente por Kant do «povo de Deus», do conteúdo *colectivamente* libertador da mensagem de salvação judaico-cristã. Para Schleiermacher e Kierkegaard, porém, a salvação *individual*, que brinda a filosofia dirigida ao universal com as maiores dificuldades, constitui o centro da fé. Estes dois pensadores são cristãos, mas pós-metafísicos. Um deles assume alternadamente os papéis separados por Kant do filósofo da religião e do teólogo, o outro assume, no papel do escritor religioso, o desafio de um Sócrates que filosofa de um modo kantiano.

(8) Contrariamente a Hegel, Schleiermacher respeita os marcos fronteiriços erguidos por Kant com a sua crítica da metafísica. Com efeito, partilha a reserva de Hegel relativamente a uma crítica que repetidamente reencontra na religião apenas a moral. Mas, de um ponto de vista epistemológico, Schleiermacher atem-se à auto-referência da razão subjectiva. Desloca a fronteira entre a fé e o saber em benefício de uma fé autêntica para lá da mera razão, pondo em destaque o sentido próprio e o direito próprio do religioso no horizonte dos conceitos fundamentais da filosofia da consciência. Como filósofo, Schleiermacher não se interessa pelos conteúdos da fé religiosa – *fides quae creditur* [a fé pela qual se crê], mas pela pergunta do que significa em termos performativos ser-se crente – *fides qua*

---

contida na comunidade, na unidade do Homem com o Homem – unidade essa, porém, que apenas se baseia na realidade da diferença entre eu e tu.» Feuerbach antecipa motivos essenciais da filosofia do diálogo de Martin Buber; quanto a esta matéria, cf. M. Theunissen, *Der Andere* (1964), Berlim, 1977, pp. 243-373.

creditur [a fé em que se crê].([57]) Diferencia entre uma teologia científica, que elabora dogmaticamente os conteúdos objecto de fé e a devoção que inspira e sustenta a conduta de vida pessoal do crente.

Schleiermacher alarga a arquitectónica kantiana das faculdades da razão, mas não a extravasa, quando concede à fé religiosa, a par do saber, da intelecção moral e da experiência estética, um lugar transcendental próprio. Às faculdades da razão conhecidas associa-se agora a religiosidade da pessoa crente, que, no sentimento da devoção, toma, ao mesmo tempo consciência imediata da sua própria espontaneidade e da sua dependência pura e simples de um outro. Schleiermacher demonstra como a autocertificação e a consciência de Deus se entrosam uma com a outra. O célebre argumento parte da posição intramundana de um sujeito que se caracteriza pelas faculdades da receptividade e da espontaneidade, assim como por uma acção recíproca entre as referências passivas e activas ao mundo.([58]) Para um sujeito finito que se debruça sobre o mundo, não são *pensáveis* nem uma liberdade absoluta, nem uma dependência absoluta.

Tal como uma liberdade absoluta é incompatível com as limitações que o mundo impõe à acção situada, assim, ao invés, uma dependência absoluta também não se coaduna com a distância intencional relativamente ao mundo, sem a qual estados de coisas não podem ser apercebidos e tratados objectivamente. Mas, se este sujeito virar costas ao mundo, ao aperceber-se da espontaneidade da sua própria vida consciente, é tomado por um sentimento de dependência pura e simples: na realização da autocertificação intuitiva, toma consciência da dependência de um outro, que – aquém da diferença entre aquilo que recebemos do mundo e aquilo sobre o qual intervimos no mundo –, em primeiro lugar, torna possível a nossa vida consciente.

Esta análise transcendental do sentimento de devoção dota a experiência religiosa de uma base universal, independente tanto da razão teórica como da razão prática, sobre a qual Schleiermacher desenvolve uma alternativa rica em

([57]) O que é o que explica que Bultmann possa encontrar a partir de Schleiermacher um caminho que leva até Kierkegaard: cf. o artigo de F. Nüssel sobre Bultmann em: P. Neuner, G. Wenz (org.), *Theologen des 20. Jahrhunderts*, Darmstadt, 2002, pp. 70-89.

([58]) F.Schleiermacher, *Der christliche Glaube* (1830/31), §§ 3-5.

consequências ao conceito iluminista da religião racional. A experiência religiosa, que radica na «autoconsciência imediata», pode reclamar que partilha uma origem comum com uma razão que nasce da mesma raiz. Relativamente ao conceito da religião racional, a introdução da religiosidade operada pela filosofia transcendental de Schleiermacher tem a vantagem de fazer jus ao pluralismo religioso na sociedade e no Estado, sem ter de cercear ou até negar direitos à positividade de tradições religiosas dotadas de sentido próprio. Pois a caracterização pietista da interioridade religiosa conduz ao argumento mais abrangente de que o sentimento universal do ponto de vista antropológico da dependência se *ramifica* em tradições *diversas*, mal o sentimento devoto é articulado de um modo determinado, ou seja, é elevado sobre o limiar da expressão simbólica e, na comunitarização comunicativa de crentes, assume a forma prática de uma fé *praticada num quadro eclesiástico.*

A intelecção filosófica da idêntica origem racional de todas as religiões permite às igrejas – e à exegese dogmática da respectiva fé eclesiástica – encontrarem um lugar legítimo no invólucro diferenciado das sociedades modernas. Sob esta premissa, elas podem praticar uma tolerância mútua, reconhecer o ordenamento secular do Estado liberal e respeitar a autoridade das ciências especializadas quanto ao saber do mundo sem prejudicarem a sua respectiva pretensão de verdade relativamente a praticantes de outras fés e aos descrentes. Pois a justificação filosófica da experiência religiosa enquanto tal liberta a teologia de ónus da prova desnecessários. Provas metafísicas da existência de Deus e especulações afins tornam-se supérfluas. A teologia pode, ao recorrer aos melhores métodos científicos para o tratamento do seu núcleo dogmático, estabelecer-se discretamente no seio das universidades como uma disciplina prática a par de outras. O protestantismo cultural do final do século XIX e do início do século XX, porém, torna bem claro o preço que Schleiermacher paga por esta elegante reconciliação da religião com a modernidade, da fé com o saber. A integração da igreja na sociedade e a privatização da fé destitui a referência religiosa à transcendência da sua força explosiva intramundana.

A obra e a atitude de Adolf von Harnack convocaram sobre si a suspeita do desarmamento da seriedade religiosa. A adaptação moderadora da religião ao espírito da modernidade retira à acção solidária da comunidade religiosa a força de uma prática reformadora e, por maioria de razão, revolucionária *no mundo*. Sob tais premissas, a presença de Deus retira-se para a profundidade da alma individual: «O reino de Deus vem vindo ao indivíduo, entrando na sua alma.»([59]) Max Weber e Ernst Troeltsch compreendem, tal como Schleiermacher, a religião como uma formação da consciência que mantém a sua independência e a sua capacidade estruturante mesmo em sociedades modernas. Para eles, contudo, o sentido da tradição religiosa já só se depreende de indícios empiricamente palpáveis. Já apenas conseguem arrancar um conteúdo normativo vinculativo da religião ao torvelinho do historicismo pela astúcia de uma reflexão sobre as raízes cristãs dessa cultura individualista, liberal e esclarecida da actualidade, em que reencontram a sua própria autocompreensão.([60])

(9) A obra de Kierkegaard estabelece um contraponto relativamente à análise apaziguadora de Schleiermacher da existência devota, reconciliada com a modernidade. Com o seu coevo Marx, partilha a consciência de crise de uma modernidade *inquieta*. Mas, contrariamente a este, não procura esquivar-se do pensamento especulativo e da sociedade burguesa corrompida pela via da inversão da relação entre a teoria e a prática, mas na realização de uma resposta existencial à questão luterana pelo Deus misericordioso que o apoquentava. Com a consciência do pecado radicalizada, a autonomia da razão entra na sombra do poder heterogéneo por excelência do Deus não cognoscível, afiançado unicamente em termos históricos, que se comunica a si mesmo. Esta contrapartida neo-ortodoxa relativamente à autocompreensão antropocêntrica da modernidade constitui um estádio importante na história dos efeitos da filosofia kantiana da religião. Pois ela corrobora a linha de demarcação entre a razão e a religião, desta feita, do lado da fé revelada. Neste quadro,

---

([59]) A. v. Harnack, *Das Wesen des Christentums* (org. por T. Rendtorff), Gütersloh, 1999, p. 90; cf. igualmente G. Wenz, «A. v. Harnack – Herzensfrömmigkeit und Wissenschaftsmanagement», in: Neuner, Wenz (2002), pp. 33-52.

([60]) F. W. Graf, Ernst Troetsch, «Theologie als Kulturwissenschaft des Historismus», in: Neuner, Wenz (2002), 53-69; relativamente a Max Weber, cf. W. Schluchter, «Die Zukunft der Religion», in: *idem*, *Religion und Lebensführung*, vol. 2, Frankfurt/M., 1988, pp. 506-534.

Kierkegaard vira a autolimitação transcendental da razão introduzida por Kant contra o seu próprio antropocentrismo. Não é a razão que estabelece fronteiras à religião, antes é a experiência religiosa que põe a razão no seu lugar. Evidentemente, Kierkegaard sabe que a razão apenas pode ser derrotada pelas suas próprias armas. Tem de convencer «Sócrates», a figura do seu próprio oponente kantiano, de que a moral pós-convencional da consciência só se pode tornar o núcleo de cristalização de uma conduta de vida consciente se estiver inserida numa autocompreensão religiosa.([61])

Assim, Kierkegaard descreve, com recurso a formas de vida patológicas, os estádios sintomáticos de uma salutar «doença mortal» – as formas de um *desespero* que começa por ser recalcado, em seguida transpõe o limiar da consciência e, finalmente, obriga à inversão da consciência centrada no eu. Estas diversas formas do desespero são outras tantas manifestações de se ter *falhado* essa condição fundamental existencial que poderia tornar possível um ser si mesmo autêntico. Kierkegaard descreve os estados inquietantes de uma pessoa que, embora tome consciência do seu destino de ter de ser um indivíduo, não deixa de se refugiar nas alternativas «de desesperadamente não querer ser ele próprio ou, ainda mais abaixo: de desesperadamente não querer ser um indivíduo ou, o mais baixo: de querer ser outro que não quem se é.»([62]) Quem por fim reconhece que a fonte do desespero não reside nas circunstâncias, mas nos próprios movimentos de fuga, empreenderá a tentativa obstinada, mas igualmente malograda de «querer ser si mesmo».

O fracasso desesperado deste derradeiro esforço – o querer ser si mesmo que se entrincheira em si próprio – deverá mover o espírito finito a transcender-se a si próprio e, por conseguinte, também ao reconhecimento da dependência de um outro absoluto, onde se fundamenta a própria liberdade. Esta reconversão marca o ponto de viragem, isto é, a superação da autocompreensão secularizada da razão moderna: «Ao relacionar-se consigo próprio e ao querer ser si mesmo, o indivíduo deriva

([61]) J. Habermas, «*Begründete Enthaltsamkeit. Gibt es postmetaphysische Antworten auf die Frage nach dem "richtigen Leben"?*», in: *idem*, *Die Zukunft der menschlichen Natur*, Frankfurt/M., 2001, pp. 11-33.

([62]) S. Kierkegaard, *Die Krankheit zum Tode* (org. por L. Richter), Frankfurt/M., 1984, p. 51.

transparentemente do poder que o pôs.»([63]) Esta consciência é a única coisa que torna possível um ser si mesmo autêntico.([64]) A razão que reflecte sobre o fundamento mais profundo descobre a sua origem num outro; e tem de reconhecer o poder fatídico deste se não quiser perder a sua orientação no beco sem saída de um auto-apoderamento híbrido.

Em Schleiermacher, esta conversão da razão pela razão inicia-se na autoconsciência do sujeito cognoscente e agente, em Kierkegaard, na historicidade da autocertificação existencial. Ambas as vezes, uma razão que se apercebe dos seus limites transcende-se em direcção a algo de outro: quer seja no sentimento da dependência aconchegada de algo de cosmicamente abrangente, ou na esperança desesperada no acontecimento histórico da salvação. A diferença decisiva consiste no facto de Kierkegaard compreender a conversão da razão como a abdicação da razão diante da autoridade do Deus cristão que se comunica a si próprio, ao passo que Schleiermacher se atém à perspectiva antropocêntrica e fundamenta a experiência religiosa fundamental, da qual começam por nascer as tradições de fé positivas, de um modo filosófico.

Para Karl Barth, uma semelhante compreensão filosófica da religiosidade e da religião resume-se simplesmente a uma «falta de fé» – e a revelação cristã, à «superação da religião.»([65]) Barth e Bultmann associam-se a Kierkegaard para afirmar obstinadamente o sentido normativo próprio da fé revelada e a existência da fé cristã contra a voragem do pensamento histórico, contra a pressão tendente à secularização da sociedade e contra a privatização da fé. Na mensagem da fé cristã, põem em destaque o que não pode ser integrado, a oposição irreconciliável entre a fé e o saber. Mas esta confrontação ocorre com base num pensamento pós-metafísico que preserva a crítica da modernidade (como também o demonstra a atitude política de Barth e Bultmann relativamente ao regime nacional-socialista) de uma antimodernismo reaccionário.

([63]) *Ibidem*, 14.

([64]) M. Theunissen, *Das Selbst auf dem Grund der Verzweiflung*, Meisenheim-Frankfurt/M., 1991.

([65]) G. Pfleiderer, «Karl Barth – Theologie des Wortes Gottes als Kritik der Religion», in: Neuner, Wenz (2002), pp. 124-144, aqui 135.

Por outro lado, também a filosofia da existência se assume herdeira de Kierkegaard. Segue-o no caminho de uma ética que já só caracteriza *formalmente* o *modus* histórico de uma conduta de vida autocriticamente consciente.([66]) Karl Jaspers tenta, além disso, reconstruir racionalmente a tensão radical entre a transcendência e o intramundano da perspectiva secular da «aclaração da existência». No entanto, apenas o consegue a expensas da assimilação da pretensão de validade dos enunciados filosóficos ao estatuto de verdades da fé. Generaliza o conceito de Kant da fé racional, que estava talhado à medida dos postulados de Deus e da imortalidade, à filosofia no seu todo e delimita a «fé filosófica» do *modus* cognitivo da ciência. Assim, gera-se uma semelhança de família entre doutrinas filosóficas e tradições religiosas. Ambos os lados estão em concorrência entre poderios de fé. A filosofia deve, no melhor dos casos, clarificar o carácter desta disputa, mas sem ser capaz de a dirimir com recurso a argumentos.([67])

(10) O que pode aprender-se com a história dos efeitos esboçada a traços largos sobre a actualidade da filosofia da religião de Kant? Esta pergunta coloca-se hoje da perspectiva de uma ameaça ao conteúdo normativo da modernidade nascida no Ocidente. Hegel caracterizou as conquistas da modernidade com os conceitos de «autoconsciência», de «autodeterminação» e de «auto-realização». A autoconsciência deve-se ao acréscimo de reflexividade no estado de uma revisão permanente de tradições liquefeitas; a autodeterminação deve-se à imposição do universalismo igualitariamente individualista no direito e na moral, e a auto-realização, à coacção para a individuação e a auto-orientação nas condições de uma identidade do eu altamente abstracta.([68]) Esta autocompreensão da modernidade é também uma consequência da secularização, ou seja, da dissociação dos constrangimentos de religiões detentoras de poder político. Mas hoje essa consciência normativa está ameaçada, não só do exterior, pela nostalgia reaccionária de uma anti-modernidade

([66]) Habermas (2001), pp. 11-33.
([67]) K. Jaspers, *Der philosophische Glaube angesichts der Offenbarung*, Munique, 1984.
([68]) J. Habermas, *Der philosophische Diskurs der Moderne*, Frankfurt/M. 1985, p. 390-425 [trad. port., *O Discurso Filosófico da Modernidade*. Lisboa: Texto Editores, 2010, pp. 309-350].

fundamentalista, mas igualmente do interior, de uma modernização em derrapagem. A divisão do trabalho entre os mecanismos de integração do mercado, da burocracia e da solidariedade social desequilibrou-se e deslocou-se em benefício de imperativos económicos que premeiam um relacionamento entre os sujeitos agentes orientado pelo respectivo êxito. A adaptação a novas tecnologias que interferem profundamente com os substratos até então considerados «naturais» da pessoa humana promove, além disso, uma autocompreensão naturalista dos sujeitos vivenciadores ao lidarem consigo próprios.([69])

O abalo sofrido pela consciência das normas também se manifesta em sensibilidades minguantes para patologias sociais – e para a vida falhada em termos gerais. Uma filosofia pós-metafisicamente desencantada não pode compensar esta carência – carência essa que já foi sentida por Kant. Ela já não dispõe do tipo de fundamentos que poderiam destacar *uma única* imagem do mundo motivadora perante todas as outras, a saber, uma imagem do mundo que preenchesse as expectativas existenciais, orientasse de forma vinculativa uma vida no seu todo ou até que proporcionasse consolação. Vimos que Kant, com a sua doutrina dos postulados, quis surripiar mais substância à religião do que a razão prática realmente suporta.

O que ele tinha em mente com o *modus* da fé racional aplica-se mais à autocompreensão reflectida de membros de congregações religiosas, e em termos gerais, de grupos culturais que se definem por tradições fortes que cunham a respectiva identidade. Este *modus* de fé assemelha-se a atitudes proposicionais que assumimos relativamente a modos de vida próprios, tidos por autênticos. Vivemos com base na certeza de um modo de vida quando estamos convencidos do seu valor. Ora, existem diversos modos de vida igualmente autênticos, de forma que sob este aspecto a certeza e a validade de verdade estão longe de andar de mãos dadas, o que não deixa de ser interessante. Quanto mais certos estivermos de uma tal autocompreensão existencial, tanto menos nos é lícito confundirmos os juízos de valor subjacentes com convicções morais universalizáveis (ou mesmo enunciados teóricos). Em todo o caso, não associamos

([69]) J. Habermas, «Auf dem Weg zu einer liberalen Eugenik?», in: Habermas (2001), pp. 34-126.

a orientações valorativas que se revestem de uma importância existencial para nós (e membros como nós) a pretensão de serem dignas de reconhecimento universal.

Contra Kant temos de reter, antes de mais, que as concepções do reino de Deus ou de uma «comunidade ética» se apresentam no plural por inerência. Mas não somente Hegel, mas já o Kant da filosofia da religião viu que a moral racional, que figura no singular, e a institucionalização constitucional dos direitos humanos e da democracia necessitam da inserção no contexto denso de uma forma de vida. No entanto, ganham força impulsionadora pela inserção nos *múltiplos* contextos de imagens do mundo e modos de vida em que se encontram inscritos desígnios finais *concorrentes*. Entre eles existe uma dissensão racionalmente previsível que, se não se pretender que conduza a um antagonismo surdo e incube violência, tem de ser posta em discussão em discursos públicos. Neste âmbito, a filosofia, desempenhando o papel de um tradutor, apenas pode promover a concórdia moral, jurídica e política, se intervier de um modo esclarecedor, mas não como o concorrente mais bem informado na multiplicidade legítima dos projectos de vida de crentes, praticantes de outras fés e descrentes. Neste papel de um intérprete pode inclusive contribuir para a renovação de sensibilidades, de pensamentos e de motivos que, embora provenham de outros recursos, permaneceriam encapsulados se, pelo trabalho do conceito filosófico, não fossem trazidos à luz da razão pública.

Para ambas as coisas, tanto para a moderação autocrítica de uma razão que *traça linhas de demarcação* como para o papel maiêutico de uma *apropriação* púbico-discursiva desses potenciais semânticos particularistas, encerrados em linguagens particulares, a filosofia kantiana da religião estabeleceu pontos de referência. Mas somente posta em ligação com a história dos seus efeitos, ilumina a constelação de fé e saber nas nossas sociedades actuais, pós-seculares. Nas três linhas referidas da história dos seus efeitos – a do marxismo hegeliano, a do protestantismo cultural e a da dialéctica existencial – de cada vez é realçado um aspecto diferente desta constelação alterada. Esta matéria será ainda objecto de uma breve observação no final.

(11) O olhar genealógico de Hegel desencripta as imagens sugestivas e as densas narrativas das grandes religiões universais

como a história de um espírito que espera por uma apropriação reflexiva pelo trabalho do conceito. Deste ponto de vista, em tradições religiosas por entender e em práticas da respectiva vida comunitária por compreender, ainda hoje se defrontam à filosofia conhecimentos, intuições, possibilidades expressivas, sensibilidades e formas de trato que, embora não sejam estranhas à razão pública por inerência, são demasiado enigmáticas para serem integradas sem mais no processo comunicativo da sociedade no seu todo. Estes conteúdos podem adquirir uma força regeneradora para uma consciência normativa atrofia se se conseguir desenvolver novos conceitos perspectivadores a partir desse acervo. Foi deste modo que outrora conceitos fundamentais como «positividade», «alienação» ou «reificação» – conceitos esses que não desmentem a sua proveniência da proibição das imagens e do pecado original – alteraram a percepção de uma forma geral. Lançaram uma outra luz sobre a marcha triunfal da modernização capitalista e sensibilizaram sentidos que se tinham tornado indiferentes a patologias sociais. A utilização crítica de tais conceitos retirou o véu da normalidade das relações, convencionadas pelo hábito.

Após a ruptura civilizacional, por exemplo, o conceito de Walter Benjamin da «solidariedade anamnética» com a injustiça passada – um conceito que claramente procura preencher a brecha deixada pela esperança perdida de um Juízo Final – recordou uma responsabilidade colectiva para lá de uma obrigação moral.([70]) A ideia da aproximação ao reino de Deus, adquirida dentro dos limites da simples razão, não conduz o olhar apenas para o futuro. Esta ideia desperta em nós, em termos gerais, uma consciência de responsabilidade colectiva por omissões de prestações de auxílio, por omissões de esforços cooperativos no sentido de se opor a uma desgraça iminente ou mesmo apenas de melhorar uma situação revoltante. Decerto que uma cooperação bem-sucedida pode estar à altura desta expectativa apenas *em momentos felizes*. Mas a responsabilidade fraca pelo destino colectivo dos próximos como dos mais afastados não é retirada dos nossos ombros só porque, na maior parte dos casos, excede

([70]) H. Peukert, Wissenschaftstheorie, Handlungstheorie, fundamentale Theologie, Düsseldorf, 1976, p. 278 ss. Cf. também J. Habermas, *Vorstudien und Ergänzungen zur Theorie des kommunikativen Handelns*, Frankfurt/M., 1984, pp. 514 ss.

as nossas forças falíveis ou leva ao engano espíritos obstinados ou fanáticos, que não se apercebem da sua própria falibilidade.

Kant, Hegel e Marx deram a sentir à consciência secular o aguilhão da herança religiosa. Mas somente Schleiermacher e Kierkegaard exigiram à filosofia que aceitasse a religião como um interlocutor em pé de igualdade. Libertaram o cristianismo da ligação com a metafísica grega e defendem ou criticam-no, ao nível kantiano do pensamento pós-metafísico, frente aos eruditos e aos indiferentes entre os que o desprezam.

Schleiermacher explica por que a religião não é algo de meramente passado que tem de resistir à complexidade da modernidade. Mostra como a igreja, a consciência religiosa e a teologia se podem afirmar no quadro da diferenciação cultural e social como configurações contemporâneas e até funcionalmente especificadas do espírito. Schleiermacher é um impulsionador da consciência de uma sociedade pós-secular que se mentaliza para a existência continuada da religião num meio envolvente que não pára de se secularizar. Ao mesmo tempo, opera, por assim dizer a partir do interior, uma modernização da consciência religiosa que, em seguida, faz por se entender com as condições imprescindíveis do ponto de vista normativo do direito pós-convencional, com o pluralismo mundividencial e o saber acerca do mundo institucionalizado cientificamente. No entanto, Schleiermacher vai ao encontro de uma filosofia que pretende detectar na fé os elementos do saber na medida em que ele próprio ainda promove a reconciliação da religião com a modernidade por meios filosóficos.

Somente Kierkegaard confronta sem contemplações o pensamento pós-metafísico com a heterogeneidade intransponível de uma fé que desmente a perspectiva antropocêntrica de um pensamento filosófico de abordagem intramundana. É somente por este desafio que a filosofia chega a ter uma relação seriamente dialéctica com o âmbito da experiência religiosa. O núcleo desta experiência furta-se ao acesso secularizador da análise filosófica de um modo similar ao da experiência estética resiste ao acesso racionalizador. Afinal, com conceitos como o belo, o feio e o sublime, a filosofia pouco mais consegue que delimitar com precaução essa excitação sensível e muda que põe em movimento o jogo da faculdade do juízo reflexivo. A fonte da sensibilidade escapa ao entendimento. Com uma «transcendência» que irrompe do exterior passa-se algo de semelhante. Pois é com esse conceito que a filosofia gravita em torno dos aspectos abissal e derivativo dessa energia utópica para a «promoção do soberano bem», sobre cuja fonte uma razão destranscendentalizada já não reivindica nenhum poder. Apenas consegue compreender de um modo discursivo uma transcendência a partir do interior.([71])

A filosofia alimenta-se *de forma racional* da herança religiosa apenas enquanto a fonte revelada com que é confrontada pela ortodoxia continuar a ser para ela um desaforo cognitivamente inaceitável. As perspectivas centradas *ou* em Deus, *ou* no Homem, não podem ser convertidas *uma na outra*. Assim que essa fronteira entre a fé e o saber se torne porosa e assim que motivos religiosos penetrem na filosofia *sob um nome falso*, a razão perde o pé e começa a divagar. A autocrítica da razão levada a cabo por Kant não se destinava apenas a clarificar a relação entre razão teórica e prática, mas a delimitar a própria razão no seu uso teórico e prático justificado, por um lado, da exuberância de pretensões do conhecimento metafísico e, por outro lado, do cariz suprasensível das certezas de fé religiosas. Estas determinações das fronteiras do pensamento pós-metafísico (e pós-cristão) continuam hoje a poder servir-nos de critério se quisermos orientar-nos quanto à relação entre a fé e o saber na paisagem filosófica actual.

(12) Como indicadores para uma orientação aproximativa gostaria de diferenciar correntes de pensamento que regressam à tradição da metafísica, aquém das linhas traçadas por Kant (a) de abordagens que se mantêm nos limites de um pensamento pós-metafísico (b) ou voltam a escamotear essas marcas ao «irem além» de um pensamento delimitador (c).

(a) Evidentemente, a necessidade especulativa que Platão pôs no berço da filosofia com a ascensão às ideias e a libertação do espírito dos grilhões da matéria não esmoreceu. Assim, a ressuscitação ou – sobre a base pós-kantiana da autoconsciência – a apropriação dialéctica de padrões argumentativos da tradição clássica serve, pelo menos implicitamente, para redimir ideias pertinentes para a salvação. Frequentemente, estes motivos

---

([71]) Habermas, J., «Excurso: Transcendência vinda do interior, transcendência rumo ao aquém», neste volume, pp. 379-408.

aliam-se (como em Leo Strauss) a estímulos críticos da modernidade e às intenções políticas correspondentes. Mas a recuperação da tradição da metafísica ocidental nem sempre visa os inícios gregos, mas frequentemente também (como em Carl Schmitt) a onto-teologia da Idade Média. Nesses casos, as feridas abertas pela modernidade não serão curadas pela via da certificação contemplativa da ordem cósmica (do que é no seio do todo), ou seja, pela «via da salvação», que institui um parentesco entre o *bios theoretikos* [a vida teórica] e as práticas meditativas do Extremo Oriente. Nesses casos, o que está em causa é, como outrora no neotomismo ou hoje na filosofia islâmica, a justificação metafísica de enunciados fundamentais de doutrinas monoteístas. Em determinadas leituras, também o hegelianismo teológico ou a ontologia analítica podem ser encarados como continuações da apologética clássica por outros meios.

(b) Kant procedeu a uma diferenciação entre fé e saber que pressupõe a ruptura com a pretensão totalizadora do conhecimento da metafísica. Esta viragem rumo ao pensamento pós-metafísico desvalorizou uma determinada terminologia ontológica e uma determinada estrutura da explicação; a intenção era que a filosofia fosse posta ao mesmo nível da ciência moderna.([72]) Depois desta viragem, porém, a filosofia assumiu posição relativamente à religião de formas diversas. A apologética moderna, que, tal como dantes, continua a ter o seu ponto de gravidade na vertente católica da filosofia da religião, não se diferencia da sua congénere clássica apenas pelos meios de pensamento, mas também pelo objectivo da argumentação. É um facto que ambas não falam, tal como a teologia, «em nome», mas sim «com referência» a uma tradição de fé *presumida como verdadeira*, e ambas aproveitam as abordagens filosóficas respectivamente contemporâneas (que hoje vão da teoria crítica até Wittgenstein) para o fim da justificação racional dos componentes cognitivos da doutrina religiosa respectivamente preferida.([73]) Mas

([72]) J. Habermas, «Motivos do pensamento pós-metafísico», neste volume, pp. 159-184.

([73]) Z. B. Peukert (1976); M. Lutz-Bachmann, «Materialismus und Materialismuskritik bei Max Horkheimer und Theodor W. Adorno», in: *Festschrift Alfred Schmidt*, Munique, 1991, pp. 143-159; F. Ricken, *Religionsphilosophie*, Estugarda, 2003.

a apologética moderna já não partilha com a clássica o abandono das bases intelectuais da sociedade e cultura secular. Promove, numa intenção simultaneamente crítica e apologética, a racionalização interna de uma tradição de fé (lado a lado com a teologia moderna) com o objectivo de encontrar uma resposta satisfatória do ponto de vista dogmático aos desafios modernos do pluralismo religioso, do monopólio do saber das ciências e do Estado de direito democrático.

O pólo oposto a esta reconstrução racional de conteúdos de fé é constituído por um cientismo, para o qual convicções religiosas são de *per si* inverdadeiras, ilusórias ou destituídas de sentido. De acordo com esta concepção, um saber legítimo tem de poder apoiar-se no «ponto» respectivamente aceite das ciências empíricas socialmente institucionalizadas. A validade de convicções religiosas afere-se também por este critério, com exclusão de todos os outros; por isso, o jogo de linguagem religioso tem de ser recusado no seu todo, desde logo por motivos gramaticais, como insignificante em termos cognitivos. Nesse caso, a avaliação prática da religião – se ela tem de ser avaliada como perigosa e, em caso de necessidade, tratada de um modo terapêutico ou combatida – depende unicamente da investigação empírica das suas causas, funções e consequências. No entanto, o cientismo entra numa verdadeira relação de concorrência com as doutrinas religiosas, logo que se dedica a projectar uma imagem do mundo naturalista e, com o postulado de uma auto-objectivação da consciência quotidiana, prolonga para o interior do mundo da vida o olhar cientificamente objectivante sobre a pessoa que age e vivencia.

Por «pós-metafísicas», não só num sentido metódico, atinente a processos e meios do pensamento, mas num sentido substancial, designo, por fim, posições agnósticas que diferenciam rigorosamente entre a fé e o saber sem (tal como a apologética moderna) presumir a validade de uma determinada religião ou (tal como o cientismo) negar a todas essas tradições um eventual conteúdo cognitivo. Neste âmbito, gostaria de distinguir abordagens *racionalistas* que (na sequência de Hegel) *subsumem* a substância da fé no conceito filosófico de abordagens *dialógicas* que (tal como Karl Jaspers) se relacionam com tradições religiosas de um modo simultaneamente crítico e *aberto à aprendizagem*.([74])

([74]) K. Jaspers, *Der philosophische Glaube angesichts der Offenbarung*, Munique, 1962.

Esta classificação baseia-se em saber se a filosofia se julga capaz ou se arroga decidir, ela própria o que é verdadeiro ou inverdadeiro na religião, ou se abandona as questões de validade internas da religião às controvérsias de uma apologética racional para se interessar unicamente em recolher os conteúdos cognitivos contidos em tradições religiosas. São considerados «cognitivos» neste sentido todos os conteúdos semânticos que podem ser traduzidos para um discurso destrancado do efeito de travinca das verdades reveladas. Neste discurso apenas contam razões «públicas», ou seja, razões que também são capazes de convencer além de uma comunidade de fé particular. A separação metódica dos dois universos discursivos é compatível com a abertura da filosofia relativamente a eventuais conteúdos cognitivos da religião. A «apropriação» acontece sem intenção de intromissão e de «OPA hostil». Nesta delimitação da dogmática religiosa, tão tolerante quanto clara, reflecte-se, de resto, o estado de consciência de cidadãos seculares que estão cientes de viver numa sociedade pós-secular. É nesta atitude que a autocompreensão pós-metafísica de proveniência kantiana se diferencia desse neopaganismo que – com razão ou sem ela – invoca o nome de Nietzsche.

(c) A posição da filosofia em relação à religião não exprime apenas a autocompreensão controversa da filosofia – o que crê ainda, ou já não, conseguir fazer. A interpretação da relação entre a filosofia e a religião também dá a conhecer a atitude tendencialmente de recusa ou criticamente aquiescente para com a modernidade. Assim, a força regeneradora da herança metafísica deve afinal compensar uma *falta* sentida na modernidade. O pensamento pós-metafísico, por seu lado, pode retirar-se de conteúdos de uma construção constitutiva do mundo do todo da natureza e da história, porque se *envolve*, se bem que numa intenção crítica, com as diferenciações modernas; tal como o demonstram as três «críticas» de Kant, *concerta-se* com as esferas de validade já diferenciadas da ciência e da técnica, do direito e da moral, da arte e da crítica. O nexo, que, na maior parte dos casos, permanece implícito, entre as tomadas de posição relativas à religião, por um lado, e à modernidade, por outro, acaba por evidenciar-se de forma explícita no campo dos herdeiros pós-modernos de Nietzsche.

Em termos temáticos, aqui o que está em primeiro plano é a intenção de uma superação, num rasgo auspicioso e revolucionário, da modernidade funesta e *condenada*. Desta vez, porém, o regresso leva-nos de volta a um «outro início», anterior à «era axial» (Jaspers). Considera-se que na modernidade ensimesmada e esquecida das tradições culmina uma história de decadência, que se iniciou logo no dealbar da metafísica *e* da religião, com Sócrates e Moisés. Deste diagnóstico epocal resulta a classificação niveladora da religião – pretende-se que ela é, à semelhança da própria metafísica, expressão do esquecimento do ser. Unicamente os poderes originais de um mito que ainda está por chegar podem induzir a almejada conversão dos velamentos do *logos*. Falando de um lugar além do *logos*, esta especulação neopagã sobre «a fuga ou a chegada dos deuses» tem, no entanto, de se entregar a uma retórica que deixou atrás de si a força do argumento convincente e a substituiu pela auto-encenação que conjura os «grandes e ocultos indivíduos».

Não deixa de ser irónico que para tal apenas esteja disponível o vocabulário escatológico conhecido. Assim, pois, o Heidegger tardio fala em horror, ousadia e salto, resolução e serenidade, rememoração e advento, entrega e dádiva, acontecimento e reviravolta. Ao mesmo tempo, vê-se obrigado a apagar os vestígios da origem deste jogo de linguagem. Pois já há muito que rebaixou a mensagem cristã de salvação, a cuja semântica não consegue renunciar, ao interlúdio onto-teológico sem importância de um «poder exaurido das igrejas.»([75]) A restrição da razão ao seu uso prático, operada por Kant na sua filosofia da religião, afecta hoje muito menos o devaneio religioso do que uma filosofia em devaneio que apenas *toma emprestadas* e se aproveita de conotações promissoras de um vocabulário de uma religião redentora para se dispensar do rigor do pensamento discursivo. Também isto podemos aprender com Kant: a sua filosofia da religião pode ser entendida no seu todo como um aviso contra uma «filosofia religiosa».

([75]) M. Heidegger, *Beiträge zur Philosophie. Vom Ereignis*, Gesamtausgabe vol. 65, Frankfurt/M., 1989 [trad. port., *O Acontecimento Apropriado*. Rio de Janeiro: Forense Universiatária, 2013].

11.

A revitalização das grandes religiões universais – um desafio para uma autocompreensão secular da modernidade?

I. A revitalização das religiões universais – um desafio para uma sociedade amplamente secularizada?

(1) Desde os dias de Max Weber e de Emile Durkheim, a tese de que existe uma estreita ligação entre a modernização progressiva da sociedade e uma secularização cada vez mais abrangente da consciência da população permaneceu por muito tempo incontestada. Esta tese apoia-se em três reflexões.

O progresso técnico-científico promove, em primeiro lugar, uma *compreensão antropocêntrica* dos encadeamentos que constituem o do mundo que se encontram «desencantados», uma vez que podem ser explicados de forma causal; e um humanismo cientificamente esclarecido não pode ser conciliado sem qualquer dificuldade com imagens do mundo de cariz teo ou cosmocêntrico. Em segundo lugar, as igrejas e comunidades religiosas perdem, no decurso da *diferenciação* funcional *dos subsistemas sociais*, a ingerência no direito, na política e na assistência social pública, na cultura, na educação e na ciência; limitam-se à sua função genuína da administração de bens da salvação, tornam o culto um assunto privado e, em termos gerais, vão perdendo importância pública. Por fim, o desenvolvimento de sociedades agrárias em sociedades industriais e pós-industriais tem por consequência uma maior prosperidade média e uma crescente segurança social; e, com a libertação de riscos vitais, que redunda numa *segurança existencial crescente*, para o indivíduo vai desaparecendo a necessidade arraigada de uma prática que promete resolver contingências não controladas pela «comunicação» com um poderio «do além» ou cósmico. Com efeito, nas sociedades europeias do bem-estar, tal como no Canadá, na Austrália e na Nova Zelândia, as vinculações religiosas dos cidadãos têm vindo a afrouxar-se a pouco e pouco e, desde o fim da segunda guerra mundial, de um modo drástico.

Na esfera pública especializada em sociologia, porém, a tese da secularização é objecto de controvérsia há mais de duas décadas.(1) Suspeita-se de que a tese se tenha limitado a consolidar as obviedades culturais da *intelligentsia* ocidental de entre 1870 e 1910 numa grande narrativa.(2) Na senda da crítica não inteiramente desprovida de justificação de uma perspectiva eurocentricamente afunilada, entretanto até se fala do «fim da teoria da secularização.»(3) Os EUA, que, afinal, com comunidades religiosas, cuja vitalidade se mantém inalterada, e percentagens constantes de cidadãos religiosamente vinculados e activos, constituem ainda assim a ponta de lança da modernização, foram considerados durante muito tempo a grande excepção à tendência de secularização. A quem esteja elucidado pelo olhar *alargado à escala global* sobre outras culturas e as religiões universais, eles afiguram-se hoje antes de mais como o caso normal.

Desta perspectiva revisionista, o desenvolvimento europeu que, com o seu racionalismo ocidental, devia ser o modelo para o mundo restante, apresenta-se como a verdadeira excepção.(4) São sobretudo três fenómenos, que se sobrepõem mutuamente, que se adensam à impressão de um *ressurgimento* global *da religião*: a expansão missionária de grandes religiões universais (a), a sua agudização fundamentalista (b) e a instrumentalização política dos respectivos potenciais de violência (c).

(a) Um sinal de vitalidade é, antes de mais, a circunstância de os grupos ortodoxos ou, em todo o caso, conservadores terem tomado a dianteira por toda a parte, no âmbito das comunidades

---

(1) J. Hadden, «Towards desacralizing secularization theory», *Social Force*, 65, 1987, pp. 587-611.

(2) D. Martin, *On Secularization*, Burlington, 2005, Introdução.

(3) H. Joas, «Gesellschaft, Staat und Religion», in: *idem* (org.), *Säkularisierung und die Weltreligionen*, Frankfurt/M., 2007, pp. 9-43.

(4) P. L. Berger, «The Desecularization of the World: A Global Overwiew», in: *idem* (org.), *The Desecularization of the World. Resurgent Religion and World Politics*, Grand Rapids, 2005, pp. 1-18.

religiosas e igrejas existentes. Isto aplica-se tanto ao hinduísmo e ao budismo como às três religiões monoteístas. O que chama a atenção é sobretudo a expansão regional das religiões estabelecidas em África e nos países do Oriente e Sudeste asiático. O êxito do esforço missionário depende, manifestamente, também da flexibilidade das formas organizativas. A igreja universal do catolicismo romano multicultural adapta-se melhor às tendências da mundialização do que o conseguem fazer as igrejas protestantes, constituídas nos termos dos Estados-nação, que são as grandes perdedoras. As mais dinâmicas a desenvolverem-se são as redes descentralizadas do islão (sobretudo na África subsariana) e dos evangélicos (sobretudo na América Latina). Caracterizam-se por uma religiosidade extática, inflamada por figuras carismáticas individuais.

(b) Os movimentos religiosos a crescerem mais rapidamente, como os pentecostais e os muçulmanos radicais, são os que mais facilmente podem ser descritos como «fundamentalistas». No seu culto, o espiritualismo e a parusia associam-se a ideias morais rígidas e a uma fé literal na Bíblia. Já os «novos movimentos religiosos» que têm proliferado desde os anos 1970 são antes de mais marcados por um sincretismo «californiano». No entanto, partilham com os evangélicos a forma desinstitucionalizada da prática religiosa. No Japão surgiram, nos últimos anos, cerca de 400 seitas deste género, que misturam os elementos do budismo e da religião popular com doutrinas pseudocientíficas e exotéricas. Na República Popular da China, as medidas de repressão utilizados pelo Estado contra a seita Falun Gong chamaram a atenção para o grande número de «novas religiões», cujo número de partidários nesse país é estimado num total de 80 milhões.(5)

(c) O regime dos mulás no Irão e o terrorismo islâmico são apenas os exemplos mais espectaculares de uma libertação política de potenciais de violência religiosos. Não raramente, é somente a codificação religiosa que atiça o ardor de conflitos que têm uma origem diferente, profana. Tal aplica-se tanto à «dessecularização» do conflito do Próximo Oriente como à política do nacionalismo hindu e ao conflito permanente entre a Índia

(5) J. Gentz, «Die religiöse Lage in Ostasien», in: Joas (2007), pp. 358-375.

e o Paquistão(6) ou à mobilização da direita religiosa nos EUA antes e durante a invasão do Iraque.

(2) Não posso debruçar-me de uma forma pormenorizada sobre a suposta excepção das sociedades secularizadas da Europa no meio de uma sociedade mundial mobilizada religiosamente. Segundo a minha impressão, os dados comparativos recolhidos à escala global ainda continuam a dar uma cobertura sólida aos defensores da tese da secularização.(7) Enquanto a secularização aumenta em sociedades abastadas e desenvolvidas, a sociedade mundial, devido às taxas de natalidade superiores nos países mais pobres, em vias de desenvolvimento, vai-se tornando cada vez mais religiosa. No entanto, a expansão dinâmica da religião não se explica apenas com base em tendências demográficas. Um olhar mais demorado sobre os meios em mutação e as situações de transformação de grupos diferentes, mas com igual medida de insegurança social, que, na América Latina, no Extremo Oriente e em África, são receptivos, por exemplo, às mensagens encenadas de forma populista das mega-igrejas dos evangélicos lideradas de modo carismático, confirma a hipótese da ligação entre a insegurança existencial e a necessidade religiosa.(8) Também para a agudização fundamentalista e a instrumentalização política das religiões universais, oferecem-se explicações que se encontram em sintonia com a tese da secularização.(9)

É um facto que, à primeira vista, o desenvolvimento da consciência religiosa nos EUA não se enquadra no modelo teórico de uma secularização progressiva. P. Norris e R. Inglehart, porém, explicam a vitalidade religiosa da sociedade dos Estados Unidos da América, por um lado, de forma demográfica, pela imigração elevada em termos comparativos proveniente de sociedades antes de mais tradicionais com orientação religiosa e elevadas taxas de natalidade e, por outro lado, fazem-no com base na

(6) Cf. os contributos de H.G. Kippenberg e H. von Stietencron in Joas (2007), pp. 465-507 e 194-223.

(7) P. Norris, R. Inglehart, *Sacred and Secular. Religion and Politics Worldwide*, Cambridge, 2004.

(8) D. Martin, «Evangelical Expansion in Global Society», in: Martin (2005), pp. 26-46.

(9) M. Riesebrodt, *Die Rückkehr der Religionen. Fundamentalismus und der «Kampf der Kulturen»*, Munique, 2000; H. Bielefeldt, W. Heitmeyer (org.), *Politisierte Religionen*, Frankfurt/M., 1998.

estrutura social, apontando para a debilidade dos sistemas de protecção social. Nos EUA falta uma rede social que proteja os grupos populacionais especialmente expostos e vulneráveis dos riscos sociais de um sistema económico capitalista indómito, tal como continua a ser em larga medida o caso na maior parte da Europa.

A fragilidade da teoria da secularização consiste, antes, em conclusões pouco diferenciadas, que denunciam uma utilização pouco precisa dos termos «secularização» e «modernização». Permanece acertada a afirmação, segundo a qual, no decurso da diferenciação dos sistemas funcionais da sociedade, as igrejas e comunidades religiosas se têm limitado cada vez mais à função nuclear da prática pastoral, tendo-se visto obrigadas a renunciar às suas competências abrangentes noutros âmbitos sociais. Em simultâneo, o exercício da religião tem-se retraído para formas mais individuais. À especificação funcional do sistema religioso corresponde uma individualização da prática religiosa.

José Casanova, contudo, provou que a perda de funções e a individualização não têm de ter por consequência uma *perda de importância* da religião – nem na esfera pública política e na cultura de uma sociedade, nem no âmbito da conduta de vida pessoal.([10]) Independentemente do seu peso quantitativo, as comunidades religiosas conseguem preservar uma «sede» mesmo na vida de sociedades em grande medida secularizadas. À consciência pública na Europa aplica-se hoje a descrição de uma «sociedade pós-secular» na medida em que «se mentaliza», a título provisório, «para a continuidade da existência de comunidades religiosas num meio envolvente que não pára de se secularizar.»([11]) A leitura alterada da tese da secularização diz menos respeito à respectiva substância do que aos prognósticos sobre o papel futuro «da» religião. A nova descrição das sociedades modernas como «pós-seculares» refere-se a uma *modificação do estado de consciência* que considero dever-se sobretudo a três fenómenos.

(a) Em primeiro lugar, a percepção mediada pelos meios de comunicação social daqueles conflitos à escala global, que são

([10]) J. Casanova, *Public religions in the Modern World*, Chicago, 1994.
([11]) J. Habermas, *Glauben und Wissen*, Frankfurt/M., 2001, p. 13.

amiúde apresentados como antagonismos religiosos modifica a consciência pública. Nem sequer é necessária a impertinência dos movimentos fundamentalistas e o medo do terrorismo coberto de vestes religiosas para que solte à vista da maioria dos cidadãos da Europa a relatividade do seu próprio estado de consciência secular, tomando como critério o mundo na sua totalidade. Isto faz vacilar a convicção *secularista quanto ao desaparecimento a prazo* da religião e faz a compreensão secular do mundo perder qualquer laivo de triunfalismo. A consciência de se viver numa sociedade secular já não se associa à *certeza* de que a modernização cultural e social progressiva será feita *às expensas* da importância pública e pessoal da religião.

(b) Em segundo lugar, a religião também está a ganhar relevo no âmbito das esferas públicas nacionais. Ao dizer isto, não penso em primeira linha na auto-apresentação eficaz no plano mediático das igrejas, mas na circunstância de que as comunidades religiosas assumem cada vez mais, na vida política das sociedades seculares, o papel de comunidades interpretativas.([12]) Com contributos pertinentes, sejam eles convincentes ou inconvenientes, sobre temas para que se sentem vocacionadas, podem influenciar a formação da opinião e da vontade pública. As nossas sociedades pluralistas em termos mundividenciais constituem uma caixa de ressonância sensível a tais intervenções, uma vez que se encontram cada vez mais frequentemente divididas quanto a conflitos de valores a que é preciso dar uma regulação política. Na controvérsia em torno da legalização do aborto ou da eutanásia, de questões bioéticas da medicina reprodutiva, de questões da protecção dos animais e das alterações climáticas – nestas e noutras questões similares, a situação argumentativa é tão heterogénea que, de antemão, não é de modo nenhum evidente qual é a parte que pode invocar as intuições morais correctas.

(c) A imigração do trabalho e de refugiados, proveniente sobretudo de países com culturas de cunho tradicional, é o terceiro estímulo para uma modificação da consciência das

([12]) Cf. F. Schüssler Fiorenza, «The Church as a Community of Interpretation», in: D. Browning, F. Schüssler Fiorenza (org.), *Habermas, Modernity and Public Theology*, Nova Iorque, 1992, pp. 66-91.

populações. Desde o século XVI, a Europa teve de aprender a lidar com as divisões *confessionais* no seio da sua própria cultura e sociedade. Na sequência da imigração, as dissonâncias mais estridentes entre diversas *religiões* associam-se ao desafio constituído por um *pluralismo de formas de vida*, típico das sociedades de imigração. Este desafio vai além do desafio de um *pluralismo de orientações de fé*. Os muçulmanos da porta ao lado impõem aos cidadãos cristãos o encontro com uma prática de fé concorrente. Nas sociedades europeias, que ainda se encontram elas próprias no processo doloroso da transformação em sociedades de imigração pós-coloniais, a convivência tolerante de comunidades religiosas diversas, aliada ao difícil problema da integração social das culturas dos imigrantes, é sentida como um desafio. De resto, as confissões autóctones também adquirem, por seu lado, mais ressonância pelo aparecimento e vitalidade de comunidades religiosas alheias. Trazem com mais nitidez à consciência mesmo dos cidadãos seculares o fenómeno de uma religião que se manifesta publicamente.

A modificação da consciência a decorrer nestas sociedades em grande medida secularizadas refere-se em primeira linha ao teor prognóstico da tese da secularização – ao pretenso desaparecimento da religião de um mundo desencantado. Esta deslocação da ênfase recorda que a tese estava originalmente associada a uma perspectiva de desenvolvimento de grande alcance no plano da evolução social, perspectiva essa que hoje vai perdendo plausibilidade através do olhar alargado à escala sobre a sociedade mundial multicultural.([13]) O modo como avaliamos o futuro da religião depende de saber como avaliamos o destino da modernidade *no seu todo*.

II. Como podemos compreender a «modernidade» tendo em conta a sociedade mundial emergente?

O que aqui está em causa é saber se as *multiple modernities* que aqui se delineiam apenas alteram o *modo como* a modernidade se perfila ou se obrigam sempre a uma *reatribuição de conotações de*

([13]) R. Inglehart, C. Welzel, *Modernization, Cultural Change, and Democracy*, Cambridge, 2005, Parte I.

cariz culturalista no que diz respeito aos conceitos fundamentais da teoria da modernização. Hoje encontram-se em concorrência, no essencial, três concepções. Antes de mais, irei comparar o conceito de sociedade mundial do funcionalismo sistémico com a abordagem contrária do culturalismo radical para em seguida me debruçar sobre uma terceira concepção que liga de um modo muito promissor estas duas perspectivas teóricas.

Se, com Niklas Luhmann, compreendermos a sociedade mundial como resultado de uma dinâmica evolutiva que leva a diferenciação funcional além das fronteiras das sociedades organizadas em Estados-Nação, impõe-se-nos a imagem dos sistemas funcionais globalmente deslimitados.([14]) Na sequência da comunicação digitalmente desespacializada na *web* global e que segundo o modelo de uma circulação de pessoas, bens e capitais simultaneamente acelerada e globalmente deslimitada, outros subsistemas como a ciência e a tecnologia, a cultura musical e a cultura de massas, o desporto e o crime organizado, o direito, a medicina, a educação, cruzam impassíveis as fronteiras estatais e culturais.([15]) Depois do último surto de globalização do sistema económico, já não existe nenhuma opção de saída da esfera do capitalismo. Antes, em todas as regiões do mundo desenvolve-se a mesma infra-estrutura – as mesmas formas urbanas de habitação e redes viárias, sistemas de administração, de saúde e de educação organizados de formas similares, os mesmos meios de comunicação social, etc.

Contrariamente a esta leitura do funcionalismo sistémico, as abordagens culturalistas afirmam que um olhar fixado na «civilização» no singular desvia a atenção do sentido próprio daquelas civilizações que apenas ocorrem no plural.([16]) Por oposição ao conceito introduzido pela sociologia das «sociedades» delimitadas por Estados territoriais e que, nessa medida, também estão dotadas de capacidade de acção colectiva, compreendemos as «civilizações» como formações históricas de grandes regiões que tanto do ponto de vista sincrónico como do diacrónico abrangem

([14]) N. Luhmann, «Die Weltgesellschaft», in: *idem*, *Soziologische Aufklärung 2: Aufsätze zur Theorie der Gesellschaft*, Opladen, 1975, pp. 51-77; R. Stichweh, *Die Weltgesellschaft*, Frankfurt/M., 2000.

([15]) Stichweh (2000).

([16]) J. P. Arnason, *Civilizations in Dispute*, Londres, Boston, 2003, cap. 1: The rediscovery of Civilizations.

várias sociedades. São mantidas coesas por tradições fortes e estruturadas de forma difusa em centro e periferia. Na leitura de Arnold Toynbee (ou até de Oswald Spengler), porém, meios culturais ou civilizações são objectivados, num paralelismo dúbio com sociedades organizadas de forma estatal, em marco-sujeitos constituídos de forma holística que se delimitam uns dos outros como totalidades e, enquanto actores colectivos, mal deixem de existir umas ao lado das outras desconhecendo-se, «chocam entre si». Contrariamente à estratégia conceptual generalizadora da teoria da sociedade, a compreensão essencialista das «culturas» fechadas sobre si nutre – por exemplo, em Samuel Huntington(17) – a ideia particularista da relação existencial de amigo-inimigo e do *clash of civilizations.*

Nenhuma destas duas leituras opostas consegue fazer jus a um fenómeno essencial da modernidade contemporânea – o rosto plural que «a» modernidade assume, na esteira da globalização dos impulsos que partem do Ocidente, noutras regiões do mundo. Por um lado, o culturalismo radical é cego à expansão global de sistemas funcionais que, em quaisquer contextos, seguem a sua respectiva lógica própria. O mercado obriga *todos* os empresários, investidores e consumidores à ponderação utilitarista de bens e ao cálculo da maximização de lucros – quer em África, na Ásia ou na América Latina. O funcionalismo sistémico, por outro lado, apenas vê os efeitos niveladores de tendências evolutivas *gerais.* Na realidade, porém, as outras civilizações reagem aos impulsos ocidentais de modernização das suas sociedades como *desafios* para os quais procuram respostas haurindo os seus próprios recursos culturais. Pois *a mesma tensão dialéctica entre tradição e modernidade,* de que resultou a configuração ocidental da modernidade, está agora a operar também nos outros complexos civilizatórios. Isto é especialmente evidente nas culturas do Extremo Oriente. As próprias tradições instituidoras de identidade não só conferem aqui o seu cunho ao estilo da comunicação quotidiana e à fisionomia inconfundível do mundo da vida, como igualmente à institucionalização da burocracia do Estado e das relações de mercado, à arquitectura e ao planeamento das mega-cidades, ao *ethos* educativo e ao currículo

(17) S. P. Huntington, *The Clash of Civilizations and the Remaking of World Order,* Nova Iorque 1996 [rad. port., *O choque das civilizações e a mudança na ordem mundial,* Lisboa, Gradiva, 1999].

escolar, à ponderação do trabalho, do consumo e do lazer, ao desporto e à saúde, etc.

Tais observações da investigação comparativa das civilizações inspiraram S. N. Eisenstadt a um interessante programa de pesquisa.([18]) Eisenstadt resume a imagem da sociedade mundial multicultural ao conceito de uma formação civilizatória própria que, pela sua dinâmica de modernização global, se desacoplou de *todas* as altas culturas tradicionais (incluindo a cultura do Ocidente) *em igual medida.* A perspectiva generalizadora da teoria da sociedade une-se à perspectiva diversificadora da investigação comparativa das civilizações.([19]) Sobre a base da *mesmíssima infra-estrutura social globalizada* (que é sobretudo marcada pela persistência sistémica na conquista da natureza e do mundo com meios técnico-científico, no exercício burocrático do poder e na produção capitalista da riqueza), «a modernidade» constitui algo como que uma arena em que *civilizações diversas* se encontram no decurso de uma configuração, mais ou menos específica à respectiva cultura, da infra-estrutura comum. Estas entram em confronto sobre versões controversas de uma autocompreensão correspondentemente divergente da modernidade.

A «modernidade» surgiu no Ocidente como um conceito *cultural*([20]) que se refere a uma base *social* de condições de vida profundamente transformadas sentida como radicalmente nova – e que, por seu lado, *co-determina* tal base graças ao seu poder definitório.([21]) De um modo semelhante, P. Arnason concebe a modernidade contemporânea *globalizada*, oriunda de raízes multiculturais, como um local de confronto em que se desenrola o conflito por definições de uma base social comum. Este conflito, por seu lado, não deixa incólume a referida base e é a causa de uma certa fragmentação cultural da sociedade mundial.([22])

Mas a imagem de um mundo *culturalmente dividido* e, nesta medida, integrado de forma *incompleta* ofusca o facto de conflitos

---

([18]) J. P. Arnason, S. N. Eisenstadt, B. Wittrock (org.), *Axial Civilizations and World History*, Leiden, 2005.

([19]) Arnason (2003), p. 42.

([20]) H. R. Jauß, «Ursprung und Bedeutung der Fortschrittsidee in der "Querelle des Anciens et des Modernes"», in: H. Kuhn, F. Wiedmann (org.), *Die Philosophie und die Frage nach dem Fortschritt*, Munique, 1964, pp. 51-72.

([21]) J. Habermas, *Der philosophische Diskurs der Moderne*, Frankfurt/M., 1985 [trad. port., *Discurso Filosófico da Modernidade*, Lisboa, Dom Quixote, 2010].

([22]) Arnason (2003), p. 325.

interpretativos que são resolvidos no plano de políticas de identidade cultural mais não fazerem que velar, e mal, a distribuição desigual da prosperidade e do poder no plano global, assim como o social-darwinismo guiado pelos interesses na política internacional. É um facto que assistimos a um desenvolvimento no sentido contrário que inspira alguma esperança, ainda que fraca. O adensamento de uma rede de organizações internacionais dirige a atenção para uma dimensão até agora negligenciada no conceito de sociedade mundial. Com esta dimensão adicional de uma progressiva *juridicização das relações internacionais*, o conceito de uma sociedade mundial culturalmente dividida faz surgir a questão da secularização a uma outra luz.

No nosso contexto são interessantes sobretudo as *pressuposições cognitivas* que têm de estar preenchidas para o êxito de um entendimento intercultural sobre os princípios da justiça política para uma sociedade mundial de natureza multicultural. A resposta abstracta é óbvia: todas as partes teriam de estar predispostas a, não obstante o seu pano de fundo cultural, ponderarem pontos controversos simultaneamente da própria perspectiva e da dos respectivamente outros participantes e também, em questões práticas, a utilizarem apenas argumentos tais que *em princípio* possam ser plausíveis para *todos*, independentemente das suas convicções de fundo metafísicas ou religiosas. Estas pressuposições cognitivas caracterizam *no resultado* um plano de entendimento mundividencialmente neutralizado e, nesse sentido, secular. Sob este ponto de vista, o debate em torno da secularização toma uma direcção diferente.

III. O plano secular do discurso intercultural sobre os princípios da justiça política

A questão já não é a de saber se, em condições de vida modernas, a religião desaparece das cabeças dos cidadãos ou perde a sua pertinência pública. Por enquanto deparamos, na arena global, com religiões universais cuja vitalidade não se encontra diminuída. Ao mesmo tempo, *já só* existem sociedades *modernas* que inevitavelmente confrontam os que a elas pertencem com determinados factos de base:

- com a pressão individualizadora e racionalizadora que a economia capitalista e o poder burocrático exercem sobre as condições de vida tradicionais, convencionadas pelo hábito;
- com os discursos jurídicos, económicos e científicos institucionalizados que produzem um saber *mundano* falível;
- e, não em último lugar, com o pluralismo de mundividências e formas de vida que constituem alternativas à fé e ao *ethos* respectivamente próprias.

Hoje, a questão de como se articulam a modernização e a secularização coloca-se de outro modo: será que a autocompreensão de uma dada cultura que tem de se debater com estes factos de base pode resistir ao torvelinho de um autodistanciamento reflexivo? Será que civilizações a caminho da modernidade multicultural transformarão o seu cunho religioso originário de modo a disponibilizarem o potencial cognitivo para um desacoplamento de convicções geralmente aceitáveis e, nesse sentido, seculares de descrições e argumentos mundividencialmente impregnados? Suponhamo-lo por um momento: nesse caso, a sociedade mundial multicultural mover-se ia rumo à diferenciação funcional de uma religião que mantém a sua pertinência pública sem prejudicar as bases legitimatórias da política e do direito secularmente «vacantes»?

As tendências que apontam no sentido de uma constitucionalização do direito internacional([23]) só teriam de todo uma oportunidade, se esses pressupostos estivessem preenchidos.([24]) Se, pelo contrário, os «realistas» virem confirmada a sua concepção, segundo a qual, devido à coerência semântica de imagens do mundo incomensuráveis, não é possível algo como uma «justiça entre nações», quando muito poderia vingar uma concepção do ordenamento do mundo à moda de Carl Schmitt, segundo a qual uma proibição de intervenção aplicável aos «poderes alheios à

([23]) S. Leibfried, M. Zürn (org.), *Transformation of the State*, Cambridge, 2005, e o estudo que faz o seguimento: A. Hurrelmann, S. Leibfried, K. Martens, P. Mayer (org.), *Zerfasert der Nationalstaat?*, Frankfurt/M., 2008.

([24]) Relativamente aos contornos de uma sociedade mundial politicamente constituída, cf. igualmente a minha réplica em: P. Niesen, B. Herborth (org.), *Anarchie der kommunikativen Freiheit. Jürgen Habermas und die Theorie der internationalen Politik*, Frankfurt/M., 2007, pp. 406-459, especialmente 442 ss.

região» pacifica um mundo subdividido em «grandes regiões» imperiais.([25])

Evidentemente, temos de evitar o preconceito, segundo o qual compete sobretudo às igrejas e comunidades religiosas participarem em discursos interculturais e aprenderem com eles. Suponhamos por um instante de forma contrafactual que *todas* as grandes comunidades religiosas já tenham aproveitado a reflexividade incorporada nas formas de vida modernas, a fim de chegarem a um entendimento sobre as condições normativas de uma convivência global com base na igualdade do respeito devido a cada um. No processo precedente, por certo moroso e interrompido por muitos reveses, que, *se a dissensão se tivesse mantido,* teria acabado por conduzir através da autocompreensão correcta da modernidade à aceitação das regras e dos procedimentos de um direito internacional constitucionalizado, ter-se-ia desenvolvido um tipo especial de argumentos: a saber, esses argumentos conceptuais e empíricos, científicos, morais e jurídicos que – diante do pano de fundo da experiência de condições de vida modernas – teriam sido plausíveis para *todas* as partes, passando por cima dos antagonismos mundividenciais. Num primeiro passo, podemos designar a faculdade de desenvolver e reconhecer tais argumentos por «razão secular».

Só que esta imagem é incompleta num aspecto essencial. Pois na nossa experiência de pensamento até à data apenas tivemos em consideração comunidades religiosas, em todo o caso partes que, no que diz respeito às suas mentalidades, se distinguem umas das outras pelo fundo religioso marcante da cultura da respectiva origem. No entanto, não é apenas necessário um entendimento entre culturas de cunho religioso; tem de ser ultrapassado um outro tipo de *dissensão* que existe *entre cidadãos* e elites *seculares e religiosos* e já hoje atravessa as sociedades civis de todos os países. Essas partes debatem-se *pela compreensão da própria razão secular.*

Os partidários de tradições fortes e doutrinas abrangentes poderiam – ao jeito de um *overlapping consensos,* tal como proposto por J. Rawls – chegar a acordo sobre princípios para a construção de uma ordem justa com recurso a argumentos que demonstrem ser *neutros em termos mundividenciais.* No entanto,

([25]) C. Schmitt, *Völkerrechtliche Großraumordnung* (1941), Berlim, 1991; *idem, Der Nomos der Erde im Völkerrecht des Jus Publicum Europäum* (1950), Berlim, 1997.

estes só seriam argumentos se não se dirigissem contra a pretensão de verdade da religião e da metafísica enquanto tais. Pois, para os crentes, recebem a sua capacidade de persuasão da concertabilidade com premissas da imagem do mundo respectivamente própria; encaixam-se como um *módulo* em todo o tipo de imagens do mundo.([26]) Ao invés, pessoas que alimentam a sua compreensão do mundo e de si próprios *unicamente* de motivos e informações seculares têm uma compreensão menos restritiva da razão secular. Para eles, «razão» não é aquilo que, na concorrência das mundividências, *resta* como mínimo denominador comum, antes é uma autoridade por direito próprio.([27]) Enquanto, da perspectiva religiosa, o orçamento dos argumentos seculares está à partida de tal modo limitado, que para o crente não surgem nenhumas dissonâncias cognitivas, da perspectiva secular, a razão é autónoma ao definir aquilo que pode ser considerado um bom ou mau argumento.

Tal ainda não tem de conduzir *necessariamente* a um juízo depreciativo sobre a intenção moral e o *conteúdo* potencial de verdade dos enunciados religiosos ou metafísicos, mas permite um agnosticismo moderado. Por outro lado, uma reserva *laicizista* exacerbada relativamente a doutrinas proféticas e imagens metafísicas do mundo pode, tanto no seio da mesma cultura como à escala global, levar a um conflito entre crentes e secularistas que vá tão fundo como o que opõe as partes em matéria de mundividências. Quando exclui os concidadãos religiosos do círculo dos contemporâneos modernos e os encara como exemplares, por assim dizer, de espécies protegidas, o lado secular está a atacar a substância da *pertença* em pé de igualdade ao universo das pessoas racionais. Sem um reconhecimento recíproco, a equiparação jurídica formalmente assegurada de cidadãos do Estado ou do mundo não pode garantir mais que um *modus vivendi*. O que isto significa para a estabilidade de um Estado constitucional sob pontos de vista da teoria política é assunto que discuti noutro lugar.([28]) No contexto da tese da secularização,

([26]) J. Rawls, *Political Liberalism*, Nova Iorque 1993, pp. 12 s.
([27]) J. Habermas, «"Vernünftig" versus "Wahr" oder die Moral der Weltbilder, in: *idem*, *Die Einbeziehung des Anderen*, Frankfurt/M., 1996, pp. 95-127.
([28]) J. Habermas, «A religião na esfera pública. Pressuposições cognitivas para o "uso público da razão" de cidadãos religiosos e seculares», in *Obras Escolhidas*, vol. 4, pp. 227-260.

porém, o que está em causa é a diferença entre a compreensão secular e a secularista da razão autónoma.

Complementei o conceito da sociedade mundial da teoria da civilização com um plano cognitivo comum que pelo menos permite um entendimento intercultural sobre aquilo que pode ser considerado «justiça entre nações». Como agora vemos, porém, a boa consecução desta integração não depende apenas de que *todas as comunidades religiosas* se comprometam com o tratamento reflexivo adequado de factos basilares da modernidade, em vez de cederem à tentação fundamentalista de se retirarem do mundo moderno ou de contra ele lutarem. Antes, nas sociedades pós-seculares também se trata de um processo de aprendizagem *complementar* que põe em causa a autocompreensão laicizista de uma razão secular que se obstina em si mesma. Chego assim ao cerne do assunto.

IV. A autocompreensão da razão secular

A autocompreensão secular do pensamento pós-metafísico tem, antes de mais, o sentido *negativo* de uma renúncia a premissas que se reportam a revelações divinas e a doutrinas proféticas. A autonomia da razão, porém, não se apoia unicamente na diferenciação entre o *lumen naturale* e a *sacra doctrina*. Significa antes que a fé já não pode contribuir em nada para o saber acerca do mundo. Pois o pensamento secular apenas adquiriu uma definição *positiva* no decurso de uma reflexão

- sobre o novo tipo de conhecimento da natureza que se vai formando a partir do século XVII, assim como
- sobre a nova experiência da perda da ingenuidade, ocasionada em consequência do progresso do conhecimento nas ciências naturais, sociais e humanas.

É neste *efeito esclarecedor* de todas as ciências modernas que reside o aguilhão da crítica da religião. Assim, no Ocidente, a crítica fundamentada pelas ciências da natureza diz respeito sobretudo à crença bíblica da criação do mundo, ao passo que a investigação histórica, com a sua crítica das fontes, vai direito ao coração da tradição bíblica. Por comparação a esta afronta, as consequências da sociologia e da antropologia da religião, que promovem uma compreensão funcionalista da religião, são antes de natureza indirecta.

Seja como for, da perspectiva pós-metafísica, a rivalidade entre doutrinas religiosas ou imagens do mundo cosmológicas já não admite uma decisão racional. Por isso, o facto do pluralismo mundividencial torna-se o incentivo para a fundamentação de uma moral autónoma, fundamentada unicamente a partir da razão, do igual respeito por cada qual. Já só «contam» enunciados tais que também sejam capazes de convencer independentemente dos contextos de inserção de ordem cosmológica ou teológica que outrora os «tornavam verdadeiros».

A razão construtiva, que extrai todos os conteúdos normativos de si própria, encontra em Kant a voz de uma visão da Humanidade que liga uma cultura baseada no saber e esclarecida a uma organização justa da sociedade, que assegura a paz e a liberdade. Este espírito humanista, juntamente com o direito racional, inspira também o Estado secular que garante a liberdade religiosa. Desde o século XVII, a filosofia mantém a religião à distância, no que a conteúdos diz respeito, pelo facto de prover as confissões de liberdade de movimento no plano político. Se e na medida em que se adapta de todo a uma relação com a religião como uma configuração do espírito, não enfrenta a outra e diferente em pé de igualdade. Pois permanece reservado ao pensamento filosófico determinar o que dos conteúdos da tradição religiosa é racional e o que não o é. Para os crentes, evidentemente, uma religião deste modo «compreendida», incorporada na filosofia, já não é de todo uma religião.

(2) A autocompreensão humanista da modernidade, carregada de autoconfiança, não foi apenas posta em causa *historicamente* pelo imperialismo colonial do século XIX e pelas catástrofes do século XX. Desde que Hegel descobriu a herança religiosa no coração da filosofia, alterou-se também a autocompreensão *filosófica* do Iluminismo. Não há dúvida de que o direito racional começou por resultar de uma confrontação crítica com o direito natural cristão. Um olhar escrupuloso sobre os começos da escolástica espanhola tardia demonstra, porém, que pôde, ao mesmo tempo, tirar proveito do universalismo igualitário que resulta

do facto de «o» Homem ser considerado a imagem de Deus.([29]) Os conceitos modernos da pessoa individual e da individuação da história de vida vão buscar as suas conotações de singularidade, impermutabilidade e interioridade ao imaginário bíblico de uma vida levada responsavelmente sob o olhar de Deus.([30]) E a moral fundamentada de forma secular do igual respeito por cada qual conserva o carácter categórico das obrigações válidas incondicionalmente, porque aqui a perspectiva de Deus do Juízo Final deixa no «ponto de vista moral» o rasto de uma *transcendência intramundana.*

Estes exemplos ilustram uma herança que o pensamento pós-metafísico recebe da simbiose, do pensamento cristão com a metafísica grega já consumada na Idade Média. No entanto, a filosofia moderna também recebe, ao responder ao desafio de reflectir nos termos de um diagnóstico epocal sobre o novo do «novo tempo», *impulsos directos* de tradições escatológicas e apocalípticas, o que equivale a um alargamento do seu catálogo clássico de competências. O discurso filosófico da Modernidade que, após a descoberta do Mundo Novo, começa pela projecção de utopias sociais e, no decurso do século XVIII, ganha continuidade no pensamento da filosofia da História e da teoria social, alimenta-se de motivos e estímulos de proveniência bíblica. A consciência da actualidade da crise confere à crítica a nova dimensão da fatídica parusia. O conceito de emancipação carrega às suas costas uma liberdade entendida de modo igualitário com a dinâmica de um pensamento histórico crítico da autoridade. O apelo a uma fraternidade e solidariedade que abrange todos vive da recordação de uma vida de comunidade religiosa em que os crentes se encontram irmanados além dos espaços e dos tempos deslimitados.

A atitude polémica do Iluminismo relativamente ao poder mundano da religião faz esquecer o facto de o pensamento pós-metafísico ter assimilado criticamente conteúdos provenientes da tradição judaico-cristã, que não são menos importantes que a herança da metafísica. Esta circunstância não afecta o carácter

---

([29]) E.-W. Böckenförde, *Geschichte der Rechts- und Sozialphilosophie*, Tübingen, 2002, pp. 212-370; T. Stein, *Himmlische Quellen und irdisches Recht*, Frankfurt/M., 2007.

([30]) J. Habermas, «Individuação através da socialização. Sobre a teoria da subjectividade de George Herbert Mead», in *Obras Escolhidas*, vol. 1, pp. 211-261.

secular deste pensamento, o que já resulta de uma inversão antropocêntrica da perspectiva teocêntrica. No nosso contexto é pertinente a outra circunstância, a saber, a de que a filosofia prática ter sonhado, com base num ateísmo metódico, conteúdos cognitivos de verdades reveladas de uma religião redentora e os ter integrado nas argumentações que lhe são próprias. São considerados «cognitivos» os conteúdos semânticos que podem ser «traduzidos» num discurso desaferrolhado do efeito de travinca da «revelação». Neste discurso apenas contam motivos «públicos», ou seja, motivos tais que em princípio também podem ser convincentes fora de uma comunidade de fé particular.

Do facto de o pensamento pós-metafísico se ter deixado inspirar por conteúdos religiosos não decorre, portanto, nenhum esbatimento da fronteira entre a fé e o saber. Mesmo que conteúdos semânticos possam franquear esta fronteira sob premissas alteradas, tal não afecta os dois *modi* de ter-por-verdadeiro. Os enunciados apoiam-se respectivamente numa outra base de justificação e associam-se a pretensões de validade que se distinguem entre si pelo seu tipo e extensão.([31])

V. Um agnosticismo predisposto para a aprendizagem

Gostaria de concluir com a questão do que a razão secular pode aprender com a consciência do seu nexo genealógico com a herança judaico-cristã. Hegel, como nenhum outro filósofo, libertou no cadinho da dialéctica os conteúdos da doutrina cristã do seu encapsulamento originariamente primitivo e retirou da experiência deste processo de aprendizagem uma consequência autoconsciente. Compreendeu a religião no seu todo como «pensamento representativo» e reclamou para a filosofia o direito de decidir sobre o que é verdadeiro ou inverdadeiro na religião. Deste modo supõe-se, claro está, que a religião é, *no essencial*, um fenómeno do passado e que a filosofia já nada pode aprender com ela. Mas podemos ter a certeza de que o processo da apropriação discursiva de conteúdos religiosos se encontra concluído? De Kierkegaard a Benjamin, Levinas e Derrida, continuaram

([31]) Quanto à questão das «pretensões de validade religiosas», cf. E. Arens, *Gottesverständigung*, Friburgo, 2007, pp. 239 ss.

a existir «escritores religiosos» que – independentemente da sua atitude pessoal – canalizaram conteúdos teológicos para o pensamento secular.

Será que o pensamento pós-metafísico, desprovido do conceito forte de teoria de Hegel, pode excluir que tradições religiosas trazem associados potenciais semânticos que – ao abandonarem conteúdos de verdade *profanos* – desenvolvam uma força inspiradora para *toda* a sociedade? Sem prejuízo para a sua autocompreensão secular, o pensamento pós-metafísico pode comportar-se para com a religião *de um modo simultaneamente predisposto para a aprendizagem e agnóstico.* A fé mantém para o saber algo de opaco que não pode licitamente ser nem negado, nem apenas tolerado. A razão secular insiste na diferença entre certezas de fé e pretensões de validade publicamente criticáveis, mas abstém-se de formular uma teoria que ajuíze sobre a racionalidade e irracionalidade da religião como um todo.([32])

([32]) Sob uma premissa similar, Karl Jaspers, a título de exemplo, entabulou um diálogo com Rudolf Bultmann. No entanto, não partilho a avaliação relativizadora da diferença entre as ciências e um pensamento pós-metafísico que, sob a forma de uma «fé filosófica», compete em pé de igualdade com doutrinas religiosas. Cf. K. Jaspers, *Der philosophische Glaube angesichts der Offenbarung,* Munique, 1962. quanto a esta matéria, J. Habermas, «Vom Kampf der Glaubensmächte», in: *idem, Vom sinnlichen Eindruck zum symbolischen Ausdruck,* Frankfurt/M., 1997, pp. 9-40.

12.

Uma consciência daquilo que falta

No dia 9 de Abril de 1991 realizaram-se, na igreja da Colegiada de São Pedro em Zurique, as exéquias de Max Frisch. No início, Karin Pilliod, a companheira de vida do defunto, leu uma breve declaração do defunto. Nesta lê-se entre outras coisas: «A palavra, deixamo-la aos próximos, e sem amém. Agradeço aos párocos de São Pedro em Zurique [...] pela permissão de o caixão se encontrar na igreja durante o nosso ofício fúnebre. As cinzas serão dispersas num lugar qualquer.» Dois amigos usaram da palavra. Não houve nem padre, nem bênção. Os participantes da cerimónia fúnebre eram intelectuais, dos quais a maior parte não tinha muito a ver com a igreja. Para a refeição que se seguiu, o próprio Max Frisch elaborara ainda a ementa. Na altura, o evento não me pareceu estranho. Mas a sua forma, o seu lugar e o modo como decorreu não deixam de ter o seu quê de estranho. Max Frisch – um agnóstico avesso a qualquer profissão de fé – apercebeu-se visivelmente do embaraço sentido nos ritos funerários não religiosos e, pela escolha do local, documentou publicamente que a modernidade esclarecida não encontrou nenhum equivalente adequado para a superação religiosa do derradeiro *rîte de passage* que encerra a história de uma vida.

Pode-se entender-se este gesto como expressão da melancolia sobre algo de irremediavelmente perdido. Mas também se pode considerar o evento um acontecimento paradoxal que nos diz algo sobre a razão secular: esta está inquieta com a opacidade da sua relação com a religião, só aparentemente clarificada. Ao mesmo tempo, a igreja, mesmo a igreja reformada de Zwingli, teve de saltar por cima da própria sombra para permitir esta celebração, secular e «sem amém», nos seus espaços santificados. Existe uma peculiar dialéctica entre a autocompreensão filosoficamente esclarecida da modernidade e a autocompreensão teológica das grandes religiões universais que, na qualidade de elemento mais incómodo, se estende do passado até ao âmago da modernidade.

Não se trata de um compromisso desconcertante entre elementos incompatíveis. Não devemos furtar-nos à alternativa entre a perspectiva antropocêntrica e o olhar distanciado do pensamento teo ou cosmocêntrico. Mas faz diferença falarmos uns com os outros ou apenas uns sobre os outros. Para tal têm de se encontrar preenchidos dois pressupostos: o lado religioso tem de reconhecer a autoridade da razão «natural» sob a forma dos resultados falíveis das ciências institucionalizadas, assim como os princípios de um igualitarismo universalista no direito e na moral. Ao invés, a razão secular não pode arvorar-se em juiz sobre verdades de fé, mesmo que apenas aceite como racional, a título de resultado, aquilo que é capaz de traduzir nos seus próprios discursos, em princípio universalmente acessíveis. Na mesma medida em que um dos pressupostos não é trivial da perspectiva teológica, tão-pouco o outro o é da perspectiva filosófica.

A ciência moderna obrigou a razão filosófica tornada autocrítica a despedir-se das construções metafísicas do todo da natureza e da história. Este ímpeto reflexivo entregou a natureza e a história às ciências empíricas e não deixou para a filosofia muito mais que as competências gerais de sujeitos cognoscentes, falantes e agentes. Estilhaçou-se assim a síntese entre a fé e o saber, vigente de Santo Agostinho a São Tomás de Aquino. Embora a filosofia moderna se tivesse apropriado de modo crítico a herança grega sob a forma de um pensamento «pós-metafísico», se assim quisermos chamar-lhe, afastou-se ao mesmo tempo do saber de salvação judaico-cristão. Enquanto inclui a metafísica na história da sua génese, trata a revelação e a religião como algo que lhe é alheio e exterior. Mas, através desta expulsão, a religião permanece presente de forma diferente da da metafísica despedida. A fissura aberta entre o saber acerca do mundo e o saber revelado não pode voltar a ser calafetada. Ainda assim, a perspectiva a partir da qual o pensamento pós-metafísico se encontra com a religião altera-se, assim que a razão secular leve a sério a origem comum da filosofia e da religião na revolução da imagem do mundo da era axial (em meados do primeiro milénio antes de Cristo).

Com efeito, o pensamento metafísico assumiu, no decurso da história do Ocidente, uma divisão do trabalho com o cristianismo, que lhe permitiu retirar-se da administração de bens da salvação almejados de forma contemplativa; no entanto, nos seus começos platónicos, também a filosofia fizera aos seus discípulos uma promessa de redenção semelhantemente contemplativa como as outras «religiões do pensamento» cosmocêntricas do Oriente (Max Weber). Sob o ponto de vista do ímpeto cognitivo do *mythos* rumo ao *logos*, a metafísica substitui-se a todas as imagens do mundo que se formaram naquela época, incluindo o monoteísmo mosaico. Todas elas permitem encarar o mundo como um todo a partir de um ponto de vista transcendente e distinguir o manancial dos fenómenos das essências subjacentes. Além disso, com a reflexão sobre o lugar do indivíduo no mundo, nasceu uma nova consciência da contingência histórica e da responsabilidade do sujeito agente. Mas se imagens religiosas e metafísicas do mundo puseram em marcha processos de aprendizagem semelhantes, ambos os *modi*, a fé e o saber, com as suas tradições baseadas em Jerusalém e em Atenas, fazem parte da história genética da razão secular, em cujo *medium* os filhos e as filhas da modernidade se põem hoje de acordo sobre si mesmos e o seu lugar no mundo.

Esta razão moderna apenas aprenderá a compreender-se a si própria, se clarificar a sua posição relativamente à consciência religiosa contemporânea, tornada reflexiva, compreendendo a origem comum das duas figuras complementares do espírito nesse ímpeto cognitivo da era axial. Ao falar de formas complementares do espírito, oponho-me a duas posições – por um lado, contra o esclarecimento tacanho, que não está esclarecido sobre si próprio, e que nega à religião qualquer conteúdo racional, mas igualmente contra Hegel, para quem a religião representa sem dúvida uma figura do espírito digna de ser recordada, mas apenas na qualidade de um «pensamento representativo» subordinado à filosofia. A fé mantém algo de opaco para o saber, que não deve ser negado, nem deve ser meramente tolerado. Nisso espelham-se os aspectos por encerrar do confronto de uma razão autocrítica e predisposta para a aprendizagem com o presente das convicções religiosas. Este confronto pode aguçar a consciência da sociedade pós-secular para o que ficou por cumprir nas tradições religiosas da Humanidade. A secularização tem menos o papel de um filtro que separa os conteúdos da Tradição do que o de um transformador que converte a corrente da tradição.

O motivo pelo qual me debruço sobre o tema da fé e do saber é o desejo de mobilizar a razão moderna contra o derrotismo que espreita nela própria. Só o pensamento pós-metafísico está em condições de acabar com o derrotismo da razão, que hoje se nos defronta tanto na agudização pós-moderna da «dialéctica do esclarecimento» como no naturalismo que professa a fé na ciência. Diferente é o que sucede com uma razão prática que, sem o anteparo da filosofia da história, desespera com a força motivadora dos seus bons motivos, porque as tendências de uma modernização em derrapagem vão menos ao encontro dos imperativos da sua moral da justiça do que trabalham contra eles.

A razão prática leva a cabo fundamentações para os conceitos igualitários e universalistas da moral e do direito, que determinam a liberdade do indivíduo e as relações individuais de uma para com outro de um modo normativamente inteligível. Mas a decisão pela acção solidária perante perigos que apenas podem ser vencidos por esforços colectivos não é apenas uma questão de conhecimento. Kant pretendeu compensar esta fragilidade da moral racional pelos incentivos da sua filosofia da religião. Mas à luz da mesma moral racional rígida compreendemos por que as imagens da totalidade moral conservadas pela religião – do reino de Deus na Terra – têm de se esquivar à razão esclarecida na sua qualidade de ideais colectivamente vinculativos. Ainda assim, a razão prática falha o seu próprio destino se já não tiver a força de despertar e manter acordada em espíritos profanos uma consciência da solidariedade ofendida em todo o mundo, uma consciência daquilo que falta, daquilo que brada aos céus.

Será que um olhar alterado sobre a genealogia da razão pode ajudar o pensamento pós-metafísico a sair deste dilema? Em todo o caso, lança uma luz diferente sobre esse processo de aprendizagem em que a razão política do Estado liberal e a religião estão já mutuamente enredados. Por este meio, afloro conflitos que hoje resultam em todo o mundo da renovação espiritual inesperada e do inquietante papel político de comunidades religiosas. Se deixarmos de parte o nacionalismo hindu, o islão e o cristianismo são as fontes principais desta inquietação.

Sob o ponto de vista da expansão geográfica, as bem-sucedidas não são as comunidades religiosas constituídas a nível nacional como as igrejas protestantes na Alemanha ou na Grã-Bretanha, mas a igreja católica mundial e sobretudo os movimentos constituídos em redes descentralizadas e a operar à escala global dos evangélicos e dos muçulmanos. Uns vão alargando a sua influência na América Latina, na China, na Coreia do Sul e nas Filipinas, ao passo que os outros se expandem, a partir do Próximo Oriente, tanto em África até além do Saara, como em direcção ao Sudeste asiático, onde a Indonésia é o país com maior população muçulmana. Com esta revitalização aumenta a frequência dos conflitos entre diferentes grupos e confissões religiosas. Mesmo que muitos destes conflitos nasçam por outras causas, a codificação religiosa atiça o seu fervor. Desde o 11 de Setembro, é sobretudo a instrumentalização política do islão que anda nas bocas do mundo. Mas sem o combate cultural da direita religiosa, mesmo George W. Bush não teria encontrado maiorias para a política que Thomas Assheuer apelida uma «associação convincente entre a exportação da democracia e o neoliberalismo».

A mentalidade do núcleo duro dos «cristãos renascidos» traz a chancela de um fundamentalismo baseado na exegese literal de Sagradas Escrituras. Independentemente de se nos apresentar sob uma forma islâmica, cristã, judia ou hinduísta, esta mentalidade entra em choque com convicções fundamentais da modernidade. No plano político, os conflitos inflamam-se no embate com a neutralidade mundividencial da autoridade estatal, isto é, com a liberdade religiosa igual para todos e a emancipação da ciência relativamente à autoridade religiosa. Conflitos semelhantes dominaram uma boa parte da história moderna da Europa; hoje, eles repetem-se não só entre o mundo ocidental e o mundo islâmico, mas igualmente entre grupos militantes de cidadãos religiosos e secularistas no seio de sociedades liberais. Podemos considerar estes conflitos ou como lutas pelo poder entre a autoridade estatal e movimentos religiosos, ou como confrontos entre convicções seculares e religiosas.

Do ponto de vista da política de poder, o Estado neutro do ponto de vista mundividencial pode dar-se por satisfeito com a mera adaptação das comunidades religiosas a uma liberdade religiosa e científica juridicamente imposta. Foi, por exemplo, a adaptação que caracterizou a situação da igreja católica na Europa até ao Concílio Vaticano Segundo. Mas o Estado liberal não pode estar satisfeito com um tal *modus vivendi*, e não é apenas por motivos inerentes à instabilidade de um arranjo forçado. Pois, enquanto Estado de direito democrático, depende de uma legitimação que radica em convicções.

Para se obter essa legitimação, tem de se apoiar em motivos que, numa sociedade pluralista, possam ser aceites de forma igual por cidadãos crentes, praticantes de outras fés e descrentes. O Estado constitucional não só tem de agir de um modo mundividencialmente neutro, mas tem igualmente de se apoiar em fundamentos normativos que possam ser justificados de um modo mundividencialmente neutro – o que é como dizer pós-metafísico. E, perante esta pretensão normativa, as comunidades religiosas não podem fingir-se surdas. Por isso, entra aqui em jogo esse processo de aprendizagem complementar em que os lados secular e religioso se enredam mutuamente.

Em vez da adaptação contrariada a constrangimentos impostos do exterior, a religião tem de aceitar comprometer-se, no plano dos conteúdos, com a expectativa normativamente fundada de reconhecer por motivos próprios a neutralidade mundividencial do Estado, a igualdade de liberdades para todas as comunidades religiosas e a independência das ciências institucionalizadas. Este é um passo momentoso. Pois não se trata apenas da renúncia à violência política e à coacção da consciência ao serviço da imposição de verdades religiosas, mas igualmente da transformação no sentido da reflexividade da consciência religiosa perante a necessidade de correlacionar as verdades de fé, que lhe são específicas tanto com poder de fé concorrentes, como com o monopólio das ciências sobre a produção de saber acerca do mundo.

De modo inverso, porém, também o Estado secular, que, com a sua legitimidade do foro do direito racional, se perfila como uma figura do espírito, e não apenas como um poder empírico, tem de admitir que se questione se porventura não estará a impor aos seus cidadãos religiosos obrigações assimétricas. Pois o Estado liberal não garante a igualdade da liberdade de prática religiosa apenas com o fim de manter a tranquilidade e a ordem, mas também pelo motivo normativo de proteger a liberdade de fé e de consciência de cada qual. Não lhe é lícito, por isso, exigir dos seus cidadãos religiosos seja o que for que não seja compatível com uma existência guiada autenticamente «com base na fé».

Será lícito ao Estado impor a esses cidadãos uma cisão da sua existência em quotas-partes públicas e privadas, por exemplo, pela obrigação de justificarem as suas tomadas de posição na esfera pública política unicamente com base em razões não religiosas? Ou deverá a obrigação de utilizar uma linguagem mundividencialmente neutra aplicar-se apenas a políticos que tomam decisões juridicamente vinculativas no seio das instituições do Estado? Se, no entanto, tomadas de posição religiosamente fundamentadas tiverem um lugar legítimo na esfera pública política, tal equivale ao reconhecimento por parte da comunidade política de que enunciados religiosos podem dar um contributo dotado de sentido para a clarificação de questões de princípio controversas.

Isto levanta não apenas a questão da tradução posterior do seu conteúdo racional para uma linguagem publicamente acessível. Antes, nesse caso, o Estado liberal também tem de esperar dos seus cidadãos seculares que, no seu papel de cidadãos do Estado, não considerem locuções religiosas como pura e simplesmente irracionais. Tendo em conta a difusão de um naturalismo cientifista, esta não é uma pressuposição evidente. A rejeição do secularismo é tudo menos trivial. Afecta, por seu lado, a nossa questão de partida de saber como a razão moderna, que se despediu da metafísica, se há-de entender em relação com a religião. Evidentemente, não é tão-pouco trivial a expectativa de que a teologia se comprometa seriamente com o pensamento pós-metafísico.

Com o seu discurso recentemente proferido em Ratisbona, o papa Bento XIV deu uma viragem inesperadamente crítica da modernidade à velha controvérsia sobre a helenização e a deshelenização do cristianismo. Deste modo, deu igualmente uma resposta negativa à pergunta de saber se a teologia cristã tem de se desgastar com os desafios da razão moderna, de cariz pós-metafísico. O papa invoca a síntese, instituída de Santo Agostinho até São Tomás de Aquino, entre a metafísica grega e a fé bíblica e contesta implicitamente a existência de boas razões para a polarização facticamente ocorrida na modernidade europeia entre a fé e o saber. Embora critique a concepção, segundo a qual «agora temos de recuar novamente a um ponto anterior ao Iluminismo e despedir-nos dos conhecimentos da modernidade», opõe-se à força dos argumentos, no embate com os quais se quebrou a referida síntese mundividencial.

No entanto, o passo que leva de Duns Scotus ao nominalismo não leva apenas ao Deus da vontade, protestante, desimpede igualmente o caminho que vai dar à ciência moderna da natureza. A viragem transcendental de Kant não leva apenas a uma crítica das provas da existência de Deus, mas igualmente ao conceito de autonomia que acabou por tornar possível no continente a nossa compreensão moderna do direito e da democracia. E o historicismo não conduz necessariamente a uma autonegação relativista da razão. Como filho do Iluminismo, aguça a nossa sensibilidade para diferenças culturais e protege-nos da generalização excessiva de juízos dependentes do contexto. *Fides quaerens intellectum* – por muito que seja de saudar a busca pela racionalidade da fé, não me parece minimamente oportuno apagarmos esses três surtos de deshelenização, que contribuíram para a autocompreensão moderna da razão secular, da genealogia da «razão comum» de crentes, descrentes e praticantes de outras fés.

13.

Excurso: Transcendência a partir do interior, transcendência para o aquém

Uma observação preliminar de carácter pessoal poderá facilitar a entrada num debate complicado.(*) Respondi sempre às objecções vindas da parte dos meus colegas filósofos e sociólogos([1]); também desta vez é com prazer que enfrento a crítica de Fred R. Dallmayr e Robert Wuthnow. Já ao debate controverso com teólogos tenho-me subtraído até à data: também de futuro preferiria manter-me calado. Como silêncio do embaraço, tal atitude até seria justificada; pois não estou verdadeiramente a par da discussão teológica e é apenas a contragosto que me movo num terreno insuficientemente reconhecido. Por outro lado, há décadas que teólogos, tanto na República Federal da Alemanha como nos EUA, me têm tido em conta nos seus debates. Têm-se referido, em termos gerais, à tradição da teoria crítica([2]); tendo igualmente reagido aos meus assuntos.([3]) Nesta situação, um silêncio da minha parte seria a mensagem errada. Quem responde com o silêncio quando lhe é dirigida a palavra

---

(*) Réplica a intervenções apresentadas num congresso organizado em 1988 pela faculdade de teologia da universidade de Chicago, documentado em: D. S. Browning, F. Schüssler Fiorenza (org.), *Habermas, Modernity, and Public Theology*, Nova Iorque, 1992.

([1]) Cf. o meu posfácio a *Erkenntnis und Interesse*, Frankfurt/M., 1973, assim como as minhas réplicas em: I. B. Thompson, D. Held (org.), *Habermas – Critical Debates*, Londres, 1982; R. I. Bernstein (org.), *Habermas and Modernity*, Cambridge, 1985; A. Honneth, J. Joas (org.), *Kommunikatives Handeln*, Frankfurt/M., 1986.

([2]) H. G. Geyer, H. N. Janowski, A. Schmidt, *Theologie und Soziologie*, Estugarda, 1970; R.J. Siebert, *The Critical Theory of Religion. The Frankfurt School*, Berlim, Nova Iorque, Amsterdão, 1985.

([3]) Cf. a impressionante bibliografia comentada de E. Ahrens in: *idem* (org.), *Habermas und die Theologie*, Düsseldorf, 1989, pp. 9-38.

envolve-se na aura de uma importância indeterminada e ordena o silêncio. Heidegger é um exemplo entre muitos. Foi devido a este carácter autoritário que Sartre chamou «reacionário» ao silêncio, e com razão.

Antes de mais, quero certificar-me de algumas premissas, sob cuja alçada teólogos e filósofos conversam hoje uns com os outros, desde que partilhem uma avaliação autocrítica da modernidade (I). Em seguida tentarei compreender o estatuto e a pretensão de verdade dos discursos teológicos (II). Para concluir, responderei às principais objecções da parte da teologia (III) e, no fim, tomarei uma posição relativamente à crítica dos não teólogos (IV).

I

De uma certa distância, é mais fácil falarmos uns sobre os outros do que uns com os outros. Para um sociólogo, é mais fácil explicar tradições religiosas e o respectivo papel a partir da perspectiva do observador do que aproximar-se delas numa atitude performativa. A passagem à atitude de um participante virtual do discurso religioso mantém para ele, enquanto não sair do seu papel profissional, unicamente o sentido metódico de um passo hermenêutico intermédio. Uma situação ligeiramente diferente é a que se verifica para um filósofo, em todo o caso naquele que cresceu em universidades alemãs com Fichte, Schelling e Hegel, incluindo a herança marxista deste último. Pois desta perspectiva, está excluída à partida uma atitude meramente objectivante relativamente às tradições judaicas e cristãs, em especial relativamente ao misticismo judaico e protestante dos primórdios da modernidade, fértil em termos especulativos, transmitido pelo pietismo suábio de um Bengel e um Oetinger. Tal como acontecera com o conceito do absoluto relativamente ao Deus da criação e do amor misericordioso, o idealismo alemão quis, com uma reconstrução lógica do processo do mundo no seu todo, reintegrar teoricamente os rastos da escatologia. Não se consegue entender nem sequer Kant sem o motivo de compreender os conteúdos práticos essenciais da tradição cristã de tal forma que possam subsistir diante do fórum da razão. Mas os contemporâneos estavam perfeitamente cientes da ambivalência destas tentativas de transformação. Com o conceito de «superação» [«*Aufhebung*»], Hegel integrou esta ambivalência no próprio método dialéctico. A superação do imaginário religioso no conceito filosófico apenas conseguiu salvar os seus conteúdos essenciais despojando-os da substância da devoção. Decerto que o núcleo ateu permaneceu, sob o envoltório do conhecimento esotérico, permaneceu reservado aos filósofos. Por isso, o Hegel tardio já apenas considerou a razão filosófica detentora da força para uma reconciliação *parcial*; renunciara à esperança da universalidade concreta dessa religião pública que – de acordo com o «o mais antigo programa do sistema» – se destinava a tornar o povo racional e os filósofos sensíveis. O povo é abandonado pelos seus sacerdotes que se tornaram filósofos.(4)

O ateísmo *metódico* da filosofia de Hegel, e, em termos gerais, de qualquer apropriação filosófica de conteúdos religiosos essenciais (que nada diz sobre a autocompreensão pessoal dos autores filosóficos), só se tornou um escândalo público após a morte de Hegel, quando se iniciou o «processo de decomposição do espírito absoluto» (Marx). Os hegelianos de direita, que, até hoje, apenas reagiram de forma defensiva a este escândalo, até à data ficaram desde então a dever uma resposta convincente; pois, nas condições do pensamento pós-metafísico, não basta o entrincheirar-se por detrás de um conceito do absoluto, que não pode ser separado dos conceitos da «lógica» hegeliana, mas, na ausência de uma reconstrução da dialéctica hegeliana que *hoje* fosse compreensível, associada aos nossos discursos filosóficos, esse absoluto também não pode ser defendido.(5) Com efeito, os jovens hegelianos não viram com a mesma acuidade que, com os conceitos fundamentais da metafísica, também se tornou insustentável um ateísmo afirmado metafisicamente; seja qual for a forma em que se apresenta o materialismo, no horizonte do modo de pensar científico e falibilista, é uma hipótese que, quando muito, pode reivindicar plausibilidade a título provisório.

Nas nossas latitudes, entretanto, também desapareceram em grande medida os motivos para um ateísmo motivado

(4) J. Habermas, *Der philosophische Diskurs der Moderne*, Frankfurt/M., 1985, pp. 48-54; cf. igualmente K. Löwith, «Hegels Aufhebung der christlichen Religion», in: *idem, Zur Kritik der christlichen Überlieferung*, Estugarda, 1966, pp. 54-96.
(5) Parece-me ser esta a situação incómoda em que F. Dallmayr acaba por se ver metido.

politicamente, ou melhor: para um *laicismo* militante. No meu tempo de estudante, foram sobretudo teólogos como Gollwitzer e Iwand que deram respostas moralmente escrupulosas às questões políticas que nos apoquentavam após a guerra. Foi a Igreja Confessante (Bekennende Kirche) que, naquela altura, ao menos ensaiou um novo começo com a sua confissão de culpa. Em ambas as confissões formaram-se, tanto entre leigos como entre teólogos, agrupamentos de esquerda que pretendiam desvincular a igreja da sua cómoda ligação ao poder de Estado e das relações sociais existentes e pugnavam pela renovação em vez da restauração, afirmando na esfera pública política critérios universalistas de avaliação. Com esta alteração de mentalidades, atestada de forma exemplar e de ampla repercussão, surge a imagem de um compromisso religioso que sai da convencionalidade e da interioridade de uma confissão meramente privada. Com uma compreensão não dogmática da transcendência e da fé, este compromisso leva a sério objectivos do aquém em termos de emancipação social e dignidade humana e associa-se, numa arena polifónica, a outras forças que aspiram a uma democratização radical.

Perante o pano de fundo de uma prática, a que ninguém negará o seu respeito, defrontamo-nos com uma teologia crítica, que interpreta a autocompreensão desta prática de uma forma que ajuda as nossas melhores intuições morais a exprimirem-se sem derrubar as pontes para linguagens e culturas seculares. Um bom exemplo de uma tal teologia política, que faz a ligação com investigações filosóficas da moral e de teoria social, é a teologia fundamental de Schüssler Fiorenza.(6) Este começa por caracterizar as transformações a que ambas, a religião e a teologia, estão sujeitas nas condições tornadas inevitáveis na modernidade do pensamento pós-metafísico, sob três aspectos.(7) Enfatiza a distanciação sucessiva de uma religião simultaneamente interiorizada e que se abre ao mundo secularizado relativamente à pretensão de explicação de imagens do mundo cosmológicas; a «doutrina de fé», na acepção de Schleiermacher, despoja-se do carácter de uma imagem do mundo. Como

(6) F. Schüssler Fiorenza, *Foundational Theology. Jesus and the Church*, Nova Iorque, 1984.

(7) F. Schüssler Fiorenza, «Die Kirche als Interpretationsgemeinschaft», in: Ahrens (1989), pp. 115-144. Os números de páginas no texto referem-se a este ensaio.

consequência do reconhecimento de um pluralismo de poderios de fé resulta, além disso, uma relação reflexiva para com a particularidade da própria fé de alguém no horizonte da universalidade da dimensão religiosa enquanto tal. Com isto articula-se, por fim, o reconhecimento de que éticas oriundas dos contextos de diversas religiões universais coincidem nos princípios de uma moral universalista. No passo seguinte, Schüssler Fiorenza apresenta os limites de uma teoria filosófica da moral que se limita à explicação e fundamentação do ponto de vista moral e discute problemas derivados que resultam das abstracções de uma tal ética da justiça.

Uma vez que uma filosofia tornada autocrítica já não se julga capaz de emitir enunciados universais sobre o todo concreto de formas de vida exemplares, tem de remeter os afectados para discursos em que estes respondem eles próprios às suas questões substanciais. As partes devem examinar em argumentações morais o que é igualmente bom para todos; mas antes disso devem clarificar para si próprios o que, no seu contexto, é respectivamente o seu próprio bem. Estas questões éticas num sentido mais restrito que visam uma vida não falhada ou preferível apenas podem encontrar uma resposta em discursos de auto-entendimento dependentes do contexto. E estas respostas serão tanto mais diferenciadas e adequadas quanto mais ricas forem as tradições constitutivas de identidades em que uma auto-certificação se possa apoiar. Schüssler Fiorenza di-lo nas palavras de Rawls: a pergunta pela própria identidade – quem somos e queremos ser – exige um «conceito forte do Bem». Assim, cada uma das partes tem de contribuir para a argumentação moral com as suas noções sobre uma vida boa e preferível para depois descobrir, em conjunto com outras partes, o que todos podem querer. Refere-se a uma «dialéctica entre princípios de justiça universalizáveis e a hermenêutica reconstrutiva de uma tradição normativa» (138) e atribui às igrejas nas sociedades modernas o papel «de serem comunidades interpretativas em que as questões de justiça e as concepções do Bem são debatidas em público» (142). Hoje, as comunidades interpretativas eclesiásticas competem com outras comunidades interpretativas que radicam em tradições seculares. Mesmo visto de fora, tal poderá resultar na constatação de que as tradições monoteístas dispõem de uma linguagem dotada de um potencial semântico que ainda não deu o que tinha a dar e que demonstra ser superior no que diz respeito à sua força franqueadora do mundo e constitutiva de identidades, à capacidade de renovação, à diferenciação e ao alcance.

Neste exemplo interessa-me a observação de que quando a argumentação teológica é levada tão longe na proximidade a outros discursos, os olhares vindos do interior e do exterior se encontram sem coação. Também é neste sentido que entendo esses «*correlational methods*» que David Tracy reivindica para as «*public theologies*» correntes nos EUA. Estes têm o objectivo de colocar interpretações da modernidade filosóficas e da teoria social numa relação de crítica recíproca com as exegeses teológicas da tradição cristã, ou seja, de estabelecer entre elas uma relação argumentativa. Vai ao encontro desta intenção o facto de os projectos do esclarecimento e da teologia de que fala Helmut Peukert serem descritos por ambas as partes da mesma maneira: «Parece-me plausível a tese de que o problema por resolver das altas culturas é o de dominarem a tendência para o crescimento do poder.»([8]) Matthew L. Lamb observa como esta tendência se agudiza na modernidade provocando duas reacções erradas: uma romântica e outra histórica; ele advoga uma autocertificação da modernidade que consiga romper os ciclos de uma funesta oscilação vai e vem entre a maldição niilista e a auto-afirmação dogmática: «A auto-afirmação dogmática moderna é arreigadamente niilista, tal como o niilismo moderno é irresponsavelmente dogmático.»([9]) David Tracy precisa o conceito de razão pelo qual um semelhante diagnóstico se pauta. O duplo fracasso do positivismo e da filosofia da consciência confirma a viragem pragmática operada de Peirce até Dewey rumo a uma concepção não fundamentalista da razão comunicativa; esta contradiz ao mesmo tempo as consequências práticas que Rorty e Derrida retiram deste fracasso, quer sob a forma de um contextualismo radical, quer pela via de uma esteticização da teoria. De um modo igualmente decidido, Tracy insurge-se contra leituras selectivas que falham o sentido ambivalente da modernização e já só a vêem como a história da decadência de

---

([8]) H. Peukert, «Communicative Action, Systems of Power Accumulation and the Unfinished Project of Enlightenment and Theology», versão alemã em: Ahrens (1989), pp. 39 ss., aqui 40.

([9]) M. L. Lamb, «Communicative Praxis and Theology», versão alemã em: *ibidem*, pp. 241 ss., aqui 245.

uma razão centrada no sujeito que se impõe de forma linear e se arvora em totalidade. Mesmo na modernidade, a razão não atrofiou a ponto de se tornar instrumental: «Se a compreensão é dialogal, é [...] tanto histórico como contextual. Mas [...] qualquer acto de compreensão levanta implicitamente uma pretensão de uma compreensão que seja mais do que subjectiva. Qualquer acto de entendimento dirige-se a todos os outros com uma pretensão da sua validade – validade essa que, em princípio, o inquiridor se vai sentir obrigado a corroborar se a tal for desafiado por outros.»([10])

Tracy retira desta intelecção pragmatista consequências mesmo para o mister da própria teologia que na sua opinião é um trabalho científico, e de modo nenhum uma mera dádiva da fé. Peukert entende o trabalho teológico como uma forma metodicamente controlada da religião. Gary M. Simpson compara o mundo da vida, que se reproduz através da acção comunicativa e de pretensões de validade criticáveis, com um mundo «de carga forense» e opina que, na cruz, o próprio Deus se submete a esse fórum. Por isso, nenhum dos seus segmentos, nem mesmo – da forma que entendo a frase – a teologia, pode imunizar-se contra as pretensões de uma justificação argumentativa.([11]) Mas se for este o *terreno comum* da teologia, da ciência e da filosofia, o que constitui ainda nesse caso a especificidade do discurso teológico? O que separa a perspectiva interior da teologia da perspectiva exterior daqueles que entabulam uma conversação com a teologia? Não pode ser referência aos discursos religiosos enquanto tais; só se for a forma de fazer referência ao discurso conduzido no seio da comunidade religiosa respectivamente própria.

II

Ao diferenciar uma teologia crítica das teologias neo-aristotélica e neo-tomista, Schüssler Fiorenza invoca a linha da tradição

([10]) D. Tracy, «Theology, Critical Social Theory and the Public Realm», in: D. S. Browning, F. Schüssler Fiorenza (org.), *Habermas, Modernity and Public Theology*, Nova Iorque, 1992, p. 9.

([11]) G. M. Simpson, «Die Versprachlichung (und Verflüssigung?) des Sakralen», in: Ahrens (1989), pp. 145 ss., aqui 158 s.

que vai de Schleiermacher até Bultmann e Niebuhr. O magnífico exemplo de Karl Barth demonstra, porém, que o alívio consequente da teologia de pretensões de explicação metafísico-cosmológicas não significa *eo ipso* a predisposição para afirmar a capacidade de persuasão da teologia no confronto com os discursos científicos. Da perspectiva barthiana, os acontecimentos revelados autenticados biblicamente na sua facticidade histórica negam-se a uma argumentação baseada unicamente na razão.([12]) No meio universitário alemão de cunho protestante, as faculdades teológicas beneficiaram sempre de um estatuto especial. A recente história da universidade de Frankfurt ilustra esta tensão de uma forma drástica. Quando, nos anos vinte do século XX, se pretendeu instituir cátedras teológicas, irromperam controvérsias que apenas puderam ser apaziguadas pelo facto de as cadeiras católicas, protestantes e judaicas não receberem o reconhecimento como doutrinas especificamente *teológicas*. Como não deixa de ser interessante, no clima determinado pelas ciências sociais desta universidade nascida de uma escola superior de comércio acabaram por se impor personalidades como Steinbüchel, Buber e Tillich, ou seja, num sentido mais alargado, teólogos políticos que sabiam movimentar-se com à-vontade nos discursos das disciplinas das ciências sociais e humanas.([13]) Se bem vejo, na República Federal da Alemanha foram antes de mais uma série de teólogos católicos, que afinal mantiveram desde sempre uma relação mais serena com o *lumen naturale*, quem conseguiu entroncar nesta tradição. Quanto mais a teologia se abre aos discursos das ciências humanas em termos gerais, tanto maior se torna, ao invés, o perigo de se perder o seu próprio estatuto no emaranhado de tentativas mútuas de açambarcamento.

O discurso *religioso* que é prosseguido no seio da comunidade dos crentes move-se no contexto de uma determinada tradição dotada de conteúdo normativo e que foi objecto de um tratamento dogmático; remete para uma prática ritual comum e apoia-se em experiências especificamente religiosas

---

([12]) Cf. P. Eicher, «Die Botschaft von der Versöhnung und die Theorie des kommunikativen Handelns», in: *ibidem*, pp. 199 s.

([13]) P. Kluke, *Die Stiftungsuniversität Frankfurt am Main 1914-1932*, Frankfurt/ /M., 1972; N. Hammerstein, *Die Johann Wolfgang Goethe-Universität*, vol. I, Frankfurt/M., 1989.

do indivíduo. Mas não é apenas a referência não objectivante, hermenêutico-compreensiva a discursos religiosos e às experiências que lhes são subjacentes que caracteriza a teologia. Pois o mesmo se aplica a uma filosofia que se compreende como a apropriação e transformação críticas, como a reintegração de conteúdos essencialmente religiosos no universo do discurso fundamentador. Esta autocompreensão hegeliana da filosofia nem pelos discípulos materialistas de Hegel foi despedida e continua viva especialmente em Bloch, em Benjamin e na Teoria Crítica. Decerto que Hegel foi o último numa tradição idealista que manteve a pretensão da metafísica sob uma forma transformada e levou a apropriação filosófica da tradição judaico-cristã tão longe quanto de alguma forma foi possível nas condições de um pensamento metafísico. A filosofia de Hegel é o resultado dessa grande experiência, que determina de forma central a história intelectual da Europa, que pretendia estabelecer uma síntese entre a fé de Israel e o espírito grego – síntese essa que conduziu, por um lado, à helenização do cristianismo e, por outro lado, à cristianização ambígua da metafísica grega. O Deus dialéctico dos filósofos faz empalidecer o *alter ego* da prece a ponto de o transformar na ideia anónima do absoluto. O mais tardar desde Kierkegaard, esta síntese abriu fendas porque foi posta em causa por *ambas* as partes.

O protesto teológico de um J. B. Metz dirige-se, do mesmo modo como a crítica filosófica de Adorno, contra conceitos fundamentais de uma metafísica que, mesmo postos em movimento com recurso à dialéctica, se mantêm demasiado rígidos para poderem reintegrar racionalmente essas experiências articuladas na linguagem da escatologia judaico-cristã da salvação, da comunidade na aliança universal e da individualidade impermutável de uma forma não truncada, sem descontos à panóplia dos seus significados específicos. Metz insiste com Benjamin na constituição anamnética da razão, quer compreender a fé de Israel a partir também do seu espírito histórico próprio([14]); e Adorno gravita em torno do não idêntico, quer pensar com conceitos além de todos os conceitos objectivantes porque segue

([14]) J. B. Metz, artigo «Erinnerung», in: *Handbuch philosophischer Grundbegriffe*, org. por H. Krings, H. M. Baumgartner, C. Wild, vol. 1, Munique, 1973; *idem*, «Anamnetische Vernunft», in: A. Honneth, T. McCarthy, C. Offe, A. Wellmer (org.), *Zwischenbetrachtungen*, Frankfurt/M., 1989, pp. 733 s.

o mesmo impulso: o de salvar intuições que não deram o que tinham para dar na filosofia. Trata-se aqui da experiência de uma igualdade não niveladora e de uma comunidade individuadora, da experiência de uma proximidade que ultrapassa a distância relativamente a um outro reconhecido na sua diferença, da experiência de um entrosamento entre a autonomia e a entrega, de uma reconciliação que não apaga as diferenças, de uma justiça orientada para o futuro que é solidária com o sofrimento não expiado de gerações passadas, da experiência da reciprocidade de um reconhecimento libertador, de uma relação em que um sujeito se encontra associado ao outro, sem ficar sujeito à violência degradante da troca – de uma violência sarcástica que apenas permita a felicidade e o poder de um a expensas da infelicidade e da impotência do outro.

Mas, se esta *viragem anti-platónica* se opera dos dois lados, não pode ser o tipo pós-metafísico da referência ao discurso religioso a separar hoje a filosofia de uma teologia predisposta para o diálogo. Antes, nas condições de um pensamento pós-metafísico, destaca-se nitidamente uma outra diferença que até Hegel esteve rodeada de ambiguidades: o ateísmo metódico na referência filosófica aos conteúdos de experiências religiosas. A filosofia não pode apropriar-se daquilo que está em causa no discurso religioso *como* experiências religiosas; estas só podem vir a integrar o património empírico da filosofia, reconhecidas como a base da sua própria experiência, se a filosofia as identificar sob uma descrição que já não seja pedida emprestada à linguagem de uma determinada tradição religiosa, pertencendo antes ao universo do discurso fundamentador desacoplado do conjunto de acontecimentos revelados. Naqueles pontos de ruptura, onde já não se conseguir fazer uma tradução neutralizadora deste tipo, discurso filosófico tem de admitir o seu fracasso; o uso metafórico de vocábulos como redenção, luz messiânica, restituição da natureza, etc., transforma a experiência religiosa numa mera citação. Nestes momentos da sua impotência, dá-se a transição do discurso argumentativo, além da religião e da ciência, para a literatura, para um modo de apresentação que já não se afere frontalmente por pretensões de verdade. De forma análoga, também a teologia perde a sua identidade se limiar a citar experiências religiosas e já não as reconhecer sob as descrições do próprio discurso religioso como a sua própria base. Por isso estou em crer que um diálogo entre uma teologia e uma filosofia que se servem da linguagem da escrita religiosa e vão ao encontro uma da outra atravessando a ponte das experiências religiosas tornadas literárias está condenado a falhar.

Evidentemente, a teologia que, como Tracy e Peukert sublinham, quer expor-se à argumentação científica sem reservas não quererá conformar-se com o critério de delimitação por mim proposto. O que significa «ateísmo metódico»? Para responder a esta pergunta gostaria de enveredar por um certo desvio.

Os discursos religiosos estão irmanados com uma prática ritual na qual, os graus de liberdade da comunicação se encontram limitados de uma forma específica em comparação com a prática profana do quotidiano. Se admitirmos uma perspectivação funcionalista, a fé é protegida pela sua ancoragem no culto contra uma problematização radical. Verifica-se inevitavelmente uma tal problematização quando os aspectos ônticos, normativos e expressivos da validade, que têm de permanecer fundidos na concepção do Deus criador e redentor, da teodiceia e da escatologia, se separarem analiticamente.(15) Ora, o discurso teológico distingue-se do religioso pelo facto de se desprender da prática ritual ao explicá-la – *interpretando*, por exemplo, sacramentos como a Ceia ou o baptismo. A teologia aspira também a uma pretensão de verdade diferenciada do espectro das pretensões de validade restantes para os seus enunciados. Para além do grau de desorientação, porém, que qualquer irrupção da reflexão significa para o saber prático, a teologia não necessitava de representar qualquer perigo para a fé da comunidade enquanto se servia dos conceitos fundamentais da metafísica. Afinal estes eram imunes a uma diferenciação dos aspectos de validade de um modo semelhante ao dos conceitos fundamentais religiosos. Esta situação apenas se alterou com a decomposição da metafísica. Quem hoje, nas condições do pensamento pós-metafísico, apresentar uma pretensão de verdade, tem, no entanto, de traduzir experiências que têm a sua sede no discurso religioso para a linguagem de uma cultura científica de peritos – e de lá, retrovertê-los para a prática.

(15) J. Habermas, *Theorie des kommunikativen Handelns*, Frankfurt/M., 1981, vol. 2, pp. 281 ss.

Este esforço de tradução exigido pela teologia crítica pode ser comparado formalmente com o que a filosofia moderna tem também de assumir. Afinal, esta mantém uma relação semelhantemente íntima com o *common sense*, que reconstrói e solapa ao mesmo tempo. No sentido oposto, desempenha, então, o papel de um intérprete que deve aproximar da prática quotidiana conteúdos essenciais da cultura de peritos. Esta tarefa de mediação não deixa de ser paradoxal até certo ponto, porque, nas culturas de peritos, o saber é tratado sob os respectivos aspectos de validade individuais, ao passo que na prática quotidiana *todas* as funções linguísticas e aspectos de validade se entrelaçam constituindo uma síndrome.([16]) Evidentemente, a filosofia tem, de certo modo, a vida mais facilitada com um bom senso humano de que vive e que simultaneamente reforma do que a teologia com os discursos religiosos que lhe são pré-dados. Decerto que estes hoje já não se mantêm tão arredados da prática quotidiana como outrora os âmbitos do sagrado e do profano o estiveram uns dos outros – sendo a distância relativa tanto menor, quanto mais se impuserem as ideias de uma «teologia pública». Mas contra a reforma a que se encontra sujeito o bom senso humano nas sociedades modernas – quer com a assistência dos filósofos ou sem ela – essa síndrome da fé revelada, mantida coesa na prática ritual, constitui, ainda assim, uma barreira específica. Pois os discursos religiosos perderiam a sua identidade se se abrissem a uma espécie de interpretação que já não deixasse valer as experiências religiosas *como* religiosas.

Tem-se sempre de contar com uma tal problematização de amplo alcance se o discurso teológico deixar de optar por qualquer das duas premissas características da teologia moderna. Depois de Kierkegaard, a teologia enveredou ou pela «via protestante», invocando *kerigma* e fé como uma fonte de conhecimento pura e simplesmente independente da razão. Ou optou pela via do «catolicismo esclarecido» no sentido de abandonar o estatuto de um discurso à parte e de expor os seus enunciados ao debate científico em toda a sua amplitude, sem, no entanto, renunciar a reconhecer as experiências articuladas na linguagem da tradição judaico-cristã como a base da sua *própria* experiência.

([16]) J. Habermas, *Der philosophische Diskurs der Moderne*, Frankfurt/M., 1985, pp. 245 s.; cf. igualmente «A filosofia como lugar-tenente e intérprete», neste volume, pp. 53-72.

Só esta reserva permite um distanciamento do jogo de linguagem dos discursos religiosos sem o suspender; mantém intacto o jogo de linguagem religioso. Ora, a terceira via é caracterizada por aquilo que designei como «ateísmo metódico». Somente esta conduz a um programa de desmitologização que equivale a uma experiência. Pois é sem qualquer reserva que permanece reservado à execução do programa saber se a interpretação teológica (ou seja, de modo nenhum no plano das ciências da religião) dependente unicamente da argumentação dos discursos religiosos permite uma concertação com o debate científico de tal forma que o jogo de linguagem religioso se mantenha intacto ou se desmorone. Entendo como uma experiência nesse sentido, por exemplo, a «dogmática política» do teólogo Jens Glebe-Möller de Copenhaga.

Em concertação com abordagens teóricas de Apel, de Döbert e minhas, e escorado numa ética do discurso, Glebe-Möller submete os dogmas cristãos a uma definição desmitologizadora que me recorda um dito de Hugo Ball: Deus é a liberdade do mais ínfimo na comunicação espiritual de todos. Glebe-Möller interpreta o baptismo, a eucaristia, a imitação de Cristo, o papel da igreja e a escatologia no sentido de uma teologia da libertação com uma abordagem própria da teoria da comunicação que torna a Bíblia acessível também nas mensagens que se tornaram estranhas aos ouvidos modernos, e o faz de um modo fascinante (e convincente também para mim). Mas eu pergunto-me *quem* se revê nesta interpretação.

Será que o jogo de linguagem cristão se mantém intacto, se compreendermos a ideia de Deus tal como proposta por Glebe-Möller? «A ideia de um poder divino personificado implica necessariamente heteronomia, e esta é uma ideia que choca directamente com o conceito moderno da autonomia humana. Uma dogmática política no contexto moderno tem, por isso, de ser ateia. Mas isso não significa que não se possa reflectir sobre Deus ou que o pensamento sobre Deus esteja esvaziado de todo o conteúdo.»(17) Na senda de uma reflexão de Peukert, explicita isto da seguinte forma: «Se desejarmos ater-nos à solidariedade com todos os outros na comunidade comunicativa, incluindo os mortos [...], temos de reivindicar uma realidade

(17) J. Glebe-Möller, *A Political Dogmatic*, Philadelphia, 1987, p. 103.

cujo alcance possa ir além do aqui e agora, ou que nos possa ligar a nós, para além da nossa própria morte, com todos aqueles que inocentemente se encaminharam para a sua destruição antes de nós. E é a esta realidade que a tradição cristã chama Deus.» (110) Mas, contrariamente a Peukert, Glebe-Möller insiste numa *versão ateia* desta ideia, fazendo a seguinte pergunta: «Mas, nesse caso, não teremos regressado ao ponto em que só a fé numa redenção divina nos pode salvar – em que, com Peukert, temos de reintroduzir a ideia de Deus? Continuo a estar convicto de que hoje não somos capazes de nos entregarmos a esse pensamento. Isto significa que a culpa continua a ser efectiva. Em vez de nos resignarmos a ela, porém, temos de transformar a consciência de culpa em algo de positivo, algo que nos incentive a lutar contra as condições que produziram a culpa. Isto pode acontecer se nos apegarmos à nossa solidariedade com todos os que sofreram e morreram agora e antes. Esta solidariedade ou comunidade contém em si um poder "messiânico" que transforma qualquer consciência passiva de culpa numa luta activa contra as condições subjacentes à culpa – tal como aconteceu com Jesus que, há mil anos, perdoou a pecadores e libertou pessoas para continuarem essa luta. Mas *podemos* existir na solidariedade? Em última análise, não podemos ser outra coisa, uma vez que a solidariedade – a comunidade comunicativa ideal – é pressuposta em tudo o que dizemos e fazemos.» (112)

III

Os teólogos que neste volume se envolvem num diálogo comigo dificilmente quererão deixar-se amarrar por mim a uma das três alternativas referidas. Tão-pouco querem enveredar pela via de uma desmitologização radical como pela via protestante clássica que, no nosso século, leva a Karl Barth. Mas também não podem aceitar para si essa reserva que liguei à caracterização e à designação de um «catolicismo esclarecido». Pois a vinculação a uma base da experiência que se mantém *a priori* presa à linguagem de uma determinada tradição significa uma limitação particularista das pretensões de verdade teológicas que, no entanto, enquanto pretensões, transcendem todos os contextos meramente locais – e nesta matéria, D. Tracy não quer ceder nem um palmo. Consequentemente, os meus interlocutores teológicos escolhem, por isso, o processo indirecto da argumentação apologética que tentam pela via da crítica imanente encurralar o oponente secular a tal ponto que só consiga encontrar uma saída das aporias postas em evidência aceitando as afirmações teologicamente defendidas.

É com mestria que H. Peukert prossegue este objectivo na sua grande investigação *Wissenschaftstheorie – Handlungstheorie – Fundamentale Theologie.*(18) Tal como D. Tracy e S. Briggs, começa por criticar a descrição unilateralmente funcionalista da religião por mim realizada na *Teoria da acção comunicativa.* Também em sociedades tradicionais, as religiões evoluídas *não* desempenham *exclusivamente* a função de legitimação do poder do Estado: «na sua origem e no seu cerne, são muitas vezes movimentos de protesto contra a tendência fundamental do desenvolvimento social e tentam lançar as bases de outros modos de relacionamento das pessoas entre si e com a realidade no seu todo.»(19) Não quero negar isso. Gostaria também de admitir que subsumi, com Max Weber, o desenvolvimento da religião na modernidade à «privatização de poderios de fé» de forma um pouco precipitada, e fui demasiado rápido a sugerir uma resposta afirmativa à pergunta de saber «se, após o desmoronamento das imagens religiosas do mundo, não poderá ser salvo nada mais, nada de diferente das verdades religiosas além dos princípios profanos de uma ética universalista da responsabilidade, e isso significa: poderem ser adoptados com boas razões, com base na intelecção.»(20) Esta questão tem de *permanecer em aberto,* tanto da perspectiva do cientista social que procede de forma reconstrutiva e que evita prolongar simplesmente de forma linear tendências do desenvolvimento, como da perspectiva do filósofo que se apropria uma tradição e que, numa atitude performativa, faz a experiência de que intuições que há muito que foram articuladas em linguagem religiosa nem podem ser descartadas, nem podem facilmente ser reintegradas de forma racional – como demonstrei no exemplo do conceito de individualidade.(21) O processo

(18) Düsseldorf, 1976, Frankfurt/M., 1978.

(19) Peukert, in: Ahrens (1989), pp. 56 s.

(20) J. Habermas, *Die Neue Unübersichtlichkeit,* Frankfurt/M., 1985, p. 52.

(21) J. Habermas, «Individuação através da socialização», in *Obras Escolhidas,* vol. 1, pp. 211-261.

de uma apropriação crítica de conteúdos essenciais da tradição religiosa ainda está em marcha, sendo o seu resultado difícil de prever. Não me importo de o repetir: «Enquanto a linguagem religiosa acarretar conteúdos semânticos inspiradores, e mesmo imprescindíveis, que (para já?) se subtraem à capacidade de expressão de uma linguagem filosófica e ainda esperam por serem traduzidos em discursos fundamentadores, a filosofia, mesmo na sua forma pós-metafísica, não poderá nem substituir, nem marginalizar a religião.»([22])

Isto ainda não significa concordar com a tese de Peukert, segundo a qual a teoria do discurso da moral e da ética tanto mete os pés pelas mãos nas questões-limite que se vê obrigada a recorrer a uma fundação teológica. Decerto que uma acção eficaz em termos socializatórios ou pedagógicos, destinada a provocar a liberdade no outro ao abrigo de uma maioridade atribuída por antecipação, tem de contar com que venham ao seu encontro circunstâncias e forças espontâneas que não seja capaz de controlar ao mesmo tempo. E, com a orientação por expectativas morais incondicionais, o sujeito acentua o recorte da sua vulnerabilidade que é precisamente o que o torna dependente de um trato moral cuidadoso vindo da parte dos outros. Ainda assim, o risco de um fracasso, e mesmo da destruição da liberdade precisamente nos processos destinados a promoverem e realizarem a liberdade, apenas atesta a constituição da nossa existência finita – refiro-me à necessidade de uma antecipação alienadora de si mesmo e transcendente, como Peirce repetidamente acentuou, de uma comunidade comunicativa ilimitada que nos é simultaneamente concedida e imposta. Na acção comunicativa, orientamo-nos por pretensões de validade que apenas podemos apresentar facticamente no contexto das *nossas* linguagens e das nossas formas de vida, mesmo que a revalidação implicitamente posta *aponte para além* do provincianismo do local histórico em que respectivamente nos encontramos. Estamos expostos ao movimento de uma transcendência a partir do interior que tão-pouco se encontra à nossa disposição como a actualidade da palavra enunciada nos torna senhores da estrutura da linguagem (ou do *logos*). A razão constituída de forma

([22]) J. Habermas, «Motivos do pensamento pós-metafísico», neste volume, pp. 159-184.

anamnética, que Metz e Peukert repetidamente reclamam, e a justo título, contra uma razão comunicativa platonicamente truncada e insensível ao tempo, confronta-nos com a pergunta escrupulosa por uma redenção das vítimas aniquiladas. É por seu intermédio que ganhamos consciência dos limites dessa transcendência a partir do interior e dirigida para o aquém; mas ela não consegue certificar-nos do *movimento em sentido contrário* de uma transcendência compensatória vinda do além.

Que uma aliança universal possa desenvolver os seus efeitos de forma retroactiva, para trás, apenas no *medium* fraco da nossa memória, da memória das gerações vivas e dos testemunhos anamnéticos transmitidos, vai contra a nossa necessidade moral. Mas a experiência ardente de um défice ainda não é um argumento suficiente para a suposição de uma «liberdade absoluta, salvadora na morte.»(23) O postulado de um Deus «que é projectado na acção intersubjectiva temporal, finita, que se transcende a si própria, sob a forma de uma expectativa esperançosa»(24), apoia-se numa experiência que ou é reconhecida como tal na linguagem do discurso religioso – ou perde a sua evidência. O próprio Peukert remete para uma experiência *apenas acessível na linguagem da tradição cristã* e que se encontra indissoluvelmente entretecida com o discurso religioso: a de que com a morte na cruz está quebrado o ciclo nefasto do mal. Sem esta bondade «adiantada» de Deus, uma solidariedade entre humanos, que se reconhecem mutuamente de forma incondicionada, permanece destituída da garantia de um êxito que vá além do acto isolado e do momento do brilho por ele atiçado no olhar do outro. Isso é verdade: o que as pessoas conseguem de todo, devem-no àquelas raras constelações em que forças próprias podem aliar-se ao favor da hora histórica. Mas a experiência de dependermos deste favor ainda não é uma licença para aceitarmos uma promessa divina de salvação.

À mesma figura apologética do pensamento recorre Charles Davis ao querer demonstrar que o ponto de vista moral inerente à estrutura da acção orientada para o entendimento e

(23) Mais pormenores relativamente a este argumento: T. McCarthy, «Philosophical Foundations of Political Theology: Kant, Peukert and the Frankfurt School», em: L. S. Rouner (org.), *Civil Religion and Political Theology*, Notre Dame, 1986, pp. 23-40.

(24) Peukert, in: Ahrens (1989), p. 61.

a perspectiva de uma convivência em solidariedade e justiça permanecem destituídos de qualquer fundamento sem uma fundamentação na esperança cristã: «Uma esperança secular sem religião não pode afirmar um cumprimento futuro [...] com certeza.»([25])

Uma vez mais, não estou a ver porque há de ser imprescindível um *superadditum* para nos esforçarmos por agirmos de acordo com imperativos morais e intelecções éticas, enquanto o exigido por estes for algo objectivamente possível. De facto, uma filosofia que pensa de um modo pós-metafísico não é capaz de responder à questão que também D. Tracy recorda – porque devemos em geral ser morais? Em simultâneo, porém, Tracy é capaz de demonstrar porque esta questão nem sequer se põe de um modo dotado de sentido para indivíduos comunicativamente socializados. É na casa dos pais que adquirimos as nossas intuições morais, não é na escola. E os conhecimentos morais dizem-nos que não temos bons motivos para nos comportarmos de outro modo: para tal, a moral não precisa de se exceder a si própria. Ora, comportamo-nos frequentemente de outro modo, mas com má consciência. Uma coisa serve de testemunho da fraqueza da força de motivação dos bons motivos, a outra, de que a motivação racional por motivos também não deixa de ser qualquer coisa – as convicções morais não podem ser preteridas sem resistência.

Tudo isto ainda não diz respeito a essa luta contra as condições que uma e outra vez nos fazem fracassar. Glebe-Möller, Davis, Peukert e outros autores não têm em mente o mero cumprimento de deveres concretos, mas um empenho de mais amplo alcance pela abolição de condições injustas, pelo fomento de formas de vida que tornariam uma acção solidária não só mais provável, como só então seriamente exigível. Quem ou o quê nos dá a coragem para um tal empenho a fundo que, em condições de penúria e degradação, já se traduz no facto de os miseráveis e precarizados se arrastarem da cama todas as manhãs para continuarem? A pergunta pelo sentido da vida não é destituída de sentido. Ainda assim, a circunstância de penúltimos argumentos inspirarem menos que optimismo não

([25]) C. Davis, «Kommunikative Rationalität und die Grundlegung christlicher Hoffnung», in: Ahrens (1989), p. 111.

basta para fundamentar uma esperança que é vivificada apenas numa linguagem religiosa. Após a metafísica, os pensamentos e as expectativas dirigidas ao bem comum já apenas têm um estatuto periclitante. À política aristotélica e à filosofia hegeliana da história substituiu-se uma teoria pós-marxista da sociedade, tornada mais modesta, que tenta esgotar o potencial argumentativo das ciências humanas para contribuir com enunciados sobre a génese, a constituição e o desenvolvimento ambivalente da modernidade. Mesmo que estejam fundamentados de um modo minimamente digno de confiança, estes diagnósticos permanecem controversos. Desempenham sobretudo serviços críticos; podem dissipar os preconceitos recíprocos de teorias afirmativas do progresso e teorias negativistas da decadência, de ideologias parcelares e totalizações precipitadas. Mas, na passagem pelos universos discursivos da ciência e da filosofia, nem sequer a esperança de Peirce de uma teoria falível do desenvolvimento do ser no seu todo, incluindo o *summum bonum*, poderá ser cumprida. Já Kant respondera à pergunta: o que podemos esperar? com um *postulado* da razão prática, e não com uma certeza pré-moderna que pudesse inspirar-nos *optimismo*.

Creio ter demonstrado que, na acção comunicativa, não podemos deixar de pressupor a ideia de uma intersubjectividade intacta; esta, por seu lado, pode ser compreendida como uma caracterização formal de condições necessárias para formas não antecipáveis de uma vida não falhada. Para estas totalidades não existe nenhuma teoria. Decerto que a prática necessita de encorajamento, sendo inspirada por antecipações intuitivas do todo. Ocasionalmente formulei uma intuição que se me impõe. Se os progressos históricos consistem em reduzir, abolir ou evitar sofrimentos de uma criatura vulnerável; e se a experiência histórica ensina que aos progressos por fim alcançados logo se seguem desgraças indizíveis, pode-se supor que o equilíbrio do suportável só é preservado se envidarmos os nossos maiores esforços por alcançarmos os progressos possíveis.([26]) Talvez sejam suposições destas que, embora não possam infundir optimismo numa prática despojada das suas certezas, ainda assim lhe deixam uma esperança.

([26]) J. Habermas, *Eine Art Schadensabwicklung*, Frankfurt/M., 1987, p. 146.

Uma coisa é recusarmos figuras apologéticas do pensamento; outra é aprendermos com as objecções dignas de ter em conta dos colegas da teologia. Deixo de parte as reservas que D. Tracy apresenta contra abordagens da teoria da evolução e concentro-me na sua tese de que é o diálogo e não a argumentação que permite uma abordagem mais abrangente para a investigação da razão comunicativa.

O discurso argumentativo é, sem dúvida, a forma mais especial de comunicação. As pretensões de validade que de outro modo permanecem implícitas, uma vez que são afirmadas de forma performativa, são nele especificamente tematizadas; por isso, tem um carácter reflexivo que exige as pressuposições da comunicação mais exigentes. As pressuposições de uma acção orientada para o entendimento são mais facilmente apreendidas em argumentações. Esta preferência que se prende com a estratégia investigativa não significa nenhuma caracterização ontológica no sentido de que a argumentação seja mais importante ou mesmo mais fundamental que o diálogo ou mesmo a prática comunicativa quotidiana constituída no plano do mundo da vida, que forma o horizonte mais abrangente. Neste sentido, também a análise se actos de fala apenas goza de uma preferência heurística. Constitui a chave de uma análise pragmática que, tal como Tracy o exige a justo título, deve abranger todo o espectro do mundo das formas simbólicas – símbolos e imagens, registos e gestos expressivos, relações de parecença, ou seja, todos os signos situados abaixo do plano do discurso proposicionalmente diferenciado e que podem, mesmo assim, dar corpo a conteúdos semânticos não tendo nenhum autor que os dote de um significado. A semiótica de Ch. S. Peirce inaugurou esta arqueologia dos signos; a riqueza desta teoria ainda anda longe de estar esgotada, mesmo para uma estética que põe em evidência a função franqueadora do mundo das obras de arte na sua materialidade muda.([27])

A crítica, repetida por Tracy, dessas simplificações abusivas de uma estética expressivista que a «Teoria da acção comunicativa» pelo menos sugere foi algo que entretanto corrigi na esteira

---

([27]) C. S. Peirce, *Writings of Charles S. Peirce: A Chronological Edition*, vol. 3: 1872-1878, org. por Max H. Fisch, Bloomington, 1986, p. 104.

dos trabalhos de A. Wellmer([28]) e M. Seel.([29]) Embora tanto o discurso profético como a arte a autonomizada possuam uma força inovadora e franqueadora do mundo, hesitaria em referir símbolos religiosos e estéticos num só fôlego. Estou certo de que D. Tracy quer sugerir tudo menos uma concepção estética da dimensão religiosa. A experiência estética tornou-se parte integrante do mundo moderno pelo facto de se ter autonomizado numa esfera de valores culturais. Uma semelhante diferenciação num subsistema social especializado na resolução da contingência, como N. Luhmann a encara, apenas estabilizaria a religião ao preço da neutralização completa dos seus conteúdos empíricos. A teologia política, pelo contrário, luta por um papel público da religião mesmo e precisamente em sociedades modernas; nesse caso, porém, o simbolismo religioso não deve assimilar-se ao estético, ou seja, às formas de expressão de uma cultura de peritos, antes tem de salvaguardar a sua posição *holística* no mundo da vida.

De resto, levo muito a sério o aviso de Peukert no sentido de se terem em conta as dimensões temporais da acção orientada para o entendimento. Evidentemente, análises fenomenológicas ao estilo de *Ser e Tempo* não podem ser simplesmente transplantadas para uma teoria da comunicação. Possivelmente, a semiótica de Peirce oferece um melhor ponto de partida que até aqui não foi aproveitado. Apel e eu apropriámo-nos, para já, apenas da intelecção fundamental da sua teoria da verdade, de que às pretensões de validade é inerente uma força transcendente que assegura a qualquer acto de fala uma referência ao futuro: «Assim, o pensamento apenas é racional na medida em que se recomenda a um possível pensamento futuro. Ou, por outras palavras, a racionalidade do pensamento reside na sua referência a um futuro possível.» Mas o jovem Peirce já tinha feito uma interessante referência ao carácter instituidor de continuidade do processo dos signos. Pois, em contextos epistemológicos, atribui

([28]) A. Wellmer, «Wahrheit, Schein, Versöhnung. Adornos ästhetische Rettung der Modernität, in: *idem*, *Zur Dialektik von Moderne und Postmoderne*, Frankfurt/ /M., 1985, pp. 9-47; M. Seel, *Die Kunst der Entzweiung*, Frankfurt/M., 1986.

([29]) J. Habermas, «Questions and Counterquestions», in: R. J. Bernstein, *Habermas and Modernity*, Londres, 1985, pp. 192 ss., aqui 202 s.; mais em J. Habermas, *Der philosophische Diskurs der Moderne*, Frankfurt/M., 1985, pp. 240 ss.

ao símbolo individual a força de produzir essa continuidade no fluxo das nossas vivências que Kant queria ver assegurada pelo «eu-penso» que acompanha a apercepção transcendental. Uma vez que a própria vivência individual assume a estrutura tripartida de um signo que se refere ao mesmo tempo a um objecto passado e a um interpretante futuro, ela pode, passando por cima de distanciamentos temporais, entrar uma relação semântica com outras vivências e, assim, criar um nexo temporal na sequência de uma multiplicidade que de outro modo se desmultiplica de uma forma caleidoscópica.([30]) É deste modo que Peirce explica referências temporais que só pela estrutura dos signos vêm a ser criadas. A esta estrutura semiótica, o *medium* da linguagem poderia ir buscar a sua dinâmica desenvolvida em contextos tradicionais da manifestação no tempo.

Para finalizar, debruçar-me-ei sobre objecções que não são motivadas por reflexões especificamente teológicas.

IV

(1) Sheila Briggs procede, no paradigma da filosofia da prática, a diferenciações que me parecem plausíveis. No entanto, ainda não estou a ver inteiramente como se pode chegar, sob as suas premissas, no tipo de ética do diálogo que pretende fundamentar a imputabilidade universal e a integridade da identidade específica de cada indivíduo sem recorrer a pontos de vista universalistas de igualdade e justiça. Também Seyla Benhabib, em cujos trabalhos S Briggs baseia a sua crítica feminista, mantém-se fiel às intenções universalistas de Kant e Hegel. Seyla Benhabib não deixa de desenvolver a sua concepção em congruência comigo: «Embora esteja de acordo em afirmar que disputas normativas podem ser resolvidas racionalmente, e que a justiça, a reciprocidade e algum modo de universalizabilidade são constituentes, isto é, condições necessárias do ponto de vista moral, o universalismo interactivo considera a diferença como um ponto de partida da reflexão e da acção. Neste sentido, a "universalidade" é um ideal regulativo que não nega a nossa identidade incarnada e embutida, mas visa desenvolver atitudes

([30]) Peirce (1986), pp. 68-71.

morais e encorajar transformações políticas que possam resultar numa perspectiva aceitável para todos. A universalidade não é o consenso ideal de Eus ficticiamente definidos, mas o processo concreto na política e na moral da luta de Eus concretos e incarnados em prol da sua autonomia.»(31) Com efeito, Benhabib põe em causa a restrição da argumentação moral a problemas de justiça por crer que a distinção lógica entre questões de justiça e questões do vida boa tem por base a distinção sociológica entre a esfera pública e a esfera privada, ou que menos lhe corresponde. A seu ver, uma moral retalhada pelo legalismo teria de se reduzir a questões de justiça política. Todas as relações privadas e esferas de vida pessoais, que uma sociedade patriarcal deixa sobretudo por conta das mulheres, ficariam então por definição fora do âmbito de competência da moral. No entanto, esta suposição não colhe. Pois a distinção lógica entre problemas de justiça e da boa vida é independente da distinção sociológica entre esferas da vida. Fazemos um uso *moral* da razão prática quando perguntamos o que é igualmente bom para todos; e fazemos um uso ético quando perguntamos o que é respectivamente bom para mim ou para nós. Em princípio, questões de justiça permitem, sob o ponto de vista moral do que todos poderiam querer, respostas de validade universal; questões éticas, pelo contrário, apenas poderiam ser clarificadas racionalmente no contexto de uma determinada história de vida ou de uma forma de vida particular. Pois estas questões estão tendencialmente talhadas à medida do indivíduo ou de um determinado colectivo que quer saber quem é e, ao mesmo tempo, quem quer ser. Tais processos de auto-entendimento distinguem-se das argumentações morais pelo tipo do seu questionamento, mas não pelo local específico ao sexo do seu tema.

Evidentemente, isto não significa que, em questões morais, tivéssemos de abstrair do outro concreto. Briggs e Benhabib distinguem duas perspectivas consoante considerarmos todos os afectados na sua totalidade ou o singular individual na sua situação. Em argumentações morais, têm de intervir ambas as perspectivas. Mas têm de se entrosar. Em *discursos de fundamentação*, a razão prática afirma-se por um princípio de

(31) S. Benhabib, «The Generalized and the Concrete Other», *Praxis International*, 5, Janeiro de 1986, p. 406.

universalização, ao passo que casos concretos apenas podem ser tidos em conta como exemplos ilustrativos. No entanto, normas fundamentadas apenas podem reivindicar validade *prima facie*; saber qual é a norma que no caso concreto é considerada a respectivamente adequada e, nessa medida, tem prioridade sobre outras normas, igualmente válidas *prima facie*, não pode ser decidido do mesmo modo. A aplicação de normas exige, antes, um discurso de outro género. Tais *discursos de aplicação* seguem uma lógica diferente da dos discursos de fundamentação. Aqui o que está em causa é, de facto, o outro concreto no contexto das circunstâncias respectivamente dadas, das relações sociais particulares, da identidade e história de vida individuais. Só à luz de uma descrição tão completa quanto possível de todas as características pertinentes se pode ajuizar qual é a norma respectivamente *adequada*.([32]) Se é que há de todo algo por que se possa repreender L. Kohlberg, contra o qual S. Benhabib traz a terreiro reflexões de C. Gilligan, não é a sua explanação apoiada em G. H. Mead do princípio moral com base no processo da adopção ideal de papéis, mas o facto de negligenciar o problema da aplicação.

(2) Neste lugar, apenas posso reagir à crítica arguta, mas apresentada, antes de mais, sob a forma de alusões, de R. Wuthnow com algumas observações. Dos dois lados seria provavelmente necessário bastante trabalho hermenêutico preliminar. Wuthnow desconfia de todo o empreendimento de uma teoria crítica da sociedade que, por assim dizer, reintegra reflexivamente o seu contexto genético e que se apoia num potencial de razão inerente ao próprio *medium* linguístico da socialização.([33]) Não diferencia os diversos planos analíticos e não tem em linha de conta a diferença metódica entre uma teoria da linguagem, da argumentação e da acção operada nos moldes da pragmática formal, por um lado, e uma teoria sociológica da acção e dos sistemas, por outro; não distingue nem entre um conceito de mundo da vida utilizado nos moldes da pragmática formal e da sociologia, nem entre uma teoria do discurso da verdade, da

([32]) K. Günther, *Der Sinn für Angemessenheit. Anwendungsdiskurse in Moral und Recht*, Frankfurt/M., 1988.

([33]) Cf. a minha introdução de J. Habermas, *Theorie und Praxis*, Frankfurt/M., 1971, pp. 9-47.

moral e do direito que procede de um modo normativamente, por um lado, e tentativas de reconstrução dotadas de conteúdo empírico e de pretensão descritiva, por outro. Este edifício teórico por certo não deixa de ser problemático, mas, sem um conhecimento mais íntimo do seu alçado, é difícil discutirmos dúvidas escolhidas *ad hoc*.

A título de exemplo, não é verdade que a um passado desvalorizado eu oponha um futuro radioso. O conceito processualista de racionalidade que proponho não é de todo capaz de sustentar projectos utópicos de formas de vida concretas. A teoria da sociedade, em cujo âmbito se movem as minhas análises, pode conduzir, no melhor dos casos, a diagnósticos descritivos que fazem sobressair com mais clareza a ambivalência de tendências de desenvolvimento antagónicas. Não se pode falar de uma idealização do futuro; na *Transformação estrutural da esfera pública* pequei antes por uma idealização do passado.

É um facto que preconizo uma teoria pragmática do significado, segundo a qual um ouvinte compreende uma expressão se conhecer as condições em que esta poderia ser aceite como válida. A ideia de base é simples: apenas compreendemos uma expressão se soubermos como poderíamos servir-nos dela para nos pormos de acordo com alguém sobre algo no mundo. Esta relação interna entre o entendimento e a racionalidade depreende-se da atitude adoptada de forma metódica de um participante virtual. No entanto, daqui não há nenhum caminho directo que leve a um racionalismo sociológico que se finja surdo a «liberdade pessoal, violações intencionais de normas estabelecidas, pluralismo e modos não redutores de expressividade.»([34]) Na racionalidade comunicativa inerente ao *medium* da linguagem, Wuthnow apenas consegue reconhecer uma extensão da racionalidade instrumental. Para tal, apoia-se nas análises, apresentadas no início do primeiro volume da *Teoria da acção comunicativa*, da utilização de um saber proposicional em afirmações, por um lado, e em acções guiadas pela racionalidade orientada para fins, por outro. Não tem em conta que estes dois casos-modelo constituem o mero *ponto de partida* de uma análise alargada passo a passo. De resto, considero a comunicação e

([34]) R. Wuthnow, *Rationality and the Limits of Rational Theory*, in: Browning, Schüssler Fiorenza (1992), pp. 226-250, aqui 214.

a acção regulada por normas (tal como a auto-representação expressiva) como meros casos-limite da acção comunicativa; a contraposição do uso inovador da linguagem e do seu uso idiossincrático apenas serve para explicitar o uso de expressões avaliativas.

Todas estas coisas teriam antes de mais de ser postas um pouco nos seus lugares, antes que a observação interessante de Wuthnow sobre uma ressacralização do mundo da vida pudesse ser discutida. Deverá ser este o verdadeiro ponto em liça: saber se a libertação da prática quotidiana de alienação e colonização teria de ser descrita antes, no meu sentido, como uma racionalização do mundo da vida ou, no sentido de Odo Marquard, como «reencantamento.»([35])

(3) Tenho algumas dificuldades com o trabalho de Fred Dallmayr sobre «Critical Theory and Reconciliation». É com grande compreensão que Dallmayr explora importantes motivos de fundo religiosos na *Dialektik der Aufklärung* de Horkheimer e Adorno, assim como na filosofia tardia de Adorno. As aporias em que a teoria crítica se enreda, analisa-as de um modo semelhante ao meu. É perante este pano de fundo que submete, então, a *Teoria da acção comunicativa* a uma crítica surpreendentemente facciosa. Digo surpreendentemente porque Dallmayr tem um profundo conhecimento aprofundado das minhas obras. Desde há décadas que comenta as minhas publicações de um modo tudo menos acrítico, antes com grande sensibilidade e com um amplo conhecimento do contexto do debate alemão.([36])

Dallmayr preparou o terreno para a controvérsia actual num ensaio interessante dedicado à questão: «Is Critical Theory a Humanism?» Nesse ensaio, o termo «humanismo» é utilizado de forma pejorativa, no sentido de Heidegger, e significa o mesmo que antropocentrismo. Dallmayr considera que me limito a trocar o sujeito transcendental por uma intersubjectividade quasi-transcendental. Em sua opinião de que a viragem linguística da teoria crítica apenas encobre que, para lá da linguagem, a subjectividade é restituída aos seus direitos cartesianos: «A perspectiva de Habermas [...] pode, com alguma legitimidade, ser

([35]) O. Marquard, *Abschied vom Prinzipiellen*, Estugarda, 1981.
([36]) F. Dallmayr, *Beyond Dogma and Despair*, Notre Dame, 1981, pp. 220 ss. e 246 ss.; *idem*, *Twilight of Subjectivity*, Amherst, 1981, pp. 179 ss. e 279 ss.

descrita como um "humanismo" – representando este termo uma orientação mais ou menos centrada no Homem ou no sujeito. As distinções entre o empirismo e a hermenêutica, sistema e mundo da vida, e o discurso proposicional e reflexivo podem, sem se fazer uso de uma violência indevida, ser reconciliado com a bifurcação cartesiana e kantiana entre sujeito e objecto (e, assim, com o quadro básico da metafísica).»([37]) Evidentemente, esta conclusão tem de surpreender um autor que, de acordo com o seu próprio entendimento, promoveu a viragem pragmático-linguística como crítica de qualquer forma de filosofia do sujeito – fazendo-o, ainda assim, com o cuidado necessário para não irmos do mal de uma razão centrada no sujeito para algo de pior como uma história do Ser delimitada por uma metafísica negativa. Talvez seja precisamente esta conclusão anti-heideggeriana da mudança de paradigma o que leva Dallmayr a negá-la.

Este empreendimento reveste-se de uma dificuldade especial se tivermos em conta um livro como *O Discurso Filosófico da Modernidade*, em que desenvolvo o novo paradigma do entendimento a partir do seu contexto histórico-filosófico, mais precisamente, na intenção de mostrar como podemos esquivar-nos das rasteiras da filosofia do sujeito, sem ao mesmo tempo nos enredarmos nas aporias de uma crítica da razão auto-referente e totalizadora – nem na versão desconstrutivista dos heideggerianos tardios, nem na versão contextualista dos wittgensteinianos tardios.([38]) Como a substância argumentativa da terceira parte do ensaio de Dallmayr, que é a crítica, não oferece material suficiente para uma controvérsia aprofundada, limitar-me-ei a algumas observações avulsas:

([37]) F. Dallmayr, *Polis and Praxis*, Cambridge (Mass.), 1984, p. 158.

([38]) Cf. F. Dallmayr, «The Discourse of Modernity: Hegel, Nietzsche, Heidegger (and Habermas)», *Praxis International*, 8, Janeiro 1989, pp. 377-406; cf. igualmente a recensão da *Teoria da acção comunicativa* em: Dallmayr (1984), Anexo: pp. 224-253. Semelhantemente faccioso: F. Dallmayr, «Habermas and Rationality», *Political Theory*, 16, Novembro 1988, pp. 553-579. Na sua replica, R. J. Bernstein observa a propósito de Dallmayr: «Tendo em conta a sua sensibilidade hermenêutica, a sua mais recente abordagem de Habermas é um tanto ou quanto chocante. Pois embora recorra a abundantes citações para dar a impressão de que é o "autor" a falar por si próprio, o resultado é uma distorção das ideias de Habermas.» (*Ibidem*, p. 580)

(a) Dallmayr apoia a sua afirmação de uma «continuidade» entre o paradigma do entendimento e o da relação entre sujeito e objecto na observação de que os actos de fala apresentam a mesma estrutura teleológica do que as actividades orientadas para fins. Ora, acontece que o jogo de linguagem teleológico, como referi noutro lugar([39]), tem um outro sentido na teoria da linguagem do que na teoria da acção; os mesmos conceitos fundamentais são interpretados num sentido respectivamente diferente – a saber, diferente num sentido pertinente para a nossa questão. Contrariamente às acções teleológicas, os actos de fala dirigem-se a objectivos ilocutórios que não têm o estatuto de um fim a realizar no plano *intramundano* e que também não podem ser realizados sem a cooperação e o acordo *isentos de coacção* de um destinatário e que, por fim, apenas podem ser explicados com referência ao conceito de entendimento *inerente* ao próprio *medium* linguístico. Para mais, e contrariamente às acções teleológicas, os actos de fala interpretam-se a si próprios com base na sua dupla estrutura ilocutória e proposicional: ao realizarmos actos de fala, dizemos ao mesmo tempo o que fazemos.

(b) Além disso, Dallmayr é da opinião de que a teoria dos actos de fala privilegia o papel do locutor e não tem em conta as realizações do ouvinte. Sucede o contrário numa análise que (contra Searle) insiste em que qualquer acto de fala permanece incompleto sem a tomada de posição de sim ou não de um potencial ouvinte. Este tem de assumir a atitude de uma segunda pessoa, abandonar a perspectiva de observador em favor de uma perspectiva de participante e ingressar num mundo da vida partilhado intersubjectivamente pela comunidade linguística, se quiser extrair alguma vantagem da reflexividade específica da linguagem natural. Esta concepção profundamente hermenêutica da linguagem dirige-se contra o teorismo do modelo causalista da compreensão da linguagem partilhado por Quine, Davidson e outros.

([39]) J. Habermas, «Acções, actos de fala, interacções mediadas pela linguagem e mundo da vida», in *Obras Escolhidas*, vol. 1, pp. 171-210.

(c) Dallmayr realça em seguida a complementaridade dos actos de falar e manter silêncio: «a linguagem reverbera com o seu próprio silêncio». Esta referência para a «abissalidade» ontológica da linguagem permanece, no entanto, necessitada de uma explicitação que vá além das alusões místicas da linguagem do Heidegger tardio. Se Dallmayr não quiser subtrair de antemão os fenómenos do silêncio a uma análise linguística, pode servir-se da minha teoria da comunicação: o silêncio não aurático vai buscar ao respectivo contexto um significado mais ou menos equívoco. De resto, evidentemente, qualquer acto de fala está situado e qualquer situação de fala encontra-se inserida num contexto do mundo da vida partilhado intersubjectivamente, que coroa silenciosamente o falado numa presença muda.([40])

(d) Dallmayr atribui-me, para mais, uma concepção instrumentalista da linguagem. Este empirismo linguístico já foi superado por Hamann e Humboldt. Eu também não faço entroncar a teoria da comunicação em Locke, mas na hermenêutica e no pragmatismo americano. No entanto, o acto da denominação, que desempenhou um papel paradigmático (e, no que diz respeito a especulações cristãs em torno do *logos*, também prenhe de associações) da filosofia romântica da linguagem até Benjamin, prova ser um modelo um pouco unilateral para explicar as forças linguisticamente criativas. Numa interpretação estreita, conduz a uma concepção da linguagem nos moldes da semântica referencial, segundo a qual as expressões devem representar estados de coisas do mesmo modo como um nome representa um objecto – o que é falso. Igualmente falsa é a interpretação especulativa do modelo da denominação, que hipostasia a realização constituinte, isto é, franqueadora do mundo da linguagem e, ao fazê-lo, negligencia a relevância para a validade das práticas possibilitadas pela linguagem no mundo (do modo de lidar com o que encontramos no seio do mundo).

([40]) *Ibidem*, pp. 196 ss.

(e) Dallmayr recrimina-me finalmente pela restauração do racionalismo iluminista – que na Alemanha era designado, até 1945, por «superficial». O superficial e o profundo têm o que se lhes diga. Sempre tentei navegar por entre a Cila de um empirismo nivelador e destituído de transcendência e a Caríbdis de um idealismo extravagante que idolatra a transcendência. De Kant espero ter aprendido muita coisa, mas não me tornei um kantiano à maneira de Dallmayr desde logo porque a teoria da acção comunicativa *reintegra* a tensão transcendental entre o inteligível e o mundo dos fenómenos na própria prática comunicativa quotidiana sem com isso a *suprimir*. O *logos* da linguagem funda a intersubjectividade do mundo da vida em que deparamos connosco dotados de uma pré-compreensão para nos podermos encontrar face a face como sujeitos, a saber, sujeitos que se atribuem mutuamente, ou seja, a capacidade de orientarem a sua acção por pretensões de validade transcendentes. Em simultâneo, o mundo da vida reproduz-se através do *medium* das acções respectivamente nossas, pelas quais nós temos de nos responsabilizar, sem por isso se encontrarem à nossa disposição. Como agentes comunicativos, estamos expostos a uma transcendência engastada nas condições de reprodução linguística sem estarmos *à sua mercê*. Esta concepção rima mal com a ilusão produtivista de um género que se produz a si mesmo e que se põe no lugar de um absoluto negado. A intersubjectividade linguística transcende os sujeitos sem os tornar *servos*. Não é uma subjectividade de grau superior e, por isso, pode dispensar o conceito de um absoluto sem abandonar uma transcendência a partir do interior. Podemos renunciar tanto a esta herança do cristianismo helenizado como dessas construções sucessórias dos hegelianos de direita em que Dallmayr parece continuar a fiar-se.

Índice Bibliográfico (*)

1. «Wozu noch Philosophie?», primeira publicação em: *Philosophisch-politische Profile*, Frankfurt/M., 1971, pp. 11-36.
2. «Die Philosophie als Platzhalter und Interpret», in: *Moralbewußtsein und kommunikatives Handeln*, Frankfurt/M., 1983, pp. 9-28.
3. «Was Theorien leisten können – und was nicht. Ein Interview», in: *Vergangenheit als Zukunft*, Zurique, 1990, pp. 130-158.
4. «Noch einmal: Zum Verhältnis von Theorie und Praxis», in: *Wahrheit und Rechtfertigung*, Frankfurt/M., 1999, pp. 319-333.
5. «Die Einheit der Vernunft in der Vielfalt ihrer Stimmen», in: *Nachmetaphysisches Denken*, Frankfurt/M., 1988, pp. 153-186.
6. «Metaphysik nach Kant», in: *Nachmetaphysisches Denken*, Frankfurt/M., 1988, pp. 18-34.
7. «Motive nachmetaphysischen Denkens», in: *Nachmetaphysisches Denken*, Frankfurt/M., 1988, pp. 35-62.
8. «Von den Weltbildern zur Lebenswelt». Primeira publicação.
9. «Das Sprachspiel verantwortlicher Urheberschaft und das Problem der Willensfreiheit. Wie läßt sich der epistemische Dualismus mit einem ontologischen Monismus versöhnen?», in: Hans-Peter Krüger (org.), *Hirn als Subjekt? Philosophische Grenzfragen der Neurobiologie*, Berlim, 2006, pp. 263-304.
10. «Die Grenze zwischen Glauben und Wissen. Zur Wirkungsgeschichte und aktuellen Bedeutung von Kants Religionsphilosophie», in: *Zwischen Naturalismus und Religion*, Frankfurt/M., 2005, pp. 216-257.

(*) Se não for indicado de outra forma nas referências individuais, os textos foram retirados de forma inalterada das edições referidas. Apenas a ortografia e as referências bibliográficos nas notas de rodapé foram unificados e parcialmente aditadas, ou substituídas por referências cruzadas às *Obras Escolhidas*. Erros evidentes foram corrigidos.

11. «Die Revitalisierung der Weltreligionen – Herausforderung für ein säkulares Selbstverständnis der Moderne?». Primeira publicação.
12. «Ein Bewußtsein von dem, was fehlt», in: M. Reder, J. Schmidt (org.), *Ein Bewußtsein von dem, was fehlt. Eine Diskussion mit Jürgen Habermas*, Frankfurt/M., 2008, pp. 26-36.
13. «Exkurs: Transzendenz von innen, Transzendenz ins Diesseits», in: *Texte und Kontexte*, Frankfurt/M., 1991, pp. 127-156.

Índice Remissivo